4차 산업혁명시대

뉴 노멀 기업가정신

Entrepreneurship, the new normal
in the Fourth Industrial Revolution

4차 산업혁명시대

뉴 노멀 기업가정신

인 쇄: 2024년 1월 25일 초판 1쇄
발 행: 2024년 2월 1일 초판 1쇄

지은이: 양문철 · 배병윤 · 한석만
발행인: 송 준
발행처: 도서출판 홍릉
주 소: 01093 서울시 강북구 인수봉로 50길 10
등 록: 1976년 10월 21일 제5-66호

전 화: 02-999-2274~5, 903-7037
팩 스: 02-905-6729
e-mail: hongpub@hongpub.co.kr
http://www.hongpub.co.kr
ISBN: 979-11-5600-161-4(03320)

정 가: 16,000원

Entrepreneurship, the new normal
in the Fourth Industrial Revolution

4차 산업혁명시대

뉴 노멀 기업가정신

양문철 · 배병윤 · 한석만 지음

도서출판 홍릉

머리말

4차 산업혁명의 기술이 컴퓨터나 네트워크를 기반으로 한다는 점에서 3차 산업혁명의 범주에서 벗어나지 않는다는 일각의 의견이 있다. 기술적 변화에 대한 전문가들의 의견은 엇갈리지만 4차 산업혁명에서 거론되는 기술이 어떤 방향으로든 사회경제에 큰 변화를 가져올 것이라는 데는 이견이 없다. 4차 산업혁명이 단순히 기술적 진보가 아니라 정치적, 사회적 변화이자 인류의 도전으로 논의되는 배경은 장기화되는 경기불황을 극복할 기제로 받아들여지기 때문이다.

4차 산업혁명은 인간과 기계의 융합, 가상과 현실의 융합, 스마트·네트워크·자율성과 같은 특징을 바탕으로 개인의 삶, 직업, 일하는 방식, 기업의 형태 등에 큰 변화를 주고 있다. 생산의 주체는 과거 기업(corporation)에서 최근 개인(individual)으로 바뀌고 있다. 기업의 목표가 과거 생산활동의 효율성 극대화가 목표였다면 이제는 사용자 만족, 가치, 재미 등이 중요한 가치가 되었고, 대량생산 방식에서 니치(niche) 발굴 및 해결하는 방식으로 변화하였다. 또한 '일자리'가 중요 하던 시대에서 '일'이 중요한 시대로 고정된 일터의 종말이라는 전환점에 도달했다

기업가 정신의 근본적인 개념은 이익을 창출하고 사회적 가치를 기여하기 위해 불확실성과 함께 비즈니스 모델 개발, 조직 및 운영할 수 있는 능력과 준비하는 자세이다. 기업가 정신을 가장 잘 설명할 수 있는 것은 새로운 사업을 시작하는 스타트업에 있다.

“

경제학에서 기업가 정신은 토지, 노동, 천연 자원 및 자본과 연결되어 이익을 창출할 수 있다고 정의하고 있다. 기업가적 비전은 발견과 위험 감수로 정의되며 끊임없이 변화하고 경쟁이 치열한 글로벌 시장에서 성공하기 위한 국가 역량의 필수 불가결한 부분이다.

기업가는 이윤을 창출할 수 있는 자격을 갖추고 위험에 도전하고 스타트업 벤처를 설립, 관리 및 성공할 수 있는 능력과 의지를 가진 사람으로 정의된다.

기업가 정신의 가장 좋은 예는 새로운 비즈니스 벤처의 시작으로서. 기업가는 종종 새로운 아이디어나 혁신가의 원천으로 알려져 있으며, 오래된 것을 새로운 발명품으로 대체하여 시장에 새로운 아이디어를 출시하는 것이다.

그렇다면 기업가정신은 어떻게 달라지고 있는가? 과거에 성공의 개념은 창업을 해서 중견·대기업으로 성장시키는 것으로 이해되어졌으나 이제는 개인이 강조되고 있다. 즉, 기업에게 중요한 것은 지식(knowledge)인데 결국 지식을 보유한 것이 '개인'이고 '개인성'을 강조하는 스타트업이 최근 급성장하는 이유이다. 스타트업(startup)은 기업(corporation)으로의 진입장벽을 낮추고 있으며, 액셀러레이터(accelerator)는 개인을 키워 기업을 만드는 기폭제로 작용하고 있다.

4차 산업혁명 시대 기업가정신의 발현을 위한 과제는 무엇인가? 우선 개인은 구직하는 시대의 패러다임의 변화를 인식하고 '창직(job creation)'을 준비해야 한다. 「The 100-Year Life」의 저자 "린다 그래튼"은 은퇴 혹은 정년이라는 개념은 사라질 것이고 앞으로 사람들은 더 오래 일해야 한다고 말하고 있다. 100년을 사는 동안 우리는 2~3개 이상의 직업을 경험하게 될 것이며, 개인이 새로운 기술과 새로운 전문성을 습득하는 것이 평생의 과제가 된다고 말하고 있다. 향후 10년 내에 세상은 모바일 시대에서 인공지능 시대로 전환할 것이라고 한다.

모든 창업자 및 기업가가 성공하는 것은 아니라는 것을 모두 인식하고 있다. 기업가 정신을 성공시키는 확실한 특성은 위험을 감수하는 능력으로도 새로운 사업을 시작하는 데는 상당한 실패 위험이 따른다. 따라서 기업가는 용기 있고 위험을 평가하고 감수할 수 있어야 하며 이는 기업가의 필수 요소가 된다.

- 새로운 아이디어를 내고, 창업하고, 이를 통해 이익을 얻으려면 매우 혁신적이어야 한다. 변화는 시장에 새로운 제품을 출시하는 것 또는 동일한 작업을 수행하지만 더 효율적이고 경제적인 방식으로 프로세스를 수행하는 것이다.
- 성공하려면 기업가는 자신의 새로운 벤처에 대한 명확한 비전을 가져야 한다. 하지만 아이디어를 현실화하기 위해서는 많은 자원과 인력이 필요하기도 하다. 여기에서 리더는 직원을 올바른 성공의 길로 안내하고 전달하기 때문에 리더십 품질이 가장 중요한 요소이다.
- 비즈니스에서 모든 상황은 기회가 될 수 있으며 기업의 이익을 위해 사용될 수 있다.
- 기업가는 상황에 따라 유연하고 개방적이어야 한다. 정상에 오르기 위해 사업가는 필요할 때 제품과 서비스의 변화를 수용할 수 있어야 한다.
- 창업자는 제공되는 제품을 알고 있어야 하며 시장의 최신 동향도 알고 있어야 한다. 사용 가능한 제품이나 서비스가 현재 시장의 요구를 충족하는지 또는 약간 조정할 때인지를 아는 것이 중요하다.

기업가 정신은 기업을 경영하거나 참여하는 관계자에게만 필요한 키워드는 아니다. 초연결된 무한 경쟁의 글로벌 시대에 모든 사람이 경쟁자가 되고 있는 사회로 진입하였기 때문에 더욱 기업가 정신은 여러분들에게 다가온 현실이기도

하다. 직업과 직무에 관계없이 기업가 정신을 함양하지 않으면 기술 패권주의 국제사회와 경쟁이 심화되고 있는 미래시대에는 생존하기가 불가능 할 수 있다. 따라서 본서가 여러분들에게 기업가정신을 고취시키고 기업가정신의 모토가 되어가는 성숙된 신지식인으로서 도전하고 성취하는 자신감을 가질 것이라고 확신한다. 이를 통하여 창업자나 기존에 조직에서 직무를 수행하는 있는 기업가정신에 관심을 가진 분들에게 기획, 경영, 제조, 영업 및 품질, 구매 등의 직무를 충실하게 수행할 수 있는 역량을 확보할 것으로 기대한다. 기업가정신은 지식, 기술, 태도 및 경험을 바탕으로 새로운 일을 시작하거나 새로운 아이디어를 창출하여 기업에게 이익을 안겨주는 역할을 수행하는데 충실한 모범서가 될 것이다. 항상 주변에서 문제를 발견하고 다양한 아이디어를 통해 문제를 해결하는데 도움이 될 것이다.

끝으로 본 서가 나오기까지 도움을 주신 모든 분들께 감사한다. 본 서가 출간되도록 지원과 격려를 주신 한라대학교 김응권 총장님께 진심으로 감사드린다. 본 서를 집필하기까지 기획하고 많은 정보를 제공하고 좋은 아이디어를 내주신 산학협력단 교수님들에게도 감사를 드린다. 본서를 다듬는데 많은 도움을 주신 도서출판 홍릉 김기용 상무님에게도 감사를 드린다. 미래를 지향하는 스타트업의 등대가 될 것으로 기대하면서 지속적으로 본서를 업데이트하여 좋은 비즈니스 가이드로 발전시키고자 한다.

2024년 1월

공동집필진 일동 배상

차례

PART 01 환경변화와 나의 미래

“

차례

PART 02 끊임없는 기회 탐색과 도전, 기업가정신

차례

PART

03

비즈니스 모델과 사업계획

차례

PART 04 스타트업 경영전략

PART

1

환경변화와 나의 미래

양문철

흔히 사람들은 기회를 기다리고 있지만
기회는 기다리는 사람에게는 오지 않는 법이다

–도산 안창호–

4차 산업혁명 시대 뉴 노멀, 기업가 정신

01 4차 산업혁명과 나의 미래

1 4차 산업혁명의 이해	2 4차 산업혁명이 바꿀 우리의 미래

학습목표

- 4차 산업혁명의 의미에 대해 이해한다.
- 4차 산업혁명이 우리에게 미치는 영향에 대해 살펴본다.
- 4차 산업혁명 시대가 요구하는 경쟁력있는 인재상에 대해 알아본다.

1 4차 산업혁명의 이해

가. 산업혁명 발달단계

4차 산업혁명이란 개념은 2016년 1월 스위스 다보스에서 개최된 세계경제포럼(WEF, World Economic Forum) 개막연설에서 포럼의 설립자 겸 의장인 클라우스 슈밥(Klaus Schwab)이 언급하면서 급속히 전 세계로 확산되었다. 이후, 4차 산업혁명은 혁명(revolution)이라는 명칭에 걸맞게 우리가 살아갈 환경 전반을 매우 빠르고 크게 변화시킴으로써 우리의 미래 삶에 지대한 영향을 미칠 주요한 환경요인의 하나로 자리매김 하였다.

세계경제포럼

세계 유명 기업인·경제학자·저널리스트·정치인 등이 함께 세계 경제동향에 대해 토의, 연구하는 국제민간단체. 1971년 하버드대 클라우스 슈밥에 의해 창립. 공식 명칭은 세계경제포럼이나 스위스 다보스에서 총회가 열려 '다보스포럼'으로도 불림.

매일경제용어사전

4th Industrial Revolution

We stand on the brink of a technological revolution that will fundamentally alter the way we live, work, and relate to one another. In its scale, scope, and complexity, the transformation will be unlike anything humankind has experienced before. We do not yet know just how it will unfold, but one thing is clear: the response to it must be integrated and comprehensive, involving all stakeholders of the global polity, from the public and private sectors to academia and civil society.

– Klaus Schwab(2016.1), 세계경제포럼 –

통상의 경우, 4차 산업혁명이라 하면 그 이전에 1차부터 3차 산업혁명이 있었어야 하겠지만 4차 산업혁명은 2016년 슈밥에 의해 갑자기 제안되었다. 이 때문에 최초의 산업혁명을 1차 산업혁명, 현재 진행 중인 산업혁명을 4차로 규정하고, 중간의 2차, 3차 산업혁명을 거꾸로 규명하는 과정을 거치게 되었다.

1차 산업혁명은 18세기 중엽 증기기관과 여러 기계장치의 개발로 전통적 수공업을 기계장치에 의한 공장생산체계로 전환하는 생산혁신과 증기기관차, 철도를 이용한 대량수송의 유통혁신을 이루었던 시기로 영국의 역사학자 토인비(Toynbee, A.)는 이를 보고 가히 산업분야에서의 혁명(Industrial Revolution)적 사건이라 하였다.

2차 산업혁명은 19세기 중엽 전기를 주요 동력원으로 하며 포드의 컨베이어벨트시스템 등 분업과 표준화를 통해 대량생산체계를 이끌었던 시기를 이른다.

3차 산업혁명은 컴퓨터와 인터넷 등 정보화기술의 획기적 발전을 통한 디지털혁명의 시기로 보다 정교한 자동화와 IT, 통신기술의 발달로 연결성 분야에서 혁신적 발전을 이루었다.

사물인터넷

사물(장치, 차량, 건물, 기타 사물 등)에 센서와 통신 기능을 설치, 인터넷과 연결하여 상호네트워킹을 통해 관련 데이터를 수집, 교환하는 기술

시사경제용어사전

4차 산업혁명에 대해서는 이전 단계의 산업혁명과 달리 이전 시기와 구분되는 경제적, 사회문화적 변화를 야기하는 혁신적 핵심기술을 찾기 어렵다는 이유로 별도의 단계가 아닌 3차 산업혁명의 연장으로 보는 견해도 존재한다(송성수, 2017). 이에 대해 슈밥(2016)은 앞으로의 세계는 인공지능(AI, Artificial Intelligence)과 디지털확산기술(Digital Fabrication Technology)을 중심으로 디지털세계가 물리세계 심지어 생물과 결합하는 사이버물리세계가 될 것이라 하였다. 이로 인해 4차 산업혁명은 속도, 범위와 영향력의 측면에서 3차 산업혁명과 확연히 구분될 것이라 하였다. 4차 산업혁명과 관련한 여러 논란에도 불구하고 2016년 3월 구글 인공지능컴퓨터 알파고와 이세돌의 바둑경기는 인공지능이 더 이상 전문가들만의 담론이 아니라 우리 삶에 부쩍 다가와 있음을 느낄 수 있는 획기

적 사건이었다.

자료 손병호, 김진하, 최동혁(2017), 산업통상자원부(2017) 재구성

그림 1-1 산업혁명 발달단계

나. 4차 산업혁명의 특징

슈밥(2016)은 속도(velocity), 범위(scope)와 시스템 영향력의 크기(systems impact)측면에서 4차 산업혁명이 이전의 산업혁명과 구분될 수 있다 하였다. 기하급수적으로 진화하는 기술혁신의 속도는 그 유례를 찾아볼 수 없을 것이며, 그 범위는 산업과 국가의 경계를 가리지 않을 것이고, 이러한 변화의 폭과 깊이는 생산과 관리, 행정관리시스템을 망라한 모든 시스템의 혁신적 변화를 초래함으로써 우리의 미래 삶 전반에 지대한 영향을 미칠 것이다.

슈밥은 이와 같은 4차 산업혁명의 영향, 특히 디지털기술을 활용한 새로운 상품과 서비스의 출현으로 소비측면에서 전반적인 소득수준의 향상과 삶의 질이 개선되는 효과를 누릴 수 있을 것이며, 생산측면에서도 물류비와 통신비용의 절감, 수송체계와 글로벌공급망의 개선 등으로 장기적 효율성과 생산성 향상 효과를 누릴 수 있을 것으로 예상하였다. 반면 변화에 빠르게 적응하고 대비하는 사람들과 그렇지 못한 사람들의 차이로 노동시장의 양극화는 더욱 심해질 것이라고 전망하였다.

4차 산업혁명이 초래할 노동시장의 양극화

4차 산업혁명은 미래 우리의 삶에 전반적으로 지대한 영향을 미칠 것이다. 우리에게 미칠 영향은 경제적 풍요와 삶의 질이 향상되는 긍정적 효과와 함께 부정적 효과도 예상되는데 4차 산업혁명이 미래 일자리의 양극화를 심화시킬 것이라는 전망이 바로 그것이다.

4차 산업혁명은 우리 일자리 즉, 노동시장에 큰 영향을 미칠 것이라 하였다. 이는 발달된 인공지능과 정보기술의 혁신으로 더욱 정교해진 로봇과 자동화기술이 전 산업분야에서 사람의 노동력을 대체하면서 나타날 것이라 하였다. 특히 이와 같은 자동화가 노동시장의 양극화를 심화시키는 이유는 로봇에 의한 노동력의 대체가 로봇이 대체할 수 없는 사람만의 고유한 재능(talent) 보유여부에 의해 그 영향의 크기에 차이가 발생하기 때문이다.

로봇이 대체할 수 없는 재능을 보유한 고숙련노동자(highly skilled workers)는 수요가 크게 늘어 노동시장에서의 가치가 더욱 높아질 것이며, 로봇에 의해 대체해도 자본소득이 높지 않은 저숙련노동시장(low skilled workers)은 유지될 것으로 전망된다. 반면, 중간수준의 교육과 기술을 가진 중숙련노동자(middle skilled workers)들의 직무가 주로 로봇에 의해 대체될 것으로 전망하였다.

따라서 로봇에 의해 직무를 잃은 중숙련노동자는 수요가 있는 고숙련노동시장이나 저숙련노동시장으로 이동해야 하는데, 상대적으로 진입장벽이 높은 고숙련노동시장으로의 이동은 제한적일 것이라는 점이다. 따라서 대부분의 중숙련노동자들이 저숙련노동시장으로 편입되면서 저숙련노동시장에서의 경쟁은 더욱 높아지고 이에 따라 저숙련노동자의 가치는 더욱 낮아질 것으로 예상하였다.

결과적으로, 이전의 고숙련-중간수준-저숙련의 노동시장은 고숙련-저숙련 노동시장으로 재편되고, 기계가 대신할 수 없는 고숙련노동자의 가치는 더욱 높아지는 반면 저숙련노동자의 중숙련 노동자들의 가세로 가치가 더욱 낮아져 노동시장의 불균형이 더욱 심화될 것으로 예상하였다.

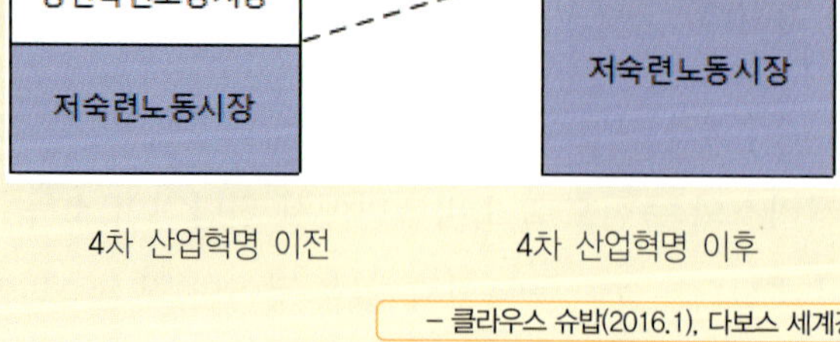

4차 산업혁명 이전　　　4차 산업혁명 이후

– 클라우스 슈밥(2016.1), 다보스 세계경제포럼 –

손병호·김진하·최동혁(2017)은 ‘초연결’, ‘초지능’, ‘융합’의 세 가지 측면에서 4차 산업혁명이 이전의 산업혁명과 구분될 수 있다 하였다(<그림 1-2> 참조).

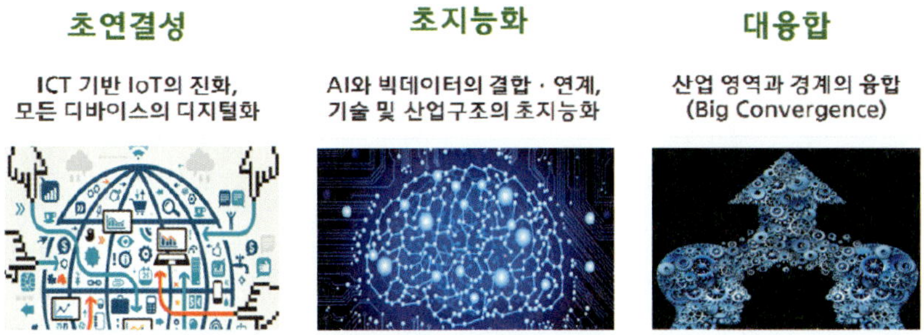

자료 손병호 · 김진하 · 최동혁(2017)

그림 1-2 4차 산업혁명의 핵심요인

- (초연결성) 정보통신기술의 발전으로 사물인터넷(IoT)과 만물인터넷(IoE, Internet of Everything)이 일상에 적용되어 인간과 인간, 인간과 사물, 사물과 사물이 연결되어 실시간으로 정보를 공유하는 초연결의 시대가 될 것이다.

- (초지능화) 인공지능(AI)과 빅데이터 발굴 및 활용기술의 발달로 생산·서비스산업의 초지능화가 더욱 가속되고 일상생활에 활용도가 더욱 높아질 것이다. 기계학습(Machine Learning)과 딥러닝, 빅데이터를 기반으로 인간의 창조영역으로 간주되던 창작, 전문서비스 영역까지 자동화의 영역이 확장될 것이다.

- (융합화) 초연결성, 초지능화의 연장선 상에서 디지털세계가 물리세계, 나아가 생체와 결합된 사이버물리시스템(Cyber physical Systems)을 구현하는 시대가 될 것이다. 메타버스 등 가상세계에서 일상생활을 영위하거나 사람의 신체 중 약화된 일부 부위를 기계, 반도체칩을 활용해 강화하는 등 실생활에 응용분야가 확대될 것이다.

사이버물리시스템

실재하는 여러 물리, 화학 및 기계적 시스템(physical systems)을 컴퓨터, 네트워크(cyber systems)를 통해 자율, 지능적으로 제어하기 위한 시스템으로 연산(computation), 통신(communication), 제어(control) 기술로 구성.

IT용어사전

다. 4차 산업혁명의 주요 동인

4차 산업혁명의 거대한 변화는 기술 혁신이 선도할 것으로 전망하지만 그에 못지않게 광범위하게 진행되는 사회경제적(Socioeconomic), 지정학적(Geopolitical), 인적 구성(Demographic)의 변화 역시 큰 영향을 미칠 것으로 전망하고 있다(WEF, 2016).

● 기술적 동인

4차 산업혁명시대를 이끌 주요 기술적 동인으로는 모바일인터넷/클라우드컴퓨팅기술, 빅데이터/연산기술(Computation), 신에너지관련기술, 사물인터넷(IoT), 공유경제(Sharing economy), 로봇공학(Robotics), 자율주행(Autonomous Transport), 인공지능(AI), 3D프린팅, 유전학(Genetics)/생체공학(Biotechnology), 기계학습(Machine Learning), 나노기술(Nanotechnology) 등의 혁신적 기술발전과 함께 각 기술이 서로 융합하며 발전할 것으로 전망한다. 더불어 가정, 공장, 농장, 전력망(Grids), 도시관리 등에 스마트시스템의 발전과 보급으로 공급망관리(Supply Chain Management)부터 기후변화관리까지 그동안의 여러 문제를 해결하는데 큰 도움이 될 것으로 기대한다(<그림 1-3> 참조).

● 사회경제적 동인

사회경제적 측면에서의 변화동인으로는 유연근로제 등 근로에 대한 근본적 개념의 변화(Changing Nature of Work), 개도국 중산층의 부상(Middle class in Emerging Markets), 기후변화(Climate Change)와 자원고갈, 지정학적 불안정(Geopolitical Volatility), 소비자윤리(Consumer Ethics)와 개인정보보호(Privacy), 고령화사회(Longevity), 개도국 청년인구의 증가(Young Demographics in Emerging Markets), 여성의 경제적 지위 향상(Women's Economic Power), 도시화의 급속한 진전(Rapid Urbanization) 등이 4차 산업혁명의 사회경제적 변화를 이끌 것으로 전망하고 있으며, 그 영향력은 기술혁신에 못지않을 것으로 예상하고 있다(<그림 1-4> 참조).

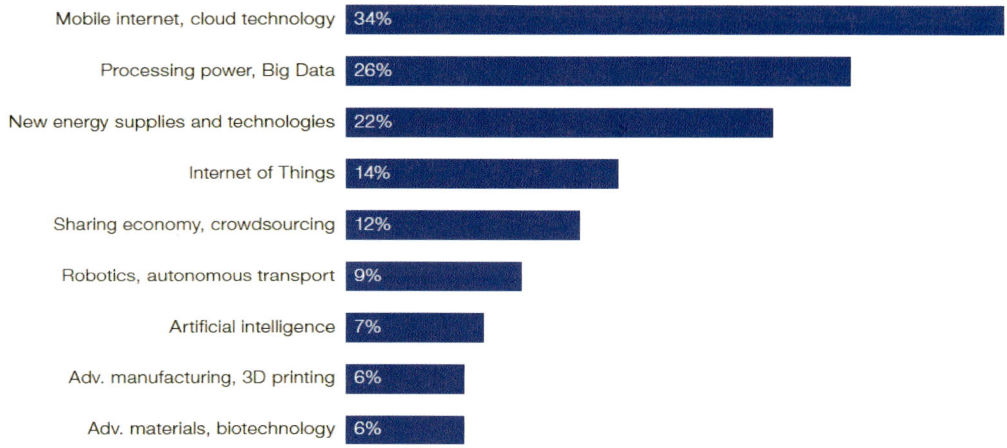

자료 WEF(2016)

그림 1-3 4차 산업혁명에 대한 영향력의 크기(기술적 측면)

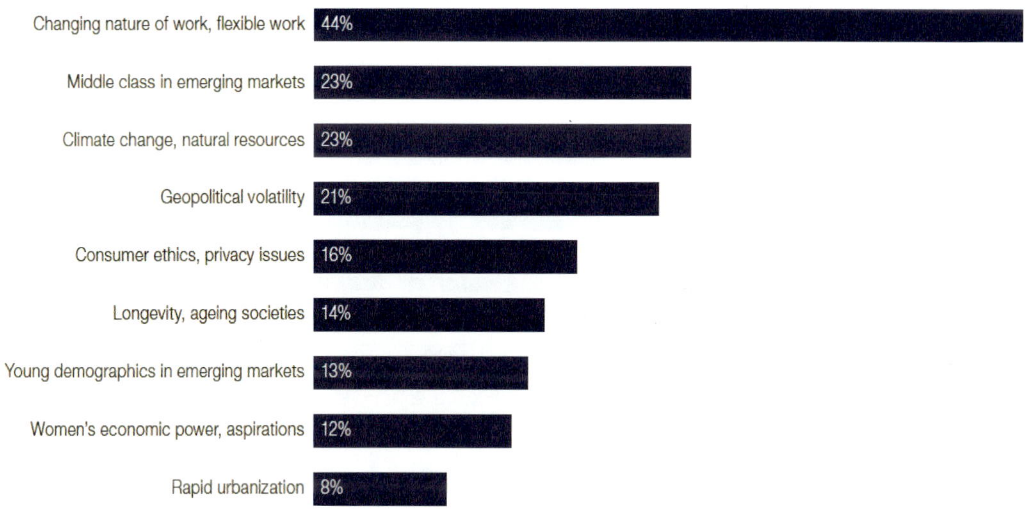

자료 WEF(2016)

그림 1-4 4차 산업혁명에 대한 영향력의 크기(사회경제적 측면)

국내 산업에 대한 영향력

김진하, 홍윤미, 나다영(2016)은 국내 제조업과 전문, 과학 및 기술서비스업 내 300개 기업을 대상으로 4차 산업혁명을 이끌 11개 주요 기술혁신이 미래 국내산업의 변화에 미칠 영향력의 크기에 대해 조사하였다(<그림 1-5> 참조). 그 결과, 2016년 현재 빅데이터(44.3%), 컴퓨터연산능력

(44.0%), 첨단소재 및 바이오기술(42.3%)의 순으로 파급력이 큰 것으로 나타났으며, 향후 5년 간 영향력이 순증가하는 기술은 인공지능(19.7%), 첨단 제조 및 3D프린팅(18.2%), 자율주행(17.3%) 순이 될 것으로 전망하였다.

종합적으로 5년 후인 2021년 가장 영향력이 큰 기술들 빅데이터(61.3%), 첨단 소재 및 바이오(58.4%), 첨단 제조 및 3D프린팅(58.3%)의 순이 될 것으로 전망하였다. 또한, 아래 11개 주요 기술들이 국내 제조업 및 전문, 과학 및 기술서비스업에 미치는 영향력의 크기도 2016년 현재 평균 39.3%수준에서 5년 후에는 55.3%수준으로 영향력의 크기가 16.0% 증가할 것으로 예상하는 것으로 나타났다.

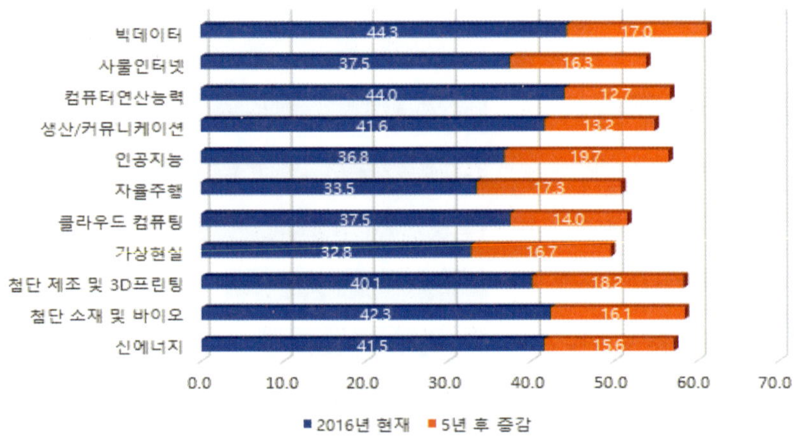

자료 김진하, 홍윤미, 나다영(2016) 재구성

그림 1-5 4차 산업혁명에 대한 영향력의 크기(기술적 측면)

2 4차 산업혁명이 바꿀 우리의 미래

앞에서 4차 산업혁명이라는 거대한 변화의 흐름이 의미하는 바에 대해 알아봤다. 이제부터는 4차 산업혁명이 우리의 삶 특히, 우리의 일자리에 미칠 영향에 대해 살펴보고자 한다. 4차 산업혁명이 우리의 일자리를 어떻게 변화시킬 것이며, 이러한 일자리의 변화가 우리의 직업에는 어떤 영향을 미칠 것인지, 마지막으로 이렇게 변화된 노동시장에서 경쟁력 있는 구직자가 되기 위해서는 어떤 역량이 필요할 것인지에 대하여 전문가들의 예측을 토대로 살펴보도록 한다.

가. 미래 일자리 변화 트렌드 : 질적 변화

기술 혁신과 사회경제적 변화로 촉발된 4차 산업혁명은 광범위하게 우리의 삶에 영향을 미칠 것이다. 그 중에서도 우리의 사회적, 경제적 삶에 지대한 영향을 미칠 것이며, 이어 우리의 일자리에도 많은 변화를 불러올 것으로 예상된다.

글로벌 일자리 환경 변화 전망

터너(Turner, J.)(2022)는 현재 진행되고 있는 산업, 기술의 변화 동향에 근거해 향후 10년 간 근로자들이 언제, 어디서, 왜, 그리고 누구와 일을 하게 될 것인지 등 근로 환경 전반이 획기적으로 변화할 것이며, 아래 6가지 주요 변화가 향후 우리 일자리 주변에서 관측될 것으로 예측하였다.

첫째, 중간관리자의 역할 변화. 사회적, 정치적 변화로 재택근무와 같은 일과 생활이 섞이는 하이브리드 근무방식이 더욱 증가할 것이고, 이런 하이브리드 세계에서 근무하는 근로자들은 언제, 어디서, 얼마나 근무할 것인지에 대해 더 많은 선택권을 가지게 될 것이다. 반면 중간관리자들은 관리해야 할 부하직원의 수가 급격히 증가하면서 개인별 관리와 지도에 어려움이 더욱 커질 것이다.

둘째, 기술력과 디지털 역량(Digital Dexterity)의 지속적 강화. 미래에는 인간이 가진 강점인 인지능력이 더욱 높이 평가받을 것이다. 근로자들은 복잡한 문제를 해결하기 위해 창의력, 비판적 사고(Critical Thinking), 지속적 디지털 기술역량의 향상이 요구될 것이다. 디지털 경제에서는 지속적으로 확장, 결합, 그리고 새로운 도전을 위한 아이디어, 정보와 비즈니스모델을 필요로 하기 때문에 근로자들도 이러한 요구에 부응하기 위해 지속적으로 디지털 역량을 보완해야 할 것이다.

디지털 역량

각 개인이 자신의 라이프스타일을 개선하기 위해 서로 다른 기술들을 활용하는 능력

위키백과

비판적 사고

당면한 과제에 대해 지식, 경험, 기술 등을 사용해 상황을 파악한 후 객관적 자료에 근거해 의미 있는 결과를 이끌어 내는 것.

넥, 휴턴, & 머레이 (2018)

셋째, 근로자관련 자료수집 확대. 일과 생활이 섞인 하이브리드 근무로 인해 생산성과 근로자 복지의 관리를 위해 업무환경에 대한 관찰 필요성이 더욱 증가할 것이다. 가트너 조사결과 약 16%의 경영자가 새로운 기술을 활용해 더 자주 근로자에 대한 자료를 수집하고 있다고 하였다. 일부는 생산성관련 목적으로, 또 다른 경영자들은 근로자들의 상황을 더 잘 이해하기 위해 새로운 기술들을 더욱 적극적으로 활용할 것이다.

넷째, 스마트 머신과 협업. 스마트머신들이 더욱 똑똑해지면서 장소와 공간의 제약이 없어지고 있다. 기업들은 스마트머신, 소프트웨어, 앱, 아바타 등의 활용을 더욱 늘리고 있다. 근로자들은 개인 또는 팀기반 활동을 위해 더욱 접근성이 좋아진 인공지능 소프트웨어와 도구들의 도움을 받으며 가상의 공간에서 파트너와 함께 일하게 될 것이다.

다섯째, 금전적 보상보다 목적과 열정 추구. 근로자들은 사회에 의미 있는 기여를 하고 싶어하며, 그것도 가능한 빨리 그러한 일을 하고 싶어한다. 사람들은 사회적 영향을 키우고 일에 가치를 부여하기 위해 그들이 하는 일이 더욱 사회적 기여와 가치와 연계될 수 있는 기회를 적극적으로 추구한다. 똑똑한 기업들은 구직자들에게 그들 기업이 더욱 매력적으로 보일 수 있도록 더 높은 급여뿐 아니라 의미 있는 기여를 할 수 있는 기회를 제공해야 할 것이다.

여섯째, 원격근무자 워라밸 문제 대두. 독립적으로 또는 원격지에서 근무하는 근로자들의 기술을 향상시키거나 프로젝트를 관리하기 위한 방안으로 관리자들은 흔히 더 많은 과제를 부여하는 방법을 쓰곤 한다. 이는 근로자들의 워라밸에 부정적 영향을 미치게 된다. 또한 네트워크 기술의 발전으로 멀리 떨어진 사람들과도 함께 일할 수 있게 되었으나, 동료들 간의 사회적 관계와 조직문화에 균열을 일으키고 있다. 이로 인해 근로자들은 몰입감이 저하되고 외로움을 느끼게 되었다.

이러한 변화를 극복하기 위해 경영자와 HR관리자들은 서로 협력하여 각각의 근로자들의 업무배분, 시간과 생활공간의 변경에 따라 워라밸을 적절히 조절해 줄 수 있어야 할 것이다.

국내 일자리 환경 변화 전망

우천식 등(2017)은 국내외 문헌연구 결과를 종합하여 미래 일자리와 관련된 다섯 가지 큰 변화흐름을 도출하였다. 인간과 기계의 역할 변화, 현실 세계와 가상 세계의 결합, 감성 컴퓨팅 기술의 발전, 스마트 기술을 통한 융합 등 기술의 발전과 고연령층과 여성인력의 대두, 삶의 질을 중시하는 사회, 국가 간 인구 이동 확대와 다문화주의, 기후변화와 에너지 위기 등 경제사회적 변화가 촉발한 미래 사회의 변화는 우리의 일자리에도 영향을 주게 되는데 이를 사회환경, 기업문화, 고용환경, 산업구조, 노동환경의 다섯 가지 관점에서 주요한 변화 트렌드를 정리하였다(<그림 1-6> 참조).

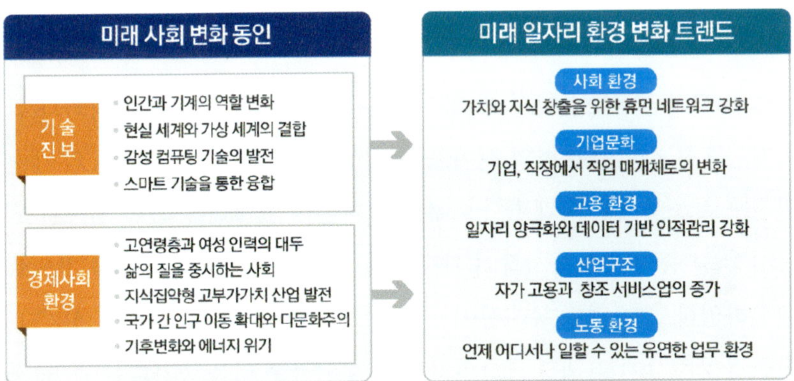

자료 우천식 등(2017)

그림 1-6 미래 사회 변화 동인과 일자리 환경 변화 트렌드

첫째, 가치와 지식창출을 위한 휴먼 네트워크 강화. 앞으로의 세상에서는 독립적인 개인과 기업이 필요에 따라 네트워크를 활용하여 구직·구인하는 체계로 변화할 것이다. 기업은 필요한 때, 필요한 인재를 필요한 만큼 고용해 필요한 과업을 수행하여 효율성과 유연성을 높일 수 있으며, 개인도 각자의 전문역량에 기반해 필요한 업무를 필요한 때, 필요한 만큼 선택해 수행함으로써 조직으로부터 자유롭게 삶의 질을 높일 수 있을 것으로 기대한다. 이와 같은 새로운 고용관행, 휴먼 네트워크가 구체화되어 나타난

것이 긱 경제(Gig Economy)다. 초연결 네트워크의 강화로 긱 경제가 플랫폼 서비스의 도움을 받아 영화, 음악 등 전통적 전문 기술분야에서 광고, 디자인 등 서비스업무 및 의료, 법률 자문 등의 고숙련 서비스분야로 급속히 확장하고 있다.

둘째, 기업, 직장에서 직업매개체로 변화. 고용관행의 변화와 긱 경제의 확산은 기업과 개인의 관계에도 중대한 변화를 가져올 것이다. 기업과의 고용관계가 장기적 고용에서 프로젝트중심의 단기적 관계로 변화하고, 개인은 필요에 따라 다수의 기업과 경계 없이 근무하게 됨에 따라 기업조직에 대한 소속감은 점차 약해지고 개인중심의 직업관이 자리잡게 될 것이다. 이와 같은 추세 변화는 기업의 역할에도 영향을 미쳐 근로자를 고용하여 소속감에 기반한 장기적 성과도출을 모색하던 것에서 단기적 프로젝트를 중심으로 필요 인력들이 헤쳐모이는 과업에 기반한 인력의 플랫폼과 같은 역할로 전환될 것으로 예상된다.

셋째, 일자리 양극화 심화. 슈밥(2016)이 4차 산업혁명으로 인한 양극화 심화가능성을 전망했던 바와 같이, 인공지능(AI)과 자동화, 로봇 등의 기술발전으로 노동시장의 재편이 이루어져 기존의 고숙련-중숙련-저숙련 노동시장 중 중숙련 노동시장이 자동화의 영향을 집중적으로 받을 것으로 예상하였다. 고숙련 노동시장에 대한 수요는 기존 수요에 더하여 신기술, 신산업의 수요가 더해져 고숙련 근로자의 임금은 더욱 증가하는 반면, 저숙련 노동시장은 상대적으로 진입이 용이해 중숙련 근로자가 대거 유입됨에 따라 공급이 증가한 저숙련 노동시장의 임금은 더욱 낮아질 것으로 전망하였다(WEF, 2020).

넷째, 데이터기반 인적관리 강화. 빅데이터와 연산능력(Computation)관련 기술의 발전은 다양한 인적자원관리제도에도 영향을 미칠 것으로 전망된다. 이는 전통적인 직관, 정성적 인적자원관리에서 벗어나 발전된 모니터링, 빅데이터 및 분석기술을 통해 인적자원관리 업무에 객관적 데이터를 활용할 수 있게 되었기 때문이다. 선발, 육성, 성과관리 등 다양한 분야에서 데이터 기반 인적자원 관리 시스템들이 도입될 것으로 예상된다.

다섯째, 자가고용과 창조 서비스업 증가. 4차 산업혁명의 다양한 기술발전은 개인이 활용할 수 있는 여러 도구와 기술도 발전시켜 개인이 직접 자기가 원하는 물건을 제작하거나 서비스를 제공하는 것이 가능해졌다. 이와 같이 개인이 직접 물건과 서비스를 제작하여 사용할 뿐 아니라 이를 판매하는 것이 가능해 짐에 따라 자기 스스로 자기를 고용하는 1인 기업 즉, 자가고용(Self-employment)이 증가하고 있다.

자가고용의 일례로 메이커(Maker)를 들 수 있다. 이들은 자기가 원하는 것을 스스로 만들어 사용하고 공유함으로써 만족감을 느끼며 기계가 대신할 수 없는 창조의 영역에서 일자리를 늘려나가고 있다. 이와 같은 자가고용의 확대는 제작에 국한되지 않고 미디어를 활용한 유튜버와 인플루언서 등 서비스분야에서도 1인 기업가들이 영향력을 확대해 가고 있다.

메이커

"무언가를 직접 창조하는 사람이 되자!"를 표방하는 사회운동이자 참여자. 창작 그 자체보다 창작물을 사회구성원과 공유하고 나누자는 사회운동 또는 이에 참여하는 사람

나무위키

여섯째, 언제 어디서나 일할 수 있는 유연한 근무 환경. 4차 산업혁명의 주요 특징 중 하나가 '초연결'이다. 오래 전부터 컴퓨터와 유무선 네트워크를 통해 언제 어디서나 일하는 유비쿼터스(Ubiquitous) 근무환경에 대한 논의가 있어왔다. 그러나 지난 2020년 코로나 팬데믹은 비대면 근무 및 생활환경을 급속하게 확산시켰고 상상할 수 없었던 빠른 시간에 전 세계가 이에 적응하게 되었다.

근로자들의 삶의 질 중시 등 가치관의 변화와 여성인력의 경제활동 참여증가 등은 근로형태의 다양성에 대한 필요성을 증가시켰고, 원격근무체계의 구축과 확산은 이를 가능케 하였다

이와 같이 우리의 일자리를 둘러싼 주변 환경에 많은 변화가 일어나고 있으며, 앞으로도 계속될 것으로 예상되고 있다. 이와 같은 일자리 환경의 변화추세는 필연적으로 우리의 고용시장, 일자리에 영향을 미칠 것으로 전망된다. 우리 주변에서 진행되고 있는 4차 산업혁명의 여파가 우리 일자리에 어떤 영향을 미칠지 살펴보도록 하자.

나. 미래 일자리 변화 트렌드 : 양적 변화

4차 산업혁명이 가져올 변화와 혁신이 우리의 미래 일자리에 어떤 영향을 미칠 것인가에 대해서는 부정적 전망과 긍정적 전망이 혼재하고 있다. 부정적 전망은 2016년 세계경제포럼(WEF)이 발표한 보고서로 급격히 전 세계로 확산되어 많은 사람들에게 충격을 주었다. 4차 산업혁명의 한 부분인 인공지능과 로봇관련 기술의 발전으로 사람이 하던 일을 기계가 대체해 기존 노동시장의 많은 직업들이 사라질 것이며, 로봇/자동화와 관련된 새로운 직업들이 생겨나겠지만 사라질 직업이 더욱 많을 것이라고 전망하였다.

이에 반해 긍정적 전망은 이전 산업혁명의 경험에 비추어볼 때, 이전에도 산업혁명의 파괴적 기술혁신의 영향으로 기존에 존재하던 많은 직업들이 사라졌지만 결과적으로는 혁신적 기술로 인한 생산성 향상과 새로운 분야에서 생겨난 더 많은 일자리들로 사회전체적으로 더욱 많은 부와 경제적 풍요를 누릴 수 있었다. 이는 4차 산업혁명도 마찬가지로 일부 직업군에서 부정적 영향이 불가피하겠지만 사회전체적으로는 더욱 커다란 가치와 부를 누리게 될 것이라고 전망한다.

서로 상반된 전망에도 불구하고 두 관점이 모두 일관되게 지적하는 것은 4차 산업혁명의 영향으로 사라지게 될 직업군에 종사하는 근로자들의 효과적 재교육과 재배치 등 부정적 영향을 최소화하기 위한 체계적 노력이 필요하다는 것이다.

● 부정적 전망; 미래 우리 일자리가 감소할 것이다.

미래 일자리와 관련된 본격적인 논쟁의 단초를 제공한 것은 다보스 세계경제포럼(WEF)이라 할 수 있다. 2016년 세계경제포럼은 4차 산업혁명이라는 새로운 시대의 도래를 전 세계에 공표하면서 '일과 기술의 미래(The future of Jobs and Skills)'라는 보고서를 발표하였다. 이 보고서는 15개국, 9개 산업분야에서 총 371명의 선도적 글로벌기업 인사담당 최고경영자(CHROs, Chief Human Resources Offficers)와 인재 및 전략담당 임원들을 대상으로 2016년부터 2020년까지 향후 5년 동안 각 산업분야의 일자리 변화에 대한 예상을 조사하였다.

그 내용은 2016년부터 2020년까지 지금의 노동시장에서 약 7백만 개의 일자리가 사라질 것이며, 새로 생겨날 일자리는 2백만 개 정도에 그쳐 결과적으로 약 5백만 개의 일자리가 사라질 것이라는 전망이었다. 사라질 일자리의 약 2/3는 일상의 반복적 업무를 수행하는 화이트칼라 사무관리직이 될 것이며, 새로 생겨날 일자리는 컴퓨터, 수학, 건축과 공학분야의 일자리가 될 것이라 하였다(<그림 1-7> 참조).

자료 WEF(2016)

그림 1–7 직업군별 순고용 증감규모

WEF 일자리보고서와 유사한 맥락에서 옥스포드대학교 프레이(Frey, C. B.)와 오스본(Osborne, M. A.)(2017)은 현존하는 미국의 직업 702개를 대상으로 각 직업군이 미래에 자동화로 대체될 가능성이 어느 정도 되는지 분석한 결과를 발표하였다. 결론부터 이야기하면 현존하는 702개의 직업 중 47%의 직업은 자동화의 위험성이 높으며, 17%는 중간 수준, 그리고 33%의 직업은 위험도가 낮다고 하였다(<그림 1-8> 참조).

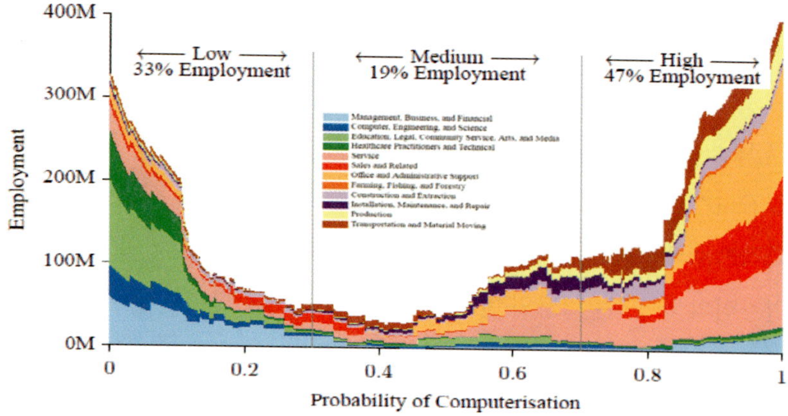

자료 프레이와 오스본(2017), 손병호 · 김진하 · 최동혁(2017)

그림 1-8 직업군별 자동화가능성

다양한 직업군 중에서 자동화의 위험이 높은 직종은 운송, 일상 사무관리, 생산, 개인 또는 가사도우미, 현금출납, 텔레마케터 등 업무가 비교적 단순, 반복적인 업무들이며 키오스크, 전화자동응답시스템 등의 확산을 통해 실제 현실화되고 있음을 우리 주변에서도 쉽게 관찰할 수 있다. 중간수준의 위험에 노출된 직업군은 주로 대인관계에서 설득, 협상 등의 상호작용이 이루어지는 영업, 사회복지 등의 업무와 정교한 작업을 요하는 분야의 업무들로 아직까지 자동화에 비해 사람이 우위에 있지만 센서, 빅데이터, 머신러닝, 알고리즘 등 기술의 발전으로 자동화 비용이 더욱 낮아지고 있는 점, 로봇은 사람과 달리 수면 등이 필요 없고, 실수(human bias)가 없는 등의 장점이 있어 자동화의 위험으로부터 자유롭지 못하다는 것이다. 마지막으로 자동화의 가능성이 낮은 직업군은 공학과 과학분야의 창의적 분야에 속하는 것들이다. 이들은 자동화기술과 상호보완적 관계로 서로 긴밀히 협력하고 있어 자동화의 가능성이 낮은 분야이다.

프레이와 오스본은 WEF 보고서와 달리 자동화가 낮은 기술, 낮은 임금을 받는 직업군을 주로 대체할 것으로 예상하였으며 이로 인해 노동시장의 양극화는 완화될 것으로 전망하였다(<그림 1-9> 참조). 근로자들이 이와 같은 자동화의 위협으로부터 벗어나기 위해서는 창의적, 사회적 기술의 습득이 필요할 것이라 제안하였다.

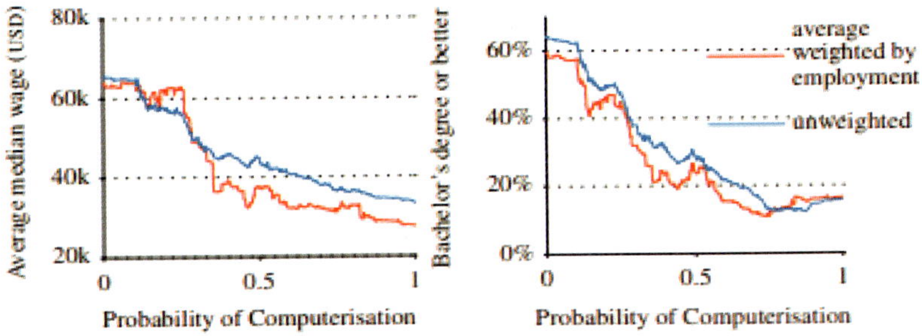

자료 프레이와 오스본(2017)

그림 1-9 자동화가능성과 급여수준 및 학력과 자동화가능성 관계

긍정적 전망; 미래 우리 일자리는 증가할 것이다.

버신(Bersin, J.)(2016)은 포브스(Forbes)지 기고문을 통해 4차 산업혁명으로 인해 수 많은 근로자들이 직업을 잃게 될 것이라는 전망은 과장되었다고 주장하였다. 그의 주장에 따르면, 지금까지의 연구결과 기술적 또는 사회경제적 변화로 인해 직업이 하나 사라질 때마다 하나 또는 두 개의 다른 직업들이 생겨났다는 결과를 보여주고 있으며, 이는 자동화(automation)도 예외가 아니라는 것이다. 이런 주장을 뒷받침하기 위해 다음 전문가들의 이야기를 인용하고 있다.

> "지난 20세기 동안 인구대비 고용율은 증가하였다. 우리 자체 연구결과에 따르면 지난 140년의 기간동안 기술은 '거대한 직업 창조 기계'의 역할을 해왔다."
>
> MIT교수 데이빗 오토(David Autor)
>
> "우리는 현장 작업을 자동화하고 사무관리업무를 인간화해야 한다. 일상반복업무는 기계에게 주고 사람은 보다 본질적 업무에 몰두하도록 하자."
>
> 딜로이트(Deloitte) 영국총괄관리자 론 핸콕(Ron Hancock)

그는 자동화를 두려워할 필요가 없다는 주장을 설명하기 위해 다음의 두 가지 실례를 소개하였다. 먼저, 1980년대 현금자동입출금기(ATM, Automated Teller Machine)가 은행산업에 도입되었을 때이다. 당시 많은 신문기사들은 앞다퉈 은행지점과 은행원의 종말과 금융서비스산업에서의 자동화와 고용감소를 예견했다. 하지만 전 세계에 1백만 개 이상의 현금자동입출금기가 도입된 현 시점에 은행지점은 거의 4배로 증가하였으며, 은행원도 당시보다 10%이상 증가하였다. 현금자동입출금기는 금융거래시장을 혁신적으로 성장시켰으며, 은행원들은 보다 부가가치 있는 업무에 종사하고 있다.

두 번째 사례는 1981년 스프레드쉬트(spreadsheet)가 새로 개발되었을 때였다. 당시 월스트리트(Wall Street)의 금융분석가들 대부분은 금융분석을 위해 스프레드쉬트를 만들고 있었는데 그 업무를 대신할 소프트웨어의 출시로 많은 분석가들이 곧 퇴출될 것이라며 우려하였다. 그러나 지금 우리는 다른 어느 때보다 많은 금융분석가들을 볼 수 있다. 더욱이 엑셀(Excel)과 같은 도구를 사용하는 전문가들은 이전보다 더욱 강력한 분석가 산업을 창조하고 있다.

그는 이런 사례들을 근거로 자동화가 우리 일거리를 빼앗아간다고 더 이상 걱정할 필요 없다고 주장하였다. 우리 일자리는 사라지는 것이 아니라 단지 변화할 뿐이라는 것이다. 특히 공감(Empathy), 경청(Listening), 소통(Communication), 우선순위결정(Prioritization) 등 인간기술(Human Skill)의 중요성은 더욱 높아질 것이다. 따라서 미래에 일자리가 없어질 것을 걱정하기 보다는 그와 같은 기술과 자동화 도구들을 활용해 우리 일을 더 잘할 수 있도록 재구성하는 노력이 필요하다고 하였다(<그림 1-10> 참조).

Artificial intelligence is permeating business at last

the age of "boring AI" will be anythin but

자료 The Economist(2022.12. 6)

그림 1-10 인공지능과 인간의 협업

지금까지 살펴본 4차 산업혁명이 우리의 일자리에 미칠 영향을 보면, 긍정적이든 부정적 전망이든 우리에게 익숙한 노동시장의 지형에 엄청난 변화가 예상된다는 점에서 공통된 인식을 갖고 있다. 앞서 여러 기관과 학자들이 힘주어 이야기한 내용 또한 크게 다르지 않다. 변화의 시기에는 늘 위험과 기회가 공존하였다. 우리가 거스를 수 없는 대 변화의 시기라는 점에 공감한다면 이제 우리가 해야 할 일은 다른 사람보다 빨리 변화의 흐름과 방향을 파악하고 이를 기회로 활용하는 지혜를 발휘해야 할 것이다.

자료 GE(2016)

그림 1-11 첨단 제조산업의 미래

다. 미래 직업 변화 트렌드

4차 산업혁명이 우리 일자리에 미칠 영향은 결국 인공지능과 로봇 등 자동화가 대신할 수 있어 미래사회에 더 이상 필요하지 않을 직업들은 사라지고, 새로운 환경에서도 여전히 필요하거나, 새롭게 필요해진 직업이 생겨난다는 것이다. 이는 사회 전반의 광범위한 환경의 변화로 일자리의 지평 변화를 예고하는 것이며, 이는 기술혁신을 통해 사회경제적 대변혁을 이루었던 이전의 산업혁명 시기에서도 겪었던 일이다.

대표적으로 1차 산업혁명으로 작업현장에 기계들이 대거 도입되어 대량생산의 시대를 열면서 기계가 노동의 가치를 하락시켜 노동자를 더욱 가난하게 만든다며 벌어졌던 기계파괴(Luddite)운동을 떠올릴 수 있다. 그 후의 역사를 보면, 실제로 많은 사람들이 파괴적 기술혁신의 영향으로 일시적으로 일자리를 잃었지만 곧이어 그보다 더 많은 새로운 일자리가 생겨나면서 사회전체의 부는 더욱 증가하였고, 근로자들도 더 풍요로운 삶을 누리게 되었다.

러다이트(Luddite) 운동

19세기 초 영국에서 기계를 파괴한 급진적 사회운동으로 자본가의 착취에 맞선 노동자의 계급투쟁으로 이후 노동조합 설립, 단체협약 등 산업민주화 발전에 기여함. 지금은 산업화, 자동화, 컴퓨터 또는 신기술 도입에 반대하는 사람을 의미하는 일반적 용어로 사용

위키백과

우천식 등(2017)은 향후 우리 일자리에 일어날 변화를 예측하고 '기존 직

업의 고부가가치화', '직업의 세분화와 전문화', '융합형 직업의 출현', '과학기술 기반 새로운 직업의 탄생'의 네 가지 큰 변화의 흐름을 제시하였다(<그림 1-12> 참조).

자료 우천식 등(2017)

그림 1-12 미래 직업 변화 트렌드

기존 직업의 고부가가치화

4차 산업혁명의 핵심 동인인 인공지능, 빅데이터 등의 발전된 기술과 자동화의 영향으로 많은 사람들이 지금까지 사람들이 하던 일자리가 기계에 의해 대체될 것이라 염려하고 있다. 이에 대해 추이(Chui, M.), 마니카(Manyika, J.), & 미레마디(Miremadi, M.)(2015)는 기계가 우리 미래 일자리에 미칠 영향에 대한 우려가 심히 과장되었다고 주장하였다. 그들의 연구결과에 따르면, 기계로 대체될 것으로 예상되는 업무는 사람이 하던 일의 약 45% 정도로 단·중기적으로 기계가 사람이 하던 일 전체를 완전히 대체할 수는 없을 것이라고 하였다. 다만 우리가 했던 일의 더 많은 부분을 기계가 대체함에 따라 일하는 방식의 변화와 여유 시간에 사람이 해야 할 일을 다시 정립할 필요가 있을 뿐이라는 것이다.

이와 관련하여, 우천식 등(2017)은 사람과 기계가 협업하는 미래 사회를 다음과 같이 전망하였다(<그림 1-13> 참조). 신문기사 작성과 관련된 사례로 LA타임즈는 지진보도와 관련된 기사작성을 위해 퀘이크봇(Quakebot)을 통해 관련 기사를 자동으로 작성하고 있으며, 영국의 가디언지는 구아봇(Guabot)을 통해 기사를 작성하고 있다는 것이다. 이와 같이 보도 분야에 자동화된 알고리즘이 도입됨으로써 기계가 사람보다 나은 속도와 데이터분석을 요하는 속보 및 분석기사는 로봇이 담당하고, 기자는 창의력과 기획력을 요하는 탐사보도와 심층취재에 더 많은 시간을 할애할 수 있게 되었다는 것이다. 이는 기사작성 뿐 아니라 의료, 법률, 금융서비스와 고숙련업무와 경영관리업무 등 많은 업무들에서 기계의 도움을 받아 기계가 할 수 있는 많은 업무를 기계에게 넘기고 사람들은 더욱 높은 삶의 질을 누리고 고부가가치 업무에 매진할 수 있게 될 것으로 전망한다(우천식 등, 2017; Chui, Manyika, & Miremadi, 2015).

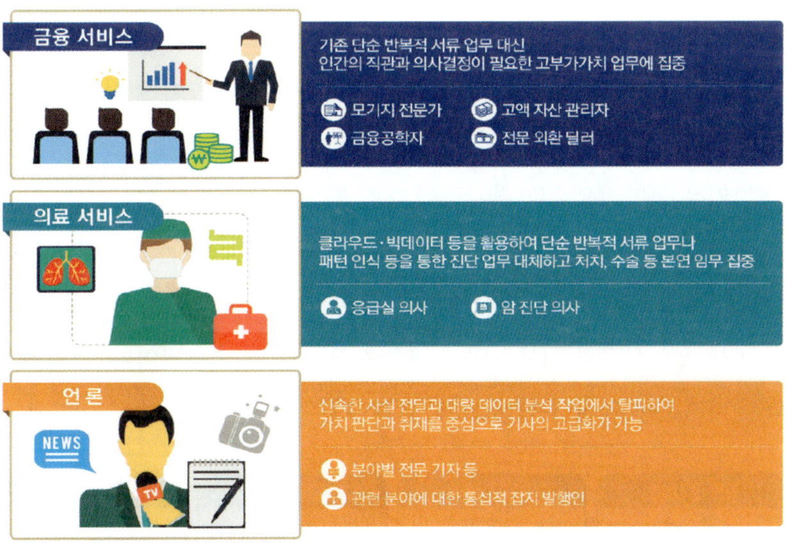

자료 우천식 등(2017)

그림 1-13 더욱 고부가가치화된 직업 사례

직업의 세분화와 전문화

이전의 역사를 통해 알 수 있듯이 경제가 발전하면서 사람들의 삶의 질은 더욱 높아져 왔다. 그에 따라 이전에는 인식하지 못했던 니즈가 부각되었고, 기존의 수요는 더욱 섬세하게 분화되었으며, 소비자의 새로운 니즈는 다양한 새로운 사업과 직업을 만들어 내었다. 미래 사회경제적 변화는 소비자들의 새로운 니즈를 깨닫게 할 것이고 이를 충족시키기 위한 새로운 직업이 출현하게 될 것이다(<그림 1-14> 참조).

예를 들어, 간호사 관련 직업의 경우 국내에서는 10여 개로 분류되는데 비해 미국에서는 30개가 넘으며, 반려동물 관련해서도 우리나라에는 수의사 정도이지만 미국에는 수의사 외에도 동물간호사만 8만여 명에 이른다는 것이다(우천식 등, 2017). 수제맥주 제조전문가와 바리스타의 경우만 보더라도 외국에서는 오래 전부터 있었던 직업이지만 국내에서는 최근에야 전문직업으로 자리잡은 것 등이 그와 같은 사례일 수 있다.

또한, 이와 같은 미래 새로운 직업을 사회 변화추세를 통해 예상해 볼 수도 있다(우천식 등, 2017). 기계가 우리의 삶에 보다 깊이 들어오게 됨에 따라 자동화관련 새로운 직업 출현을 예상해 볼 수 있으며, 고령화사회로의 진입은 필연적으로 고령인력에 대한 돌봄수요 증가와 이를 수행할 새로운 직업이 예상된다. 건강과 삶의 질에 대한 관심 증가는 관련된 업무의 세분화와 전문화 수요가 예상되며, AR/VR, 메타버스의 등장은 이와 관련된 새로운 시장과 전문인력에 대한 수요를 발생시킬 것이다. 환경변화와 에너지분야 역시 주목해 봐야 할 분야일 것이다.

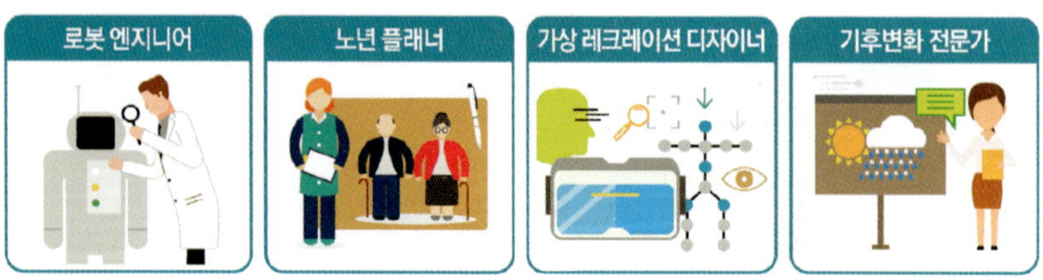

자료 우천식 등(2017)

그림 1-14 직업의 전문화 및 세분화 사례

융합형 직업의 증가

서로 다른 이질적 분야가 결합하면 이전에 없던 새로운 가치를 만들어낼 수 있을 것이라는 아이디어는 융복합, 통섭(統攝, Consilience)이라는 용어를 통해 일반인에게도 이미 널리 알려진 개념이다. 이제 이러한 개념이 직업의 영역에서 새로운 창직의 요소로 영향력을 확대할 것으로 전망된다(<그림 1-15> 참조).

이와 같은 융합형 직업의 몇 가지 사례를 살펴보자(우천식 등, 2017). 어쩌다농부 한상연대표는 직접 농사를 지어 얻은 재료를 요리해 소비자들에게 제공하는 일을 하는 요리사농부라고 자신의 직업을 소개하였다. 요리사와 농부가 융합한 형태의 새로운 직업이다. 테크니컬라이터란 직업도 있다. 글을 쓰는 일이지만 전문 기술, 지식을 요하는 신제품의 사용설명서나 도움말 기능을 일반인들이 이해할 수 있도록 쉽게 쓰는 일을 하는 직업이다. 그 외에도 공학적 지식과 인문학적 지식의 결합을 요하는 사용자 경험 디자이너(user experience designer), 홀로그램전시기획가 등의 직업을 예상해 본다.

자료 우천식 등(2017)

그림 1-15 융합형 직업 사례

과학기술 기반 새로운 직업의 탄생

과학기술의 발전은 지금까지 생각할 수 없었던 다양한 새로운 분야의 직업을 만들어낼 것으로 예상된다(<그림 1-16> 참조). 이제까지 없었던 드론조종사같은 일이 그 예일 것이다(우천식 등, 2017). 미래의 새로운 직업을 상상해 본다면, 사람의 삶의 질 특히 건강, 노화를 극복하기 위한 노력이 유전공학, 생체공학, 기계공학, 전자공학 등의 결합을 통해 시도될 것으로 보인다. 인공장기, 외골격로봇, 생체 모방 로봇 등의 분야에서 활발한 연구개발이 진행되고 있으며, 상용화단계에서 수많은 관련 직업이 새로이 생겨날 것으로 예상된다.

컴퓨터를 비롯한 가상세계가 우리 일상에 더욱 다가오면서 가상세계와 현실세계를 연결하는 다양한 새로운 일거리가 생겨날 것으로 전망되며, 우주여행이 상업화단계에 진입하면서 역시 새로운 일거리를 만들어낼 것으로 예상된다. 기계와 자동화가 인간의 삶에 더욱 다가오면서 최근 자율주행기술의 발전과 함께 자율주행자동차가 사고를 내면 '운전자의 책임인가?', 아니면 '제조사의 책임인가?' 또는 사고에 직면한 상황에서 자동차 소프트웨어는 '운전자를 보호하도록 제작되어야 할까?' 아니면 '피해자가 발생하지 않도록 설계되어야 할까?' 등 이제까지 없었던 사회적 이슈들이 생겨나고 있다. 이러한 문제들을 효과적으로 다룰 전문가들도 필요한 세상이 올 것이다.

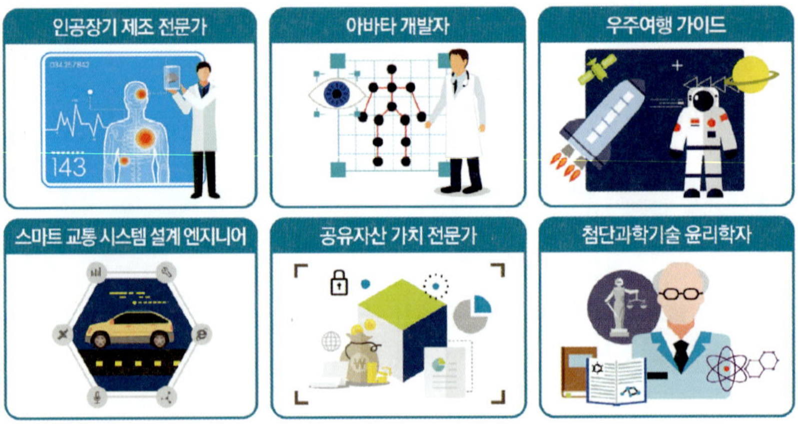

자료 우천식 등(2017)

그림 1-16 새로 등장할 것으로 예상되는 직업 사례

라. 미래 필요역량

앞으로 우리가 살아 갈 세상은 이전에 살았던 세상과 많이 다를 것이다. 이와 같은 새로운 환경에서 지속적으로 경쟁력을 갖출 수 있는가는 우리 각자가 세상의 변화에 얼마나 빨리, 그리고 효과적으로 적응하느냐에 달려있다.

이에 관련하여 우천식 등(2017)은 미래 사회 필요 역량은 어떠한 것들인지에 대하여 연구한 결과를 다음과 같이 미래 3대 필요역량과 11개 세부역량으로 제시하였다.

미래 3대 필요역량

미래 사회에서는 기계와 사람이 서로 어울려 협력하며 살아가게 될 것이다. 그에 따라 미래 사회를 살아갈 사람이 갖추어야 할 역량도 지금과는 많이 달라질 것이다(<그림 1-17> 참조)(우천식 등, 2017).

자료 우천식 등(2017)

그림 1-17 미래 사회 인간에게 필요한 3대 역량

첫째, 기계와 사람 간 분업의 영역이다. 이제 기계들이 지금까지 사람이 해왔던 일들을 더 많이 대신하게 될 것이고, 기계와 사람은 보다 효율적인 방법으로 함께 일하는 방법을 찾아가게 될 것이다. 그 방법은 기본적으로, 기계가 사람보다 더 잘 할 수 있는 일은 기계가 하고, 사람이 기계보다 더 잘 할 수 있는 일은 사람이 하는 것으로 구분 될 것이다. 이렇게 기계가 사람이 하던 일을 더 많이 하게 되면, 사람은 더 많은 여유를 갖게 될 것이고 발생한 여유시간을 보다 가치 있는 일에 사용할 수 있게 될 것이다. 이렇게 사람이 기계보다 더 잘 할 수 있는 일이란, 단순, 반복적이지 않은 문제의 인식과 이를 해결할 창의적 대안을 도출하는 일이다. 이것이 기계가 할 일과 구별되는 사람이 해야 할 사람다운 일인 것이다.

둘째, 기계와 사람 간 협업의 영역이다. 사람과 기계가 공생하려면 불가피하게 서로의 업무가 만나는 접점의 영역에서 협업이 필요하게 된다. 기계를 잘 이해하고, 기계와 소통하며, 기계가 더욱 잘 일할 수 있도록 하는 일이 될 것이다.

이렇게 인간과 공생의 관계에서 기계와 사람 간의 분업과 협업을 위해 필요한 3대 역량인 '획일적이지 않은 문제 인식 역량', '다양성의 가치를 조합하는 대안 도출 역량'과 '기계와의 협력적 소통 역량'이 도출되었다.

요점정리

- 4차 산업혁명의 존재에 대해 여러 논란이 있지만 4차 산업혁명에서 예견된 기술 혁신과 사회경제적 변화는 현재 진행 중이며 앞으로 우리는 4차 산업혁명이 만들어갈 세상에서 살아가게 될 것이다.
- 빅데이터와 인공지능, 이종 기술의 융합 등 혁신적 기술의 발전으로 미래 세상은 초연결, 초지능, 융합화의 관점에서 익숙했던 이제까지의 세상과 다를 것이다.
- 4차 산업혁명의 주요 원인은 기술 혁신과 사회경제적 변화가 모두 중요한 역할을 할 것이며, 주요 기술혁신은 빅데이터와 연산기술(Computation), 사물인터넷(Iot), 인공지능, 기계학습, 로봇공학, 유전 및 생체공학, 신에너지관련기술, 기후변화관리 등의 분야에서 일어날 것으로 예상되며, 주요 사회경제적 변화는 근로환경의 변화, 불평등, 지정학적 불안, 기후변화와 자원고갈, 사이버범죄, 고령화사회, 도시화 등의 분야에서 구조적 변화를 일으킬 큰 압력을 가할 것으로 전망된다.
- 4차 산업혁명은 노동시장과 일자리 환경에도 큰 영향을 미칠 것으로 전망된다. 기계가 더 많이 사람들의 직무를 대신 할 것으로 예상되며, 사람들은 늘어난 여유를 더욱 부가가치가 높은 전문업무를 위해 활용하게 될 것이다.
- 기업은 보다 효율성과 유연성을 추구하며 최소한의 정규직 외에는 프로젝트단위 고용관행이 확산되어 개인의 전문성에 기반한 1인 전문가, 자가고용이 크게 늘어남에 따라 기업은 프로젝트를 매개로 필요한 사람들이 이합집산하는 플랫폼의 역할로 변화하고, 개인들은 언제 어디서나 일하는 유연한 근무 환경이 더욱 확산될 것이다.
- 기계와 자동화가 사람이 하던 일자리를 뺏어갈 것이라는 우려가 많지만 기계가 사람의 일 전체를 대체해 직업 자체가 사라지는 일은 거의 없을 것이다. 단, 기계가 사람이 하던 직무의 더 많은 부분을 담당하게 될 것이다. 따라서, 미래와 직장은 사람과 기계가 공존하는 사회가 될 것이며, 이에 따라 미래 우리의 직업과 업무도 이러한 추세에 맞춰 변화할 것이다.
- 앞으로 살아갈 세상에서 우리에게 필요한 역량은 기계가 대신할 수 없는 사람만의 업무영역에서 더욱 잘 할 수 있는 역량과 기계와 공생하는 사회에서 사람과 기계간의 관계를 더욱 조화롭고 경쟁력 있게 만드는 역량이 될 것이다. 사람의 가치를 높일 수 있는 가장 사람다운 역량으로 문제인식 역량과 대안도출 역량이 더욱 가치를 인정받을 것이며, 기계와의 조화로운 삶을 위해 기계와의 협력적 소통역량이 필요해질 것이다.

연습문제

1 4차 산업혁명의 시대를 열어 갈 주요 기술적, 사회경제적 동인과 4차 산업혁명 시대의 주요 특징에 대해 정리해 봅시다.

2 4차 산업혁명의 시대는 특히 우리의 일자리와 관련된 많은 부정적 전망과 긍정적 전망이 공존하고 있습니다. 이에 대해 여러 분의 생각을 정리해 봅시다.

3 많은 전문가들이 미래 사회에는 사람과 기계가 공존하는 삶을 살아갈 것으로 예상하고 있습니다. 여러 분은 기계와 사람이 공존하는 미래 사회가 어떤 모습일 거라고 생각합니까?

4 우리 각자는 작은 변화를 만들 수 있지만 큰 변화를 거스르기는 어렵습니다. 4차 산업혁명은 우리의 미래에 커다란 영향을 줄 것으로 기대됩니다. 여러 분은 미래의 삶을 위해 어떤 준비가 필요하다고 생각합니까?

참고자료

[1] 김진하, 홍윤미, & 나다영. (2016). *과학기술 분야 미래 일자리 지형 변화 전망 연구*. 한국과학기술기획평가원(KISTEP).

[2] 나무위키. s.v. "메이커." 2022.10. 4 검색. 마지막 수정 2022. 6.10. https://namu.wiki/w/%EB%A9%94%EC%9D%B4%EC%BB%A4

[3] 매일경제용어사전. s.v. "WEF." 2022.10. 4 검색. https://terms.nave

[4] r.com/entry.naver?docId=19137&cid=43659&categoryId=43659

[5] 산업통상자원부. (2017). *산업부가 바라본 4차 산업혁명 코리아루트*. 산업통상자원부. 1-320.

[6] 손병호, 김진하, & 최동혁. (2017). *4차 산업혁명 대응을 위한 주요 과학기술혁신 정책과제. Issue paper,* 4. 한국과학기술기획평가원(KISTEP)

[7] 송성수. (2017). 산업혁명의 역사적 전개와 4 차 산업혁명론의 위상. *과학기술학연구*, 17(2), 5-40.

[8] 시사경제용어사전. s.v. "사물인터넷." 2022.10. 4 검색. https://terms.naver.com/entry.naver?docId=4357092&cid=43665&categoryId=43665

[9] 우천식, 강혜진, 김한준, 김형만, 이승민, 이정동, ... 최수영. (2017). *미래전략보고서 10년 후 대한민국 미래 일자리의 길을 찾다*. 미래창조과학부 미래준비위원회, 한국과학기술기획평가원(KISTEP), 한국과학기술원(KAIST). 경기 고양:도서출판 지식공감.

[10] 위키백과. s.v. "디지털 역량(Digital Dexterity)." 2022.12.20 검색. https://en.wikipedia.org/wiki/Council_of_Australian_University_Librarians

[11] 위키백과. s.v. "러다이트." 2022.10. 4 검색. https://ko.wikipedia.org/wiki/%EB%9F%AC%EB%8B%A4%EC%9D%B4%ED%8A%B8_%EC%9A%B4%EB%8F%99

[12] 장필성. (2016). [EU] 2016 다보스포럼: 다가오는 4 차 산업혁명에 대한 우리의 전략은?. *과학기술정책*, 26(2), 12-15.

[13] 지식경제용어사전. s.v. "유비쿼터스." 2022.10. 4 검색. https://terms.naver.com/entry.naver?docId=302788&cid=50373&categoryId=50373

[14] 한상연. (?). "신규직업, 요리사농부". 농사로. 2022.10. 4 검색. https://www.nongsaro.go.kr/portal/ps/psz/psza/contentSub.ps?menuId=PS65264&cntntsNo=216792

[15] IT용어사전. s.v. "사이버물리시스템." 2022.10. 4 검색. https://terms.naver.com/entry.naver?do

cId=2070864&cid=42346&categoryId=42346

[16] Bersin, J. (2016). The future of work: It's already here — And not as scary as you think. *Forbes*. Retrieved from https://www.forbes.com/sites/joshbersin/2016/09/21/the-future-of-work-its-already-here-and-not-as-scary-as-you-think/?sh=330680994bf5

[17] Chui, M., Manyika, J., & Miremadi, M. (2015). Four fundamentals of workplace automation. *McKinsey* Quarterly, 29(3), 1-9.

[18] Frey, C. B., & Osborne, M. A. (2017). The future of employment: How susceptible are jobs to computerisation?. *Technological forecasting and social change*, 114, 254-280.

[19] G.E. (2016). Here's How Advanced Manufacturing Is Transforming The Factory, https://www.ge.com/news/reports/how-advanced-manufacturing-is-transforming-jobs

[20] Neck, C. P., Houghton, J. D., & Murray, E. L. (2018). *조직행동론*. 서재현, 설현도, 송상호, 이호선(역). 한경사: 서울. (원전은 2017년 출판)

[21] Schwab. K. (2016). The Fourth Industrial Revolution: what it means, how to respond. *World Economic Forum*. Retrieved from https://www.weforum.org/agenda/2016/01/the-fourth-industrial-revolution-what-it-means-and-how-to-respond/

[22] Turner J. (2022). 6 Ways the Workplace Will Change in the Next 10 Years. *Gartner*. Retrieved from https://www.gartner.com/smarterwithgartner/6-ways-the-workplace-will-change-in-the-next-10-years

[23] WEF. (2016). *The Future of Jobs; Employment, Skills and Workforce Strategy for the Fourth Industrial Revolution*. World Economic Forum. 1-167. Retrieved from https://www3.weforum.org/docs/WEF_Future_of_Jobs.pdf

[24] WEF. (2020). T*he Future of Jobs Report* 2020. World Economic Forum. 1-163. Retrieved from https://www.weforum.org/reports/the-future-of-jobs-report-2020/

02 기업가적 대학으로의 전환

1 대학을 향한 사회적 요구의 변화	2 대학 창업교육
3 학생 · 청년 창업환경	

학습목표

- 4차 산업혁명시대 대학에 요구되는 새로운 역할을 이해한다.
- 국내 · 외 대학의 창업교육에 대한 의지와 열정을 살펴본다.
- 우리나라 학생 · 청년의 창업지원 환경에 대해 알아본다.

1 대학을 향한 사회적 요구의 변화

4차 산업혁명을 둘러싼 급격한 기술 혁신과 사회경제적 변화의 메가트렌드는 이미 우리의 삶 전반에 폭넓게 영향을 미치기 시작했으며, 그 영향력은 시간이 지날수록 더욱 커질 것이다. 이는 사회 활동에 참여하는 조직과 개인 등 전체 구성원에게도 변화를 인정하고 적응할 것을 요구하고 있다. 특히, 대학에게는 미래 지식사회 국가경쟁력을 책임질 고등교육기관으로써 앞으로의 국가경쟁력 강화에 기여할 수 있는 미래 인재 양성과 졸업 후 사회에서 활동 중인 성인들이 변화에 대응하여 경쟁력을 유지할 수 있도록 지속적인 자기개발의 기회 제공을 요구하고 있다.

가. 기업가적 대학(Enterpreneurial University)

기업가적 대학

대학은 교육과 연구를 넘어 기업가적 대학으로의 패러다임 전환을 통해 창업 주체로서의 역할이 강조되고 있다. 대학에서는 기업가적 대학의 의미와 구성요소를 이해하고 대학 전반의 기업가적 역량을 키우기 위해 노력해야 한다. 또한 지역창업 활성화를 위한 지역 혁신 창업인재를 양성해야 한다.

– 교육부, 한국연구재단, 한국청년기업가정신재단(2022) –

기업가적 대학의 출현

■ 국가와 지역사회 발전 및 창업 등 기술사업화에 적극 참여

대학의 역할과 관련된 최근의 사회적 요구는 대학의 전통적 역할이었던 교육, 연구를 넘어 국가와 지역사회 발전에 더욱 직접적, 적극적으로 참여하고 기여할 것을 요구하고 있다(교육부 등, 2022).

1990년대 들어 많은 연구자들이 다양한 분야의 더욱 많은 교직원들이 대학과 기업의 긴밀한 협력, 지식의 자본화(Capitalization of Knowledge), 지역경제발전과 산업체 연구원들과의 협력 증대 등에 참여해야 한다고 하였다(Bozeman, 2000). 그 결과, 스탠포드대학과 UC버클리의 기술력과 인재를 중심으로 성장한 '실리콘밸리', 노스캐롤라이나의 '리서치트라이앵글파크'(노스캐롤라이나주립대학, 듀크대학, 노스캐롤라이나대학), 중국의 '중관촌'(칭화대학), 이스라엘 '실리콘와디'(히브리대학, 텔아비브대학), 독일 베를린(베를린대학), 핀란드(알토대학) 등 대학을 중심으로 많은 유명 스타트업 단지들이 조성되었으며, 지역내 창업의 중심 역할을 수행하고 있다(<그림 2-1> 참조)(고두현, 2017; 교육부 등, 2022; 두산백과, ?).

자료 교육부 등(2022)

그림 2-1 선진국 주요 대학의 창업생태계 조성 사례

기업가적 대학이란 정부에 대한 재정의존도를 줄임으로써 스스로의

자주성을 확보하며, 지식의 관련성과 통합성을 인정하고 더 넓은 사회와 지식을 공유하거나 그들로부터 배우겠다는 생각을 받아들이고, 개별 학문분야의 자율성을 보장하면서 기업가적 활동을 가속할 수 있도록 내부 시스템을 정비한다. 또한, 기업가적 대학은 기업가정신을 바탕으로 능동적으로 교육과 연구, 혁신을 촉진하며, 사업화 등 경제적 목표 외에도 교육, 연구 및 기업가적 자본양성 등의 다양한 역할을 수행한다(Gibb & Hannon, 2006).

- 성공적인 기업가적 대학은 적극적으로 창업 생태계 활성화

대학의 역할은 가르치는 대학(Teaching University)에서 연구하는 대학(Research University)으로 그리고 기업가적 대학(Enterpreneurial University)로 변화되어 왔다(<그림 2-2> 참조)(Klein & Pereira, 2020).

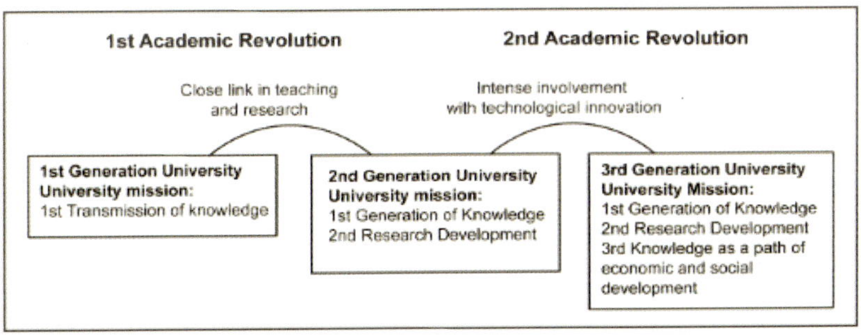

자료 Klein & Pereira(2020)

그림 2-2 대학의 역할 변화(〈표 2-5〉 참조)

기업가적 대학은 재원의 다원화를 통해 경제적 독립성을 확보하여 연구 및 대학 운영의 자율성을 확보하고 기업가적 문화의 확산을 통해 연구성과의 사업화와 나아가 교직원과 학생들의 창업활동을 장려, 지원한다(Clark, 2003).

기업가적 대학의 역할은 특허출원, 자회사설립, 교원과 학생창업 등 대학이 가진 지식과 기술의 이전 활동뿐 아니라 기업가적 사고와 활동, 제도 및 기업가적 자본의 창출을 위한 리더십을 발휘, 제공하는 것이다(Klein & Pereira, 2020에서 재인용)(<표 2-1> 참조).

표 2-1 기업가적 대학의 의미

학 자	정 의
Chrisman et al. (1995)	기업가적 대학이란 대학 교직원 또는 학생이 새로운 기업을 창업하는 것을 의미한다.
Kirby (2002)	기업가적 대학은 혁신하고, 기회를 인식/창조하며, 팀으로 활동하고, 위험을 감수하며 문제에 도전할 수 있는 역량을 가진다.
Jacob, Lundqvist, & Hellsmark (2003)	기업가적 대학은 개인교육과정, 자문서비스와 관련 활동의 상업화(Commercialization)와 특허, 스타트업의 상품화(commoditization)에 기반한다.
Audretsch et al. (2012)	대학의 역할은 특허출원, 자회사설립, 교원과 학생창업 등 대학이 가진 지식과 기술의 이전 활동뿐 아니라 기업가적 사고와 활동, 제도 및 기업가적 자본의 창출을 위한 리더십을 발휘, 제공하는 것이다
Melo (2014)	기업가적 대학의 개념은 생산된 지식의 변환과 경제적, 사회적 가치의 통합 관점에서 취하는 대학의 주도적 입장을 의미한다. 성공적 성과는 진화하는 사회 속에서 내·외적 환경변화에 대한 능동적 적응 활동에 기반한다.
Guerrero-Cano, Urbano, Cunningham, & Organ (2014)	기업가적 대학의 특성은 졸업생들을 미래 구직자로만이 아닌 미래 창업자로 간주하며 교육활동 내용에 이와 같은 관점을 반영한다.
Trippl, Sinozic, & Smith (2015)	대학들로 하여금 지역발전을 촉진하고, 특허를 출원하고 사용권을 제공하며, 대학 내 여러 학문분야에서 생산된 지식들을 산업과 시장에서 더욱 쉽게 제품과 생산공정에 적용할 수 있게 돕는 연구활동을 하는 모델이다.
Etzkowitz (2017)	기업가적 대학은 대학에서의 경제적 발전을 학문적 활동의 하나로 강의 및 연구와 통합한다. 대학을 지식의 사용자와 더욱 강력하게 연계하게 하 고 대학 스스로 경제적 활동의 주체로 정립하는 등 대학에 부여된 새로운 역할의 핵심은 바로 '지식의 자본화'이다.

자료 Klein & Pereira(2020) 재구성

- 교수와 학생 등 구성원들의 창업 장려 및 체계적 지원시스템 구축

국내·외 저명한 성공한 기업가들 중 상당수가 대학 또는 청년시절 창업을 경험하고, 그와 같은 경험을 기반으로 글로벌 기업을 창업, 성장시켰다. 이들은 이전에 없던 새로운 아이디어를 기반으로 사업을 성장시킴으로써 새로운 산업 생태계를 창조하며 국가 경제발전과 지역 일

자리 창출에 크게 기여하고 있다. 스티브 잡스(애플), 마크 저커버그(페이스북), 빌 게이츠(마이크로소프트), 래리 페이지(구글), 트레비스 칼라닉(우버), 김범석(쿠팡), 신현성(티켓몬스터) 등이 대학시절 창업한 사례이다.

교수들이 창업한 사례도 있다. 이스라엘의 영상인식기반 첨단운전보조시스템(ADAS: Advanced Driver Assistance System)을 세계 최초로 개발한 '모빌아이(Mobileye)'는 이스라엘 히브루대학의 암논 샤슈아(Amnon Shashua)교수가 창업한 회사로 ADAS는 차량에 부착된 센서가 물체를 인식해 이상 상황을 경고해주는 장치로 자율주행차기술의 핵심기술이다. 2014년 50억 달러에 나스닥 상장하였으며, 2017년 153억달러에 인텔에 인수되었다(권성희, 2017). 글로벌 유전자분석업체인 '일루미나(iLLumina)'의 핵심기술인 비드어레이기술(Bead Array Technology)은 미국 터프츠(Tufts)대학에서 개발되었다. 독점사용권을 획득한 후 회사를 설립, 세계적 기업으로 성장하였으며, 유전체의학의 가능성을 넓혀가고 있다. 2022년 노벨생리학상을 수상한 스반테 페보박사의 성과도 유전체 분석기술의 발전에 힘입은 결과이다(대신증권, 2020).

국내에서도 교수들의 창업사례가 늘고 있다. 서울대 수의대 강경선교수(강스템바이오텍), 서울대 의대 박성회교수(다이노나), 서울대 화학과 김진수교수(툴젠), 하버드대 김성우교수(나노바이오시스), 이화여대 생물학과 천종윤교수(씨젠) 등이 각 분야의 전문기술을 바탕으로 창업 하였다(김우섭, 2015).

기업가적 대학의 구성요소

기업가적 대학을 규정하는 요소에 대해서는 여러 의견들이 있지만 대체로 대학의 전통적 역할이었던 교육, 연구활동에 부가적으로 기업가정신을 발휘하기 위한 내·외적 역량의 구축 및 확보와 관련된 요인들이 제시되고 있다.

■ 기업가적 대학의 구성요인

EC-OECD(2012)는 기업가적 대학의 구성요인으로 다음의 7가지를 제시하였다(<그림 2-3> 참조).

- 리더십과 대학지배구조 : 기업가정신이 대학 전략의 주요한 부분을 차지하고 있는지, 기업가적 전략의 실행에 대학 고위관리자들이 책무를 다하는지, 대학 전반에서의 기업가적 활동들을 연계하고 통합하기 위한 모델을 갖고 있는지 등
- 조직 역량(사람과 보상) : 대학의 기업가적 활동 목표들이 다양한 소스의 재정지원을 받고 있는지, 기업가적 활동에 대한 지속가능한 재정지원 전략을 갖고있는지, 기업가적 태도, 행동, 경험을 가진 사람들에게 채용과 참여 기회가 열려있는지 등
- 교육과 학습분야의 기업가적 개발 : 기업가적 마인드셋과 기술의 개발을 지원하고 촉진할 수 있는 구조를 갖고 있는지, 전 부서의 교직원들은 교육을 하거나 교육과 학습에서 다양성과 혁신을 촉진하기 위한 기업가적 방법론을 갖고 있는지, 기업가적 학습성과에 가치를 부여하는지 등
- 기업가 육성 경로 : 전체 교직원과 학생들에게 기업가적 능력개발의 가치와 중요성을 알려주고 있는지, 전 구성원들에게 기업가정신을 갖도록 장려하는지, 기업가정신을 경험할 수 있는 기회를 제공하는지 등
- 산학, 지식교환을 위한 외적 관계 : 산업, 지역사회, 공공부문과 협력 및 지식교환의 책무를 수행하고 있는지, 광범위한 이해관계자들과의 협력 및 연계활동에 적극적으로 참여하는지, 역동적 지식교환 기회를 만들기 위해 창업보육자(Incubators), 사이언스파크 등 외부 기관들과 강한 협력관계를 갖고 있는지 등
- 국제적 기구로써의 기업가적 대학 : 국제화가 대학 기업가적 전략의 핵심내용인지, 교직원과 학생들의 국가간 교류를 적극 지원하는지, 국제적, 기업가적 직원을 채용하고 유인하는지 등

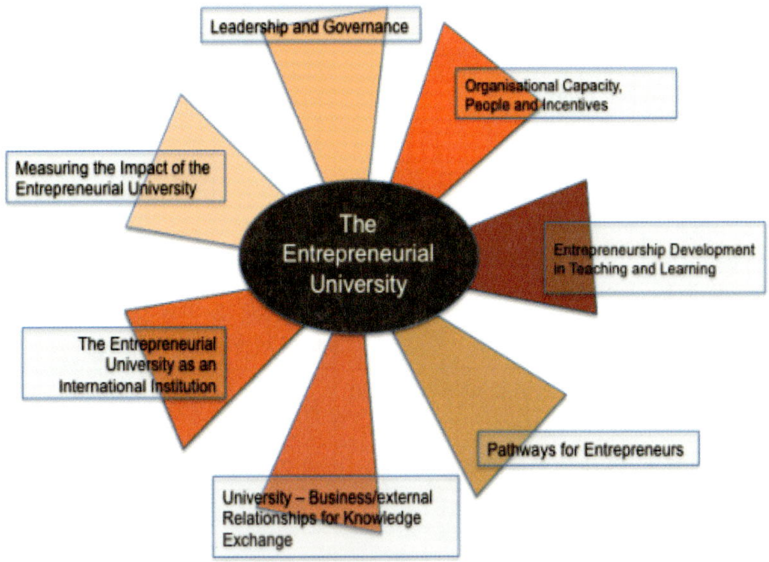

자료 EC-OECD(2012)

그림 2-3 기업가적 대학의 프레임워크

- 기업가적 대학 성과 측정 : 기업가적 전략의 효과를 측정하고 전략은 변화를 반영하는지, 대학 전반의 기업가적 교육과 학습에 대한 참여 수준을 측정하는지, 정기적으로 기업가적 교육과 학습의 효과를 측정하는지 등

■ 상아탑 대학 vs. 기업가적 대학의 비교

에츠코비츠 등(Etzkowitz et al.)(2018)은 기존의 상아탑 대학(Ivory Tower University)과 기업가적 대학(Entrepreneurial University)의 특성을 12가지로 나누어 비교하여 차이점을 설명하였다(<표 2-2> 참조). 기업가적 대학의 주요 차이점을 보면 상아탑 대학에 비해 개방적이고 호혜적 협력관계 구축에 적극적이며 대학 내·외부의 다양한 이해관계자들과 더욱 긴밀한 관계를 통해 변화에 능동적으로 대응하면서 지역사회와 산업 등 대학 외부의 관계자에 기여하고자 하는 책임감을 갖는다는 점 등이다.

표 2-2 상아탑대학과 기업가적 대학 간 비교

구분	상아탑대학	기업가적 대학
대학-사회 관계	사회와 분리	외부사회에 개방과 봉사
공간	캠퍼스	캠퍼스 내/외부
지식생산 목표	지식생산 그 자체	생산된 지식의 다양성
연구	두서없는 기초연구	연구 방향에 대한 다양한 정보원
지식관련 의도	유용한 지식의 우연한 창출	유용한 지식의 추구
기술과 혁신의 이전	조직적 기술이전 및 기업형성 역량 부재	창업 촉진을 위해 창업보육자와 통합된 기술이전부서 운영
학과목 구성	기본단위로 학제기반 학과구성	학과와 다학제센터 병행
이해관계자	내부 이해관계자	내·외부의 다양한 이해관계자들
업무범위	학술활동에 편중	산업, 정부 등 다양한 분야
자금지원에 대한 인식	권리로 인식	획득해야 할 교환의 대상으로 인식
존재목적	자체 지속 가능성을 위한 운영	지역발전에 대한 주요한 역할 포함
마인드셋	학문적 마인드셋	기업가정신 겸비

자료 Etzkowitz et al.(2018)

나. 지역발전을 위한 대학의 역할 확대

지역혁신의 주체로써 대학의 역할 확대

코로나 19로 인한 전 세계적 팬데믹 현상으로 광역의 인적·물적 이동이나 교류가 제한되면서 도보로 이동가능한 범위 내의 지역생활권이 중심이 된 로컬택트(Localtact)의 새로운 문화가 형성되었다.

- 로컬택트(Localtact)시대의 도래와 새로운 비즈니스 기회의 등장

  코로나로 인해 물리적 원거리 이동이 제한되면서 일상의 생활이 오프라인에서 온라인으로, 사무실, 사업장, 마트에서 집으로, 도심 또는 지역중심의 번화가에서 주택인근의 지역으로 삶의 공간이 이동하고, 이 과정에서 온택트(Ontact: 온라인을 통한 교류, 상호관계), 홈택트(Hometact: 일과 여가를 집에서 함께), 로컬택트(Localtact: 자택인근 지역중심 일상생활 및 관계형성)의 3택트 문화가 형성되었다.

생활권 중심으로 지역 정체성과 사회적 연대에 기반한 다양한 지역 이해관계자들이 함께 공동체사회를 만들어가는 개방적이고 다양한 형태의 지역사회 커뮤니티가 형성되면서 새로운 사업 기회를 모색할 수 있는 환경을 제공하고 있다.

- 로컬택트(Localtact)시대, 지역혁신의 중추적 역할 기대

OECD(2015) 지식트라이앵글 관점에서 대학은 혁신, 연구, 교육의 세 축 모두에 참여할 뿐 아니라 각 분야 모두에서 중추적 역할을 담당하고 있어 지식의 형성에 중요한 기여를 하고 있으며, 로컬택트 문화의 형성과 발전단계와 지식기반 경제가 더욱 확산되는 상황에서 지역사회 문제해결을 위해 대학이 더욱 더 적극적인 참여와 기여가 요구된다(<그림 2-4> 참조)(김형주 등, 2016).

지식트라이앵글

지식의 형성을 연구, 교육, 혁신의 상호작용을 기반으로 한 시스템적 과정으로 이해하는 개념적 도구. OECD에서 연구, 교육, 혁신분야 정책의 통합적 접근 필요성을 제기하는 의제로 활용

OECD(2015)

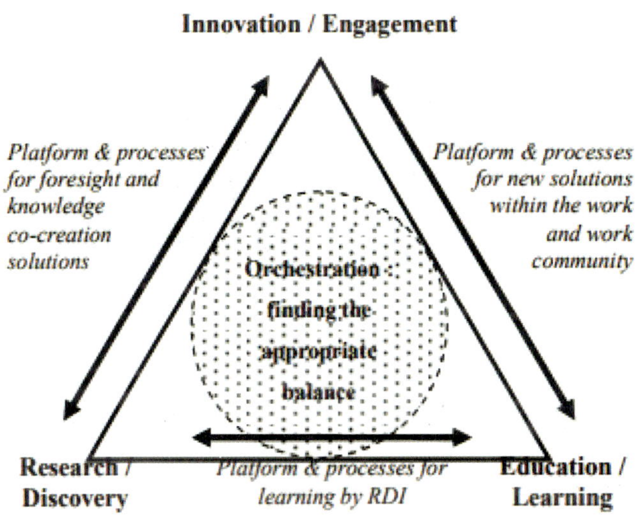

자료 OECD(2015)

그림 2-4 지식트라이앵글(Konwledge Triangle)

지역문제 해결을 위한 '지역혁신 창업인재' 양성기지 역할

- 지역중심 다양성과 창의성에 기반을 둔 지역혁신 창업인재 육성

지역혁신 창업인재는 지역의 차별적 가치창출과 지역사회의 변화를 선도하는 로컬 체인지메이커(Local Changemaker)와 달리 지역의 전

지역혁신 창업인재

각 지역의 다양성과 창의성에 기반하여 지역경쟁력 강화를 위하여 지역의 문화자원과 특성에 혁신적 기술과 아이디어를 결합하여 지역사회의 발전을 주도하고 견인하는 창업자.

교육부 등(2022)

통적 문화자원과 특성을 기반으로 지역사회의 가치를 재창출하며, 창업을 통해 경제적 수익을 창출한다.

또한 지역혁신 창업인재는 혁신적 아이디어와 4차 산업혁명의 신기술을 활용한 창업을 지향하는 인재로 사회적 활동에 중점을 두는 지역혁신가와 달리 창업에 목표를 둔다(<그림 2-5> 참조)(교육부 등, 2022).

[정의] '지역의 자연환경, 문화적 자산을 소재로 창의성과 혁신을 통해 사업적 가치를 창출하는 창업가'

- 지역혁신 창업인재는 지역 고유의 특성과 자원을 기반으로 혁신적인 아이디어를 접목하여 지역경제 활성화에 기여하는 창업가로 7대 유형의 비즈니스모델로 분류

※ ① 지역가치, ② 로컬푸드, ③ 지역기반제조, ④ 지역특화관광, ⑤ 거점브랜드, ⑥ 디지털문화체험, ⑦ 자연친화활동

[지역혁신 창업인재 유형 분류표]

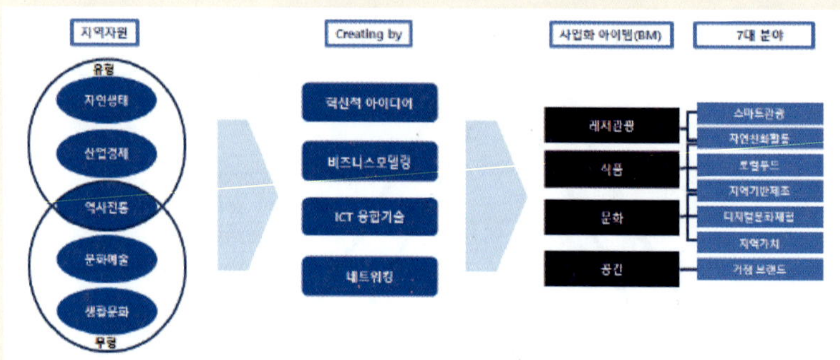

[요건]

① 지역의 유 · 무형자원(역사전통, 문화예술, 자연생태, 생활문화, 지역특산물 등)을 기반으로 창의적인 아이디어를 제시하는 자

② 지역의 자원과 특성을 활용하여 혁신적인 비즈니스모델 수립을 통해 창업하는 자

③ 지역의 자원과 특성을 활용하여 나타난 성과를 지역에 환원하여 지역경제 활성화에 기여하는 자

❖ 자료출처 : 중기부 보도자료(2021)

자료 교육부 등(2022)

그림 2-5 지역혁신 창업인재의 개념

■ 해당 지역 청년 중심 지역혁신

지역혁신은 해당 지역에서 활동하는 청년들이 주체가 되어야 하므로 각 지역의 대학이 주도적으로 미래 지역사회를 이끌어갈 '지역혁신 창의인재'를 육성하는 것이 필요하다.

실제 지역의 청년 창업가들의 창의적 발상을 통해 지역경제 활성화와 발전에 기여하고 있다.

- (사례) 양양 서퍼비치 : 일반인 통제구역이었던 군사지역에 이국적 분위기의 서핑전용 해변을 조성하고 축제를 열어 국내·외 관광객 유치에 성공, 지역경제 활성화에 크게 기여하고 있다.

정부도 청년 지역혁신 창업인재들이 보다 활발하게 활동할 수 있도록 다른 지역과의 협업, 교류를 적극 지원하며 멘토링, 투자유치 등 청년 창업 활성화 차원의 특화프로그램을 운영하여 지역경제 활성화를 위해 지원하고 있다.

2 대학 창업교육

미국 실리콘밸리, 이스라엘 실리콘 와디, 중국 중관촌, 독일 베를린 등 주요 선진국의 성공적 창업생태계 조성사례를 보면 그 중심에서 대학이 중요한 역할을 하고 있음을 알 수 있다. 대학은 창업생태계 내에서 전통적 교육과 연구개발 뿐 아니라 직·간접적으로 창업에 참여하며, 이러한 혁신적 벤처창업가들이 공간적으로 활동하고 협력하는 첨단혁신산업의 중심지 역할을 수행한다. 우리나라에서도 침체된 지역경제의 활성화가 주요한 사회적 화두로 떠오르면서 지역 대학의 역할이 재조명받는 이유도 이러한 선례들에 근거하고 있다고 볼 수 있다.

우리나라도 대학을 중심으로 한 혁신 창업생태계의 조성 및 활성화를 위해 테크노파크(산업기술단지), 산학융합캠퍼스, 캠퍼스혁신파크 등 여러 사업을 추진하고 있으나 아직까지 우리 대학들의 리더십과 성과는 많이 부족한 상황이다. 그럼에도 불구하고 4차 산업혁명의 거대한 변화에 대응하고 이를 기회로 삼아 미래 신산업생태계의 주역이 되기 위해서는 역시 대학을 중심으로 한 건강하고 활기찬 창업생태계의 조성이 반드시 필요하다(구자억, 김숙이, 2020; 문미성, 2019).

주요 선진국과 우리나라의 창업교육 발전상황에 대해 간략히 살펴보도록 한다.

가. 미국대학의 창업교육

연방차원에서 진행되는 미국의 기업가정신 교육은 백악관 과학기술정책실(OSTP)에서 주관하는 STEM(Science, Technology, Engineering, Mathematics)교육의 일환으로 추진하는 '기업가정신교육프로그램'과 중소기업청(SBA)이 진행하는 '소기업 창업교육 계획'을 살펴볼 수 있다. STEM교육은 연방의 여러 관계부처가 공동으로 참여하는 교육프로그램으로 3대 전략목표에 '혁신 및 기업가정신 교육의 발전'이 담겨있다. SBA의 중장기 전략은 '건강한 기업가적 생태계 구축'을 목표로 '기업가적 교육계획'과 '청년기업가 과정' 등의 교육 사업을 진행하고 있다(김주미, 2019).

미국 대학의 기업가정신 교육은 1947년 메이스(Mace, M.) 교수가 하버드대학 MBA 과정에 창업기업경영(Management of New Enterprises) 과목을 개설한 것을 시작으로 1953년 드러커(Drucker, P.)가 뉴욕대학교에 창업과 혁신(Entrepreneurship and Innovation) 강좌를 개설하였다. 이후 1954년 스탠포드 대학에 그리고 1958년 MIT 대학에 각각 기업가정신(Entrepreneurship) 과정이 생겨났다.

1960년대 말부터는 본격적인 창업 교육이 이루어져서 1967년 근대화된 창업교과과정이 스탠포드와 뉴욕대학의 MBA과정에 생기게 되었다. 또한, 현재 창업교육으로 특화되어 명성을 누리고 있는 뱁슨대학(Babson College)이 1968년 처음으로 학부에 창업 세부전공을 개설하였다(<표 2-3> 참조)(이우진, 김용태, & 황보윤, 2013).

표 2-3 미국 창업교육 주요 연대기

연도		내 용
1950년 이전	1946년	· 하버드대학에 슘페터(Schumpeter)와 콜(Cole)이 창업연구 센터 설립
	1947년	· 하버드대학 마일즈 메이스 교수가 최초로 MBA 창업강좌 개설
1950년대	1951년	· 창업교육을 지원하는 콜만재단 설립(Coleman Foundation)
	1953년	· 미국 중소기업청 설립 (SBA)
		· 뉴욕대학 피터 드러커(Peter Drucker)교수 창업과 혁신 과목 개설
	1954년	· 스탠포드대학에 MBA 창업 강좌 개설
	1958년	· MIT 바우만(Dwight Bauman)교수 창업 강좌 개설
1960년대	1967년	· 스탠포드대학과 뉴욕대학에 근대화된 MBA 창업 강좌 개설
	1968년	· 뱁슨대학 학부과정에 창업 세부전공 개설
1970년대	1970년	· 서던 메쏘디스트(Southern Methodist)대학 최초 창업교육 센터 개설
	1971년	· 서던 캘리포니아 대학에 MBA 창업 세부전공 개설
	1972년	· 서던 캘리포니아 대학에 학부 창업 세부전공 개설
	1974년	· 매니지먼트학회(Academy of Management) 창업분과 설립 (칼 베스퍼)
	1975년	· 칼 베스퍼(Karl Vesper), 창업 교과목 개설 104개 대학 발표
	1976년	· 앙터프레뉴어(Entrepreneur) 잡지 창간
1980년대	1982년	· 일리노이 대학 마케팅 학과에 창업과정 개설
	1983년	· 뉴멕시코 대학 공과대학에 창업학과 개설
	1986년	· 마이애미대학(University of Miami) 전국 최초 사업계획서 경진대회 개최
		· 칼 베스퍼(Karl Vesper), 창업 교과목 개설 253개 대학 발표

자료 이우진, 김용태, & 황보윤(2013)

나. 유럽대학의 창업교육

EU는 1999년 역내 대학들의 경쟁력 향상과 단일 고등교육제도 도입을 위한 볼로냐 프로세스(Bologna Process)를 출범하여 회원국 대학생들에게 기업가정신 확산과 기업가적 태도, 지식 및 기량 향상에 상당한 기여를 하고 있다(안웅, 2014 재인용). EU차원의 단일 대학교육제도가 마련되기 전에는 대학생, 연구원 및 교수들의 대학 간 인적교류가 제한적이었으나, 볼로냐 프로세스 이후 대학생들이 다른 회원국 대학에서 교육 및 훈련을 받고 새로운 아이디어 창출 및 우수한 선진 사례 경험 기회가 증가하였고,

학생들의 회원국 간 이동성(mobility) 증가로 혁신, 지식 공유 및 상호협력이 배가되는 효과를 보고 있다.

EU대학 기업가정신교육의 주요 목적은 기업가정신과 기업가적 능력 함양에 두고 있다. 기업가정신교육 프로그램의 운영목적은 학생들에게 기업가적 인식과 동기를 부여하고, 창업과 성장에 필요한 기량을 훈련시키며, 비즈니스 기회를 포착하는 기업가적 능력을 개발시켜 졸업 후 창업하도록 지도하는 것이다(안웅, 2014 재인용).

프랑스, 그레노블대학

프랑스 남동부 론 알프스 지방에 위치한 그레노블 대학(Universite Pierre Mendes)은 프랑스 창업지원 모범대학으로 인정받고 있다(김진택, 2016). 그레노블대학은 2004년부터 교내에 창업지원을 위한 '기업가의 집(Maison de l'Entrepreneuriat)'을 설치하여 론 알프스지방의 산업특성(전기 전자, 로직스, 기초과학 응용분야)을 고려한 창업 지원 프로그램을 선도적으로 운영하였다(<표 2-4>참조)(Université Grenoble Alpes, 2022).

표 2-4 그레노블 대학 PEPITE의 학내 창업지원 목표 및 전략

연도	· PEPITE 및 협력사가 제공하는 기업가정신프로그램 홍보 · 학생들의 기업가정신 인식수준 제고 및 기업가적 경험 창출 · 프로그램 운영을 통해 학생 및 학생기업가 교육 및 기업가적 기술 개발 · 학생기업가 역량 및 사업아이템에 따른 맞춤형 지원 · 기업가정신 활성화 및 학생기업가 및 동문 커뮤니티 활성화
목표	· 기업가정신에 관심 인력 확대 · PEPITE제공 서비스에 대한 접근성 향상과 학생창업가 지원프로그램 제공 · 기업가정신 관심 학생 및 학생기업가 자격보유자 규모 확대

자료 Université Grenoble Alpes(2022)

그레노블 대학은 재학생과 교직원들의 비즈니스 및 창업에 대한 관심을 높이기 위해 학부와 석사과정에서 다양한 강의, 강좌를 개설하여 폭넓고 다양한 학습 기회를 제공하고 있다. 비즈니스 전략, 마케팅, 기업 조직과 경영 등 기업운영 기본지식의 함양과 함께 기술혁신, 창조, 시장에 대한 입문 강의를 매 학기 제공하고 있으며, 학생들이 직접 창업 프로젝트를 설

계하여 경험을 쌓을 수 있는 창업 실습 강좌를 2학기에 걸쳐 제공한다. (김진택, 2016).

다. 아시아대학의 창업교육

중국, 칭화대학

중국은 개혁개방 초기인 1980년대부터 구체적인 창업교육 확산계획을 수립, 추진하였다. 창업교육 도입 배경은 청년실업 해결을 위한 이유가 가장 컸다고 할 수 있다. 중국 대학의 창업교육은 1997년 칭화대학(淸華大學)의 '창업계획경진대회'가 출발점이 되었다. 2002년 정부차원에서 지역별 창업교육 시범대학을 선정하여 칭화대, 베이징항공항천대, 중국런민대, 상하이교통대, 시안교통대, 우한대, 헤이룽장대, 지난재경대, 시베이공업대의 9개 대학이 시범대학으로 선정되었다. 2004년 37개 대학의 창업교육 과정을 도입하고 이를 학점으로 인정할 수 있게 하였고, 2012년부터 전체 대학에 창업관련 교과를 개설하도록 하였다. 2015년 중국 경제개혁 주요 목표의 하나로 창업활성화가 대두되면서 창업교육이 더욱 관심을 받게 되었다(구자억, 김숙이, 2020).

최근 중국정부는 '신창타이(新常態)', 뉴 노멀시대에 대응하여 질적 성장으로의 전환을 추진하며, 청년실업 해결과 신성장 동력 발굴을 위해 2014년 리커창(李克强) 총리는 '대중창업, 만중창신(大衆創業, 萬衆創新: 전국민의 창업 및 혁신적 아이디어 창출)'을 모토로 창업생태계를 더욱 강화하고 있다(구자억, 김숙이, 2020).

칭화대는 대학에서 기업을 운영해 수익도 창출하고 인재도 키우는 독특한 산학협력 방식과 시스템을 구축하고 있다(백서인, 2017). 대학 내에서 연구집단과 테크노파크, 창업자가 함께 교직원과 학생 창업을 지원하고, 직접 출자하며, 기업은 대학의 인재와 연구시설을 활용하고 발생한 수익을 대학에 환원하는 형태이다.

칭화대 산학협력체계의 중심에는 X-lab이 있다. 칭화대학 X-lab은 MIT 미디어랩과 스탠포드 창업인큐베이터를 벤치마킹하여 학내에 설립된 창업지원을 위한 종합 교육 및 인큐베이팅 공간으로 2013년에 설립되었다. X-lab은 운영된 지 1년 만인 2014년 400개 이상, 2016년까지 600개 이상의 벤처기업을 배출하였다(백서인, 2017).

일본, 도쿄공업대학

일본은 오랜 연구중심 풍토와 구성원들의 성실함에서 경쟁력이 있지만 창업과 관련해서는 많은 한계를 보이고 있다.

일본정부는 창업을 지원하기 위해 START프로그램을 도입하였으며, 이는 대학 및 연구기관이 보유한 기술과 벤처캐피탈을 연계하여 사업화를 촉진하기 위한 프로그램으로 기술위주의 사업화에 초점을 맞추고 있어 중국의 전 방위적 창업지원정책과 다르며, 싱가폴의 집중적 비즈니스모델 개발과도 차이를 보인다.

도쿄공업대학은 일본 최고 이공계 연구중심대학으로 연구개발 학풍을 중시하는 120여년 전통의 공과대학이며 일본 최고의 연구 환경과 자원을 보유하고 있다. 한때 아시아 연구중심대학의 롤 모델이었으며, 현재는 일본에서 글로벌화와 개혁에 가장 적극적인 대학 중 하나이다. 전체 재학생의 10%인 약 1,000명이 해외 유학생으로 일본 국립대학 중 가장 많은 유학생이 재학하고 있으며, 2014년 MIT와 파트너십을 체결하였고, 2010년부터 칭화대, KAIST와 공동학위 수여, 공동연구 프로그램을 운영하는 등 개혁과 국제화에 주력하고 있다(백서인, 2017).

이와 함께 벤처육성에도 관심을 집중해 요코하마분교에 벤처플라자를 설립, 지난 8년간 71개의 벤처를 육성해 내었다. 또한 기업과의 공동 연구를 적극 추진하여 '기술지원(Technology Assistance)', '기술자문(Technology Consultation)' 등의 프로그램을 통해 기술사업화 촉진과 산업기술 완성도 제고에 기여하고 있는데, 2013년 한 해에만 440건의 공동연구를 수행하여 15억 8,000만엔(약 160억원)의 연구비를 유치했으며, 이를 통해 기술료, 기술이전, 특허 등 탁월한 부대 성과를 창출하고 있다(백서인, 2017).

라. 우리나라 대학의 창업교육

우리나라는 '80년대 초 대학에서 창업강좌를 개설하기 시작하였으며, 이후 '80년대 말부터 본격적으로 창업강좌가 확대되었다. 국내 대학 중에는 아주대학교, 동국대학교, 한국과학기술원이 초기에 창업강좌를 개설하였으며 '89년과 '90년 사이에 많은 대학에서 창업강좌가 개설되었다(<표 2-5> 참조)(박춘엽, 1993; 이우진 & 황보윤, 2015).

표 2-5 국내 창업 주요 연대기

연도	내 용
1970년대	1978년 : 한국중소기업학회 설립
1980년대	1983년 : 아주대학교 용세중 교수 창업강좌(중소기업론) 개설 1987년 : 동국대학교 박춘엽 교수 창업강좌(타당성분석) 개설 (Park, 1993) 1988년 : 지역산업연구에서 중소기업 관련 논문 처음 게재
1990년대	1992년 : 28개 대학에서 창업 교과목 개설 (Han & Lee, 1998) 1995년 : 숭실대학교 중소기업학과 국내 최초 개설, 벤처기업협회 (Korea Venture Industry Association) 설립 1998년 : 한국창업정보학회 설립 (현재 활동 없음) 1999년 : 숭실대학교·호서대학교 창업관련 전공 개설
2000년 이후	2001년 : 한국벤처학회 설립 2003년 : 한국창업학회 설립 2004년 : 중소기업청 지원 5개 창업대학원 설립(중앙대, 호서대, 한밭대, 진주산업대, 예원예술대) 2005년 : 75개 대학에서 창업 교과목 개설 (Han, 2007) 2006년 : (사)한국벤처창업학회 설립, 호서대학교 창업교육센터 설립, 사단법인 사회적기업연구원 설립 2007년 : 사회적기업 육성법 제정, 중앙대학교 창업학 박사과정 국내 최초 개설 2010년 : 숙명여자대학교 앙트러프러너십 전공 개설, 한국청년기업가정신재단(KEF) 설립 (중소기업청) 2011년 : 사단법인 한국창업지도사협회 설립 2012년 : 교육과학기술부 61개 대학에 창업교육센터 설립, 호서대학교 창업학부 개설(창업, 기술경영, 디지털 비즈니스 전공) 2013년 : 새 정부 창조경제(Creative Economy) 국정목표 발표 / 대학창업교육 5개년 계획 발표 (교육부, 미래창조과학부, 중소기업청) 2014년: 중소기업청 지원 5개 창업대학원 추가 설립(국민대, 연세대, 계명대, 성균관대, 부산대)

자료 이우진 & 황보윤(2015)

국내에서 창업에 대한 관심이 늘어난 것은 1986년 '중소기업 창업지원법'의 제정이 계기가 되었다. 이후 정부는 창업지원 프로그램 운영, 대학 창업교육 경비지원, 창업절차 간소화 규정을 통해 중소기업 창업을 촉진하기 시작하였다. 이로 인해, 창업투자회사, 창업투자조합 등 각종 기구들의 설치와 창업기업의 저변 확대가 본격적으로 이루어지기 시작했다(이우진 & 황보윤, 2015).

대학 창업교육이 확산되면서 1992년 총 28개의 창업교과목이 개설되었고, 2012년에는 교육부주관으로 전국 61개 대학에 창업교육센터(창업강좌 974건)를 설치하면서 창업강좌가 교양, 전공, 실습과목 등으로 급격히 증가하였다.

이후 우리나라 정부의 창업교육 노력은 더욱더 체계화하기 시작하여, 실질적인 성과창출을 위한 노력을 다각도로 전개하여 정부 관계부처 간 역할에 따라 개별적으로 시행되던 지원프로그램을 통합, 운영하며 창업지원 효과를 제고하기 위해 노력하였다. 그 일환으로 2013년에는 교육부, 미래창조과학부와 중소기업청이 합동으로 '대학 창업교육 5개년 계획(2013~2017)'을 발표하면서 체계적으로 대학창업 활성화를 추진하기 위해 8개 분야 51개 과제를 수립, 시행하였다(<그림 2-5> 참조)(교육부, 미래창조과학부, 중소기업청, 2013).

1차 대학창업 5개년 계획의 실행 성과에 대한 평가와 반성을 통해 2017년 관계부처 합동으로 '대학발 창업 활성화 방안'과 '혁신창업 생태계 조성 방안'을 연달아 발표하였고(<그림 2-6 참조>)(관계부처 합동, 2017a, 2017b), 그 결과를 종합하여 2018년에는 '제2차 대학 창업교육 5개년 계획(안)(2018-2022)'을 발표하여 우리나라 대학 창업교육의 고도화를 위해 총 10개 분야에서 32개 과제를 도출, 사업을 추진하고 있다(<그림 2-7> 참조)(관계부처 합동, 2018).

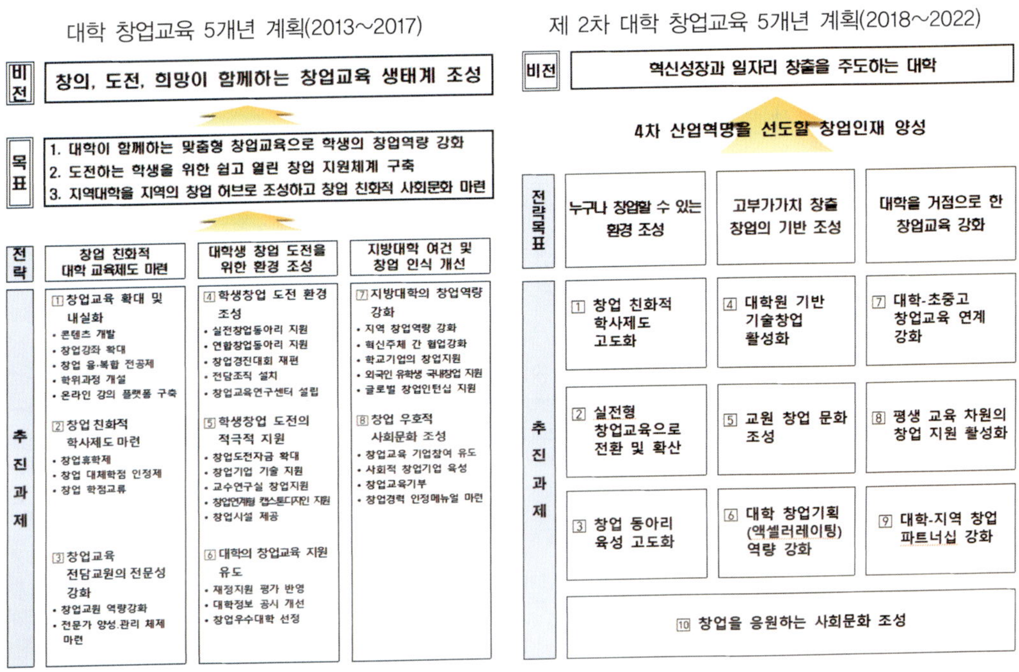

자료 교육부, 미래창조과학부, 중소기업청(2013), 관계부처합동(2018)

그림 2-6 제 1차 및 2차 대학 창업교육 5개년 계획

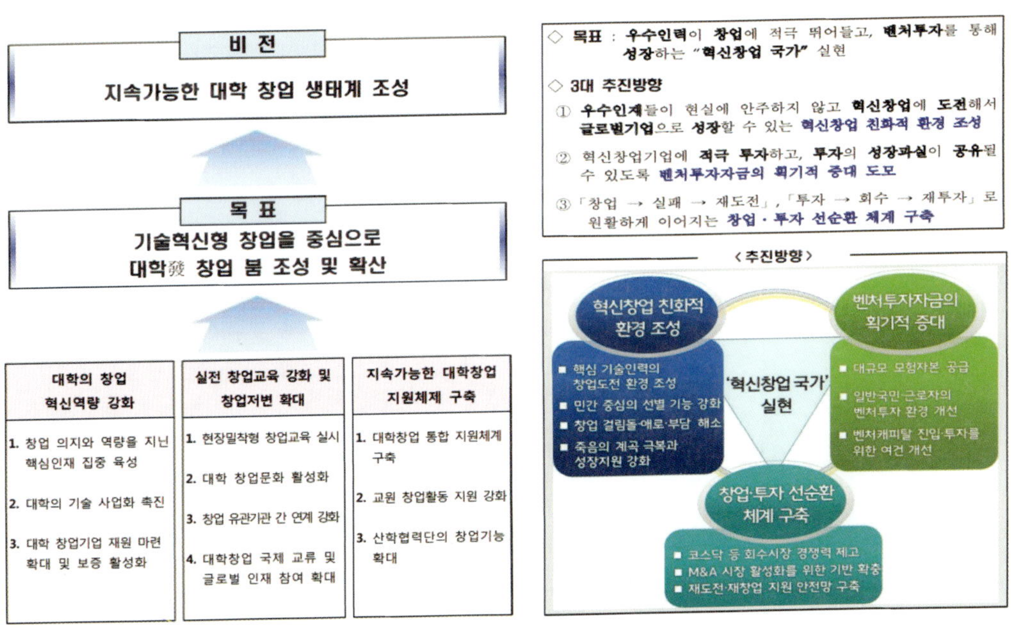

자료 관계부처 합동(2017a, 2017b)

그림 2-7 창업 활성화 및 생태계 조성 방안

3 학생 · 청년 창업환경

가. 창업지원 기관

창업 지원 공공기관 및 준공공기관은 2022년 창업지원사업 통합공고(중소벤처기업부 공고 제2021-683호) 내 주관처를 바탕으로 중앙 부처별 산하기관과 준공공기관, 위탁집행형 준정부기관을 정리했다(안지혜, 2022).

표 2-6 창업지원기관 : 공공기관

연도	내 용	
중소벤처기업부	창업진흥원	글로벌기업 협업 프로그램, 글로벌 스타트업 육성, 민관공동창업자 발굴육성사업(TIPS), 비대면 스타트업 육성, 사내벤처 육성 프로그램, 소재·부품·장비 스타트업 100, 아기유니콘200 육성사업, 예비창업패키지, 재도전성공패키지, 지역기반 로컬 크리에이터 활성화, 창업기업 지원 서비스 바우처 사업, 창업도약패키지, 초기창업패키지, 혁신분야 창업 패키지(BIG3) 및 멘토링 지원, K-스타트업 센터 사업, 메이커스페이스 구축 사업, 중장년 기술창업센터, 창업존 운영, 창조경제혁신센터, 1인창조기업 활성화, 실전창업교육, 청소년 비즈쿨, 대스타해결사 플랫폼, 도전! K-스타트업, 스타트업 해외 전시회 지원, 컴업(COMEUP) 2022
	중소벤처기업진흥공단	청년창업사관학교, 글로벌창업사관학교, 스타트업 AI 기술인력 양성, 일자리창출촉진자금, 창업기반지원자금
	(재)장애인기업종합지원센터	발달장애인 특화사업장 구축사업, 장애인 창업사업화 지원, 장애인기업 시제품 제작지원, 장애인 창업보육실 운영, 장애인 맞춤형 창업 교육, 장애인 창업아이템 경진대회
	중소기업기술정보진흥원	창업성장기술개발
	한국창업보육협회	창업보육센터 지원사업
	한국청년기업가정신재단	기업가정신기반 구축 및 확산, K-Global 창업멘토링(ICT 혁신기업 멘토링)
	소상공인시장진흥공단	신사업창업사관학교
	(사)한국여성벤처협회	여성벤처창업케어프로그램, 민간협력 여성 벤처스타트업 육성지원사업
	(재)여성기업종합지원센터	여성창업경진대회
과학기술정보통신부	정보통신산업진흥원	K-스타트업 그랜드 챌린지
	과학기술일자리진흥원	공공기술기반 시장연계 창업탐색 지원
	정보통신기획평가원	민관협력기반ICT 스타트업육성사업, ICT미래시장최적화협업기술개발사업

	정보통신산업진흥원	클라우드 기반 SW개발환경 지원, K-Global 스타트업 공모전, K-Global 액셀러레이터 육성
	한국데이터산업진흥원	데이터 활용 사업화 지원(DATA-Stars)
	한국연구재단	실험실 특화형 창업 선도대학 육성
문화체육관광부	국민체육진흥공단	스포츠산업 예비초기·창업도약 지원, 스포츠 액셀러레이팅 프로그램 지원, 스포츠산업 재창업 지원
	한국공예디자인문화진흥원	전통문화 청년창업 육성지원 사업
	한국관광공사	관광벤처사업공모전, 관광 액셀러레이팅 지원사업
	한국콘텐츠진흥원	문화콘텐츠산업기업육성 지원사업
	(재)예술경영지원센터	문화예술 사회적경제 서로 :시작 지원(창업), 문화예술 사회적경제 서로 :세움 지원(초기), 문화예술 사회적경제 서로 :성장 지원(성장기), 예술기업 공모전 <창업과정 지원>, 예술기업 공모전<초기기업 사업기반 구축 지원>, 예술기업 공모전 <성장기업 사업도약 지원>, 예술기업 공모전 <글로벌 도약 지원>
농림축산식품부	농업기술실용화재단	농식품 벤처 육성지원, 농식품 기술창업 액셀러레이터 육성 지원, 농식품 판로지원, 농식품 기술 평가 지원
	농업정책보험금융원	농식품 크라우드펀딩 활성화
	한국농업기술진흥원	농식품 창업 콘테스트
	(사)벤처기업협회	농식품 벤처창업 인턴제 사업
고용노동부	한국사회적기업진흥원	사회적기업가 육성사업
교육부	한국연구재단	대학 창업교육 체제 구축, 학생 창업유망팀 300
국토교통부	공간정보산업진흥원	공간정보 창업기업 투자유치전략 교육, 공간정보 창업기업 법률자문 지원, 공간정보 창업기업 컨설팅
법무부	(복수 기관)	창업이민인재양성프로그램
보건복지부	한국보건산업진흥원	바이오헬스 투자인프라 연계형 R&D, 사업화(제품화-인허가) 컨설팅 지원사업, 특허전략 컨설팅 지원사업
해양수산부	해양수산과학기술진흥원	해양신산업 인큐베이팅 지원 사업, 해양수산 기술창업 Scale-up사업, 해양수산 창업콘테스트
	해양수산창업투자지원센터	해양수산 창업투자 지원센터
환경부	한국환경산업기술원	에코 스타트업, 환경창업대전
	한국수자원공사	2022년 대한민국 물산업 혁신창업대전
농업진흥청	농업진흥청	청년농업인 경쟁력제고사업
특허청	한국특허전략개발원	스타트업 지식재산바우처 사업
	한국발명진흥회	IP 나래 프로그램, IP디딤돌프로그램
	KAIST, POSTECH	지식재산기반 차세대영재기업인 육성사업
산림청	산림청	산림분야 청년창업경진대회
	산림조합	귀산촌인 창업, 주택 구입 지원

※ 한국청년기업가정신재단은 민간재단으로 현황표에 있지만 공공기관이 아님.

자료 안지혜(2022)

지역별 거점형태 창업지원기관 : 창조경제혁신센터

지역 창업은 지자체가 중심이 되어 직접 창업을 지원하기도 하지만 정부기관 각 부처별로 지역별로 운영조직을 별도로 두어 창업활동을 지원하고 있다. 주요 내용을 살펴보면, 각 19개 광역 지역자치단체가 주관하여 운영하는 테크노파크가 있다. 중앙 부처에서는 창업진흥원(중소벤처기술부)이 전국 19개소에 창조경제혁신센터를 설치, 운영 중이며, 전국 3개소에 스타트업파크를 운영(인천) 또는 조성 중(대전, 천안)이다. 그 밖에 산업통상자원부 산하 한국산업기술진흥원과 한국디자인진흥원이 지역별로 지원기관을 설치, 운영하고 있다(안지혜, 2022).

표 2-7 창업지원기관 : 창조경제혁신센터

지역	연계전담기업	특화분야	주요 프로그램
서울	CJ	문화, 도시라이프	스타트업 오픈스테이지 밋업, Y콤비네이터 익스프레스, 스타벅스 창업카페 등
경기	KT	IoT, 게임, 핀테크	오픈브릿지(오픈이노베이션), 판교 창업존 운영, 오픈 콜라보레이션 사업 등
인천	한진	스마트 물류	인천저작권서비스센터 운영, 스마트물류 창업공모전 개최, 청년창업챌린지 등
세종	SK	ICT, 스마트농업	세종 파이낸셜 데이 개최, 세종창업키움센터 관리 운영, 세종 청년창업 챌린지랩 운영 사업, 신사업창업사관학교 운영 등
대전	SK	기술사업화	소셜벤처 창업생태계 활성화, 혁신공공기술창업지원 사업, 창업생태계 조성 및 스타트업파크 운영 등
강원	네이버	빅데이터	G스타트업 예비·초기·창업 도약 지원, 소멸위기지역 로컬벤처 예비창업가 육성사업
울산	현대중공업	조선, 의료기기	민간협업 열린 창업 활성화 사업 등
부산	롯데	유통, IoT, 영화	로컬·소셜벤처 브랜딩 액셀러레이팅
충남	한화	태양광에너지	충남 부스트업 데모데이, 마을창고 활용 청년 창업가 양성사업, 충남 창업마루 나비 운영 등
충북	LG	바이오, 뷰티	이차전지 스타트업 육성 플랫폼 구축, 충북 창업지원사업, 벤처기업 디자인개발 지원, 창업여성컨설팅 및 인큐베이팅 지원, 창업스타티움 운영 등
전남	GS	농수산,식품	GS칼텍스 소부장 실증화 지원사업, 전남 청년도전 창업지원사업 등
전북	효성	탄소섬유	전북 이노폴리스 혁신스타트업 IR 데모데이, 전북 미래산업 청년 기술창업 지원 사업

경남	두산	기계장비	경남형 스타트업 액셀러레이팅, 경남형 재창업지원, 창업 투자유치 역량강화 지원사업, 청년 로컬 크리에이터 육성지원 사업, 투자연계형 사업화 지원사업 등
경북	삼성	IT, 스마트팩토리	경북 혁신벤처 액셀러레이팅 프로그램
대구	삼성	IT, 전자, 섬유	C-Lab, 클러치(CLUTCH)(대구형 슬러시), 대구청년 소셜벤처 육성사업, 기술벤처리더과정 등
제주	카카오	문화, 관광, SW, IT	시드머니 투자 사업, 제주임팩트챌린지 등
광주	현대	자동차, 수소연료전지	G-IN 스타트업 Jump 사업 주관, AI스타트업 캠프 운영, 광주시민회관 청년창업 지원 사업, 신사업창업사관학교 운영 등
빛가람	한국전력 (자체운영)	에너지신산업	한국전력 창업보육센터 운영, 한국전력&산업은행 NEXT ROUND, 에너지동행 사업 운영 등
포항	포스코 (자체운영)	에너지, 환경, 소재, 바이오	도전! K-스타트업 혁신창업리그, POSCO IMP, 포스코 광양 체인지업그라운드 운영 등

자료 안지혜(2022)

주요 민간 창업지원기관

민간에 운영하는 창업지원기관을 모두 소개하는 것은 쉽지 않아 본 자료에서는 별도 조직이나 법인을 설립하여 운영하지 않는 곳을 제외한 민간 창업지원기관 중 비영리재단을 중심으로 간략히 소개한다(안지혜, 2022).

- 별도 조직이나 법인을 설립하지 않은 민간 창업지원기관 : 현대자동차 제로원, 한화생명보험 드림플러스, 네이버 D2SF, 신한금융그룹 스퀘어브릿지 등

표 2-8 창업지원기관 : 주요 민간기관

기관	기관 소개	주요 프로그램 및 사업내용	
(재)은행권청년창업재단 D.CAMP FRONT1	창업 지원을 통한 청년 일자리 창출을 목적으로 전국은행연합회 19개 회원기관이 설립한 국내 최대 창업재단이다. 디캠프(https ://dcamp.kr/)와 프론트원(https ://front1.kr)을 보육거점으로 스타트업의 지속적 성장을 위한 육성 프로그램과 투자 프로그램을 지원한다.	초기 스타트업 직간접 투자	• 디캠프 데모데이인 디데이와 게임오브디캠프를 통해 선발된 스타트업에 직접 투자 • 창업지원 펀드 조성 및 출자
		온오프라인 플랫폼 운영	• 서울 선릉의 디캠프, 공덕의 프론트원, 부산 디캠프 스타트업 라운지 등 스타트업 입주 공간 제공 • 입주사대상 교육·멘토링, 밋업 등 프로그램 제공
		디데이	• 디캠프가 자체 운영하는 데모데이로, 우수팀으로 선발 시 디캠프 및 프론트원 입주 자격 제공
스타트업 얼라이언스 STARTUP ALLIANCE https ://www.startupall.kr/	2013년 미래창조과학부 주도로 50여 개 공공기관과 스타트업 관계자가 설립한 비영리 민관협력단체. 스타트업에 대한 직접 지원보다 생태계 조망과 저변의 확대를 위한 사업을 수행한다. 스타트업맵 작성, 스타트업 생태계 동향 작성, 스타트업 생태계 구성원 대상 행사 위주 실시.	스타트업맵	• 스타트업 리포트 및 주요 투자 소식 등에 대한 데이터 랩 운영(https ://startupspace.kr/)
		행사 주최	• 스타트업얼라이언스 행사는 테헤란로런치클럽, 테헤란로커피클럽이란 브랜드로 널리 알려져 있으며, 점심시간과 오전시간을 활용, 각각 트렌드와 창업 기업에 대한 이해 제고를 위한 프로그램으로 구성.
한국청년기업가정신재단 KoEF 한국청년기업가정신재단 http://www.koef.or.kr	중소벤처기업부, 벤처기업협회, 한국벤처캐피탈협회, 민간 기업이 공동 출연해 설립한 재단법인으로 청년 기업가정신의 확산을 주도하고자 설립한 기관이다.	기업가정신 교육	• 기업가정신교육 과정 개발, 운영
		연구 조사	• 기업가정신 실태조사 및 기획연구 • 글로벌기업가정신모니터 연구
		기업가정신 확산	• 세계기업가정신주간 행사 • 기업가정신 연합포럼 개최
		미래인재 양성	• KDB 창업교육 프로그램, KDB 스타트업프로그램, KDB 휴테크(HumTech) 이노베이터 프로그램 등 청년 창업자 지원 사업 운영 • 과기부의 실험실창업탐색팀에 대한 교육 등 공공기술기반 시장연계 창업탐색 지원 • 창업유망팀 300육성 사업 운영

아산나눔재단	아산나눔재단(https://asan-nanum.org/)은 현대 창업자 아산 정주영 서거 10주기를 기념하며 기업가 정신 확산을 위해 설립한 공익재단	청소년 기업가정신 확산 사업	• 기업가정신 레츠고 • 아산 유스프러너 • 아산 티처프러너
		청년 창업 지원 사업	• 정주영 창업경진대회 개최 • 보육/입주 공간 MARU 운영 • 비영리스타트업 육성 사업

자료 안지혜(2022)

나. 창업지원 제도

우리나라에서 가장 많은 창업지원사업을 볼 수 있는 곳은 K-Startup 창업지원 포털(www.k-startup.go.kr)이며, 메인화면은 아래와 같다.

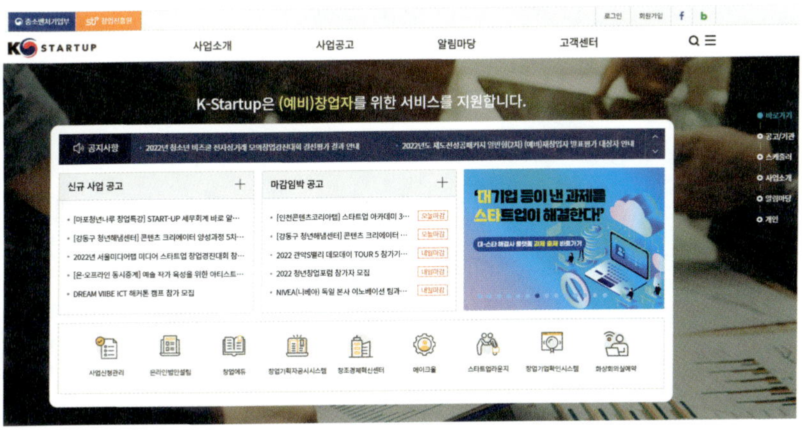

자료 K-Startup 홈페이지(2022.11. 2 검색)

그림 2-8 K-Startup 홈페이지

● 창업지원사업 활용하기

- 온라인 포털이나 창업지원사업 통합공고문에서 볼 수 있듯이 우리나라 창업지원사업은 종류가 많고, 각 대학이나 학생 창업자별로 상황이 모두 다르므로 각자의 상황을 고려하여 창업지원사업을 선택해야 한다.

  • 성장단계에 따라 예비-초기-도약으로 구분하나, 사업별로 대상자를 다르게 분류하기도 하고, 지원분야나 산업에 초점을 맞추거나, 지자체 특성을 반영하는 등 다양한 변수가 존재하므로, 해당 대학을 기준으로 지원이나 선정 가능한 사업을 중심으로 선별하는 것이 필요하다.

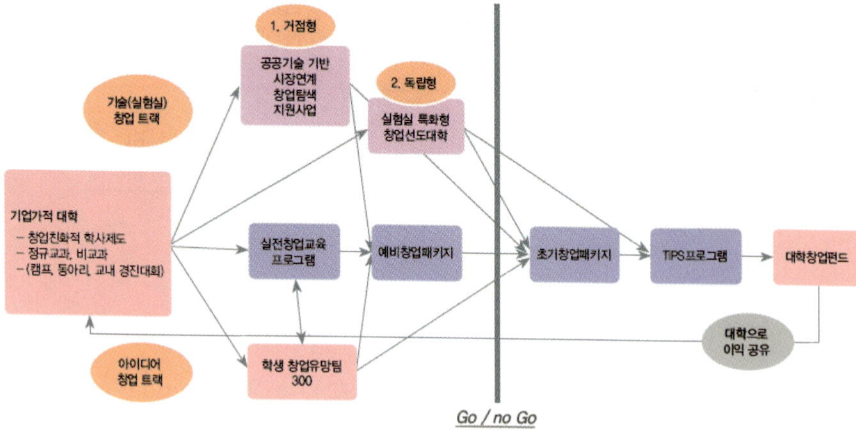

자료 교육부 등(2022)

그림 2-9 창업지원사업 활용하기

- 대학 내에서 실시한 창업 관련 정규교과, 비교과 프로그램(창업동아리, 캠프, 창업경진대회 등)을 통하여 창의적인 아이디어와 함께 시장에 진출할 가능성이 보이는 학생 창업팀을 발굴했을 경우, 교내에서 지원하는 것에는 예산이나 전문성 측면에서 한계가 있기 때문에 창업지원사업을 활용하는 것이 적절하다.

- 특히, 창업지원사업을 통해 실질적인 창업과 성장을 지원하기도 하지만, 해당 팀이 본격적으로 창업에 나서기 전에 아이디어와 아이템, 창업팀을 검증받을 수 있는 기회이기도 하다.
  - 창업지원사업은 일반적으로 사업 공고 및 홍보-신청접수-신청팀 심사-선정 및 지원의 절차를 거치게 되어 있는데, 신청팀 심사 단계에서 해당 업계 전문가의 평가를 통해 사업화 가능성을 검증받을 수 있다.
  - 서류심사 - 대면(발표)심사로 보통 이루어지게 되는데, 대면심사의 경우, 전문가와의 질의응답을 통해 해당 창업팀이 보다 성장할 수 있는 기회가 되기도 하다.

- 창업지원사업은 창업교육 / 시제품 제작 / 마케팅 지원 / 인력지원 등으로 나뉘어 지원되던 때도 있었으나, 현재는 이를 하나로 묶어 한 프로그램 안

에서 '사업화'에 관련된 모든 사항을 지원하는 패키지 형태를 띠고 있다.

- '예비 창업 패키지', '초기 창업 패키지', '도약 패키지' 등과 같이 창업자의 성장단계에 따라 사업자등록전의 예비 창업자 – 창업 3년 미만 – 창업 3~7년 미만으로 나누어 지원하는 것이 대표적인 예시

< '학생 창업유망팀 300' 경진대회 (2022년 운영(안)) >

- **(개요) 대학 내 유망한 학생 창업팀(300개)을 선발하여 성장단계별 집중 육성 · 지원을 통한 사업화 성공모델 창출 및 확산을 유도하기 위해 교육부에서 "도전! K–스타트업" 예선 차원에서 수행하는 학생리그**

- **(참가자격) 전국 초 · 중 · 고교생, 학교 밖 청소년, 대학(원)생(휴학생/수료생 포함)으로 구성된 창업팀(3인~5인)**

트랙구분	선발규모	참가대상
도약트랙	50팀	혁신 창업아이템 기반으로 부처통합 경진대회 본선진출을 목표로 하는 창업팀
성장트랙	200팀	창업 역량강화 교육를 통해 사업계획 및 비즈니스 모델 고도화가 필요한 창업팀
교육트랙	50팀	아이디어 창업 및 지역문제 해결 아이디어는 있으나, 창업지식과 경험이 부족한 창업팀

- **(주요내용) 학생 창업팀의 성장 단계 및 참여동기를 반영한 맞춤형 프로그램 지원**

트랙구분	선발규모	지원내용
도약트랙	50팀	투자유치 역량강화 집중 교육을 제공하여 통합본선 진출 및 본선이후 과정에서의 경쟁력 강화 지원
성장트랙	200팀	아이템 시장검증, 실전창업교육, 실무역량 고도화 1:1 멘토링 등 교육운영을 통해 사업계획 고도화 지원
교육트랙	50팀	기초 창업, 기본역량 강화교육 등 단계별 교육 및 '교육트랙 미니 데모데이(가칭)'를 개최하여 실전창업 경험 지원

- **(추진 절차) 전국예선을 통해 대학 창업유망팀 300개 팀을 선발하고, '도전! K–스타트업' 통합본선 진출 및 산학협력 EXPO 진출자격 부여**

[2022 학생 창업유망팀 300 추진 절차]

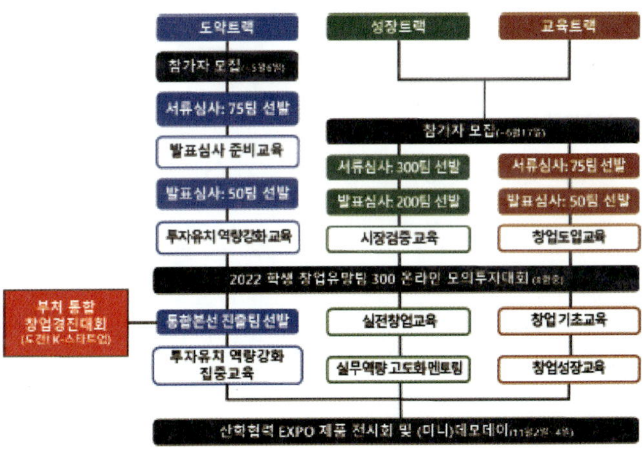

자료 교육부 등(2022)

그림 2–10 "학생 창업유망팀 300" 경진대회

• 각 단계에 따라 구분하기도 하나, 이전 단계에서의 성과를 통해 서류 심사 면제 등 사업 간 연계성도 있으므로 이를 고려하여 지원사업을 선택해야 함

- 우리나라 창업지원사업의 경우, 대학생만을 대상으로 지원하는 것이 아니라, 30대 이하의 청년 / 시니어 등 연령을 중심으로 지원대상을 설정하기 때문에 대학생의 경우, 상대적으로 부족한 기술력과 사회경험, 학업으로 인한 진정성 등이 불리하게 작용하므로 사전에 충분한 준비를 하는 것이 필요하다.

  • 대학원생의 경우, 실험실 창업 관련 지원사업이 일부 있으나 주로 이공계에 한정되어 있고, 종류가 많지 않으며, 특허 등 지식재산권이나 공공기술에 근거한 창업지원이므로 다른 창업지원사업에 신청하는 것을 고려해야 함

2022년 창업지원사업 : 기관별 예산편성 현황

중소벤처기업부는 2016년부터 매년 연초에 중앙부처 및 지자체의 창업지원사업을 모아 통합공고를 발표하고 있으며, 우리나라 정부 창업지원사업을 통합해서 수요자에게 정보제공 한다는 점과 추세를 한 눈에 볼 수 있다는 점에서 눈여겨 볼 필요가 있다.

• ('16) 중앙부처 창업지원사업 통합공고 실시 (6개 기관, 65개 사업, 0.6조원)

• ('21) 광역지자체 창업지원사업 추가 (31개 기관, 193개 사업, 1.5조원)

• ('22) 기초지자체 창업지원사업 및 융자 사업* 추가

*('21) 사업화, 기술개발, 시설·보육, 창업교육, 멘토링, 행사 → ('22) 융자 추가

- 2022년 통합공고 개요

  • 대상기관·사업 : 94개 기관, 378개 사업

  ※(중앙부처) 14개 부처, 100개 사업 / (지자체) 80개 광역·기초지자체, 278개 사업

• 예산규모 : 3조 6,668억원

• 사업유형별 : 사업화(172개), 시설·보육(96개), 행사·네트워크(37개), 멘토링(32개), 창업교육(30개), 기술개발(6개), 융자(5개) 순

• 신청 : K-Startup 포털(k-startup.go.kr) 및 각 기관 홈페이지 등을 통해 사업별 별도 공고 예정으로, 신청자격 등을 확인하여 개별 신청

표 2-9 연도별 창업지원사업 예산편성 현황('16~'22)

[연도별 통합공고 현황]

(단위 : 개, 억원)

구분	'16년	'17년	'18년	'19년	'20년	'21년	'22년	
								'21기준*
지원기관	6	7	7	14	16	31	94	31
중앙부처	6	7	7	14	16	14	14	14
광역지자체	–	–	–	–	–	17	17	17
기초지자체	–	–	–	–	–	–	63	–
대상사업	65	62	60	69	90	193	378	247
중앙부처	65	62	60	69	90	89	100	97
광역지자체	–	–	–	–	–	104	152	150
기초지자체	–	–	–	–	–	–	126	–
지원예산	5,764	6,158	7,796	11,181	14,517	14,623	36,668	16,243
중앙부처	5,764	6,158	7,796	11,181	14,517	13,812	35,578	15,398
광역지자체	–	–	–	–	–	811	885	845
기초지자체	–	–	–	–	–	–	205	–

* '21 기준 : 기초지자체와 융자사업 제외

자료 교육부 등(2022)

* '22년 : 기초지자체 사업(63개 기관, 126개 사업, 205억원)과 융자사업(5개 사업, 2조 220억원) 포함

자료 교육부 등(2022)

그림 2-11 연도별 창업지원사업 예산편성 현황('16~'22)

요점정리

- 4차 산업혁명이 촉발한 사회, 경제적 대변화는 대학에도 역할의 변화를 요구하고 있다. 대학이 학문의 세계에서 지식 창조에만 몰입할 것이 아니라 플레이어로 직접 사회문제 해결에 참여하여 성과를 내줄 것을 요구하고 있다. 이와 같이 능동적, 주도적, 자율적 기업가정신에 입각해 대학에서 창출된 지식을 적극적으로 사업화, 창업해 새로운 산업생태계의 주도권 다툼에 직접 기여하는 기업가적 대학으로 변신하고, 지역사회의 발전과 혁신을 위한 교육, 연구, 혁신의 주체로써 지역 특성에 맞는 발전과 문제해결 방안을 수립, 실행하는데 리더십을 발휘할 것을 요구하고 있다.

- 기업가적 대학은 대학이 가진 지식을 활용한 기술사업화에 적극 참여하며, 학내 특허출원, 자회사 설립, 교원 및 학생창업 독려를 통해 재정자립도 향상을 도모하며, 학내 구성원들에 대한 체계적 지원시스템을 구축, 확보하고 있다. 이러한 지역사회와의 적극적 교류와 협력을 통해 지역사회 구성원으로써의 역할과 책임을 능동적으로 수행하고자 한다.

- 대학은 또한 지역의 핵심브레인으로써 지역혁신을 위한 리더십의 발휘를 요구받고 있으며, 혁신, 교육, 연구의 다양한 분야에서 지역문제 해결에 참여하며 특히 청년들이 중심이 되어 지역문제를 해결할 수 있도록 지역혁신의 중심이 되며, 지역혁신을 위한 창업인재 양성기지로써의 역할을 수행한다.

- 사회적 욕구에 대한 대응의 일환으로 해외 및 국내 주요 대학들은 학내 창업생태계 조성을 위해 청년 대학생들의 창업교육에 박차를 가하고 있다. 미국은 1947년 하버드대에서 최초로 창업강좌를 개설한 이후 각 대학으로 급속히 창업교육이 확산되었으며, 유렵은 상대적으로 뒤늦은 1990년대에 창업교육을 시작하였으나 EU를 중심으로 회원국들이 체계적으로 창업교육을 빠르게 확산시켜 나가고 있다. 아시아에서도 중국의 칭화대학과 베이징대학, 일본의 도쿄공업대학 등 유수의 대학이 적극적으로 대학창업과 창업교육을 실시해 기술이전, 교수 및 학생창업, 투자유치 등 성과를 확대하고 있다. 우리나라에서도 1983년 아주대를 필두로 창업교육이 도입되었으며, 2013년과 2018년 교육부 1,2차 창업교육 5개년 계획을 통해 체계적으로 창업교육 경쟁력을 강화해 나가고 있다.

- 우리나라는 청년 학생들의 창업을 지원하기 위해 다수의 민관 창업지원기관들이 다양한 창업지원 프로그램을 운영하고 있다. 정부차원의 창업지원사업을 보면, 2022년 14개 중앙부처와 80개 광역 및 기초단체가 총 378개의 지원사업에 약 3조 7,000억원의 예산을 투입하여 다양한 창업지원 사업을 전개하고 있다. 이 중 대학생들을 대상으로 하는 사업을 보면, 글로벌 현장학습 프로그램, 학교기업 지원사업, 희망사다리 장학금, 과학기술인력 육성지원 기반구축사업, 학생 창업팀 육성사업, 공공기술기반 시장연계 창업탐색 지원사업, 연구개발 특구육성, 메이커활성화지원, 도전 K-스타트업, 대학창업펀드 조성, 창업선도대학, 초기창업패키지, 실험실 특화형 창업선도대학, 대학 산학연협력단지 조성, 캠퍼스 혁신파크 등 다양한 사업들이 시행되고 있다.

연습문제

1 글로벌 저성장시대 국가와 지역사회가 대학에 요구하는 역할은 어떤 것이 있나요?

2 기업가적 대학이란 어떤 대학을 의미하는지 함께 토의해 봅시다.

3 기업가적 대학이 수행하는 세 가지 역할이 있습니다. 어떤 것들인가요?

4 전통적 상아탑대학과 기업가적 대학은 어떤 차이가 있을까요?

5 청년 학생 예비창업가들이 활용할 수 있는 지원사업에 대해 토의해 봅시다.

- 민관 창업지원기관은 어떤 것들이 있을까요?
- 창업단계에 따라 적합한 지원사업들이 있습니다. 어떻게 이용하면 효과적으로 활용할 수 있을까요?
- 대학생들이 활용할 수 있는 지원사업에 대해 토의해 봅시다.

참고자료

[1] 고두현. (2017.12. 6). '[천자칼럼] 실리콘와디', 한경닷컴. 2022.10.19 검색. Retrieved from https://www.hankyung.com/opinion/article/2017120667771

[2] 관계부처 합동. (2017a). 대학발 창업 활성화 방안(2017. 3.27.). 1-28.

[3] 관계부처 합동. (2017b). 혁신창업 생태계 조성방안(2017.11. 2). 1-29.

[4] 관계부처 합동. (2018). 제2차 대학 창업교육 5개년 계획(안)(2018-2022)- 혁신성장과 일자리 창출을 주도하는 대학-. 1-28.

[5] 교육부, 미래창조과학부, 중소기업청. (2013). 대학 창업교육 5개년 계획(2013~2017) -창의, 도전, 희망이 함께하는 창업교육 생태계 조성 -. 1-32. Retrieved from https://eiec.kdi.re.kr/policy/materialView.do?num=128933

[6] 교육부, 한국연구재단, 한국청년기업가정신재단. (2019). *대학 창업 운영 매뉴얼 3.0*$^{+}$. 1-216.

[7] 교육부, 한국연구재단, 한국청년기업가정신재단. (2022). 2022 *대학 창업 운영 가이드*. 1-224.

[8] 구자억, 김숙이. (2020). 한국과 중국 대학의 창업교육 비교 연구. *성인계속교육연구, 11*(2), 67-87.

[9] 권성희. (2017. 2.19). s.v. "모빌아이". 전자신문. 2022.10.20. 검색. https://www.etnews.com/20170217000194

[10] 김우섭. (2015. 7.16). [마켓인사이트] 똑똑...코스닥'노크'하는 바이오교수님!. 한경닷컴. Retrieved from https://www.hankyung.com/finance/article/2015071641111

[110] 김주미. (2019). *국내외 현황분석을 통한 기업가정신 교육 정책 방향 수립에 관한 연구*. 중소기업연구원. 1-232.

[12] 김진택. (2016). 프랑스 창업 지원 교육 정책 연구: 지식 융합 기반 PEPITE 정책을 중심으로. *유럽연구, 34*(2), 59-92.

[13] 김형주, 성경모, 임영훈, 고병옥, 이다은, 채윤식...김은경. (2016). *지역 기반의 지식트라이앵글에서 대학의 역할 강화 방안*. 과학기술정책연구원. 1-272.

[14] 대신증권. (2020. 3. 9). 일루미나. http://file.mk.co.kr/imss/write/20200309134044_00.pdf

[15] 두산백과. s.v. "리서치트라이앵글". 2022.10.19 검색. Retrieved from https://terms.naver.com/entry.naver?docId=1089595&cid=40942&categoryId=40511

[16] 문미성. (2019). 창업생태계의 개념과 공간적 함의. 국토, *제456호*(2019.010). 6-10.

[17] 박춘엽. (1993). 한국대학에서의 창업교육 현황연구. *한국중소기업학회 추계학술발표논문집*, 1993(0), 27-59.

[18] 백서인. (2017). 중국, 일본, 싱가포르 대학의 창업정책 비교: 칭화대학교, 도쿄공업대학, 싱가폴국립대학을 중심으로. *중소기업연구*, 39(3), 93-116.

[19] 안웅. (2014). EU 의 기업가정신교육 및 창업 생태계. *상업교육연구, 28*(5), 135-172.

[20] 안지혜. (2022). 대한민국 창업지원기관 현황리포트. *Sratuprecipe Special Report*. 주식회사 미디어레시피:서울. 1-25.

[21] 이우진, 김용태, 황보윤. (2013). 해외 대학의 창업교육 현황과 특징에 관한 연구. *벤처창업연구, 8*(1), 99-110.

[22] 이우진, & 황보윤. (2015). 대한민국 창업교육 연대기: 창업교육의 특징분석과 미래 발전방안. *벤처창업연구, 10*(3), 171-183.

[23] Bozeman, B. (2000). Technology transfer and public policy: a review of research and theory. *Research policy, 29*(4-5), 627-655.

[24] Clark, B. R. (2003). Sustaining change in universities: Continuities in case studies and concepts. *Tertiary education and management, 9*(2), 99-116.

[25] EC-OECD. (2012). *A Guiding Framework for Entrepreneurial Universities*. 1-54.

[26] Etzkowitz, H., Germain-Alamartine, E., Keel, J., Kumar, C., Smith, K. N., & Albats, E. (2018). Entrepreneurial university dynamics: Structured ambivalence, relative deprivation and institution-formation in the Stanford innovation system.

[27] Gibb, A., & Hannon, P. (2006). Towards the entrepreneurial university. *International Journal of Entrepreneurship Education, 4*(1), 73-110.

[28] Klein, S. B., & Pereira, F. C. M. (2020). Entrepreneurial University: Conceptions and Evolution of Theoretical Models. *Revista Pensamento Contemporaneo em Administracao, 14*(4), 20-35.

[29] K-Startup 홈페이지. 2022.11. 2검색.

[30] OECD. (2015). Scoping paper for cstp/tip project on higher education institutions in the knowledge triangle. OECD(2015. 3. 3). Retrieved from https://one.oecd.org/document/DSTI/STP(2015)6/en/pdf

[31] Université Grenoble Alpes. s.v. “Le PEPITE oZer”. 2022. 11. 1 검색. https://www.ozer-entrepreneuriat.fr/

03 기업가정신과 나

학습목표

- 창업이 우리 사회에 미치는 효과와 의미에 대해 알아본다.
- 기업가 정신이 우리의 경력과 삶에 미치는 영향에 대해 살펴본다.
- 창업은 선택이 아니라 해결해야 할 과제임을 이해한다.
- 창업은 계산되고 준비된 위험 감수이며, 실패란 성공으로 가는 과정임을 이해한다.

1 기업가정신과 창업교육의 중요성

기업가정신교육과 혁신창업의 장려는 이제 국가적 관점에서 더 이상 선택의 문제가 아니다. 4차 산업혁명이 촉발한 기존 경제질서의 붕괴는 필연적으로 새로운 질서의 도래를 의미하는데, 질서의 재편 과정에서 발생한 혼돈의 세계, 부카월드(VUCA world)에서는 미래의 모든 것들이 너무나 불확실하다. 이 때문에 미지의 새로운 영역의 다양성과 가능성을 시험하고 개척해 나갈 수많은 혁신적, 모험적인 창업자들의 도전이 필요하게 되었다. 많은 나라들이 막대한 자원을 투입하면서 경쟁적으로 창업을 지원하는 배경은 다음과 같다. 첫째, 높은 불확실성으로 미대 변화를 신뢰성 있게 예측할 수 없어 특정 전략산업에 대한 선택과 집중전략의 위험이 매우 높아졌다. 둘째, 다양한 혁신적 신기술의 출현은 미래 산업생태계의 재편을 예고하지만 어떤 기술과 사업이 미래 산업생태계의 주도권을 쥐게 될지 예측하기 어렵다. 셋째, 미지의 기회에 도전하는 수많은 열정적, 실험적 스타트업의 도전을 지원하는 것이 국가적 관점에서 가장 효과적, 효율적인 대안이라고 판단했기 때문이다.

부카월드

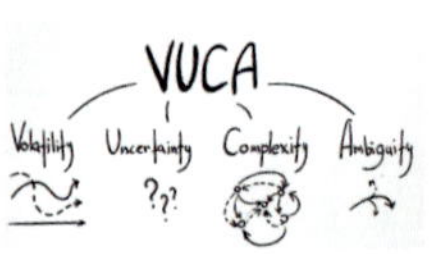

VUCA란 변동성(Volatile), 불확실성(Uncertain), 복잡성(Complex), 모호성(Ambiguity)의 머리글자를 합성해 만든 용어로 1990년대 美 육군대학원에서 현대 사회의 특징을 설명하기 위해 처음 만들었다. 이후 다양한 분야에서 현대사회 환경요인의 급격한 변화와 불확실성을 설명하기 위해 많이 사용.

김지연(2017. 4.21)

저성장 · 고실업에 대응한 각국의 대응방안

- 미국 : 글로벌 금융위기 이후 경제침체와 높은 실업률로 어려움을 겪었다. 이를 극복하기 위해 연방준비제도이사회(FRB; Federal Reserve Board)의 적극적 시장개입과 제조업의 부활, 창업 활성화를 추진하였다. 창업 활성화를 위해 2009년 '국가혁신전략(Strategy for American Innovation)'을 세워 GDP의 3%까지 연구개발비를 확대해 미래유망산업과 기초연구를 지원하였으며, 2011년 '스타트업 육성대책(Startup America Initiative)'을 발표, 창업기반 확충과 혁신적 창업기업의 지원을 강화하였다.
- 일본 : 1990년대 초반이후 잃어버린 20년의 장기침체에서 벗어나기 위해 안간힘을 쓰고 있다. 2010년 '신성장전략'을 발표한데 이어 2012년에는 '일본재생전략'을 발표하였으며, 최근에는 아베노믹스로 대변되는 3개의 대담한 금융정책, 기민한 재정정책, 구조개혁을 위한 일본재흥전략을 추진하고 있다. 일본재흥전략에는 민간 투자확대 유도, 기술발전을 통한 신시장 개척 등의 내용이 담겨있다.
- 유럽 : 2009년 그리스 재정위기 이후 유럽 전역으로 위기가 확산되었다. 이를 극복하기 위해 2010년 '스마트한 성장', '지속가능한 성장'과 '함께하는 성장'을 구호로 '유럽2020'전략을 발표하였다. 주요 내용은 GDP의 3%까지 연구개발비 확대, 에너지 효율 20% 향상, 신재생에너지 사용비중 20%까지 확대 등이다. 유럽2020을 지원하기 위해 '호라이즌(Horizon) 2020'을 발표하였는데 R&D투자확대를 통해 중소기업 참여, 국제협력 확대 및 유럽 연구기관 간 파트너쉽 강화 등을 목표로 하고 있다.
- 중국 : 1978년 덩샤오핑의 개혁개방이후 오랜 기간 고도 성장을 이어왔으나 2010년대에 이르러 성장세가 완연히 감소하였다. 이에 2014년 시진핑주석은 중국의 신창타이(新狀態, 뉴노멀)를 선언하고 전략을 대폭 수정하였다. 중국의 대응 전략은 일대일로(一帶一路) 등 대규모 개발사업 추진과 제조업의 고도화와 미래형 신산업 육성으로 요약할 수 있다. 이에 필요한 기술력을 확보하기 위해 연구개발 투자를 지속적으로 확대하고 해외 우수인력 유치를 적극 추진하고 있다.

이광형(2016)

우리나라도 이와 같은 현실 인식에 기반해 4차 산업혁명이 야기한 변화를 국가경쟁력의 한 단계 더 도약을 위한 기회로 하기 위해 창업 강국 건설의 새로운 목표를 제시하였다(중소벤처기업부, 2021)

전 세계적으로 일자리문제 해결에 창업기업의 중요성이 증가

글로벌 장기 저성장으로 전 세계 대부분의 나라가 실업, 특히 청년실업의 장기화 문제를 해결하기 위해 많은 노력을 기울이고 있다. 일자리 창출에 창업기업들의 기여도가 높아 창업의 중요성이 높아지고 있으며, 특히 기술기반 창업기업들에서 좋은 일자리를 만들어내고 있어 관심이 모이고 있다(교육부 등, 2022).

> **"창업국가 건설"을 공고히 한다. 창업지원법 35년만에 전면개정**
>
> 이번 개정으로 "중소기업창업 지원법"(이하 창업지원법)이 세계를 선도하는 창업 강국 건설을 목표로, 혁신기업의 창업과 성장을 뒷받침하는 법률로 거듭나게 됐다.
>
> 1986년에 제정된 창업지원법은 그간 예비창업자의 창업부터 중소기업의 재도전까지 창업 전반을 포괄하는 창업정책의 근간이 되어 왔으나, 최근 4차 산업혁명과 융·복합 시대의 도래, 코로나19로 촉발된 디지털 전환의 가속화와 비대면 경제의 활성화 등과 같이 창업환경 변화가 지속되면서 제조업 창업 중심의 창업지원법을 개정해야 한다는 목소리가 높았다.
>
> 이에 따라, 그간의 '제조산업 기반의 성장경제' 에서 '혁신창업 기반의 디지털 경제'로의 시대 변화를 반영하고, 새로운 환경에서 필요한 창업정책의 수립과 추진을 뒷받침할 수 있도록 창업지원법을 전면적으로 개정하게 된 것이다.
>
> 전면 개정된 창업지원법은 법의 목적으로 '창업국가 건설'을 내세웠는데, 이제까지의 창업지원법 목적이 '건실한 산업구조의 구축에 기여'였던 점을 볼 때, 그간 달라진 창업의 위상을 엿볼 수 있는 대목이다.
>
> 중소벤처기업부 보도자료(2021.12.21)

- 한국 경제는 제조업기반 대기업을 중심으로 성장해 왔으나, 저성장시대에 들어서면서 성장, 고용창출, 분배측면에서 기여도에 한계를 나타내고 있다.
  - 한국의 잠재성장률은 2000년대 초 5.0%에서 2016년 2.8%, 2020년 2.2%로 감소하였으며 2044년 0.6%, 2060년 0.9%로 감소할 것으로 전망됨. 이 와중에 주력산업인 제조업의 매출이익과 영업이익이 모두 감소하는 등 성장세가 약화됨.
  - 대기업의 성장세 둔화로 중소기업에 대한 낙수효과가 소멸되고 있으며, 대기업과 중소기업 간의 긴밀했던 협력체계도 약화되는 '디커플링(De-coupling)'현상도 확대되고 있다(홍운선, 홍성철, 2017).
  - 자동화 등의 영향으로 신규 고용창출 없이 성장을 지속하는 '고용 없는 성장'으로 청년 일자리가 심각한 사회문제로 대두되고 있다(<표 3-1> 참조).

디커플링

동조화(coupling)의 반대 개념. 한 국가의 경제가 인접한 다른 국가나 보편적인 세계경제 흐름과 달리 독자적 경제흐름을 보이는 현상. 크게는 국가경제 전체에서, 작게는 주가나 금리 등 국가경제를 구성하는 일부 요소에서 나타나기도 함. 수출과 소비, 주가하락과 환율상승 등 서로 관련 있는 경제요소들의 탈동조화 현상을 포괄하는 개념.

두산백과

표 3-1 주요국가 년도별 청년층(15~24세) 실업률 단위 : %

구분	대한민국	프랑스	독일	일본	영국	미국	OECD평균
2015	10.5	24.7	7.2	5.5	14.4	11.6	17.7
2016	10.7	24.6	7.1	5.1	13.3	10.4	16.6
2017	10.3	22.3	6.8	4.6	12.1	9.2	15.2
2018	10.5	20.8	6.2	3.8	11.6	8.6	13.8
2019	10.4	19.6	5.8	3.7	11.3	8.4	13.7
2020	10.2	20.2	7.2	4.6	13.5	14.9	17.2
2021	7.8	20.1	6.9	4.4	13.2	9.6	16.9
2022	7.0	18.9	6.0	3.9	11.9	7.9	15.6

자료 국가통계포털(KOSIS)(22.10. 5 갱신) 재구성

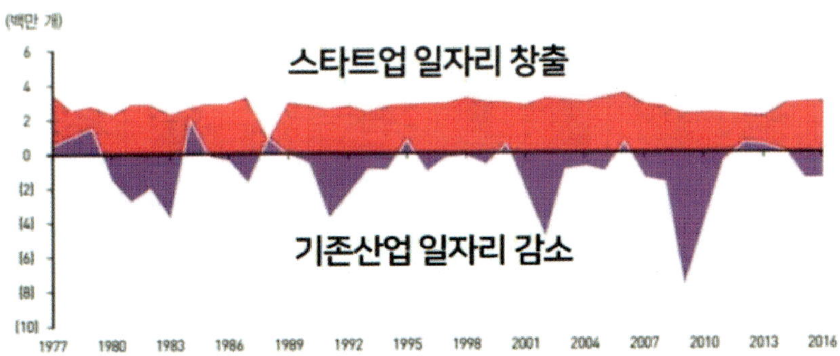

자료 이명아(대학지성, 2022. 6.29), 교육의 봄, 스타트업 등 창업의 현황과 전망 4회 연속 포럼 (2022. 6.21~7.13) 자료집에서 재인용

그림 3-1 미국 창업기업(1년 이내)과 일반기업 고용 추이

- 4차 산업혁명에 기인한 사회경제 전반의 파괴적 변화는 고용노동시장의 일자리구조에도 큰 영향을 미쳐 기존 산업에 포함된 많은 일자리의 감소가 예상된다. 이에 따라 새로운 산업·기술에 빠르게 적응하며 주도권 경쟁을 할 수 있는 기술기반 창업의 중요성이 더욱 확대되고 있다(고혁진 등, 2018).
  - 고용 없는 성장 : 지멘스 암베르크 공장의 경우, 스마트팩토리를 도입한 이후 20여 년 전에 비해 품종은 10배 이상, 생산량은 15배 증가하였으며, 불량률은 1/50로 줄었으나, 일자리는 1,300개로 동일하였다.
  - 창업기업의 일자리 창출 : 미국의 경우, 1980년 이후 일반기업의 일

자리는 연평균 130만개 감소한 반면, 1년 이하 창업기업에서 연평균 280만개의 새로운 일자리를 만들어 내고 있다(이명아, 2022; 교육의 봄, 2022에서 재인용).

OECD(2013) 보고서에서도 창업 6년 이상 기업의 일자리는 연평균 2.1% 감소한데 반해 6년 미만 기업은 2.9%의 일자리를 새로이 만들어 냈다고 보고하였다. 신생기업들의 일자리 창출이 기존 기업들의 일자리 감소를 상쇄하고 있다(<그림 3-2> 참조).

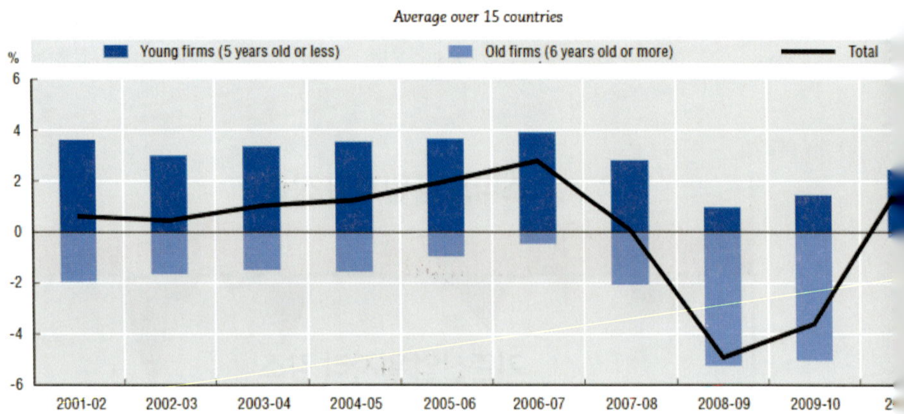

자료 OECD(2013)

그림 3-2 신생기업 vs. 기존기업의 순 일자리 창출추이(2001~2010)

- 우리나라도 기존기업에 비해 신생기업의 일자리 창출 기여도가 높은 것으로 나타나고 있다. 한국개발연구원(2017 재인용) 자료에 의하면, '12~'14년간 연평균 취업자수 증가 26.8만명의 89.6%를 1년 이내 창업기업에서 고용하였으며, 17.9%는 5년 이하기업에서 고용한 것으로 나타났다. 6년 이상의 기업에서는 연평균 7.5%, 약 2만명의 일자리가 감소하였다(교육부 등, 2022)(<그림 3-3> 참조).

- 다음으로 취업관련 청년들의 가치관이 변화하고 있기 때문이다. 세대가 변화하면서 취업 시 주요 고려항목들이 변화하고 있다(<표 3-2 참조>)(고혁진 등, 2018).

구 분	'21년 6월말	'21년 12월말	'22년 6월말	'21년 대비	증 가	증가율	기업당 증가
고용현황	687,271	722,027	753,080	6월말	+65,809	+9.6%	+1.9
				12월말	+31,053	+4.3%	+0.9

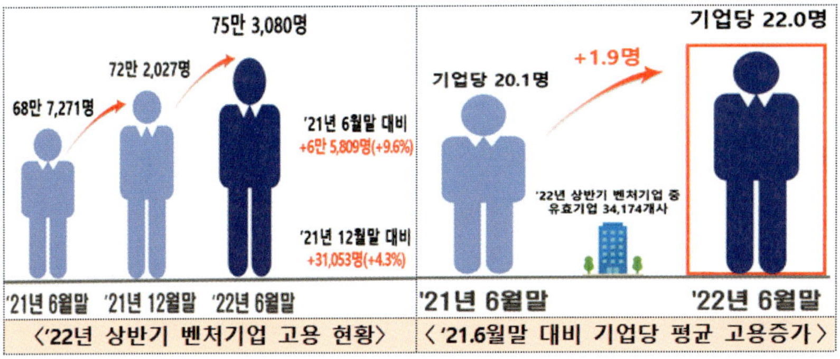

자료 중소벤처기업부(22. 8. 9)

그림 3-3 '22. 6월말 벤처기업 고용현황

표 3-2 세대별 취업 시 주요 고려사항

세대구분	취업 시 주요 고려사항
베이비붐세대(1945~60년생)	급여(71%), 경력개발기회(57%), 의료혜택(48%) 순
X세대(1961~80년생)	워라밸에 대한 관심 증가, 급여(77%), 유연근무제(69%), 은퇴설계(30%) 순
Y세대(1981~95년생)	자유로운 삶과 업무유연성, 경력개발기회와 더 많은 일을 할 수 있는 기회를 추구하며 지속적 직업과 개인의 발전(66%) 희망
Z세대(1996년생~)	팀활동과 멀티태스킹에 익숙하고, 삶과 일의 교환이 가능하며 높은 기업가정신을 갖고 있음. 조직 내에 있으면서도 자신만의 업무를 희망

자료 고혁진 등(2018)

대학의 고급 기술기반 창업은 일반 창업에 비해 높은 경제적 효과

대학이 창업을 적극 지원하는 것을 넘어 직접 참여해야 하는 이유는 다음과 같은 설명에서 찾아볼 수 있다. 지식은 경제성장을 이끌어내는 결정요인이다. 기업가적 대학의 활동은 오늘날의 지식기반 경제시대에 중요한 역할을 해낼 수 있다(Audretsch, Keilbach, & Lehmann, 2006). 대학은 각 나라의 경제발전에 중요한 기여를 할 뿐 아니라 생산시스템의 변혁기반 개선과 능력있는 개인들을 육성하고 지원하기에 적합한 사회적 위치를 점하고 있다(Klein & Pereira, 2020 재인용; Schumpeter, 1961). 대학은 국가와 지역사회의 지식경제를 선도할 다양한 분야의 핵심적 고급 두뇌들과 미래 사회를 이끌어갈 청년 인재들이 모여 있는 곳으로서 지식과 도전의식이 충만한 곳으로 성공 가능성이 매우 높은 창업의 요람이 될 수 있기 때문이다.

- 대학보유 기술기반 창업은 주체에 따라 대학과 구성원의 '직접창업'과 기술이전을 통한 '간접창업'으로 구분한다. 직접창업은 교원창업, 학생창업, 기술지주회사 창업으로 구분되며, 간접창업은 기술이전을 받은 일반 기업 등 대학 외부기관에 의한 창업을 의미한다(<그림 3-4> 참조)(교육부 등, 2022).

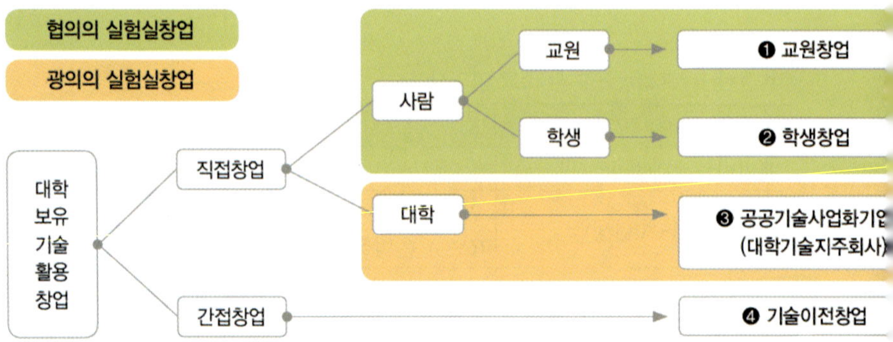

자료 교육부 등(2022)

그림 3-4 대학 보유기술기반 창업유형

- <그림 3-4>의 실험실창업은 대학에서 특허나 논문형태로 보유하고 있는 기술을 활용한 창업(Lab to Market)을 말한다.
  실험실 창업은 기존기술의 응용에 기반한 일반창업과 달리 새로운 산업과 시장을 창출하는 경우가 많다는 점에서 일반 창업과 구분되며, 우수한 기술력을 바탕으로 고용창출 효과 및 생존율이 높게 나타나고 있다.
  * 실험실 창업기업의 경우, '00~'10기간동안 평균 고용인원이 9.5명으로 전체 창업기업 평균 고용인원 2.9명에 비해 3배 이상 높았으며, 5년 생존률도 80%로 일반 창업기업의 27%에 비해 우수했다(과학기술정보통신부, 2019. 1.24).

- 주요 선진국에서도 대학의 실험실 창업을 통해 성공한 사례를 많이 배출하고 있다(<표 3-3> 참조).

표 3-3 실험실 창업 해외 성공사례

Palantir Technologies (미국) 2004 설립	· 빅데이터를 기반으로 범죄예측시스템을 개발 · CIA, FBI, NSA, 미 군사조직 등에서 해당 솔루션 사용 · 스텐퍼드대 컴퓨터공학과 출신 졸업생들이 창업 · 현재 기업가치 약 24조원 / 약 200개 일자리 창출	
Mobileye (이스라엘) 1999 설립	· 자율주행용 자동차(센서 및 카메라) 핵심기술 보유 · 허브리대학 컴퓨터공학 교수들이 공동 설립 · Intel이 17조원에 인수('17) / 약 750개 일자리 창출	
iLLumina (미국) 1998 설립	· 유전자분석 및 DNA시퀀싱 관련 생명공학기술 보유 회사 · 터프트(Tufts)대학 교수가 VC투자를 기반으로 설립 · 현재 기업가치 약 25조원 / 약 5,500개 일자리 창출	

자료 교육부, 과학기술정보통신부(2017)

세계 주요 기업가적 대학의 지역 창업 생태계 주도

4차 산업혁명을 둘러싼 사회경제 전반의 거대한 변화는 대학에게도 캠퍼스를 벗어나 지역사회와 국가 발전에 적극 참여할 것을 요구하고 있으며, 많은 세계 유수 대학들이 이와 같은 시대적 사명에 호응하여 기업가적 대학으로 변신, 지역사회의 경제 발전 등 주요 이슈들을 해결하는데 적극 참여, 주도하고 있다.

- 세계 주요 대학들은 기업가적 대학(Entrepreneurial University)으로 전환하여 지역사회의 창업생태계 형성에 크게 기여하고 있다.

  • 대학은 우수 인력과 장비, 최첨단의 지식 등이 모여있는 '창업의 산실'로 혁신적 창업기업의 생성을 위한 선도적 역할을 담당하고 있다. 실례로 해외 유명 혁신단지들이 지역내 핵심 대학을 중심으로 형성, 발전하고 있으며, 대학은 지역 혁신 창업생태계에 지식, 기술, 인력을 공급하며 생태계내 네트워크의 중심축 역할을 수행하고 있다.

  * 미국 '실리콘밸리'(스탠포드대학, UC버클리대학), '리서치트라이앵글'(노스캐롤라이나주립대학, 듀크대학, 노스캐롤라이나대학), 중국의 '중관촌'(칭화대

학), 이스라엘 '실리콘와디'(히브리대학, 텔아비브대학), 독일 베를린(베를린대학), 핀란드(알토대학) 등

"스탠포드대학이 없었다면, 실리콘밸리는 탄생할 수 없었을 겁니다. 엔지니어링 기반을 갖춘 좋은 대학은 새로운 아이디어와 혁신을 생산해냅니다. 이것은 매우 중요합니다. 보통 시장에 나오는 혁신적인 기술들은 대학에서 먼저 발견, 연구되는 경우가 많아요."

– 드레이퍼 & 존슨 투자회사 빌 드레이퍼

* 유명 기업가적 대학 사례
- 미국 밥슨칼리지 : 미 창업교육의 중심, 지난 10년간 교내벤처 5,000개 배출
- 핀란드 알토대학 : 노키아 붕괴 후 핀란드 경제활성화 주도
- 일본 동경대학 : 2015. 8월 기준 창업기업 240여 개, 5년 전 120개에 비해 2배 증가. 이 중 12개 기업이 상장하였고, 상장기업 시가총액은 약 9조4800억원에 이름(오윤희, 2016).

2 경력개발과 기업가정신

가. 경력개발의 의미

일과 경력

사람들은 생존에 필요한 여러 가지 재화를 얻기 위해 일(Job)을 한다. 전통적으로 일은 생존을 위해 불가피한 일이었으므로 선택의 여지가 없었고, 사회적으로 선택가능한 일의 종류나 분배가능한 자원이 절대적으로 부족했으므로 일을 해서 생존에 필요한 충분한 재화를 얻는 것은 매우 어려운 일이었다. 때문에 일에 대한 전통적 인식은 부정적이었다(이춘우 등, 2014). 그럼 현대인에게 일은 어떤 의미일까? 기술의 발전은 생산성을 획기적으로 향상시켰고 이로 인해 사람들이 나눌 수 있는 재화의 양도 증가하였으며, 일에 대한 선택권과 선택의 폭이 매우 넓어졌다. 이제 사람은 일을 생존의 수단만이 아니라 일에 의미를 부여하게 되었다. 일을 통해 삶에 필요한 자원을 획득할 뿐 아니라 사회구성원으로서의 존재 가치를 확인하고, 독립된 개인으로서의 자존감과 자아실현의 기회를 발견하는 기회를 갖는다.

경력(Career)은 한 사람의 개인이 평생에 걸쳐 수행하게 되는 일들의 집합을 의미한다. 과거 평생직장이란 개념이 통용되던 시절의 경력은 학교를 졸업하고 기업에 입사하여 은퇴할 때까지 수행했던 직무경험들을 경력이라 하였다. 현대에는 이전과 비교할 수 없을 만큼 많은 기업들이 존재하고 다양한 직무수행 기회가 존재한다. 4차 산업혁명의 대변화는 사회경제 전반의 불확실성을 더욱 높일 것으로 전망된다. 앞으로 우리가 걸어야 할 일들의 경험과 경로 즉, 경력은 더욱 다양하고 높은 불확실성에 노출될 것으로 예상된다. 오스트레일리아 학자들은 지금 중, 고등학생들이 본격적으로 직업세계에 참여할 2030년 경엔 각 개인이 평생 29~40개의 직업을 갖게 될 것이라고 전망하였다(교육부, 2017).

경력개발

사회생활을 준비하는 청년들에게 있어 가장 커다란 고민거리는 진로설정의 문제이다. 진로를 결정하기 위해서는 먼저 경력 설계(Career Design)가 필요하다. 경력설계란 각 개인이 조직 내에서 나아가 생애전반의 직무수행 목표를 수립하고 이를 이행하는 과정을 말한다(이춘우 등, 2014). 또한, 평생의 학습과정을 의미한다. 사회경제의 급격한 변화로 자율성과 독창성이 그 어느 때보다 중요해졌다. 미래에 직면할 직업과 업무분야의 변화로 자기주도적 경력관리가 요구된다(Northeastern University, 2022).

각자의 생애 직무경험을 위한 목표와 과정 계획이 수립되었다면 진행해야 할 다음 단계는 경력 개발(Career Development)의 단계에 들어간다. 경력개발이란 각자 수립한 경력목표를 달성하는데 필요한 아직 부족한 직무 역량이나 지식, 기술, 경험 등을 습득하는 것을 의미한다(이춘우 등, 2014). 경력개발은 끊임없는 자기관찰, 직업세계의 탐색과 경험, 경력차별화, 관계관리, 반성과 계획조정 등 일련의 활동이 반복되는

자료 노스이스턴대학(2022)

그림 3-5 경력설계

과정이다(<그림 3-5> 참조)(Northeastern University, 2022).

이와 같은 경력 설계와 개발의 중요성은 다음의 의미를 갖는다(이춘우 등, 2014).

- 자기가 하고 싶은 일을 할 수 있도록 한다. 자기가 하고 싶은 일이 무엇인지 알고 그 일을 하기 위해 부족한 지식, 기술, 경험을 계획적으로 습득한다.
- 개인의 업무수행역량과 성과를 향상시킨다. 각자의 직무역량에 대한 반성과 부족한 역량의 지속적 개발은 개인의 업무역량과 성과를 향상시키는 결과를 보인다.
- 목표를 달성할수록 자아실현의 가능성이 높아지며 더불어 조직에게도 바람직한 결과를 초래한다.

체계적 경력 설계와 개발은 개인과 조직의 발전에 상호보완적 상승효과를 갖는다.

성공적인 경력개발

각 개인은 스스로의 경력관리가 잘되고 있는지 의문을 갖고 평가해보고 싶어한다. 이 단계에서 한 가지 각별히 주의해야 할 점은 경력관리의 성공여부에 대한 판단은 다분히 주관적이어서 다른 사람과 비교하여 판단하기 어렵다는 점이다. 때문에 객관적인 평가 항목과 척도를 만드는 것이 쉽지 않지만 개략적으로 경력관리의 성공여부를 평가하기 위한 네 가지 요소 즉, 경력성과, 경력만족, 적응력, 경력일체성으로 정리해 볼 수 있다(Morgan et al, 1979; 이춘우 등, 2014에서 재인용).

- 경력성과(Career Performance) : 업무 외적요소로 사회적 지위와 보수를 의미한다.
- 경력만족(Career Satisfaction) : 개인의 일에 대한 만족도를 의미한다.
- 적응력(Adaptability) : 각자에게 부과되고, 부과될 과업을 수행해 낼 능력을 의미한다. 필요한 시점에 필요한 능력을 갖추고 있도록 계획, 실행하는 것이 중요하다.

- 경력일체성(Career Identity) : 자신의 정체성과 경력경로와의 일치도를 의미한다.

나. 경력설계와 기업가정신

기업가정신과 취 · 창업

학생이 학업을 마치고 사회에 진출하게 되면 선택할 수 있는 대안은 크게 취업과 창업의 두 가지로 나눠볼 수 있다. 그 밖에 진학, 전문직, 가업승계 등으로 더 구분하기도 하지만 이들도 크게 보면 취업이나 창업 둘 중 한 범주로 포함할 수 있으니 사회에 진출할 때는 취업과 창업 중 하나를 선택해야 한다.

취업과 창업의 사이에는 우리에게 비교적 잘 알려진 차이점과 비교적 알여지지 않은 공통점을 갖고 있다(이춘우 등, 2014). 먼저, 비교적 잘 알려진 차이점부터 살펴보면, 취업은 다른 사람(고용주)이 갖춰놓은 환경 안에서 다른 사람이 해야 할 일을 나눠 맡아 일을 하게 되는 것을 말한다. 장점은 실패하더라도 내게 큰 손해는 없다는 점이고, 단점은 성과의 일부를 협상결과에 따라 보상이라는 명목으로 받게된다는 점이다. 창업은 자신이 하고 싶은 일을 주체적으로 수행하는 것을 말한다. 장점은 업무 계획에 대한 자율권을 갖고 있고, 성과결과의 배분에도 주도권을 갖는다는 점이다. 단점은 업무수행 결과를 전적으로 책임져야 하며, 실패시 감당해야 할 위험이 크다는 것이다.

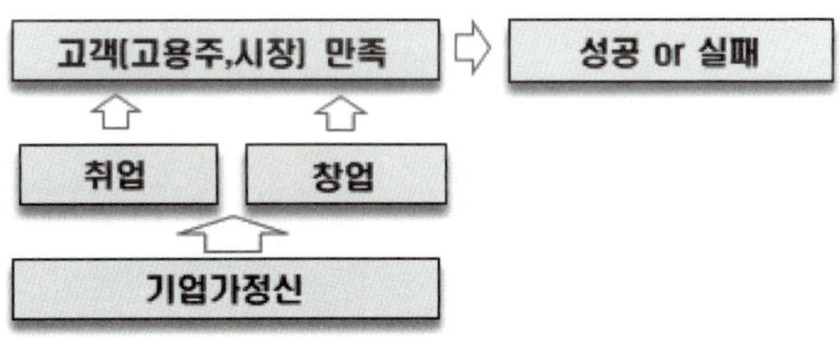

그림 3-6 취업과 창업의 공통점

취업과 창업이 갖는 공통점은 첫째, 업무수행 결과에 대해 자기자신의 평가보다 다른 누군가의 평가가 중요하게 작용한다는 점과 둘째, 이 과정에서 기업가정신이 매우 중요한 역할을 한다는 것이다(<그림 3-6> 참조)(이춘우 등, 2014). 취업자는 업무수행 결과에 대해 고용주의 평가를 받는다. 고용주의 기대에 부응 여부에 따라 취업의 성패가 갈리게 된다. 창업자의 업무수행 결과는 시장에서 고객의 평가를 받는다. 마찬가지로 고객의 기대부응 여부에 따라 사업의 성패가 갈라진다. 결국 취업과 창업은 모두 내가 아닌 다른 누군가의 기대에 부응하는 가치를 성공적으로 제공했을 때 각자의 역할을 성공적으로 수행했다 할 수 있는 것이다.

바로 이 지점에서 기업가정신이 핵심적 역할을 수행한다. 기업가정신의 본질은 각자가 수행한 일의 결과가 더욱 가치있을 수 있도록 지속적으로 개선, 보완, 발전시키는 것을 의미한다. 기업가정신의 발휘 결과가 때론 혁신적일 수도 있고, 점진적일 수 있지만 업무수행 결과의 대상인 고용주와 고객에게 의미 있는 가치를 추가적으로 제공하기 위해 부단히 노력한다는 점에서 기업가정신은 취업자와 창업자 모두의 성공적 사회생활에 필수적 요소라 할 수 있다.

경력대안으로써의 취업과 창업

졸업 후의 진로에 대해 대다수의 학생들은 취업을 선택한다. 2017년 통계청 조사결과에 의하면 4년제 대학생의 졸업 후 진로계획을 보면 83.5%의 학생이 취업을 선택하고 있는 것으로 나타나고 있다. (<그림 3-7> 참조) (통계청, 2017). 이렇게 절대 다수의 학생들이 취업을 선택하는 이유는 무엇일까? 역설적이게도 고용불안에 대한 우려를 가장 큰 이유로 꼽을 수 있을 것이다. 4차 산업혁명은 다른 분야에서와 마찬가지로 고용시장에서

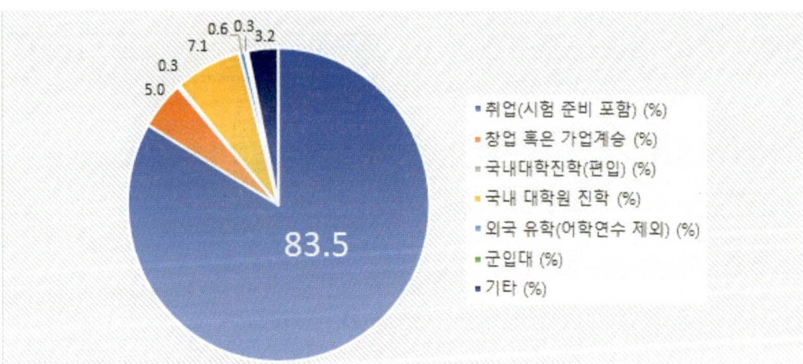

자료 통계청(갱신일, 2017. 11.13)

그림 3-7 4년제 대학생 졸업 후 진로계획

의 불확실성도 크게 증가시켰다. 이 때문에 안정된 직장으로 공무원과 대기업에 대한 선호가 매우 높아진 것으로 보인다(이춘우 등, 2014).

그러나, 과연 직장은 우리가 기대했던 것과 같은 안정된 고용을 보장하는가에 대해 살펴볼 필요가 있다. 베이비붐세대가 취업하던 당시의 평생직장 개념은 1998년 IMF위기를 지나며 희미해진지 오래다. 또한 4차 산업혁명의 거대한 변화의 물결은 대기업이 유리하다고 장담하기 어렵다. 변화의 속도가 빠르고 규모가 큰 시대에는 기업의 규모보다는 빠른 적응력(Agility)을 보유한 기업의 생존가능성이 훨씬 높다. 따라서 대기업들도 생존 그 자체에 대한 높은 위기의식으로 인해 종업원들에게 고용안정보다 고용유연성을 요구하고 있다. 각 개인이 변화하는 상황에 맞춰 경력과 역량을 꾸준히 강화해 스스로 경쟁력을 갖추지 않는 한 대기업이라도 안정된 고용을 보장하기 어려운 시대이다. 오스트레일리아 연구기관의 조사결과는 2030년대 취업자는 29~40개의 직장을 경험하게 될 것이라지 않는가? 취업이 안정된 고용을 보장해 줄 것이라는 기대는 냉철하게 재고해 볼 필요가 있다.

2022년 통계청 자료를 보더라도 그러한 추세를 확인해 볼 수 있다(<그림 3-8> 참조). 한 직장에서 가장 오래 근무한 기간 평균 15년 5개월, 직장에서 은퇴당시 연령 평균 49.3세이다. 이 정도면 취업이 개인의 안정된 고용을 보장한다 할 수 있을까?

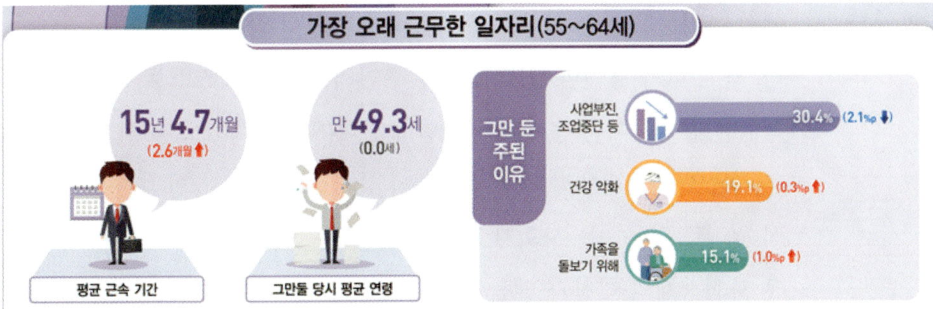

자료 통계청(2022)

그림 3-8 취업, 가장 오래 근무한 일자리

한국고용정보원(2017) 자료에 의하면 평균 71.8세까지 경제활동을 영위한다고 한다. 49.3세에 은퇴하고도 22.5년 더 경제생활을 하고 있다는 것이다. 인생 100세 시대에 49.3세면 충분히 건강하니까 더 오래 일할 수 있는 능력이 되기도 하지만 나머지 여생을 인간답게 살기위한 준비가 부족하기 때문에 또 아직은 더 가족을 부양해야 하기 때문에 일해야 하는 상황이 발생한다. 은퇴 후 경제생활을 하는 72세까지 일을 하려면 어떤 준비가 필요할까?

다. 기업가 사회와 기업가형 인재

● 기업가 사회

세계는 기업가사회(Entrepreneurial Society)로 변화하고 있다. 기업가사회 이전, 즉 지금의 사회는 경영자사회(Managerial Society)라 한다. 경영자사회 시대에는 소수의 혁신적 기업가가 주도하는 파괴적 혁신에 의해 경제사회가 발전되어 왔다. 기업가사회에서의 혁신은 기업가만이 아니라 사회 전 구성원이 기업가정신으로 무장하고 각자의 분야에서 변화와 혁신을 주도적으로 만들어나가는 사회를 말한다.

드러커(Drucker, P.)는 기업가사회를 '혁신과 기업가 정신이 정상적이고 안정적이며 지속적으로 발휘되는 사회'라고 하였다. 우리가 지금 기업가 사회로의 전환을 이야기하는 이유는 이전 사회를 이끌어왔던 두 개의 큰 축 금융 자본주의와 국가 관료제가 더 이상 효과적으로 작동하지 않기 때문에 이를 대신할 새로운 운영체계가 필요해졌기 때문이다. 기업가사회에서 우리는 그동안 묵혀두고 사용하지 않았던 인간이 가진 근본적인 능력, 즉 우리가 당면한 문제에 대해 주인의식을 갖고 스스로 해결해 나갈 책임을 받아들이는 능력을 일깨워야 한다(Straub, 2016). 다시 말해 혁신과 기업가정신이 우리 사회 곳곳에서 사회경제의 유지, 발전을 위한 필수적 원리로 작동하는 사회가 되어야 한다는 것이다. 기업가사회에서 개인은 사회경제의 혁신과 발전을 이끌어나갈 기본단위이자 스스로 생애 전 기간의 경력에 대해 책임지고, 개발해야 할 사명을 자각해야 한다(<표 3-4> 참조)(Drucker, 2014).

따라서, 기업가사회에서 기업가정신은 기업을 설립하고, 회사를 운영하며, 제품과 서비스를 공급하는 한정된 업무분야를 수행하기 위해 필요한 개념이 아니라 사람이 살아가는 모든 곳에서 모든 사람에게 요구되는 실천 행동이다. 경영자는 물론 공무원, 의사, 교사, 학생, 공장근로자, 심지어 엄마조차도 각자가 하고 있는 일을 그냥 해내는 것이 아니라 더욱 잘하기 위해, 그 일에 보다 가치와 의미를 더하기 위해 그래서 스스로의 삶을 더욱 풍요롭게 하기 위해 언제 어디서나 모든 사람들이 기업가정신을 발휘해야 하고, 그런 사회가 우리가 가야 할 기업가사회라는 것이다.

표 3-4 기업가사회의 특징

구분	내용
사회경제의 변화	• 창조경제(Creative Economy)/ 혁신경제(Innovative Economy)의 도래 • 경제적 부의 창출(Wealth Creation)에서 새로운 가치의 창출(Value Creation)로 전환 • 기업가계층(Entrepreneur Class)의 형성 • 중소기업(Medium & Small-size Companies)이 경제의 중심역할 수행 • 신생 경제영역에 고용되는 사람들의 비율 증가 • 아이디어, 상상, 느낌, 정보, 소프트웨어 등 기계적인 것에서 유기적인 형태로 기술 변화 • 경기순환주기의 단축(40~70년 주기에서 15년으로) • 무경계화사회(Boundless Society) 및 가상 사회공간 확대 가속화 • 개인화 확산과 다원화 확대 • 디지털기술과 휴머니즘의 결합 • 윤리와 신뢰 등 사회적 가치의 중요성 증가 • 융합, 스마트, 스피드 중시 • 초연결망사회(Super Network 사회)로의 발전 • 사회 모든 영역에서 기업가정신 강조
새로운 직업의 출현	• 1인 기업이 새로운 직업 창출의 원천 • 첨단기술산업(High-tech Industry)을 뛰어넘는 성장 • 비영리기업 및 공공-민간 파트너십 직업 증가 • '새로운 기술'보다 사람의 일에 지식을 '새롭게 적용'하는 직업 확산 • 연속적 기업가정신 과정을 통한 기업가 직업층 형성 • 로봇과 인간의 협업시스템 확대

자료 이춘우 등(2014)

기업가형 인재

기업가사회에는 기업가형 인재가 필요하다. 기업가형 인재란 기업의 역할이 가치를 창출하는 것이듯 각자가 속한 사회에 새로운 가치를 더할 수 있는 역량을 갖춘 사람을 말한다. 이들은 흔히 삶과 업무를 대함에 있어 주도적이고 능동적인 태도를 취한다. 도전적이고, 실천적이며, 새로운 것을 시도하는데 대한 두려움이 적다. 기업가형 인재의 특징은 자기주도적이며, 기회를 발견하는 안목을 갖고, 불확실성과 부족한 자원에도 불구하고 긍정적 자세로 분석하여 기회를 포착한 후 이에 도전하여 이를 이루어낸다(이춘우 등, 2014). 한정화(2008)는 기업가형 인재의 필요역량으로 기회인식(Opportunity Identification), 자원활용(Resource Mobilization), 위험관리(Risk Management), 경영시스템 구축(Management System Building)을 제시하였다.

따라서 기업가형 인재를 정의하기 위해 많이 사용되는 개념에서 자기주도적, 도전정신, 기회발견, 위험감수, 자원활용, 체계화, 비판적 사고, 창의성, 인내, 신념, 자율, 성취욕구, 유연성, 적응력 등의 단어들을 자주 발견할 수 있다.

비판적 사고

당면한 과제에 대해 지식, 경험, 기술 등을 사용해 상황을 파악한 후 객관적 자료에 근거해 의미 있는 결과를 이끌어 내는 것.

넥, 휴턴, & 머레이 (2018)

미래사회가 요구하는 기업가형 인재의 특징을 다음과 같이 정리해 볼 수 있다(이춘우 등, 2014).

첫째, 직무(업) 분야에 대한 깊이 있는 전문성,
둘째, 다양한 분야에서의 경험과 이를 긍정적으로 받아들일 수 있는 개방성,
셋째, 실패에 굴하지 않고 자신의 신념을 믿고 계속 도전할 수 있는 불굴의 의지,
넷째, 다른 사람과 협력하며, 협력을 이끌어낼 수 있는 리더십,
다섯 째, 변화하는 환경에 적응력을 높이기 위해 부단히 자기개발하는 사람

현대 우리가 살아가는 세상을 VUCA(Volatile, Uncertain, Complex,

Ambiguous)세상이라 부르기도 한다. 이전에 경험해보지 못한 속도로 다양한 요소들이 종횡으로 결합하며 변화하니까 많은 것이 유동적이고, 불확실하며, 복잡하고, 모호하다. 앞으로 우리가 살아갈 세상이 기업가사회로 전환되는 것도 이러한 환경의 변화와 무관하지 않다. VUCA세상에 적응하여 살아가기 위한 방안 중의 하나가 기업가정신이며, 이 기업가정신은 사회, 대학, 개인 모두의 생존과 지속가능성 차원에서 필요성을 인식해야 할 것이다.

3 기업가적 마인드셋

기업가적 마인드셋의 의미

기업가적 마인드셋(Entrepreneurial Mindset)은 기업가적 마음가짐, 즉 기업가처럼 행동하기 위해 갖추어야 할 사고체계라고 할 수 있다. 기업가처럼 행동한다는 것은 평상의 업무 속에서도 언제나 기업가정신을 발휘해 업무결과의 가치를 높이기 위한 의식적 노력을 계속한다는 것을 의미한다. 기업가정신을 발휘한다는 것은 불확실한 상황 하에서 기회를 인식하고, 행동으로 실천하며, 가용한 인적, 물적 자원을 활용하여 목표하는 바를 이루기 위해 노력한다는 것이다(Ireland, Hitt, & Sirman, 2003). 기업가적 마인드셋은 사람들이 기회를 식별하여 최대한 활용하고, 어려움을 극복하고 배우며, 다양한 환경에서 성공할 수 있도록 하는 일련의 기술이다(California State University, 2022; NFTE & EY, 2019).

기업가적 마인드셋의 구성요인을 살펴보자(이춘우 등, 2014; Ireland, Hitt, & Sirman, 2003). 먼저, 불확실성(Uncertainty)이다. 현실 세계에서는 의사결정 시 필요한 모든 정보를 갖고 있는 경우가 없다. 실제로 어떤 결정을 내릴 때 100% 확신을 갖고 판단을 하는 경우는 매우 드물다. 불확실성은 결정된 사안에 대해 의구심을 갖게 하고, 잘못된 판단을 할 가능성을 배제할 수 없다. 특히 남들이 해보지 않은 일을 시도하는 경우 불확실성은 더욱 높아질 수 밖에 없다. 그럼에도 불구하고 가용한 정보와 자원을 최대한 활용해서 합리적 수준의 위험을 감수하고 필요한 시점에 필요한 의사결정을 하는 것이 기업가적 마인드셋의 첫 번째 요인이다.

둘째, 기회(Opportunity)이다. 기회에 적절히 대응하는 것은 창업기업이나 기업경영에 있어 대단히 중요한 요소이다. 과거 기업가정신 연구에서는 기회를 포착 또는 활용이라는 관점에서 바라봤다. 전제는 기회가 이미 우리 주변에 존재한다는 것이고, 다른 사람들이나 경쟁자가 인식(Recognition)하지 못한 기회를 빠르게 인식하고 활용한다는 측면이었다. 최근 연구에서는 기회를 발굴(Discovery) 또는 창출(Creation)의 관점에서 바라보며 더욱 능동적이고 주도적인 기업가정신의 측면을 강조하고 있다.

셋째, 실행(Execution)이다. 기회를 인식, 발굴 또는 창출하여 경쟁자가 갖지 못한 기회를 가졌다 하더라도 이를 실제로 이뤄내지 못한다면 아무런 의미가 없다. 기업가적 마인드셋을 갖춘 인재는 불시에 찾아오는 기회가 사업화로 연결되어 실제 성과를 낼 수 있도록 창의성과 융통성을 발휘한다.

마지막으로 자원활용(Resource Utilization)이다. 현대사회는 매우 복잡하고 빠르게 변화하고 있다. 그 사이에서 발굴한 기회를 사업화하기 위해서는 다양한 조합의 자원이 필요하게 된다. 때로는 필요한 자원을 모두 갖고 있지 않는 경우도 발생하게 된다. 이러한 상황에 대응하여 필요한 자원을 수배, 조달하여 공급하거나 대체자원을 발굴해 활용하는 등 문제를 해결하는 능력이 요구된다. 또한 현대사회에서 빼놓을 수 없는 정보, 특허 등 무형의 자원을 간과해선 안될 것이다. 가용한 유무형의 자원을 최대한 효과적으로 활용하여 기회를 활용해 결과를 만들어내는 것이 자원활용 능력이다.

NFTE & EY(2019)와 CSUChico(2022)는 기업가적 마인드셋의 구성요소를 8가지로 정리하여 발표하였다. 유연성과 적응성(Flexibility & Adaptability), 창의성과 혁신(Creativity & Innovation), 소통과 협력(Communication & Collaboration), 위험감수성(Comfort with Risk), 기회인지(Opportunity Recognition), 비판적 사고와 문제해결(Critical Thinking & Problem Solving), 미래지향(Future Orientation), 주도성과

자기신뢰(Initiation & Self-Reliance)이다(<그림 3-9> 참조>).

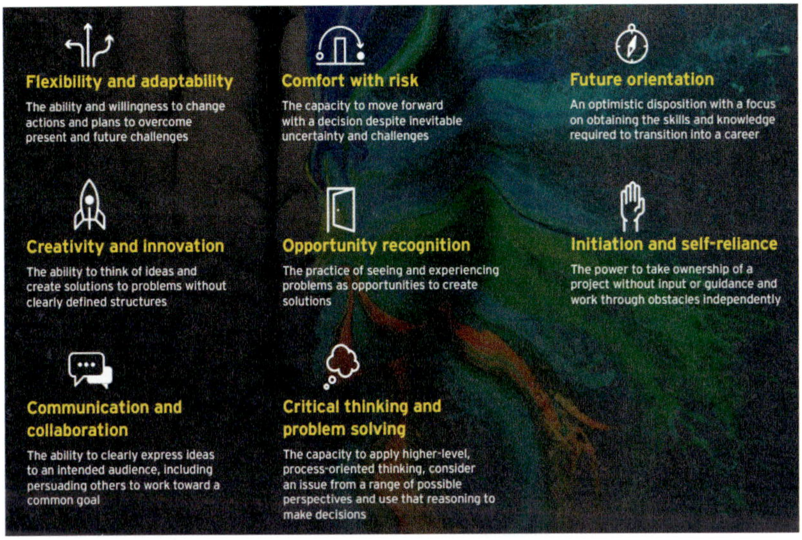

자료 California State University Chico(2022), NFTE & EY(2019)

그림 3-9 기업가적 마인드셋

기업가적 마인드셋의 필요성

기업가적 마인드셋은 개인의 가치적 자율성과 자기효능감에 긍정적 영향을 미치고 증가한 가치적 자율성과 자기효능감은 개인의 판단력과 실행력을 강화한다. 이는 곧 기회의 실현, 즉 사업 성공의 결과로 이어지게 된다(<그림 3-10> 참조)(이춘우 등, 2014).

기업가적 마인드셋은 개인들의 가치적 자율성을 갖게 하는데 중요한 역할을 한다. 가치적 자율성이란, 부모나 사회의 가치관과 구별되는 자신만의 철학과 기준, 신념을 의미하며(김정모, 변금주, 2019), 사람이 자신감을 가지고 독립적인 삶을 살아가는데 중요한 역할을 한다. 가치적 자율성을 발휘하는 삶을 위해 고려해야 할 요인이 '내가 잘하는 일', '내가 좋아하는 일', 그리고 '세상에 필요한 일'을 하는 것이다. 좋아하는 일은 자율성을 유지하기 위해 필요한 일이지만 치열한 경쟁사회에서 생존하기 위해서는 잘하는 일이 무엇인지 알 필요가 있다. 또한, 자기가 좋아하고 남보다 잘하는 일이라 할지라도 세상이 필요로 하지 않는 일이라면 지속되기가 어렵다. 따라서 내가 남들로부터 자유롭게 독립적인 삶을 위해 잘하고, 좋아하며, 세상에 도움되는 일에 대해 깊은 통찰이 필요하다.

기업가적 마인드셋은 또한 자기효능감의 향상에도 기여한다. 자기효능감이란 어떠한 상황에서 스스로 적절한 행동을 할 수 있다는 기대와 믿음을 의미한다(Bandura, 1977). 자기효능감은 과거 성공경험, 다양한 분야에서의 경험, 사회적 설득력, 신체적 상태 등의 요인으로 구성된다. 과거의 경험에서 이루어낸 결과가 일반 타인에게 인정받고, 유사한 활동을 해낼 수 있는 건강 상태를 갖고 있을 때 사람들은 스스로 적절한 행동을 할 수 있다는 효능감을 갖는다는 것이다.

이와 같이 기업가적 마인드셋은 개인이 기업가사회에 보다 적합한 인재로 적응성과 경쟁력을 높이는데 긍정적 영향을 미치며 궁극적으로 각자가 원하는 삶에 더욱 근접한 삶을 살아갈 수 있도록 도움을 주는 요소이다.

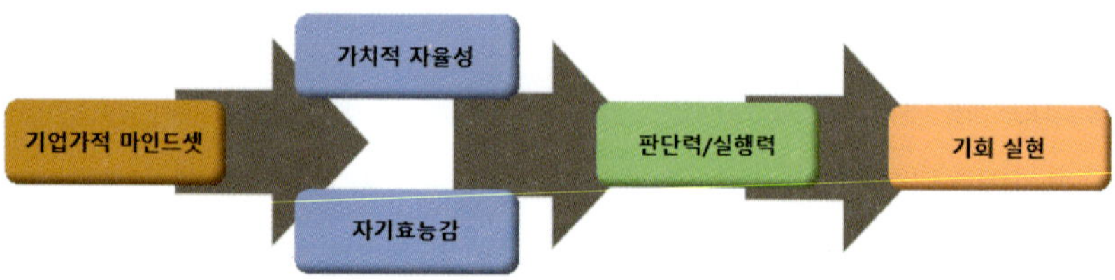

자료 이춘우 등(2014) 재구성

그림 3-10 기업가적 마인드셋의 효과

4 창업과 나

창업은 개인차원에서도 매우 의미 있는 사안이다. 앞으로 우리가 살아가야 할 세상에서는 누구나 한 번은 창업을 하게 될 것이며, 4차 산업혁명의 메가트렌드는 이전에 요구하던 기업가정신의 수준을 대폭 끌어올려 대학을 포함한 사회 모든 곳에서 기업가정신을 발휘하지 않고는 지속가능하지 않은 삶을 요구하고 있다. 따라서 앞으로 더불어 살아가야 할 기업가정신이 우리 개인의 삶에 어떤 영향을 미칠지 숙고하고 현명하게 대응해야 할 것이다.

● 기업가정신은 창업뿐 아니라 취업 후 성과에도 영향

■ 기업가정신교육의 효과에 대한 연구로는 2000년 아리조나대학의 차니(Charney, A.)와 리브캡(Libecap, G. D.)의 추적연구 결과를 살펴볼 수 있다(Charney & Libecap, 2000). 이들은 기업가정신과정(The Berger Entrepreneurship Program)의 교육효과를 분석하기 위해 1985~1998년 졸업생 2,484명을 대상으로 조사하였다(<그림 3-11> 참조)(Charney & Libecap, 2000).

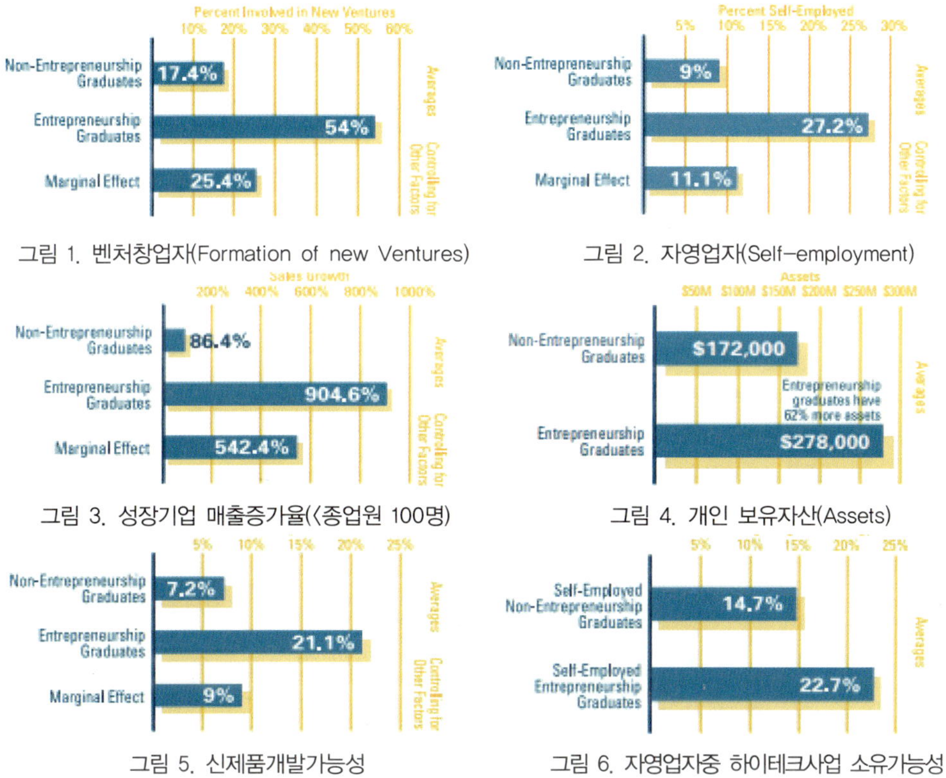

자료 Charney & Libecap(2000)

그림 3-11 아리조나대학 기업가정신교육 효과분석 결과

그 결과를 보면, 기업가정신과정 수강생의

- 창업자수가 3배 이상 많았다.(54% vs. 17.4%)
- 자기 사업을 경영하는 사람의 수가 3배 이상 많았다.(27.2% vs. 9%)

성장기업의 매출과 고용증가 기여도가 10배 이상 높았다.(904.6% vs. 86.4%)

- 대기업 취업자 연간 급여는 27%, 보유 자산은 60%이상 높았다.
- R&D관련업무나 하이테크산업에 종사하는 인원이 많았다.(21.1% vs. 7.2%)
- 대학의 기술이전에도 더욱 적극적이어서 기술기반 사업을 운영하는 사람의 숫자가 더욱 많았다.(22.7% vs. 14.7%)

■ 유럽에서도 유사한 연구가 진행되었다. 유럽 9개 대학의 기업가정신 교육 수강생과 비수강생, 청년기업협회(JADE)졸업생 2,582명을 비교, 분석하였다(<그림 3-12> 참조)(교육부 등, 2022).

- 수강생의 창업의도가 월등히 높았으며, 취업성공률에서도 큰 차이를 보였다.

[기업가정신교육 (비)이수자의 창업의도 비교]

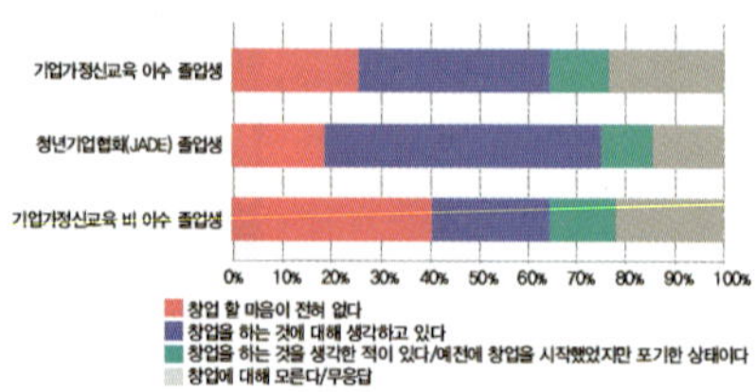

[현재 유급고용 상태인 졸업생의 직무 경험 비교]

	기업가정신 교육 이수 졸업생	청년기업 협회(JADE) 졸업생	기업가정신 교육 비 이수 졸업생
나는 실업 상태였던 적이 한 번 있다	11%	19%	22%
나는 실업 상태였던 적이 두 번 이상 있다	1%	6%	8%
나는 졸업 후 바로 취업을 했다	78%	66%	59%

자료 교육부 등(2022)

그림 3-12 유럽 대학졸업생 기업가정신교육 효과분석

창업에 대한 일반의 인식 변화

창업진흥원(2022)은 2019년 말 창업 7년 이내 기업 8,000개를 대상으로 창업실태를 조사하였다(<그림 3-13> 참조).

그 중 창업자들의 창업동기를 살펴보면, 순위별로는 '더 큰 경제적 수입을 위하여'(50.8%), '적성에 맞는 일이기 때문에'(39.9%), '경제·사회발전에 이바지하기 위하여'(31.6%) 등이 상위를 차지하였다. 주제별로는 경제적 요인으로 '더 큰 경제적 수입을 위하여'(50.8%), 고용불안 관련해서 '다른 선택의 여지가 없어서'(17.8%), '취업난 및 직장전망이 불투명해서'(11.1%)가 있었으며, 개인적 요인으로 '적성에 맞는 일이기 때문에'(39.9%), '경제·사회발전에 이바지하기 위하여'(31.6%), '자유롭게 일할 수 있기 때문에'(5.8%)와 창업생태계와 관련하여 '앞으로의 경기전망이 창업에 유리해서'(13.1%), '주변 지인의 창업성공 사례가 있어서'(3.6%), '기발한 아이디어를 사업화 시키려고'(3.1%) 등을 볼 수 있었다.

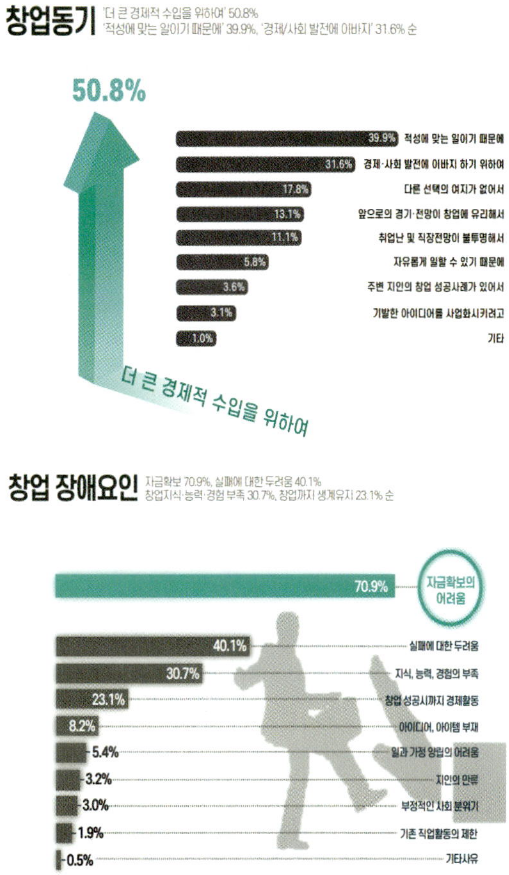

자료 창업진흥원(2022)

그림 3-13 창업자들의 주요 창업동기 및 장애요인

창업을 하는데 장애가 되는 요인으로는 '자금확보의 어려움'(70.9%)이 압도적으로 높았고, '실패에 대한 두려움'(40.1%), '지식, 능력, 경험의 부족'(30.7%) 순이었으며, 아직도 창업에 대한 정서적 거부감으로 볼 수 있는 '실패에 대한 두려움'(40.1%), '지인의 만류'(3.0%), '부정적인 사회분위기'(3.0%) 등이 남아있는 것을 알 수 있었다.

잡코리아(2019)는 성인남녀 4,091명을 대상으로 '언젠가 이루고 싶은 꿈의 직업'에 대한 조사를 실시하였다(<그림 3-14> 참조). 결과는 '창업성공자'(32.8%)가 가장 선호하는 꿈의 직업으로 나타났으며, 그 이유는 '덕업일치를 위해'(41.2%)였다. 일에 대한 가치관의 변화가 그들이 꿈꾸는 직업관으로 나타난 것으로 보인다. 특히, 창업에 대한 일반 성인들의 인식이 두려움보다는 긍정적 이미지를 형성하고 있다는 것이 우리나라 창업생태계의 건강한 발전에 청신호로 보여진다.

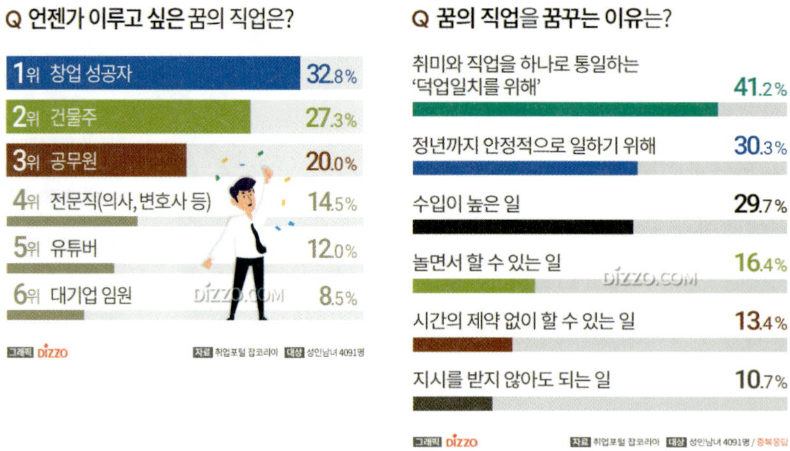

자료 김경희(2019)

그림 3-14 언젠가 이루고 싶은 꿈의 직업

창업생태계에 대한 사회적 관심도 크게 개선되는 모습을 보이고 있다(이(<그림 3-15> 참조)(중소벤처기업부, 2021). 언론에 창업을 키워드로 보도되는 기사의 숫자가 90년대에 비해 110배 이상 증가하였으며, 창업기업에 대해 기대하는 역할도 1990년대 대기업의 하부구조를 담당할 '제조부품사'에서 사회적 변화의 흐름에 따라 기대도 변화하여 2010년대 후반이후 현재 창업기업은 4차 산업혁명을 이끌 신산업생태계의 기대주이자 청년일자리를 책임질 사회의 주역으로 위상이 변화하고 있음을 볼 수 있다.

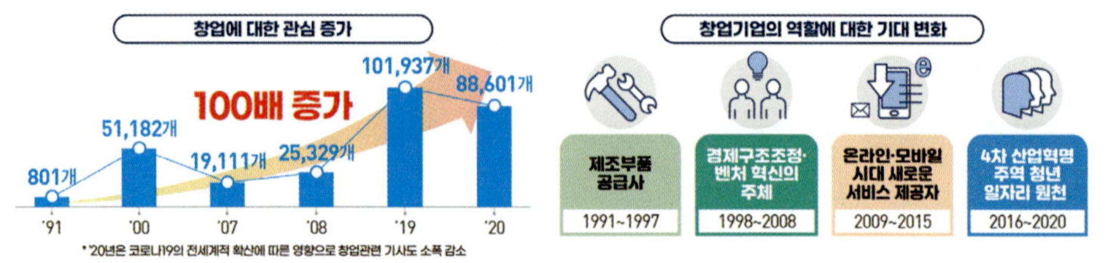

자료 종소벤처기업부(2021)

그림 3-15 창업생태계에 대한 사회적 관심 변화

● 100세 시대 창업은 필수, 대학 창업교육이 성공 창업에 중요

개인들의 건강에 대한 관심과 보건·의료기술의 발달로 사람들의 기대 수명과 여명은 빠르게 증가하고 있다(통계청, 2021).

- 2020년 출생아의 기대수명은 평균 83.5세(여자 86.5세, 남자 80.5세)이다. 이는 1970년생의 기대수명 평균 62.3세(여자 65.8세, 남자 58.7세)에 비해 50년 사이에 21.2세 증가한 수치이다(<그림 3-16> 참조).
- 80세까지의 생존확률도 2020년생의 경우 남자 62.6%, 여자 81.5%로 1970년생의 남자 11.6%, 여자 32.9%에 비해 각각 50%이상 증가하였다(<그림 3-18> 참조).

기대여명

특정 연령의 사람이 앞으로 살 것으로 기대되는 연수

- **기대수명:** 신생아(연령 0세)의 기대여명

통계청(2021)

이 자료들은 앞으로 우리가 더욱 오래 건강하게 살 것이라는 밝은 전망을 보여준다.

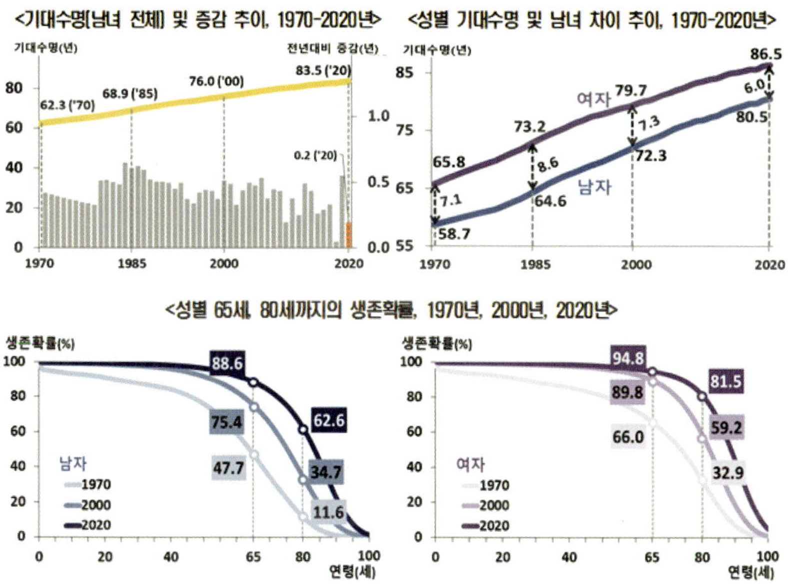

자료 통계청(2021)

그림 3-16 우리나라 성인남녀 기대수명 및 65세/80세까지 생존확률

이에 반해 한국고용정보원(2017)의 조사결과는 우리의 미래에 대해 어두운 전망을 보여준다(<그림 3-17> 참조).

- 우리나라 성인은 2016년 평균 71.8세(남자 71.1세, 여자 74.5세)에 실질적으로 경제활동에서 은퇴하였다. 이는 2010년 평균 69.6세(남자 70.2세, 여자 69.7세)에 비해 경제활동에서 물러나는 연령이 2.2년 늦

어진 것이다.

- 반면, 공식적 은퇴 연령은 2017년 평균 49.1세(남자 51.6세, 여자 47.0세)에 비해 2011년 평균 49.2세(남자 51.5세, 여자 47.3세)로 별다른 차이가 없다.

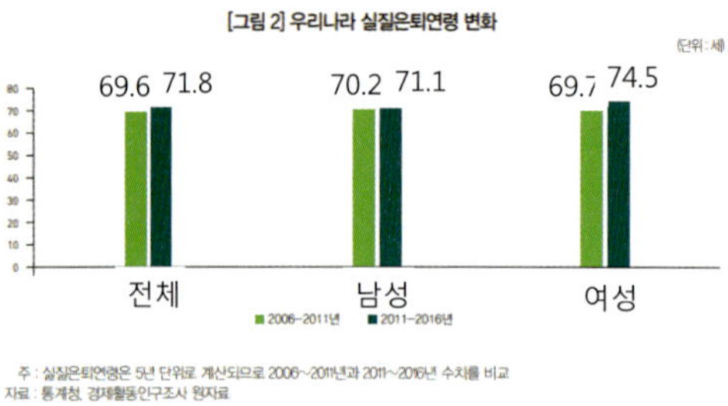

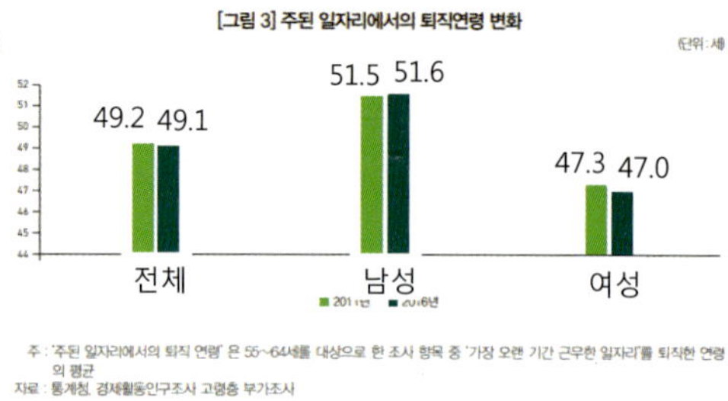

자료 한국고용정보원(2017)

그림 3-17 우리나라 성인남녀 실질은퇴 및 공식은퇴 연령

우리가 100세 시대 창업은 필수라는 이야기는 위 통계에 기반한다. 우리나라 성인은 평균 27.5세에 첫 직장에 취업한다(정도범, 유화선, 김병일, 2022). 평균 49.1세에 다니던 직장에서 은퇴를 하기까지 21.6년 직장생활을 하고도 71.8세까지 22.7년을 더 경제활동을 한다. 그리고 경제활동에서 실질적으로 은퇴한 후에도 83.5세까지 11.7년을 더 산다.

트렌드모니터(2015) 조사결과는 우리나라 성인들의 70.5%가 '창업은 대부분 생계를 목적으로 한다.'고 하고, '창업은 최후의 선택'이라는 의견도 34.7%에 달하는 결과를 보여주었다. 이와 같은 의견은 또한 20대 22.8%, 30대 32.4%, 40대 41.2%, 50대 이상 42.4%로 연령대가 높아짐에 따라 증가하는 양상을 보이는데 직장에서의 은퇴시기가 다가옴에 따라 은퇴 후의 경제적 삶을 위해 선택의 여지없이 창업에 맞닥뜨리는 상황을 보여주고 있다.

50대의 나이에 어쩔 수 없이 준비되지 않은 상태에서 경제적 삶을 위해 선택한 창업이 '과연 성공가능성이 높을까?' 의문을 가져보지 않을 수 없으며, 경제적 삶을 위해 시작한 창업이 오히려 그나마 있던 경제 기반을 해칠 가능성이 더 높을 것이라고 예상된다.

이제 우리는 언젠가 창업을 해야 할 수 있다는 현실을 직시하고, 준비된 창업을 하기 위해서는 지금부터 창업에 관심을 갖고 차근차근 공부해야 할 것이다. 평생 동안 우리 모두가 한 번 이상은 창업해야 하는 세상을 살아가고 있는 것이다.

5 실패, 한 걸음 더 나아간 출발점

창업에 도전하는 수많은 기업가들에게 실패에 대한 두려움은 반드시 극복해야 할 숙명같은 통과의례이다. 조사결과에 의하면, 우리나라 창업가들의 경우 평균 1.3회의 실패 경험을 갖고 있으며, 미국 실리콘밸리의 경우에는 평균 2.8회의 실패를 경험한다(박세아, 2020). 그럼 왜 그렇게 많은 창업가들이 실패하는 것일까? 여러 가지 원인이 있을 수 있겠지만 필자는 그 첫째 이유로 창업가의 경험 부족을 들고 싶다. 창업가에게는 전방위적 역량이 요구된다. 그러나 불행하게도 창업하기 전에 그 모든 것을 경험하는 것은 사실상 불가능하다. 두 번째로 변화막측하고 복잡다단한 환경요인을 들 수 있을 것이다. 경영자는 예상가능한 모든 변수를 고려하기 위해 노력하지만 첫 번째 원인과 마찬가지로 그 모든 요인을 고려하는 것은 불가능하다. 그래서 창업가들은 치명적인 위험은 피하고 감당할 만한 위험은 과감히 감수한다.

> Many of life's failures are pepople who did not realize how close they were to success when they gave up.
> 인생의 많은 실패자들은 포기했을 때 그들이 얼마나 성공에 가까이 있었는지 알지 못한다.
> I have not failed. I have just found 10,000 ways that won't work.
> 나는 실패하지 않았다. 단지 작동하지 않는 10,000가지 방법을 발견했을 뿐이다.
> - 토마스 에드슨 -

실패에 대한 관점의 변화, 실패의 경제학

실패의 사전적 의미는 '일을 잘못하여 뜻한 대로 되지 아니하거나 그르침'이라 하고, 그 반대말은 성공이라고 한다(표준국어대사전, N.A.). 그런데 여기서 실패를 성공의 반대라고 보는 관점에 동의하지 않는 사람들이 있다. 오히려 성공으로 가는 과정이라고 보고 실패의 경험을 적극 활용해야 한다는 관점이다.

미국의 발명왕 에디슨은 전구를 발명하는 과정에서 10,000번의 실패를 경험한 후 비로소 전구를 발명할 수 있었다고 하였다. 물론, 에디슨은 그 과정을 실패라고 생각하지 않았다. 에디슨은 '실험의 결과, 원했던 결과를 얻지 못했을 뿐이다'라고 생각했을 것이다. 성공적인 실패의 대명사인 포스트잇 사례뿐 아니라 다이슨은 먼지봉투 없는 진공청소기를 개발하기 위해 1979년부터 1984년까지 5년간 무려 5,127번의 시제품을 제작하고서야 비로소 제품을 완성할 수 있었다. 우주로 인간을 보낸다는 야심찬 계획을 담고 출발한 테슬라의 스페이스X도 무수한 실패를 경험한 후 2020년 5월 31일 세계 최초로 재활용 유인우주선과 로켓발사에 성공할 수 있었다(안옥희, 2022).

이러한 사례를 통해 실패는 성공의 반대가 아닌 성공으로 가기 위한 과정으로 보는 것이 타당할 것이다. 이 때문에 혁신적인 사회는 실패를 성공의 반대가 아닌 도전의 유사어로 적극 장려할 뿐 아니라 실패를 통한 학습을 통해 사회적 자산으로 활용하기 위해 노력하고 있다.

먼저, 혁신적인 기업가로 존경받는 많은 경영자들의 실패에 대한 인식은 다음과 같다(안옥희, 2022).

실패는 많이 할수록 좋다. 아무 일도 하지 않아 실패하지 않는 사람보다 무언가 해보려다 실패한 사람이 훨씬 유능하다. 이들이 기업과 나라에 자산이 된다.

이건희 삼성회장

실패는 하나의 옵션이다. 만약 무언가 실패하고 있지 않다면 충분히 혁신하고 있지 않은 것이다.

일론 머스크 테슬라창업자

가장 위대한 성공은 실패할 수 있는 자유가 있을 때 나온다.

마크 저커버그 메타창업자

성공은 99%의 실패로 이루어진다.

제임스 다이슨 다이슨창업자 -

사회적으로도 실패를 자산화하기 위해 다양한 시도를 하고 있다. 미국의 실리콘밸리에서는 매년 10월 창업자들의 실패담을 공유하는 패일콘(Failcon, 실패콘퍼런스)이 열린다. 구글은 2006년부터 종료된 서비스의 비석을 모아 구글공동묘지(The Google Cemetery)를 운영하고 있다. 핀란드의 알토대학 기업가정신커뮤니티 알토ES는 2010년부터 매년 10월 13일 실패자의 날 행사를 진행하고 있다. 일본은 문부과학성에 실패지식활용연구회를 만들어 국가적 관점에서 실패의 자산화 노력을 기울이고 있다.

이와 같이 실패를 자산화하는 노력을 포스트 모르템(post mortem, 검시)이라 한다. 사후에 실패의 원인을 분석해 같은 실수를 반복하지 않도록 한다는 취지이다. 일본 동경대 하타무라교수는 저명한 실패학학자이다. 그는 실패에는 나쁜 실패와 좋은 실패의 두 가지가 있다고 한다(백승재, 2009). 나쁜 실패는 같은 실수를 반복하는 것으로 용서받을 수 없는 실패인 반면, 좋은 실패는 새로운 일에 도전하는 과정에서 벌어지는 실패들로 용서할 수 있는 실패라는 것이다. 따라서 실패라는 같은 잣대로 두 가지 실패를 재단하는 것은 발전을 저해하는 행동이라는 것이다. 앞에서 여러 경영자들이 실패에 대해 언급한 것도 하타무라교수의 좋은 실패와 같은 맥락의 이야기인 것이다. 좋은 실패는 필요한 것이다. 하버드대학 에드몬슨교수는 혁신 과정에서 일어나는 다양한 실패의 원인을 분석한 후 원인에 따라 비난받아야 할(brameworthy) 실패와 칭찬받아야 할(praiseworthy)을 다음과 같이 구분하였다(<그림 3-18> 참조)(이춘우 외, 2014; Edmondson, 2011).

실패 원인의 스펙트럼	실패의 원인	실패 원인의 설명
비판받을 실패 (Blameworthy)	일탈 (Deviance)	사전에 정해진 프로세스나 규약들을 위반하는 결정을 내리는 경우
	부주의 (Inattention)	특정 사양으로부터 부주의하게 벗어나는 경우
	역량부족 (Lack of Ability)	직무를 수행할 수 있는 기술, 기초준비, 또는 훈련 등이 부족한 경우
	불충분한 프로세스 (Process Inadequacy)	능숙한 개인이 사전에 규약된 내용은 준수하였으나 과정에서 실수를 하거나 불완전하게 수행하는 경우
	도전적 과업 설정 (Task Challenge)	실행하기에 어려운 과제들에 항상 도전하는 경우
	프로세스 복잡성 (Process Complexity)	많은 요소들이 만나 새로운 상호관계를 만들어내는 형태로 복잡하게 구성된 프로세스
	불확실성 (Uncertainty)	불확실성이 높아 합리적 추론과 행동이 어려운 경우
	가설의 테스트 (Hypothesis Testing)	새로운 아이디어나 디자인이 성공 또는 실패할 것인지를 검증하기 위한 실험적 접근의 경우
지지받을 실패 (Praiseworthy)	실험적 테스트 (Exploratory Testing)	지식이나 조사 가능성의 확장을 실험하기 위해서 행하는 경우

자료 이춘원 외(2014), Edmondson(2011)

그림 3-21 예측가능한 경영의 예방가능한 실패

작은 실패, 빠른 사업전환 : 피봇(Pivot)

피봇(pivit)은 농구경기에서 유래한 용어이다. 농구경기에서 선수가 공을 잡고 빠르게 방향을 전환하는 모습처럼 가용자원이 작은 반면, 예측하기 어려운 많은 위험에 노출될 가능성이 높은 스타트업들이 해결하기 어려운 상황에 직면할 때 우직하게 사업을 계속 위험에 빠지게 할 것이 아니라 빠르게 비즈니스모델과 경영전략을 전환해 불필요한 비용의 낭비와 위험을 최소화하면서 새로운 기회에 도전할 기회를 가져야 한다는 의미이다.

미국 콜로라도대학의 섀인교수는 호황과 불황 등 경기상황과 관계없이 기업의 생존율은 일정하다는 연구결과를 발표하면서 기업생태계에 있어 실패는 상수와 같다고 하였다(Shane, 2009). 창업과정에서 이와 같이 실패를 상수로 고려해야 한다면 가용자원의 제약이 있는 스타트업들은 이에 대한 대책이 반드시 필요하다. 이것이 에릭 리스가 소개한 린스타트업(lean startup)이며, 미국 디자인회사 IDEO의 디자인씽킹(design thinking)에서 이야기하는 핵심내용이다.

최소한의 비용으로 빠르게 실험하여 문제를 개선하라. 이를 실패의 관점에서 다시 정리하면 워낙 실패가능성이 높은 만큼 실패에 대비해 가능한 빨리, 최소한의 비용으로 실패하라는 의미이다. 그리고 실패를 통해 개선, 보완할 수 있는 실패인지, 더 이상 투자하는 것이 의미 없는 실패인지를 빠르게 판단해 문제점을 보완하거나 그 사업에서 빨리 탈출하여 새로운 기회에 도전할 수 있는 여력을 보전해야 한다는 의미이다.

따라서 스타트업에 있어 실패는 기대했던 사업기회에서 원하는 결과를 얻지 못해 더 나은 사업기회를 향해 재도전하는 전환점이며, 기업가로서 경험을 습득해 성공으로 한 걸음 더 나아가는 학습의 기회라고 할 수 있을 것이다.

요점정리

- 현대의 전례없이 복잡하고 급격한 사회, 경제적 환경의 전방위적 변화를 일컬어 VUCA세계라고 표현합니다. 생태계에서는 언제나 다양한 변종을 만들어 환경의 변화에 대응하다가 변화된 환경에 적응하는 개체만이 살아남아 후손을 남기며 진화하는 시스템을 발전시켰습니다. 각 나라에서 창업을 적극 장려하는 것도 같은 맥락입니다. 미래 경제사회 환경이 어떻게 변화할지 예측할 수 없는 상황에서 대규모의 투자는 너무 위험이 크죠. 수많은 작은 스타트업들이 다양한 관점에서, 다양한 아이디어를 시험하도록 하는거죠. 그 중에 적중하는 사업이 미래 산업생태계의 주도권을 쥐게 되고, 이것이 미래의 국가경쟁력을 좌우할 것이라 생각하는 것입니다.

- 창업은 미래 산업생태계의 주도권을 쥐기 위한 역할 외에도 당장의 일자리를 만들어내는 데에도 중요한 역할을 합니다. 현대는 장기 저성장이라는 뉴 노멀이 자리잡고 있습니다. 기존에 일자리 창출을 담당했던 대기업, 제조업들이 장기 저성장에 살아남기 위해 자동화를 적극 도입을 통해 고용 없는 성장을 진행하는 동안 각국의 청년들은 높은 실업으로 고통받아 왔습니다. 이를 해결하기 위한 가장 현실적인 대안이 창업이라고 보고있으며, 실제로도 각 국의 스타트업 기업들이 많은 청년 일자리를 만들어내고 있습니다.

- 그 중에서도 대학은 보유하고 있는 우수한 인력과 고급기술을 기반으로 경쟁력 있는 좋은 일자리를 많이 만들어내고 있기 때문에 각 나라에서 특히 대학에서의 교원과 학생 창업을 적극 장려하고 있습니다.

- 기업가정신은 창업뿐 아니라 취업에서도 중요한 역할을 수행합니다. 창업과 취업은 누구를 위해 일하느냐만 다를 뿐 결국 고객을 만족시킴으로써 경쟁력을 유지할 수 있습니다. 고객만족을 위한 다양한 활동의 기반이 되는 것이 기업가정신입니다. 나아가 기업가정신은 일상 모든 분야의 활동에 적용되어야 한다고 피터 드러커는 강조하였습니다. 현대사회는 기업가정신이 충만한 인재에게 더 많은 기회가 주어질 것입니다.

- 창업은 개인적으로도 중요합니다. 대학 등 기업가정신 교육의 확대 뿐 아니라 창업을 장려하는 다양한 프로그램 덕분으로 예비창업자들의 역량이 크게 향상되었을 뿐 아니라 다양한 창업지원 프로그램을 통해 실패를 줄이기 위한 체계적 노력이 전개되고 있습니다. 이 때문에 주변에서 작게라도 성공하여 자기만의 사업을 키워가는 창업자들을 쉽게 찾아볼 수 있게 되었습니다. 무엇보다 건강하게 오래 살 수 있는 환경과 평생직장이 사라지는 등 고용의 불안으로 이제 창업은 선택이 아닌 필수라고 이야기합니다. 이와 같은 환경의 변화는 창업에 대한 일반의 인식도 크게 개선되어 이제 성공한 창업자가 되는 것이 제일 바라는 꿈의 직업이 되었습니다.

연습문제

1 각 나라들은 왜 국가적 차원에서 창업을 장려하며 많은 지원프로그램을 운영할까요?

2 스타트업은 어떻게 우리에게 부족한 일자리를 만들어내고 있을까요? 전통적으로 일자리를 만들어내던 제조업과 대기업들은 왜 일자리를 만들어내지 못하나요?

3 경력설계는 왜 필요할까요? 나는 어떻게 나의 삶을 살아가고 싶은가요? 10년 후 나는 무엇을 하고 싶은가요?

4 기업가정신은 내게 어떤 도움을 줄 수 있을까요? 함께 생각해 봅시다.

5 기업가사회는 어떤 사회를 말하는 건가요? 기업가형 인재의 사례를 제시하고, 기업가형 인재에게 필요한 역량에 대해 논의해 봅시다.

6 창업은 내게 어떤 의미일까요? 나도 과연 창업을 하게 될까요? 창업을 해야한다면 성공하기 위해 나는 무엇을 준비해야 할까요?

참고자료

[1] 고용노동통계. s.v. “300인 이상 정규직 대비 시간당 임금(%)”. 2022.10.26. 검색. http://laborstat.moel.go.kr/

[2] 고혁진, 김해도, 박귀순, 문덕현, & 조희연. (2018). 청년 눈높이에 맞는 좋은 일자리(Good Job) 창출 방안; 고급기술기반 창업 활성화를 중심으로. *한국연구재단 Issue Report*, 2018_14호. 1-35.

[3] 과학기술정보통신부. (2019. 1.24). 단계별 지원으로 실험실 창업 준비 돕는다. Retrieved from https://www.korea.kr/docViewer/result/2019.01/25/1a0b6a135ba41be70a9a3e123b23f241/1a0b6a135ba41be70a9a3e123b23f241.view.xhtml?

[4] 교육부. (2017. 7.18). 평생 한 직장? 2030년엔 1인당 30~40개 직업 가져야 한다. *교육부 공식 블로그* Retrieved from https://if-blog.tistory.com/7206

[5] 교육부, 과학기술정보통신부. (2017.12. 7). 대학 실험실 창업 활성화…내년 선도대학 5곳 선정. 대한민국정책브리핑. Retrieved from https://www.korea.kr/news/policyNewsView.do?newsId=148845645

[6] 교육부, 한국연구재단, 한국청년기업가정신재단. (2022). *2022 대학 창업 운영 가이드* 1-216.

[7] 국가통계포털(KOSIS). (2022). s.v. “15~24세 실업률(OECD)”. 22.10. 5 갱신. Retrieved from https://kosis.kr/statHtml/statHtml.do?orgId=101&tblId=DT_2KAA348_OECD

[8] 김경희. (2019.12. 4). 성인남녀 97.8%, ‘꿈의 직업있다’…언젠가 이루고 싶은 꿈의 직업 2위 ‘건물주’, 1위는? 디지틀조선일보. Retrieved from http://digitalchosun.dizzo.com/site/data/html_dir/2019/12/04/2019120480039.html

[9] 김정모, 변금주. (2019. 3.14). 자율성의 개념과 중요성. *[위캐닝 마음엔] * 부모& 예비부모 **. Retrieved from https://m.post.naver.com/viewer/postView.naver?volumeNo=18278642&memberNo=22869745

[10] 김지연. (2017. 4.21). s.v. “VUCA”. 연합인포맥스. 2022.10.24 검색. https://news.einfomax.co.kr/news/articleView.html?idxno=327403

[11] 박세아. (2020. 8.13). 해외 사례에 비춰본 국내 재창업 활성화 방안. *스타트업 투데이*. https://www.startuptoday.kr/news/articleView.html?idxno=40099.

[12] 백승재. (2009.11.13.). [Cover Story] 세스 교수와 하타무라 교수에게 듣는 ‘실패학’. *조선일보*. https://biz.chosun.com/site/data/html_dir/2009/09/25/2009092501276.html

[13] 방하남, & 이상호. (2006). '좋은 일자리'(Good job) 의 개념구성 및 결정요인의 분석. *한국사회학, 40*(1), 93-126.

[14] 안옥희. (2022. 5.12.). 구글에는 공동묘지가 있다는데...실패의 경영학. *한경매거진*. https://magazine.hankyung.com/business/article/202205043856b

[15] 오윤희. (2016. 1. 6). "내가 제2 저커버그" 美대학생 年40만명이 창업 공부. 조선일보. Retrieved from https://www.chosun.com/site/data/html_dir/2016/01/06/2016010600284.html

[16] 이광형. (2016). *미래전략보고서10년 후 대한민국 뉴노멀 시대의 성장전략*. 미래창조과학부 미래준비위원회, 한국과학기술기획평가원(KISTEP), 한국과학기술원(KAIST). 서울:시간여행.

[17] 이명아. (2022. 6.29). 스타트업 등 창업의 폭발적인 성장으로 일자리 시장의 대격변 예상돼... *대학지성 In&Out*. https://www.unipress.co.kr/news/articleView.html?idxno=6443

[18] 이춘우, 한유진, 김도현, 서유미, 이경원, 이희우, 이영달. (2014). 기*업가정신의 이해*. 중소벤처기업부, (재)한국청년기업가정신재단. ㈜이오북스:서울. 1-349.

[19] 잡코리아. (2019.11.19.). 언젠가 이루고 싶은 꿈의 직업 2위 '건물주', 1위는? Retrieved from https://www.jobkorea.co.kr/goodjob/tip/view?News_No=16236&schCtgr=0&Page=1

[20] 정도범, 유화선, 김병일. (2022). 청년층의 첫 취업 시 구직 횟수와 연령이 하향취업에 미치는 영향. *노동정책연구, 22*(1). 33-59.

[21] 중소벤처기업부. (2021.12.21). "창업국가 건설"을 공고히 한다, 창업지원법 35년만에 전면개정. Retrieved from https://www.korea.kr/news/pressReleaseView.do?newsId=156487612

[22] 중소벤처기업부. (2022. 8. 9). 혁신 벤처·창업초기기업(스타트업), 지난 1년새 6만 8천여명 고용 늘려. Retrieved from https://eiec.kdi.re.kr/policy/materialView.do?num=228921&topic=

[23] 창업진흥원. (2022. 2. 5). 한눈에 보는 창업동향(2019년 창업기업실태조사). Retrieved from https://www.kised.or.kr/board.es?mid=a10309000000&bid=0008&list_no=2696&act=view

[24] 통계청. (2017.11.13.). 대학졸업 후 진로계획. Retrieved from https://kosis.kr/statHtml/statHtml.do?orgId=389&tblId=DT_KEEP428

[25] 통계청. (2021.12. 1). 2020년 생명표(전국 및 시도). 1-57. Retrieved from https://eiec.kdi.re.kr/policy/materialView.do?num=220832&topic=

[26] 통계청. (2022. 7.26). 2022년 5월 경제활동인구조사 고령층 부가조사 결과. 1-28. Retrieved from https://eiec.kdi.re.kr/policy/materialView.do?num=228402&topic=

[27] 트렌드모니터. (2015). 한국사회에서의 창업은 도전과 혁신이 아닌 '생존'을 위한 '벼랑 끝 선

택'. embrain. https://www.trendmonitor.co.kr/tmweb/trend/allTrend/detail.do?bIdx=1270&code=0404&trendType=CKOREA 창업과 취업의 이미지 비교, 창업을 고려하는 이유

[28] 표준국어대사전. (N.A.). s.v. "실패". Retrieved from https://stdict.korean.go.kr/search/searchView.do.

[29] 한국고용정보원. (2017). 우리나라 장년층의 노동시장 실질은퇴연령. *고용동향브리프* 2017년 3월호. 1-7. Retrieved from https://www.keis.or.kr/user/extra/main/3878/publication/reportList/jsp/LayOutPage.do?categoryIdx=126&pubIdx=3122&reportIdx=4221

[30] 한정화. (2008). *벤처 창업과 경영 전략*. 홍문사

[31] 홍운선, & 홍성철. (2017). 낙수효과에 관한 통계 분석이 주는 시사점. *중소기업포커스, 17*(3). 1-18.

[32] Audretsch, D. B., Keilbach, M. C., & Lehmann, E. E. (2006). *Entrepreneurship and economic growth.* Oxford University Press.

[33] Bandura, A. (1977). Self-efficacy: Toward a unifying theory of behavioral change. *Psychological Review, 84*(2), 191-215. https://doi.org/10.1037/0033-295X.84.2.191

[34] California State University Chico. STEM Entrepreneurial Mindset(2022. 11. 7검색). Retrieved from https://www.csuchico.edu/curee/entrepreneur.shtml

[35] Charney, A., & Libecap, G. D. (2000). The Impact of Entrepreneurship Education. *Insights.* 1-10. Retrieved from https://www.export.com.gt/attach/componentes/slider-imagenes-3x1/e_ed_grow_5db3494d24822.pdf

[36] Clark, A. E. (2015). What makes a good job? Job quality and job satisfaction. *IZA World of Labor.* 215. 1-10

[37] Drucker, P. (2014). *Innovation and Entrepreneurship.* Routledge.

[38] Edmondson, A. C. (2011). Strategies for learning from failure. *Harvard business review, 89*(4), 48-55.

[39] Ireland, R. D., Hitt, M. A., & Sirmon, D. G. (2003). A Model of Strategic Entrepreneurship: The Construct and its Dimensions. *Journal of Management, 29(*6), 963-989.

[40] Klein, S. B., & Pereira, F. C. M. (2020). Entrepreneurial University: Conceptions and Evolution of Theoretical Models. *Revista Pensamento Contemporaneo em Administracao, 14(*4), 20-35.

[41] Neck, C. P., Houghton, J. D., & Murray, E. L. (2017). *조직행동론*. 역 서재현, 설현도, 송상호, 이호선. 서울: 한경사.

[42] NFTE, & EY. (2019). Supporting the next generation: The entrepreneurial mindset and the future of work. Retrieved from https://www.nfte.com/wp-content/uploads/2020/07/Joint-Research-Brief-The-Entrepreneruial-Mindset-and-the-Future-of-Work.pdf

[43] Northeastern University. (2022). Career Design Framework. 2022.11. 3검색. Retrieved from https://careers.northeastern.edu/career-design-framework/

[44] OECD. (2013). *OECD Science, Technology and Industry Scoreboard 2013*. OECD. 1-279. Retrieved from https://read.oecd-ilibrary.org/science-and-technology/oecd-science-technology-and-industry-scoreboard-2013_sti_scoreboard-2013-en#page21

[45] Schumpeter, J.A. (1961). T*he theory of economic developments: an inquiry into profits, capital, credit, interest, and the business cycle.* Havard University Press.

[46] Shane, S. (2009). Failure Is a Constant in Entrepreneurship.[online] You're the Boss Blog. Retrieved from https://archive.nytimes.com/boss.blogs.nytimes.com/2009/07/15/failure-is-a-constant-in-entrepreneurship/

PART

2

끊임없는 기회 탐색과 도전, 기업가정신

배병윤

기업가정신은 신비한 것이 아니며 태어날 때부터 타고 난 것이 아니다.

기업가정신은 하나의 학문분야이며, 다른 어느 학문분야처럼 학습 될 수 있다.

다른 어느 학문분야처럼 학습 될 수 있다.

– Peter F. Drucker –

4차 산업혁명 시대 뉴 노멀, 기업가 정신

04 기업가정신

학습목표

- 기업가정신의 개념에 대해 이해한다.
- 사내 기업가정신에 대해 이해하고 사례를 살펴본다.
- 사회적 기업가정신 소셜벤처에 대해 이해하고, 소셜벤처 사례를 살펴본다.

1 기업가정신이란?

기업가정신(entrepreneurship)은 계산된 위험과 불확실성을 무릅쓰고 이윤을 추구하고자 하는 기업가의 혁신적이고 진취적인 행동과 정신을 가리키며(Miller, 1983), 경제 성장의 원동력이다(Schumpeter, 1934). 기업가정신을 창업가정신이라고도 한다. 이것은 외부환경 변화에 민감하게 대응하면서 항상 기회를 추구하고, 그 기회를 잡기 위해 혁신적인 사고와 행동을 하여, 그로 인해 시장에 새로운 가치를 창조하고자 하는 생각과 의지이다(위키백과).

기업가정신

기업가 정신 혹은 창업가 정신은 외부환경 변화에 민감하게 대응하면서 항상 기회를 추구하고, 그 기회를 잡기 위해 혁신적인 사고와 행동을 하여, 그로 인해 시장에 새로운 가치를 창조하고자 하는 생각과 의지이다.

위키백과

기업가정신(entrepreneurship)의 개념은 학계와 비즈니스 세계에서 매우 오랜 역사를 가지고 있다. 18세기 프랑스 은행가인 Richard Cantillon는 기업가(entrepreneur)를 "기꺼이 특정 가격에 사고 불확실한 가격에 팔려는" 사람이라고 주장 하였다(Cantillon, 1931). 또 다른 프랑스 작가인 Jean Baptiste Say는 19세기 초에 기업가는 생산성이 낮은 부문에서 생산성이 더 높고 결과가 더 좋은 부문으로 경제적자원을 이전하는 사람이라고 하였다(Dees et al., 1998). 19세기 이후, 그리고 제2차 세계대전 이후 세계 경제 발전의 속도가 빨라지면서 다양한 접근법이 등장하였다. 기업가정신의 용어를 분석하고 설명하기 위해 사회학, 인류학, 심리학 또는 경제와 같은 광범위한 영역에 대한 중요성과 함의로 인해 이 주제는 많은 연구에서 다루어졌다(Hebert and Link, 1989). 수년 동안 기업가정신에 대한 주요 발견은 다음과 같이 세 가지 중요한 연구 흐름에 기인한다.

- 기업가정신의 영향과 결과, 기업가정신은 경제 발전의 원동력으로 분석되었다.
- 기업가 자신이 연구 주제를 대표하는 기업가 정신의 원인은 사회적 및 심리적 관점에서 관찰된다.
- 관리 프로세스로서의 기업가정신의 조직 수준 연구는 기업은 시장에서 경쟁력을 유지하기 위해 혁신하고 지속적으로 변화시킨다(Austin et al., 2006).

기업가정신은 기업가적 요소, 기업가적 기능, 기업가적 행동이라는 용어로 설명된다. 기업가적 요소는 토지, 노동, 자본과 같은 고전적인 생산요소와 기업가적 능력을 갖춘 인력으로 설명된다. 기업가적 기능으로서의 고려는 기회의 발견 및 활용 또는 기업 창출을 의미한다. 기업가적 행동은 혁신, 위험 감수 및 능동성을 결합하는 행동으로 간주된다(Miller, 1983). 즉, 슘페터의 혁신적 기업가(1934, 1942)의 고전적 이론과 Knight(1921)의 불확실성의 위험을 감수하고 새로운 기회를 추구하는 기업가 이론은 "새로운 조합"을 창출하기 위해 시장 불완전성을 올바르게 예상하고 혁신 능력을 강조하였다. 기업가정신은 기존 조직 내부 또는 외부의 창조, 위험감수 또는 혁신의 개념을 다룬다. 마지막으로, 기업가정신은 관리자가 기존 비즈니스를 관리하는 것과는 다르게 새로운 기회 추구 및 혁신을 강조한다.

가. 슘페터(Schumpeter)의 기업가정신: 혁신과 기업가정신

슘페터는 오스트리아 경제학자로 기업가정신 연구를 체계적으로 진행하였다. 그의 연구를 통해 기업가가 경제 내부에서 변화의 주체를 대표하고 그 행동을 통해 경제 성장을 달성할 수 있음을 입증하였다(Swedberg, 2002).

또한 슘페터는 발명뿐만 아니라 새로 시장을 개척하거나 값싼 원료를 새로 발견하거나, 비용이 적게 드는 생산방법을 찾아내는 일 모두를 혁신으로 보았고, 기업가의 혁신이 경제를 발전시키는 원동력이라 주장했다(Schumpeter, 1934).

기업가적 행동의 다섯 가지 유형:

① 새로운 상품의 도입

② 새로운 생산 방식 도입

③ 새로운 시장의 개척

④ 새로운 원료 공급원의

⑤ 새로운 산업의 조직 생성(Scherer, 1999)

기업가를 위한 세 가지 주요동인:

① 권력과 독립에 대한 의지

② 승리를 향한 목표

③ 창조의 행복(Swedberg, 2002)

슘페터는 이윤 추구를 위해 새로운 방식으로 새로운 상품을 개발하는 것을 기술 혁신이라고 규정하고 기술 혁신을 통해 '창조적 파괴'(creative destruction)에 앞장서는 기업가의 노력을 기업가 정신이라고 정의했다. 슘페터에 의하면 이윤이란 바로 창조적 파괴행위를 성공적으로 이끈 기업가의 정당한 노력의 대가다(Schumpeter, 1934). 그런데 한 기업가가 혁신

슘페터 [Schumpeter, Joseph, 1983~1951]

'창조적 파괴'라는 개념 확립에 공헌하였고, 혁신과 기업가에 대한 다음과 같은 통찰력을 제공 하였다.

(1) 기술의 혁신(innovation)이 자본주의를 이끄는 힘이라고 하였다. 즉 전반적인 경제적 진보(economic progress)를 이끄는 힘이 혁신이라 보았다.

(2) 기업가(entrepreneurs)가 혁신을 이끄는 주체라고 보았다.

나무위키

을 이뤄 이윤을 얻게 되면 혁신적인 기업가의 창조적 파괴행위는 곧바로 모방돼 사회 전체적으로는 점차 이윤이 소멸하게 된다. 경기순환은 이 같은 창조적 파괴가 주기적으로 이어져 나타나는 자본주의 경제의 고유한 현상이라는 것이 그의 설명이다.

나. 피터 드러커(Peter Drucker)의 기업가정신: 기회와 기업가정신

피터 드러커가 제시한 기업가정신 이론은 기회 개념을 추가하여 기업가정신 연구의 실천적 측면을 포용하고 창업 과정을 이해할 수 있는 가능성을 제공하였다. 드러커는 기업가가 반드시 변화를 일으키는 사람은 아니지만 변화가 가져온 기회를 활용하는 사람은 분명하다고 주장하였다(Dees et al., 1998).

기회의 개념은 기업가정신이 이익 추구에 대한 "경각심"(Kirzner, 1978)을 의미하지만 드러커의 개념과 주요 차이점은 기회를 기업가정신을 정의하는 핵심 요소로 기업가는 항상 변화하는 비즈니스 환경에서 기회를 찾는다(Dees et al., 1998). 성공하기 위해서는 기업가가 시장 지향적이어야 하고 더욱이 시장 주도적이어야 한다(Drucker, 1985). 드러커는 체계적 혁신에 대한 정의를 "변화에 대한 의도적이고 조직적인 탐색과 그러한 변화가 제공할 수 있는 기회에 대한 체계적 분석"으로 구성된다고 하였다(Drucker, 1985). Drucker는 기업가 정신을 '위험을 무릅쓰고 포착한 기회를 사업화하려는 모험과 도전의 정신'이라고 하였다.

기업가정신 관리 프로세스가 성공하기 위해 다음과 같이 세 가지 명확한 정책이 필요하다.

① 조직은 혁신을 수용할 준비가 되어 있어야 하며 변화를 장애물이 아닌 기회로 보는 경향이 있어야 한다.
② 기업가 및 혁신가로서의 기업에 대한 체계적인 평가는 필수이다.
③ 직원 관리, 조직 구조 관리, 보상 관리와 관련된 정책은 성공적인 기업 경영을 위해서도 필요하다.(Drucker, 1985).

하워드 스티븐슨(Howard Stevenson)은 기회 개념을 중심으로 한 기업가 정신의 또 다른 연구자이다. 그는 창업가를 "현재 통제되고 있는 자원에 관계없이 기회를 추구하는 것"으로 정의하였고(Dees et al., 1998), 기회의 아이디어를 창업 과정의 중심으로 인식하고 더 나아가 현재 소유하고 있는 부족한 자원이 기업가가 기회를 추구하는 데 장애물이 되지 않는다. 이 주장은 기업가와 관리자를 명확하게 구분하는 데 도움이 된다. 관리자는 회사의 현재 자원에 집중한다(Drucker, 1995).

드러커는 기업가정신은 창업기업 뿐만 아니라 대기업, 중소기업, 공공기관에도 필요하고 새로운 기업뿐 아니라 오래된 기업에서도 필요하다고 주장했다. 또 기업단위에 국한되지 않고 한 사회의 모든 구성원이 본질적으로 가지고 있어야 할 자기 혁신의 바탕이라고 강조했다. 기업가정신을 바탕으로 끊임없는 혁신을 추구해 나갈 수 있을 때 비로소 한 사회가 '다음 사회'로 진보해 나갈 수 있다는 것이 드러커 박사의 견해다.

현대사회에서 기업가정신이 점점 강조되는 이유는 우선, 기업가 정신을 갖춘 기업가는 불확실한 환경에 신속 · 유연하게 대처할 뿐 아니라, 혁신적 활동을 할 수 있다고 여겨지기 때문이다. 둘째, 기업가정신을 갖춘 기업가는 위험을 무릅쓰고 새로운 제품과 서비스로 변화시키려는 시도를 한다는 것이다. 이러한 변화는 과학과 산업을 발전시키는 원동력 된다. 셋째, 기업가정신을 갖춘 기업가는 고용을 창출하고 경제를 활성화시켜 국가경제를 발전시킬 수 있다는 것이다.

피터 퍼디낸드 드러커
[Peter Ferdinand Drucker, 1909년 ~ 2005]

오스트리아 출생의 미국인 작가이자 경영 컨설턴트, 경영학자, 사회학자, 대학 교수로 스스로를 "사회생태학자 (social ecologist)"라고 불렀다. 20세기와 21세기의 기업 경영에 큰 영향을 준 인물로, 30권도 넘는 경영서적을 저술하였다.

나무위키

다. 기업가정신 통합모형

기업가 과정의 통합모형은 <그림 4-1>과 같다. 이 모형은 창업 과정에서 필요한 요인의 입력을 통한 기업가적 과정과 기업가정신의 정도를 통한 결과를 보여준다.

<그림 4-1>의 입력 부분을 보면, 기업가적 과정에 필요한 다섯 가지 요인으로 환경적 기회, 창업가 개인, 조직적 맥락, 독특한 사업개념, 자원이 있다. 첫째, 환경적 기회는 인구통계학적 변화, 새로운 기술의 발전과 정부의 정책 요인 등을 말한다. 둘째, 창업의 사업 아이디어의 구체화와 실행에 책임이 창업가 개인 요인이 있다. 셋째, 창업 실행에 있어 창업 팀 구성의 조직적 맥락이 있다. 넷째, 경쟁사와 차별화된 창업아이템의 독특한 사업 개념이 있다. 다섯째, 창업 실행을 위한 자원 요인이 있다. 기업과적 과정은 앞에서 언급한 다섯 가지 요인의 체계화를 통해 기회를 식별하고, 필요한 자원의 평가 및 획득을 통한 창업 행동으로 옮기는 과정을 말한다.

<그림 4-1>의 결과 부분을 보면, 기업가정신 수준을 포함 한다. 기업가정신은 하나의 변수이다. 기업가정신은 혁신성과, 위험감수성, 진취성의 하위요인으로 구성된다(Miller, 1983). 기업가적 과정을 거쳐 기업가적 강도를 통하여 여러 이벤트가 발생한다. 기업가적 강도 수준에 근거한 최종

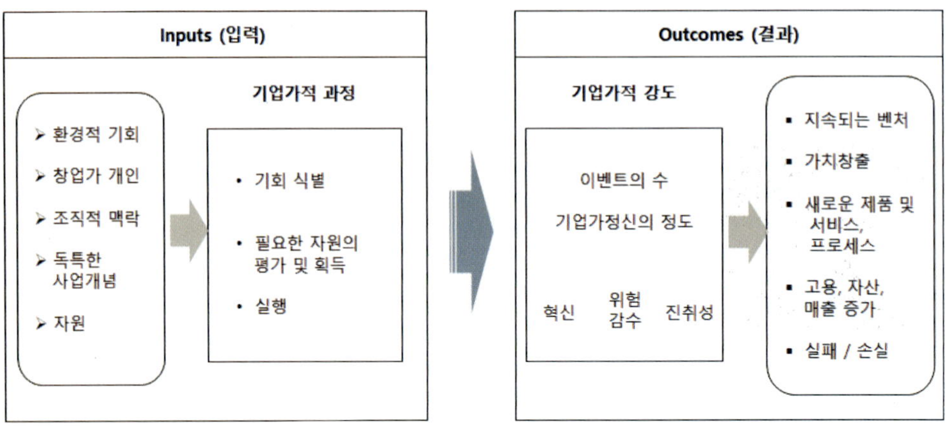

자료 Morris et al(1994)

그림 4-1 기업가적 입력과 결과의 통합모형

결과들은 지속되는 벤처, 가치창출, 새로운 제품 및 서비스, 새로운 프로세스, 일자리 창출, 매출 및 자산의 증가 등을 통한 경제 성장이 포함된다. 또한 사업 실패를 통한 경제적, 정신적, 사회적 비용의 발생이 포함된다.

2 사내 기업가정신

가. 사내 기업가정신이란?

사내 기업가정신(Corporate Entrepreneurship, CE)의 개념은 지난 40년 동안 발전해 왔으며 정의는 시간이 지남에 따라 상당히 다양해졌다. 1970년대의 초기 연구는 벤처 팀과 기존 조직 내 기업가 정신이 어떻게 개발될 수 있는지에 초점을 맞추었다. 1980년대에 연구자들은 CE를 다양한 유형의 가치 창출 혁신을 개발할 목적으로 조직적 제재와 자원 투입이 필요한 기업가적 행동을 구현하는 것으로 개념화하였고, CE는 단순히 조직 쇄신 과정으로 정의되었다(Kuratko et al., 2015).

1990년대에 연구원들은 혁신을 창출할 수 있는 기술을 개발하는 회사의 능력을 다시 활성화하고 강화하는 것으로서 CE에 초점을 맞췄었다. 또한 1990년대에는 CE에 대한 보다 포괄적인 정의가 형성되기 시작 하였으며, CE가 기존 조직 내에서 새로운 벤처 창출과 전략적 갱신을 통한 진행 중인 조직의 변화라는 두 가지 주요 유형의 현상을 포함한다. 또한 CE는 제품 및 프로세스 혁신과 시장 개발을 통해 기존 회사에서 새로운 사업을 창출하는 것을 목표로 하는 공식적 또는 비공식적 활동일 수 있다. 이러한 활동은 회사의 경쟁적 위치와 재무성과를 개선한다는 통합 목표를 가지고 회사, 부서(사업), 기능 또는 프로젝트 수준에서 발생할 수 있다. CE는 개인 또는 개인 그룹이 기존 조직과 관련하여 새로운 조직을 만들거나 해당 조직 내에서 갱신 또는 혁신을 유발하는 프로세스이다(Kuratko et al., 2015).

이러한 다양한 정의가 모두 형성되면서 21세기는 CE를 수익성 있는 성장의 기반으로 지속 가능한 경쟁 우위를 확립하려는 기업의 노력과 연결하였다. 이와 관련하여 <그림 4-2>는 CE를 사내 벤처와 전략적 기업가정신으로 설명 한 것이다(Morris et al., 2008).

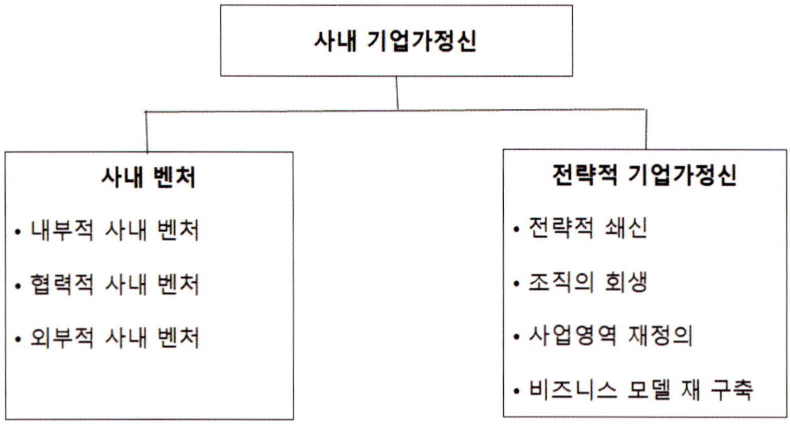

자료 Morris et al(2008)

그림 4-2 사내 기업가정신 개념

사내 벤처 접근 방식은 기업에 새로운 비즈니스를 추가하는 방식이며, 내부 기업 벤처, 협력 기업 벤처, 외부 기업 벤처의 세 가지 방법을 통하여 달성할 수 있다. 전략적 기업가정신은 전략적 쇄신, 조직의 회생, 사업영역 재정의, 비즈니스 모델 재구축의 네 가지 형태 중 하나를 취할 수 있다(Ireland & Webb, 2007). 전략적 기업가정신 접근 방식은 회사가 경쟁 우위를 추구하는 데 있어서 결과적인 혁신을 보여주는 공통점을 가지고 있다. 이러한 혁신은 회사의 새로운 비즈니스로 이어질 수도 있고 그렇지 않을 수도 있습니다. 전략적 기업가 정신 접근법을 통한 혁신은 회사의 전략, 제품 제공, 서비스 시장, 내부 조직(즉, 구조, 프로세스 및 기능) 또는 비즈니스 모델의 다섯 가지 영역으로 구분 할 수 있다(Morris et al., 2008).

기업 벤처는 기업 창업의 첫 번째 주요 범주이며 새로운 비즈니스를 창출, 추가 또는 투자하는 다양한 방법을 포함한다. 내부 기업 벤처를 통해 새로운 비즈니스가 생성되고 기업이 소유한다. 이러한 비즈니스는 일반적으로 기업 구조 내에 상주하지만 경우에 따라 회사 외부에 위치하여 반 자율적인 개체로 운영될 수 있다. 회사의 조직 경계 내에 상주하는 내부 기업 벤처 중 일부는 기존 내부 조직 구조의 일부로 구성되어 존재할 수 있고 다른 일부는 기업 구조 내에서 새로 형성된 조직에 포함될 수 있다. 협력적 기업 벤처링은 기업이 하나 이상의 기업과 함께 새로운 사업을 창출하고 소유하는 기업가적 활동을 의미한다. 외부기업 벤처링은 기업 외부의 당사자가 새로운 사업을 창출하고 이후에 기업에 투자(지분 인수를 통해)하거나 기업이 인수하는 기업가적 활동을 의미한다. 이러한 외부 비즈니스는 일반적으로 매우 젊은 벤처 기업이거나 초기 성장 단계 기업이다. 실제로 새로운 비즈니스는 단일 벤처 모드, 두 가지 벤처 모드 또는 세 가지 벤처 모드 모두를 통해 개발될 수 있다. 기업의 총 벤처 활동은 내부, 협력 및 외부 모드를 통해 제정된 벤처의 합과 같다. 기업 벤처에서는 완전히 새로운 비즈니스를 창출하는 것이 주요 목표이다(Covin & Miles, 2007; Kuratko et al., 2009).

그러나 처음부터 경영진의 목표가 무엇인지 명확하지 않으면 기업 벤처 계획의 성공 또는 실패를 평가하는 것은 불가능하다. 기업은 벤처 설립 동기에 따른 벤처 성과를 평가하는 벤처 평가 및 통제 시스템을 만들어야 한다. Tidd와 Taurins(1999)는 내부 기업 투자를 추진하는데 학습과 레버리지 두 가지 동기가 있다고 하였다. 학습은 기존 제품 또는 시장 영역에서 유용할 수 있는 새로운 지식과 기술을 습득합니다. 전반적인 동기가 레버리지일 때 기업이 기업 투자에 참여하는 구체적인 이유는 다음과 같다.

- 활용도가 낮은 리소스 활용 - 장기간 유휴 상태로 남아 있는 내부 기능을 중심으로 새로운 비즈니스를 구축 하고, 새로운 사업은 다른 사람들에게 아웃 소싱 하는 수단이 된다.
- 기존 자원에서 더 많은 가치를 추출하려면 - 현재 회사에서 제공하지 않는 제품 시장 영역에서 가치가 있는 기업 지식, 기능 또는 기타 자원을 중심으로 새로운 비즈니스를 구축해야 한다.
- 내부 공급업체에 대한 경쟁 압력 도입 - 기존 내부 공급원에 대한 대체 공급업체가 되는 새로운 비즈니스를 구축한다.

- 제품 개발의 위험과 비용을 분산시키기 위해 - 사업에서 제공할 핵심 제품이 초기에 개발된 것보다 더 큰 목표 시장을 약속하는 새로운 사업을 구축한다.
- 비 핵심 활동을 처분하려면 - 회사가 활용하기에 유리한 위치에 있고 회사가 전략적 이해관계가 없는 비즈니스 기회를 추구하기 위해 새로운 비즈니스를 구축한다.

학습 동기는 또한 더 세분화될 수 있습니다. 세 가지 주요 유형의 조직 학습이 가장 강조되는 경향이 있다.

- 모험의 과정에 대해 배우기 - 혁신 과정을 연구할 수 있는 실험실로 새로운 비즈니스를 구축한다.
- 새로운 역량 개발 - 잠재적인 전략적 중요성이 있는 기술, 제품 또는 시장과 관련된 새로운 지식과 기술을 습득하기 위한 기반으로 새로운 비즈니스를 구축한다.
- 관리자 개발 - 일반적인 관리 잠재력을 가진 개인의 개발을 위한 훈련장으로 새로운 비즈니스를 구축한다.

기업 벤처 관행에 대한 또 다른 연구(내부 및 외부 기업 벤처에 종사하는 회사 포함)에서 Miles and Covin(2002)은 회사가 세 가지 주요 이유로 벤처를 추구한다고 하였다.

(1) 전체 회사를 보다 기업가적으로 만들고 변화를 수용하도록 한다.
(2) 현재 조직 역량에서 더 큰 가치를 부여하거나 회사의 운영 범위와 지식을 가능한 전략적 중요성이 있는 영역으로 확장한다.
(3) 빠른 재정적 수익을 창출한다. 동기 부여가 빠른 재정적 수익을 창출하는 것인 경우 기업은 종종 외부 벤처 모드에 집중한다. 특히, 많은 기업이 상당한 재정적 이익을 실현하기 위해 외부에서 설립된 새로운 사업에 투자한다. 회사의 현재 운영 범위 내에서 쉽게 얻을 수 있는 것 이상의 수익을 위하여 기업 벤처 캐피털 펀드를 조성한다.

전략적 기업가정신은 사내 기업가정신에 대한 접근 방식의 두 번째 주요 범주를 구성한다. 기업 벤처가 새로운 사업 창출에 기업이 관여하는 반면, 전략적 기업가정신은 기업에 반드시 새로운 사업이 추가되는 것을 포함하지 않는 보다 광범위한 기업가적정신에 해당합니다. 전략적 기업가정신은 동시에 기회와 이점을 추구하는 행동을 포함한다(Ireland et al., 2003). 전략적 기업가정신의 초점이 되는 혁신은 기회를 활용하는 수단을 나타낸다. 기회 중심적 사고방식을 강조함으로써 경영진은 회사를 위해 경쟁적으로 유리한 위치를 달성하고 유지하고자 한다.

이러한 혁신은 회사의 과거 전략, 제품, 시장, 조직 구조, 프로세스, 기능 또는 비즈니스 모델의 근본적인 변화를 말한다. 또는 이러한 혁신은 회사가 업계 경쟁사와 근본적으로 차별화되는 근본적인 기반을 말한다. 따라서 기업이 전략적 기업가정신을 고려할 수 있는 기준점으로 다음 두 가지가 있다.

(1) 기업이 이전에 비해 얼마나 스스로를 변화시키고 있는지(예: 제품, 시장, 내부 프로세스 등)
(2) 얼마나 많이 변화하고 있는지 회사는 업계 관습이나 표준(제품 제공, 시장 정의, 내부 프로세스 등의 측면에서)에 따라 스스로를 변화시키고 있는지.

사내 기업가정신의 주요 추진력은 기업의 혁신, 창의성 및 리더십을 활성화하는 것이다. 사내 기업가정신은 조직의 미래 생산성에 필요한 중요한 구성 요소를 소유하고 있다.

기업 규모가 커지면서 내부 조직의 복잡성 증가, 임직원의 주인의식 약화 등 '성장의 역설'에 직면할 가능성이 높기 때문에 대기업에게 '사내 기업가정신' 중요하게 생각한다. 대기업들은 내부의 혁신 역량을 제고하기 위해 시장 기회를 빠르게 포착, 신속하게 변화하는 스타트업의 혁신 방식인 '린 스타트업(lean startup)' 도입 확산되고 있다(김예구, 2016).

표 4-1 린 스타트업과 기존 전략의 비교

유형	린 스타트업	기존 전략
전략 수립	비즈니스 모델과 가설(hypothesis) 기반	구체적인 비즈니스 플랜 기반
신제품 출시	현장 중심의 고객니즈 탐색 및 가설 검증	단계적 플랜에 의한 제품 출시 관리
제품 개발	최소 기능 제품을 신속히 개발, 반복 검증	개발 전 모든 사양을 기획 및 제품에 반영
조직 구조	빠른 제품 출시와 개선 중심의 조직 구성	세부 기능별 조직 구성
성과 측정	고객생애가치, 이탈률 등 핵심지표 관리	대차대조표/손익계산서 등 재무제표 기준
실패 인식	당연히 발생, 개선하거나 방향전환하면 됨	예외적 상황, 경영진 교체 및 조직개편
실행 속도	충분한(good-enough) 데이터 기반 신속성	완전한(complete) 데이터 준비 시에만 실행

자료 김예구(2016)

나. 기업의 혁신

기업의 혁신은 급진적 혁신과 점진적 혁신 두 가지 형태가 있다.

급진적 혁신(radical innovation)은 보통 완전히 새로운 공학 및 과학적 원리를 바탕으로 새로운 제품 또는 서비스를 통해 관련 시장을 개척함을 말한다. 1)기술적인 불확실성이 높고, 2)기술적으로 아직 경험하지 못한 것이며, 3)관련 비즈니스의 경험이 없고, 4)기술적인 비용이 많이 들수록 혁신의 급진성(radicalness)이 높다고 할 수 있다. 따라서 급진성 또는 참신성(novelty)이 높은 제품을 통한 혁신은 기존 기업으로서는 매우 어려운 도전이 될 수 있으며, 반대로 신생 기업이 성공적으로 시장에 자리 잡을 수 있는 기회가 되고, 심지어 산업의 구조 또는 분류를 다시 정의하기도 한다(김건식, 2018; Henderson and Clark, 1990)

점진적 혁신(incremental innovation)은 점진적 혁신은 보통 기존 제품에 대해 상대적으로 경미한 변경, 기존의 설계 및 기술을 기반으로 하는 활용(exploitation), 그리고 기존 기업이 자신의 시장 지배력을 보강하거나 확장함을 의미한다. 점진적인 혁신은 새롭고 혁신적인 과학적 발견이나 발명을 적용하는 것은 아니지만, 때로는 높은 수준의 내부 기량과 독창성을 필요로 하며, 장기적으로는 상당한 경제적 성과를 가져올 수 있다(김건식, 2018; Henderson and Clark, 1990).

두 가지 형태의 혁신은 경영진의 비전과 지원을 필요로 한다. 이러한 지원은 효과적인 개발을 위해 다른 단계를 취한다(표 4.1 참조) 두 가지 혁신 모두 비전을 가지고 그것을 공유할 수 있는 능력을 가진 최고 경영진들이 필요로 한다. 즉, 두 가지 형태의 혁신은 혁신과 기업 창업가정신과 관련하여 종업원들을 개발하고 교육시키기 위한 최고경영진들의 노력과 최고경영진의 지원이 필요하다.

표 4-2 급진적 혁신과 점진적 혁신의 개발 및 지원

급진적	점진적
도전을 권장하라.	구체적인 목적과 기한을 정하라.
가용한 예산 및 기간의 제약을 제거하라.	경쟁적 압력을 통해 자극하라.
기술적 공유 및 브레인스토밍 세션을 허용하라.	핵심 경영진 및 마케팅 직원을 포함한 매주 미팅을 하라.
개인적인 관심을 주라. 즉, 신뢰 관계를 개발하라.	보다 많은 책임을 위임하라.
새로운 프로젝트와 관심사를 위해 자유와 자본으로 보상하라.	목적과 기한을 충족시키기 위해 명확한 재정적인 보상을 정하라.

자료 Dent(1990)

혁신의 장려는 실패를 용인할 뿐만 아니라 그것을 통해 배우려는 의지를 필요로 한다. 예를 들면, 3M의 포스트잇(Post-it)이 실패를 발상의 전환으로 극복하여 혁신 제품을 만든 기업가정신의 대표적 사례다. 원래 3M은 강력 접착제를 개발하고 있었지만, 연구 도중 우연히 접착력이 약한 접착제가 탄생하였다. 많은 사람들은 이를 본래 목적을 달성하지 못한 실패한 제품으로만 생각하였다. 그러나 3M은 이 접착제의 잠재력을 포기하지 않고 가능성을 연구한 끝에, 마침내 쉽게 붙였다 뗄 수 있는 메모지 포스트잇을 출시할 수 있었다. 이렇게 하여, 3M의 철학이 탄생하였다. 혁신은 숫자 게임이다. 아이디어가 많을수록, 성공적인 혁신을 위한 기회들이 더욱 많아진다. 다시 말해서, 혁신을 정복하려면, 기업들은 실패에 대해 관대하여야 한다. 이러한 철학이 3M을 성공하게 만들었다. 정전기방지 비디오테이프, 반투명 치아교정기, 무릎 수술용 합성인대, 내구성이 강한 공사표지용 반사지, 그리고, 물론, 포스트잇 노트는 조직에 의해 개발된 위대한 혁신들 가운데 단지 몇 가지이다. 전체적으로 회사는 60,000개 제품의 카탈로그를 가지고 있다.

3M은 종업원들이 아이디어들을 발굴하도록 장려하는 일련의 혁신적인 규칙을 따르고 있다. 주요 규칙은 다음과 같다(Hippel et al., 1999).

- **프로젝트를 묵살하지 마라.** 어떤 아이디어가 3M 사업부의 어느 하나에서 발상지를 찾지 못하면, 직원은 자기 시간 중 15%를 그것이 실행 가능한 것인지를 입증하는 데 쓸 수 있다. 종잣돈이 필요한 종업원들에게는 90 Genesis에 해당하는 보조금 50,000달러가 매년 주어진다.
- **실패를 용인하라.** 많은 실험과 위험감수의 장려가 신제품이 히트칠 수 있는 더 많은 기회를 허용한다. 목표: 사업부들은 지난 5년간 출시된 상품으로부터 매출의 25%를 확보해야 한다. 어떤 경우에는 목표가 30%까지 올라가기도 한다.
- **사업부를 작게 유지하라.** 사업부(division)의 관리자들은 각 종업원의 이름을 알아야 한다. 사업부가 너무 커질 때, 매출이 약 2억 5천만~3억 달러에 도달하는 경우 그 사업부는 분리된다.
- **챔피언들에게 동기를 부여하라.** 3M의 종업원이 제품 아이디어를 가지고 있을 때, 그는 그것을 개발하기 위해 실행 팀을 모집해야 한다. 급여와 승진은 제품의 진척과 연결되어 있다. 챔피언은 훗날 그의 제품 집단이나 사업부를 운영하는 기회를 갖는다.
- **고객과 늘 가까이 지내라.** 연구원, 마케팅 담당자, 관리자들은 고객들을 방문하고 일상적으로 그들을 초대하여 제품 아이디어들을 브레인스토밍하는데 도움을 준다.
- **부(wealth)를 나누어라.** 기술이 어디에서 개발된 것이든 그것은 모든 사람에게 속한다.

사업 기업가정신 평가도구(Corporate Entrepreneurship Assessment Instrument, CEAI)의 5개 요인들은 경영자들이 혁신적 활동을 하도록 추구하는 조직의 내부 환경이 매우 중요하다(Kuratko et al., 1990).

- **경영진 지원**: 이는 경영진 구조 자체가 종업원들로 하여금 혁신이 실제로 모든 조직구성원들을 위해 설정된 역할의 일부라는 믿음을 갖도록 권장하는 정도이다. 경영진의 지원을 반영하는 몇 가지의 구체적인 조건들은 종업원 아이디어의 빠른 수용, 아이디어를 제시하는 사람에 대한 인식, 소규모의 실험적 프로젝트에 대한 지원, 프로젝트들을 진척시킬 수 있는 종잣돈을 포함한다.
- **자율/업무 재량권**: 근로자들은 그들이 가장 효과적이라고 믿는 방식으로 그들 자신의 업무를 수행하는 것에 대해 결정할 수 있는 정도의 재량권을 지닌다. 조직들은 종업원들이 업무 과정을 결정할 수 있도록 허용하고 혁신하는 과정에서 그들의 실수를 비난하지 말아야 한다.
- **보상과 강화**: 보상과 강화는 혁신적 행동에 참여할 수 있도록 개인에 대한 동기부여를 증진시킨다. 조직은 성과에 따른 보상을 제공하고, 도전 과제를 제공하고, 책임감을 늘리고, 혁신적인 사람들의 아이디어가 조직 위계구조 내의 다른 사람들에게 알려지는 특징을 지녀야 한다.
- **시간 가용성**: 새롭고 혁신적인 아이디어의 조성을 위해 개인들이 아이디어를 숙고하는 시간을 필요로 한다. 조직은 사람들의 업무량을 조절하고, 개인 직무의 모든 관점에서 시간적 제약을 주는 것을 피하며, 사람들이 장기적인 문제해결관점에서 다른 사람들과 일할 수 있도록 허용해야 한다.
- **조직의 경계**: 실질적이고 상상화된 경계들은 자신의 업무 외적인 문제를 볼 수 없도록 만든다. 사람들은 폭넓은 관점에서 조직을 바라볼 수 있도록 장려되어야 한다. 조직은 모든 주요 직무에 대한 표준 운영 절차를 갖는 것을 피하고, 좁은 직무기술서와 엄격한 성과기준에 의존하는 것을 줄여야 한다.

기업혁신 훈련 프로그램(Corporate Innovation Training Program)은 6개

의 모듈로 구성되며, 각각의 모듈은 참가자들이 그들의 업무 영역에서 기업혁신을 지원할 수 있도록 훈련시키기 위해 설계되었다. 모듈과 그 내용은 다음과 같다(Biniari et al.,2012).

① 창업가적 경험: 창업가적 경험에 대한 열정적인 개관에서, 지난 30년 동안 전 세계에서 일어난 창업가적 혁명들이 참가자들에게 소개된다. 참가자들은 혁신적으로 생각하고 오늘날의 조직에 있는 과거의 패러다임에서 탈피할 필요성을 인식하도록 도전받는다.

② 혁신적 사고: 혁신적으로 사고하는 과정은 대부분의 전통적인 조직과는 동떨어진 것이다. 혁신적 사고에 대한 오해를 살펴보고, 가장 일반적인 억제요인이 제시된다. 혁신의 목록을 완성한 후, 관리자들은 그들의 혁신적 사고를 촉진하도록 고안된 몇 가지의 훈련에 참여한다.

③ 아이디어 촉진 과정: 경영자들은 하고 싶은 일에 대한 일련의 구체적인 아이디어를 발굴한다. 이 과정은 구조적인 장애물과 촉진제를 비롯한 회사의 수많은 측면을 조사하는 것을 포함한다. 아울러, 경영자들은 자신의 프로젝트를 완성하는 데 필요한 자원을 결정한다.

④ 혁신적 사고의 장애물과 촉진제: 혁신적 행동에 대한 가장 일반적인 장애물에 대해 검토하고 논의한다. 경영자들은 직장에서의 장애물을 다루는 데 도움이 되는 몇 가지 훈련을 마치게 된다. 이 밖에도, 기업의 장애물을 성공적으로 다루었던 실제 기업혁신가들의 비디오 사례들이 제공된다.

⑤ 혁신 팀(I-Teams) 유지: 특정한 혁신에 집중할 수 있는 혁신 팀(innovation team) 구성의 개념을 조사한다. 경영자들은 집단 전체에서 회자되고 있는 아이디어들을 바탕으로 팀을 구성하기 위해 함께 일한다. 각 그룹이 이해할 수 있도록 팀의 역학관계를 살펴본다.

⑥ 혁신 실행 계획: 경영자들이 조직에서 혁신적으로 행동하게 만드는 촉진제와 장애물의 여러 측면을 조사한 후, 팀들은 실행계획을 완성하는 과정을 시작한다. 그 계획은 목표 설정, 혁신 팀 설립, 현재 상황 평가, 프로젝트 완성을 위한 단계별 일정표 개발, 프로젝트 평가를 포함한다.

다. 사내 기업가정신 사례

- Google은 다양한 개성을 가진 혁신적 스타트업을 발굴, 투자해 독립적인 조직으로 운영되도록 하기 위해서 지주회사인 'Alphabet' 체제로 전환

  - 증강현실(AR) 게임 'Pokemon Go'와 Google의 사내 벤처 'Niantic'

    - 전 세계적 돌풍을 일으킨 'Pokemon Go'는 2010년 Google 개발 인력들이 설립한 사내 벤처 'Niantic'에 의해 개발. 'Niantic'은 2012년 Google Map 기반 증강현실 게임인 'Ingress'를 개발해 각광받았으며, 2015년 8월 Google의 지주사 전환과 함께 분사(spinout). 2015년 9월 'Pokemon Go' 개발과 관련, Google/ Nintendo/PokemonCompany가 3천만 달러 공동투자(1천만 달러 조건부)

  - Google은 창업을 원하는 내부 직원이 사업계획서를 제출하면 기존 업무에서 제외, 별도의 공간에서 프로젝트 개발에 전념할 수 있게 하는 사내 벤처 육성 프로그램'Area 120' 시행하였다.

- [Build-Measure-Learn] 사내 벤처는 스타트업으로서 완전한 계획 수립에 의한 실행보다는 반복적 테스트를 통해 고객의 니즈를 신속하게 파악하는 것이 매우 중요

  - GE는 스타트업의 제품 개발 프로세스를 모델로 하여, 핵심 기능만 갖춘 제품(MVP, Minimum Viable Product)을 신속히 개발, 고객에게 피드백을 받고 수정하는 과정을 반복함으로써 고객 니즈에 빠르게 접근해가는 'FastWorks' 프로그램 도입

    - 개별 프로젝트별로 소규모 조직들이 사내 벤처와 같은 형태로 운영됨으로써 혁신아이디어가 시장에 출시되는 시간이 획기적으로 단축되었으며, 2014년에만 2만명 이상의 직원, 400여개의 프로젝트에 'FastWorks' 적용하였다.

크라우드펀딩 플랫폼을 통한 유망 기업 발굴

- KB금융그룹은 자체 발굴한 핀테크 스타트업을 크라우드펀딩 플랫폼 '오픈트레이드'에 추천해 다수의 일반투자자로부터 사업성을 평가받고 투자를 유치하도록 지원. 해당 스타트업이 기준금액의 투자 유치에 성공하면, KB투자증권이 동일 금액을 매칭해서 투자하였다.

- Sony는 온라인 크라우드펀딩(crowdfunding) 플랫폼 'First Flight'를 구축, 내부 구성원의 아이디어를 플랫폼에 공개해 외부의 객관적 평가를 받게 하고 선정된 프로젝트를 사업화하였다.

자료 김예구(2016)

3 사회적 기업가정신

가. 사회적 기업가정신이란?

> **사회적 기업가정신**
> 새로운 가치를 창출하고 사회적 혁신을 추구하며 올바른 것을 실행하고, 다른 사람과 공감하는 기업가의 마음가짐
> 네이버 어학사전

사회적 기업가정신(social entrepreneurship)은 혁신, 위험감수, 진취성 그리고 대규모 변혁에 대한 민간부문 초점을 사회적 문제 해결에 결부시키는 창업가정신의 한 형태로서 비영리, 정부, 사업의 특성을 나타낸다. 새로운 가치를 창출하고 사회적 혁신을 추구하며 올바른 것을 실행하고, 다른 사람과 공감하는 기업가의 마음가짐이다.

사회적 기업가정신은 자원을 새로운 방식으로 결합함으로써 가치를 창출하는 과정이다. 이러한 자원 결합은 사회적 변화를 자극하거나 사회적 요구를 충족시킴으로써 사회적 가치를 창출할 수 있는 기회를 탐구하고 활용할 의도를 근본적으로 지니고 있다. 사회적 기업가정신이 새로운 조직 또는 기존에 설립된 조직에서 동일하게 적절히 발생할 수 있으며, 여기에서는 '사회적 사내 창업가정신'으로 불린다. 사회적 창업가정신의 과

정은 기업의 개념으로 전환된 지각된 사회적 기회와 함께 시작하며, 그러고 나서 기업의 목표를 실해하기 위하여 자원들이 확인되고 획득된다.

사회적 창업가는 때때로 '대중 창업가(public entrepreneur)', '시민 창업가(civic entrepreneur)' 또는 '사회적 혁신가(social innovator)'로서 언급된다. 사회적 창업가들은 새로운 기술, 공급원, 유통 판로, 또는 생산방식을 포함할 수 있는 혁신을 위해 노력하는 창의적인 사상가들이다. 혁신은 또한 새로운 조직을 시작하거나 새로운 제품 또는 서비스를 제공하는 것을 의미할 수 있다. 혁신적 아이디어는 완벽하게 새로운 발명이거나 기존의 발명품에 대한 창의적인 개선일 수 있다. 사회적 창업가들은 변화의 주도자들이다. 그들은 패턴을 깨는 아이디어를 사용하여 대규모의 변화를 창출하며, 사회적 문제들의 근본원인에 대처하며, 새로운 아이디어를 소개하여 다른 사람들이 이를 채택하도록 설득함으로써 시스템적 변화를 창출하려는 야망을 소유하고 있다.

사회적 창업가를 특징짓는 활동들은 다음과 같다(Arthur,2008).

- 사회적 가치(개인적 가치를 넘어서)를 만들고 유지할 수 있는 사명의 선택
- 사회적 가치의 기회에 대한 인식과 끈질긴 추구
- 지속적인 혁신과 학습에의 참여
- 사용 가능한 한정된 자원을 넘어서는 활동
- 높아진 책임감

사회적 기업이 21세기에 창업가적 사상가들 사이에서 주요 이슈로 떠오르고 있다는 것은 명백하다. 비록 그것이 다양한 산업과 회사들에 있어서 다양한 형태를 취하고 있지만, 사회에 대한 기업의 의무에 초점을 맞춘다는 사회적기업의 기본적 도전은 모두에게 동일하다. 표 4.2에서 제시된 바와 같이, 이러한 의무들은 많은 다양한 분야로 확장될 수 있으나, 기업들이 이러한 분야에 어느 정도 관여해야만 하는지에 대한 질문은 논쟁의 여지가 있다.

표 4-2 사회적 기업의 의무 사례

환경	오염 통제 환경의 복구 또는 보호 자원의 보존 재활용 노력
에너지	생산 및 마케팅 활동에서의 에너지 보존 제품의 에너지 효율성 증가를 위한 노력 기타 에너지-절약 프로그램(예를 들면, 기업 후원의 카풀)
공정한사업 관행	여성과 소수자의 고용 및 승진 사회적 약자의 고용 및 승진(장애인, 베트남 참전용사, 전과자, 마약 중독자, 정신 지체자, 장기간의 실직자) 소수 민족 소유 기업에 대한 지원
인간 자원	종업원의 건강 및 안전의 증진 종업원의 교육훈련 및 개발 불우 종업원들에 대한 치료 교육 프로그램 알코올 및 약물 상담 프로그램 경력 상담 직장인 부모를 위한 아동 보육시설 종업원들의 체력 및 스트레스 관리 프로그램
공동체 참여	현금, 제품, 서비스, 또는 종업원 시간의 기부 공공 건강 프로젝트의 후원 교육 및 예술의 지원 공동체 레크리에이션 프로그램의 지원 공동체 프로젝트에서의 협력(재활용센터, 재난 지원, 도시 재개발)
제품	제품 안전성의 향상 제품 안전성 교육 프로그램의 후원 제품의 잠재적인 대기오염의 감소 제품의 영양가에 대한 개선 포장 및 라벨링에 대한 개선

자료 Hodgetts and Kuratko(1991)

나. 사회적 기업

사회적 기업(social enterprise)은 주로 사회적 목표를 가진 기업을 말한다. 경제협력개발기구 OECD는 "공공의 이해를 위해 수행되며, 이윤 극대화가 아닌 특정한 사회 경제적 목표 달성을 최종 목적으로 하는 기업"으로 정의한다. 대한민국 사회적기업육성법은 "취약계층에게 사회서비스 또는 일자리를 제공하거나 지역사회에 공헌함으로써 지역주민의 삶의 질을 높이는 등의 사회적 목적을 추구하면서 재화 및 서비스의 생산·판매 등 영업활동을 하는 기업으로서 사회적기업으로 인증을 받은 자"라고 정의한다. 소셜 비즈니스(social business)라고도 불린다. 노벨평화상 수상자이자 경제학자인 무함마드유누스는 "사회 문제 해결을 위해 창립되고 설계된 사업"이라고 정의한다. 협동조합과 함께 사회적경제를 대표하는 형태 중 하나다.

대한민국 고용노동부로부터 사회적기업으로 인정받으려면 사회적기업 육성법 제8조의 인증요건에 따라 고용노동부장관으로부터 인증을 받아야 한다. 사회적기업육성법 중 제8조(사회적기업의 인증 요건 및 인증 절차) ① 사회적기업으로 인증받으려는 자는 다음 각 호의 요건을 모두 갖추어야 한다. <개정 2012.2.1>

1. 「민법」에 따른 법인·조합, 「상법」에 따른 회사·합자조합, 특별법에 따라 설립된 법인 또는 비영리민간단체 등 대통령령으로 정하는 조직 형태를 갖출 것
2. 유급근로자를 고용하여 재화와 서비스의 생산·판매 등 영업활동을 할 것
3. 취약계층에게 사회서비스 또는 일자리를 제공하거나 지역사회에 공헌함으로써 지역주민의 삶의 질을 높이는 등 사회적 목적의 실현을 조직의 주된 목적으로 할 것. 이 경우 그 구체적인 판단기준은 대통령령으로 정한다.
4. 서비스 수혜자, 근로자 등 이해관계자가 참여하는 의사결정 구조를 갖출 것
5. 영업활동을 통하여 얻는 수입이 대통령령으로 정하는 기준 이상일 것

사회적목적 실현 판단 기준은 다음과 같다.

- 일자리 제공형 : 조직의 주된 목적이 노약자, 장애인, 한부모가정 등의 취약계층에게 일자리를 제공하는 경우(전체 임금노동자 중 취약계층의 고용비율이 30% 이상).장애인을 고용할 때에는 일자리를 만들어주

는 시혜와 동정이 되어서는 안 되고, 장애유형에 맞는 일자리 제공이 필요하다.

- 사회서비스 제공형 : 조직의 주된 목적이 취약계층에게 사회서비스를 제공하는 경우(전체 서비스 수혜자 중 사회서비스를 제공받는 취약계층의 비율이 30% 이상)
- 혼합형 : 조직의 주된 목적이 취약계층 일자리 제공과 사회서비스 제공이 혼합된 경우(전체 노동자 중 취약계층의 고용비율과 사회서비스를 제공받는 취약계층의 비율이 각각 20% 이상)
- 기타형 : 사회적 목적의 실현 여부를 위에 표시된 취약계층 고용비율과 사회서비스 제공 비율 등으로 판단하기 곤란한 경우 사회적기업 육성위원회의 심의를 거쳐 고용노동부장관이 사회적 목적의 실현 여부를 판단
- 지역사회 공헌형 : 지역사회 주민의 삶의 질 향상에 기여(2011년 신설)

국내외 대표적 사회적기업으로 그라민, 아라빈드안과, 아름다운가게, 다솜이재단, 허리우드극장, 리드릭, 이지무브 등 다양한 사회적기업이 활동하고 있다

- 그라민은행 Grameen 가난한 사람들한테 무담보소액대출 Microcredit 을 제공하는 방글라데시 은행. 방글라데시에서 그라민은행은 2011년말 835만 명의 가난한 사람들한테 무담보소액대출을 제공했다. 이중 절대극빈층 11만1300여명한테는 무이자로 돈을 꿔줬다. 대출고객의 64%가 빈곤선을 벗어났다. 이 공로로 그라민과 설립자 무함마드 유누스는 2006년 노벨평화상을 받았다.
- 아라빈드안과: 400만여명에 이르는 인도의 맹인을 돕기 위해 설립된 안과병원. 가난한 사람들한테는 무료시술을 제공한다. 설립 후 36년 동안 3200만 명이 진료를 받고 그중 400만 명이 공짜 혹은 보조금으로 수술 받았다.
- 아름다운가게: 기증 받은 물품을 재사용하거나 재활용해 판매하는 사회적기업. 재단법인으로 2002년 설립된 이 업체는 돈을 기부하는 대

신 안 쓰는 물건을 기증하는 문화를 국내에서 확산시켰다. 2012년 216억 원의 매출을 내 31억 원의 수익을 지역사회와 어려운 이웃에게 배분했다. 다른 사회적기업을 지원하는 활동도 지속하고 있다.

- 다솜이재단: 저소득층 환자들을 무료로 간병해주는 사회공헌 사업으로 출발한 간병 사회적기업. 2004년 교보생명 '다솜이 간병봉사단'으로 시작해 2007년 재단법인으로 재출발했다. 2007년 제1호로 고용노동부 사회적기업 인증을 받았다.

청소년을 대상으로 활동하는 사회적 기업도 있으며, 연금술사, 유스 바람개비 등이 활동하고 있다.

- 연금술사: 연금술사는 맞춤형 도시락 판매사업을 통해 고등학교 재학 중이지만 대학 진학 계획이 없거나 취업 의지가 없는 청소년들에게 직업훈련 및 일자리를 제공하기 위해 2011년에 설립된 사회적기업이다. 청소년들이 직접 도시락 배달 사업, 디저트 카페 사업에 직접 참여한다. 내부 이사 4명 중 2명을 청소년으로 하는 등 실제 기업 경영에도 참여시키고 있다. 2014년부터 기업 활동에 참여하고자 하는 학생 10명을 신청 받아 연금술사 학교를 개교하였다. SK그룹의 최태원 회장이 사재를 출연해 만든 KAIST 청년창업투자지주㈜가 투자 대상자로 연금술사를 선정했다. 소풍가는 고양이는 서울시립청소년직업체험센터(하자센터)가 2013년부터 운영해온 '연금술사 프로젝트' 2기로 참가한 청소년 6명이 창업한 가게이며. (주)연금술사의 산하 브랜드이다. 재단법인 해피빈 권혁일 대표가 아름다운재단에 기부한 돈으로 초기 창업자본을 마련했다.[7] 2020년 1월을 기점으로 소풍가는 고양이는 사업을 종료했다.
- 유스 바람개비: 유스 바람개비는 청소년들을 위한 직접체험 프로그램을 개발하여 다방면으로 청소년들의 진로 선택에 도움을 주고 있는 사회적 기업이다. 청소년들에게 '쉼'과 '진로'를 찾는 배움 공간을 제공해준다. 2010년 청소년의 직접체험과 진로에 대한 아이템으로 '소셜벤처대회'에서 수상한 것을 계기로 삼아 2011년 12월 사회적 기업으

로 출범하였다. 운영하고 있는 프로그램은 청소년카페 소리울(공정 무역 커피 교육과 바리스타 체험을 진행하며, 일반 기업과 사회적 기업의 차이점을 알아간다.) 등이 있다. 사회적기업가 정신을 배우는 진로 교육 프로그램과 소셜드림 보드게임을 전국에 출시한 고용부가 인증한 교육 사회적 기업이다.

자료 위키백과

다. 소셜벤처

소셜벤처(social venture)는 사회적 목표 달성을 위해 혁신적이고 체계적인 해결책을 제공하고자 하는 사회적 기업가에 의해 설립된 기업 또는 조직이다.

소셜벤처(social venture)는 사회적 목표 달성을 위해 혁신적이고 체계적인 해결책을 제공하고자 하는 사회적 기업가에 의해 설립된 기업 또는 조직이다.

위키백과

소셜벤처는 개인 사업자, 영리를 목적으로 하지 않는 기업, 비정부기구, 청소년단체, 지역사회단체 등 다양한 형태로 운영된다. 일반적으로 정부기관은 소셜벤처로 간주되지 않지만 아쇼카 등 사회혁신지원기관들은 사회적 서비스에 혁신적인 방법을 고안하고 실행한 정부기관과 지자체, 공무원도 사회적기업가정신(Social entrepreneurship) 이 있다고 평가하기도 한다.

Elkington과 Hartigan은 소셜벤처를 비영리, 하이브리드 비영리, 사회적기업 Social Business 등 3가지 모델로 제안한다. 비영리 벤처 기업은 공익을 제공하는 데 있어 재정적 지원을 위해 외부 파트너를 활용한다. 반면, 하이브리드 비영리는 제품 또는 서비스 판매를 통해 사업 비용을 조달한다. 사회적기업 형태에서 소셜벤처는 이익을 창출하지만, 상업적 벤처처럼 주주에게 이익을 반환하는 대신, 사회적 이익을 증진시키기 위해 그 이익을 재투자한다.

소셜벤처가 일반 벤처기업과 다른 점은 사회적 문제를 해결하고 사회적 혜택을 제공하는 것을 우선 목적으로 삼는다는 점이다. 소셜벤처는 이익을 창출할 수는 있지만 그것이 핵심은 아니다. 이익은 사회적 혜택을 지속가능하게 제공하기 위한 수단이다.

소셜벤처는 빈곤, 불평등, 환경파괴, 교육격차 등 사회 경제 발전 와중에 발생하는 여러 문제를 다룬다. 주로, 시장이나 정부가 해결책을 제시하기 못하거나 이들이 시행하면 실패할 수 있는 해결책을 제시한다.

이때, 소셜벤처 기업가 혹은 사회적 기업가는 창조적이고 혁신적으로 문제에 대한 새로운 해결책을 찾아야 하며 사업을 지속할 수 있는 수익원을 만들어내야 한다.

대표적 소셜벤처는 다음과 같다.

- 탐스슈즈: 신발 한 켤레를 사면 회사가 한 켤레를 기부하는 원포원(one for one) 마케팅을 개발해 신발이 없는 아이들에게 신발 전달. 2013년까지 1000만 켤레 제공
- 아라빈드: 400만여명에 이르는 인도의 맹인을 돕기 위해 설립된 안과병원. 가난한 사람들한테는 무료시술을 제공한다. 설립 후 36년 동안 3200만 명이 진료를 받고 그중 400만 명이 공짜 혹은 보조금으로 수술받았다.
- 리모션 디자인: 플라스틱과 볼트, 너트, 베어링 등으로 구성된 인공 관절 '자이푸르니(JaipurKnee)'를 개발. 인공 무릎 관절인 자이푸르니를 개발도상국의 다리 절단 장애인들에게 판매
- 이지무브: 장애인, 노인 등 약자의 이동권을 높이기 위해 설립. 장애아동용 유모차, 장애인용 휠체어, 장애인용 화재시 대피설비 등 개발
- 공부의신(공신닷컴): 공교육에서 소외되는 저소득층 학생에게 온·오프라인으로 멘토링 제공
- 딜라이트: 온라인 기반 유통망 간소화와 부가기능 제거를 통해 취약계층도 이용가능한 저비용 고품질 보청기 제공
- 시지온: 악성 댓글 문제를 해소하는 소셜 댓글 서비스를 운영.
- 마리몬드: 인권을 위해 행동하는 라이프스타일 브랜드로 일본군'위안부' 피해 할머니와 학대피해아동의 이야기를 알리는 디자인제품회사. 영업이익의 절반 이상을 일본군'위안부' 피해 문제와 학대피해아동 문제를 해결하기 위해 활동하는 단체에 기부

소셜벤처 지원 조직은 다음과 같다.

- 소셜벤처종합지원플랫폼 : 소셜벤처스퀘어(http://sv.kibo.or.kr)
- 해외 대회: 글로벌소셜벤처경연대외(http://gsvc.org/), SVP (http://www.socialventurepartners.org/)
- 한국 대회 : 한국사회적기업진흥원 소셜벤처 아이디어 경연대회(www.2018svc.com, 구 소셜벤처경연대회)
- 투자기관 : SOPOONG D3쥬빌리파트너스 MYSC HGI 한국사회투자 크레비스파트너스 옐로우독 임팩트스퀘어
- 한국 지원기관 : 한국사회적기업진흥원 Archived 2018년 11월 30일 - 웨이백 머신, 서울 소셜벤처허브센터 등 서울시, 성동구, 소셜혁신연구소 등
- 교육 지원기관 : 서울숲소셜벤처이노스쿨

자료 위키백과

요점정리

- 기업가정신(entrepreneurship)은 계산된 위험과 불확실성을 무릅쓰고 이윤을 추구하고자 하는 기업가의 혁신적이고 진취적인 행동과 정신을 가리키며, 경제 성장의 원동력이다.

- 사내 기업가정신(Corporate Entrepreneurship, CE)은 사내벤처링과 전략적 기업가정신으로 설명할 수 있다. 사내 벤처링 접근 방식은 기업에 새로운 비즈니스를 추가하는 방식이며, 내부 기업 벤처, 협력 기업 벤처, 외부 기업 벤처의 세 가지 방법을 통하여 달성할 수 있다. 전략적 기업가정신은 전략적 쇄신, 조직의 회생, 사업영역 재정의, 비즈니스 모델 재 구축의 다섯 가지 형태 중 하나를 취할 수 있다.

- 사회적 기업가정신(social entrepreneurship)은 혁신, 위험감수, 진취성 그리고 대규모 변혁에 대한 민간부문 초점을 사회적 문제 해결에 결부시키는 창업가정신의 한 형태로서 비영리, 정부, 사업의 특성을 나타낸다. 새로운 가치를 창출하고 사회적 혁신을 추구하며 올바른 것을 실행하고, 다른 사람과 공감하는 기업가의 마음가짐이다.

- 소셜벤처(social venture)는 사회적 목표 달성을 위해 혁신적이고 체계적인 해결책을 제공하고자 하는 사회적 기업가에 의해 설립된 기업 또는 조직이다.

연습문제

1 기업가정신에 대해 설명해 봅시다.

2 사내 기업가정신에 대해 설명해 봅시다.

3 사회적 기업가정신에 대해 설명해 봅시다.

4 소셜벤처에 대해 설명해 봅시다.

참고자료

[1] 김건식. (2018). 가치사슬 내부 및 외부의 지식원천이 급진적 혁신 및 점진적 혁신에 미치는 영향: 지식원천들의 연구개발투자-혁신성과 관계에 대한 조절효과. 기술혁신학회지, 21(1), 454-490.

[2] 김예구. (2016). 내부 기업가정신(Intrapreneurship)과 사내벤처, KB지식비타민, 16(59).

[3] Austin, J., Stevenson, H. & Wei-Skillern, J.(2006) Social and Commercial Entrepreneurship: Same, Different, or Both?, Entrepreneurship Theory and Practice, Vol. 30, No. 1, pp. 1-22.

[4] Biniari, M. G. (2012). The emotional embeddedness of corporate entrepreneurship: The case of envy. Entrepreneurship Theory and Practice, 36(1), 141-170.

[5] BROOKS, Arthur C. Social entrepreneurship. 2008.

[6] Cantillon, R. (1931) Essai sur la nature du commerce en general, edited and translated by H. Higgs, London: Macmillan.

[7] Covin, J. G., & Miles, M. P. (2007). Strategic use of corporate venturing. Entrepreneurship theory and practice, 31(2), 183-207.

[8] Cuervo, Á., Ribeiro, D., & Roig, S. (2007). Entrepreneurship: concepts, theory and perspective. Introduction (pp. 1-20). Springer Berlin Heidelberg.

[9] Dees, J.G., Haas, M. & Haas, P.(1998) The Meaning of "Social Entrepreneurship", Kauffman Center for Entrepreneurial Leadership and Graduate School of Business, Stanford University, October 1998, pp. 1-6.

[10] Dent, H. S. (1990). Growth through new product development. Small Business Reports, 15(11), 30-40.6

[11] Kuratko, D. F., Montagno, R. V., & Hornsby, J. S. (1990). Developing an intrapreneurial assessment instrument for an effective corporate entrepreneurial environment. Strategic management journal, 49-58.

[12] Drucker, P. F. (1985) Innovation and Entrepreneurship, New York: Harper & Row

[13] Hebert, R.F. and Link, A.N. (1989) In Search of the Meaning of Entrepreneurship, Small Business Economics, Vol. 1, pp. 39-49.

[15] Henderson, R. M., & Clark, K. B. (1990). Architectural innovation: The reconfiguration of existing product technologies and the failure of established firms. Administrative science quarterly, 9-30.

[16] Ireland, R. D., Hitt, M. A., & Sirmon, D. G. (2003). A model of strategic entrepreneurship: The construct and its dimensions. Journal of management, 29(6), 963-989.

[17] Ireland, R. D., & Webb, J. W. (2007). A multi-theoretic perspective on trust and power in strategic

supply chains. Journal of Operations management, 25(2), 482-497.

[18] Kirzner, I. M. (1978) Competition and Entrepreurship, Chicago: University of Chicago Press

[19] Knight, F. (1921) Risk, uncertainty and profit. Boston, MA: Houghton Mifflin.

[20] Kuratko, D. F., & Audretsch, D. B. (2009). Strategic entrepreneurship: exploring different perspec tives of an emerging concept. Entrepreneurship theory and practice, 33(1), 1-17.

[21] Kuratko, D.F., Hornsby, J.S. & Hayton, J. Corporate entrepreneurship: the innovative challenge fo r a new global economic reality. Small Bus Econ 45, 245–253 (2015).

[22] Miller, D. (1983). The correlates of entrepreneurship in three types of firms. Management Science, 29, 770–791.

[23] Miles, M. P., & Covin, J. G. (2002). Exploring the practice of corporate venturing: Some common forms and their organizational implications. Entrepreneurship theory and practice, 26(3), 21-40.

[24] Morris, M. H., Lewis, P. S., & Sexton, D. L. (1994). Reconceptualizing entrepreneurship: an input-output perspective. SAM Advanced management journal, 59, 21-21.

[25] Morris, M. H., Kuratko, D. F., & Covin, J. G. 2008. Corporate Entrepreneurship & Innovation: 81.

[26] Richard M. Hodgetts and Donald F. Kuratko, Management, 3rd ed. (San Diego, CA: Harcourt Bra ce Jovanovich, 1991), 670.

[27] Scherer, F.M. (1999) New Perspectives on Economic Growth and Technological Innovation, Was hington, DC: Brookings Institution Press

[28] Schumpeter, J.A. (1934). The theory of economic development. Cambridge: Harvard Uniᄐversity Press.

[29] Schumpeter, J.A. (1942). Capitalism, socialism and democracy. New York: Harper.

[30] Swedberg, R. (2002) Entrepreneurship: The Social Science View, Oxford: University Press.

[31] Tidd, J., & Taurins, S. (1999). Learn or leverage? Strategic diversification and organizational learn ing through corporate ventures. Creativity and Innovation Management, 8(2), 122-129.

[32] Von Hippel, E., Thomke, S., & Sonnack, M. (1999). Creating breakthroughs at 3M. Harvard busin ess review, 77, 47-57.

[33] https://namu.wiki/w/%EC%A1%B0%EC%A7%80%ED%94%84%20%EC%8A%98%ED%8E%98%ED%84%B0, 나무위키

[34] https://namu.wiki/w/%ED%94%BC%ED%84%B0%20%EB%93%9C%EB%9F%AC%EC%BB%A4, 나무위키

[35] https://ko.wikipedia.org/wiki/%EC%86%8C%EC%85%9C%EB%B2%A4%EC%B2%98, 위키백과

05 기회탐색과 도전 혁신 사례

학습목표

- 창업자의 특성과 창업의 개념 및 기업 유형에 대해 이해한다.
- 한국의 기업가정신 사례에 대해 알아본다.
- 최근 국내 및 글로벌 창업 사례를 살펴본다.

1 창업과 기업 유형

가. 창업자(팀) 특성/역량

Bird(1995)는 기업가적 역량은 조직을 설립하거나 개편하려고 하거나, 그들의 자원과 기회를 통해 가치를 창출하는 기업가 개인에게 달려있다고 말하며, 기업가적 역량을 특정지식, 창업동기, 성격적 특성, 자아상, 사회적 역할과 같은 '특성'과 기업을 설립하고 생존하고 성장시키는 '역량'으로 정의하였다. 이러한 창업자의 역량과 특성은 기업의 생존, 경쟁력, 차별화 요소와 밀접한 관련이 있다(Tehseen & Ramayah, 2015). 때문에 창업기업 혹은 중소기업의 생존, 성공과 연계하여 창업가의 역량 및 특성을 다루는 많은 연구들이 존재한다.

기업가적 성공의 핵심요소로 상업적 경험, 혁신·생산·마케팅 경험, 지위, 기업가정신, VC를 상대해본 경험 등을 제시한 Murray(1996)는 기업가의 '경험적 특성'에 중점을 두고 있으며, 또 다른 연구에서는 창업가의 학력, 가족을 포함한 이전 사업경험, 은행자금에 대한 의존도, 비공식적 창업자금 등 창업가의 '배경적 특성'과 기업의 성장에 대해서 다루었다(Basu and Goswami, 1999).

창업자의 '기술적 역량'과 '기업가적 역량'(관리적, 경영적 역량)을 성공하는 기업의 요소로 본 연구들이 있는데, KaKati(2003), Oakey(2003)에서는 경영적·기술적 역량을 융합하는 것이 창업기업의 경영성과 창출과 지속적인 성장을 돕는다고 말하며 두 가지 역량을 모두 강조한 바 있다. 창업자의 기술적 역량을 다룬 Granstrand(1998)는 첨단기업의 기술적 역량이 기회를 효과적으로 포착하고, 고객의 요구를 수용할 수 있어 첨단기업의 성공에 중요한 요소라고 말하고 있으며, 경영적 역량의 중요성을 강조한 Chandler and Jansen (1992)은 기업가들 사이에서 기업가적 스킬을 개발하는 것이 기업의 수익성과 성장에 기여한다는 증거를 제시하였다.

한편 Martin and Staines (1994)와 같이 외향적 성격, 접근가능성, 리더십, 자신감, 혁신성, 위험감수성과 같은 기업가적 지향성을 경영자의 역량으로 제시한 연구도 있다.

표 5-1 창업자(팀)의 특성에 관한 선행연구

선행문헌	주요 내용
Bird (1995)	기업가적 역량을 '특성'과 '역량'으로 정의
Tehseen & Ramayah (2015)	창업자의 역량특성과 기업의 생존·경쟁력·차별화의 밀접한 관계
Murray (1996)	기업가의 경험적 특성(상업적 경험, 혁신·생산·마케팅 경험 등)
Basu and Goswami (1999)	기업가의 배경적 특성(학력, 가족을 포함한 이전 사업경험 등)
KaKati(2003), Oakey(2003)	경영적 역량과 기술적 역량의 적절한 융합이 기업의 성공에 도움
Granstrand(1998)	기술적역량이 첨단기업 성공의 핵심요인
Chandler and Jansen (1992)	기업가적 스킬을 개발하는 것이 기업의 수익성과 성장에 기여
Martin and Staines (1994)	기업가의 외향적 성격, 리더십, 자신감, 혁신성 등을 역량으로 제시

자료 이윤준 등(2021)

나. 창업자(팀) 특성 · 역량과 기업성과

창업기업의 경영성과에 영향을 미치는 주요요인으로 창업자의 창업 및 산업경험, 관 리자 역할 경험 등 창업자의 경험에 중점을 둔 해외문헌부터 살펴보자. Delmar and Shane(2006)은 창업팀의 창업 및 산업 경험이 신규벤처의 생존과 매출에 미치는 영향 을 규명하기 위해 223개의 스웨덴 기업을 분석하였고, 창업팀의 창업 및 산업경험이 신규벤처의 생존과 매출에 모두 긍정적인 영향을 미치며, 그 영향은 비선형적으로 벤처의 연력에 따라 다르게 나타남을 밝혀냈다. 뉴욕, 뉴잉글랜드 지역의 52개의 기술벤처를 대상으로 연구를 수행한 Stuart and Abetti(1990)에서도 벤처 기업가의 신생기 업의 경험, 그리고 신생기업에서 관리자의 역할을 수행해본 경험이 기업의 초기성과 에 가장 중요한 요소라고 밝혔다.

다음으로 창업기업의 성공요인으로 창업자의 기업가적 지향성 같은 개인 성향특성 을 중점으로 기업의 성과에 어떠한 영향을 미치는지 분석한 연구들을 살펴보자. Watson et al.(1998)에서는 성공한 창업가와 실패한 창업가 두 그룹을 대상으로 다양한 요인에 대해 비교분석을 수행하였는데, 그 결과 독립성, 시장적응 능력, 리더십 등 창업자의 개인적인 특성과 기술 및 경영 역량 등 창업가의 역량특성, 그리고 도제 경험, 실직 경험 등 경험적인 측면이 기술창업 기업의 성공에 영향을 미치는 것으로 나타났다. McClelland(1961)에서는 창업가의 기업가적 지향성을 주요요인으로 연구를 하였는데, 창업가의 성취욕구가 높을수록 목표수립 및 문제해결에 긍정적인 영향을 미치며, 위험감수성이 높을수록 창업기업의 재무적 성과가 높아진다고 밝혔다.

마지막으로 창업가의 네트워크를 기업성과의 주요 요인으로 보는 연구들은 다음과 같다. 아프리카 신흥국의 기업들을 대상으로 네트워크와 기업성과의 관계를 실증 분석한 Acquaah(2007)에서는 기업의 CEO가 다른 기업의 CEO, 고위공무원, 지역사회 수장들과 네트워크가 강할수록 기업의 성과에 긍정적인 영향을 미친다는 것을 밝혔다. Zhao, L and Aram, J. D.(1995)는 중국의 고성장 벤처기업과 저성장 벤처기업을 대상으로 네트워킹의 범위(관계 수)와 강도(접촉빈도)에 어떠한 차이가 있는지 연구를 수행 하였다. 연구결과 고성장기업 CEO의 경우 저성장 기업의 CEO보다 비즈니스 네트워킹의 범위와 강도가 모두 높았으며, 네트워킹 활동과 기업의 성장의 관계는 기업의 발전단계에 의한 성장을 초월하는 것으로 확인되었다.

표 5-2 창업가 및 창업기업의 성과지표 및 성공요인 관련 해외 선행연구

선행문헌	주요 내용
Delmar and Shane (2006)	창업팀의 창업 및 산업 경험
Stuart and Abetti(1990)	신생기업 참여 경험, 신생기업에서 관리자 역할을 해본 경험
Watson et al(1998)	기술 및 경영 역량, 시장적응 능력, 리더십, 독립성, 도제 경험, 실직 경험
McClelland (1961)	기업가적 지향성 중 성취욕구, 위험감수성
Acquaah (2007)	기업 CEO의 타기업 CEO, 고위공무원, 지역사회 수장과 네트워크
Zhao, L and Aram, J. D. (1995)	네트워킹의 범위(관계 수), 네트워킹의 강도(접촉빈도)

자료 이윤준 등(2021)

다. 창업의 개념

창업(創業)은 새로운 사업을 개시하는 것으로, 개인이나 집단이 사업 아이디어를 가지고 사업 목표를 세워, 적절한 사업 기회에 자본, 인원, 설비, 원자재 등 경영자원을 확보하여 제품 또는 서비스를 제공하는 기업을 설립하는 것을 말한다(김만술 등 2020).

창업의 3요소는 기업가정신을 가진 창업자, 사업아이디어, 자원이다. 창업자는 아이디어와 자본을 가지고 기업을 설립하려는 사람을 말한다. 창업자는 기업가정신을 가지고 창업 팀을 구성한다. 창업자는 기업의 설립은 물론 경영의 주체로서 경영목표, 기업이미지, 기업성장 등에 영향을 미친다. 창업자의 능력, 가치관 등은 창업기업의 성패와 효율에 매우 중요한 요소이다.

사업아이디어는 창업을 하게 되는 결정적인 요소이다. 아이디어의 결과물는 제품, 서비스, 발명품, 기존상품, 국내에 소개되는 외국상품 등이 된

다. 사업아이디어는 선별한 업종에서의 선도적 영향력(가치)이 있어야 하며, 제품 및 서비스의 탁월성 또는 차별성(경쟁우위)을 통해 적정한 수익 창출(수익성)이 가능하여야 한다. 창업자는 아이템을 사업기회로 발전시키기 위해 사업타당성 분석(시장성, 수익성, 기술성, 성장성)과 인/허가 요건 등을 검토해야 한다.

창업자는 사업아이디어를 실현시키기 위하여 설비, 원자재, 인력 등을 자원이 필수적으로 필요하다. 창업자본 제공자는 창업자 자신, 투자가 등 여러 사람이나 기관이다. 창업자는 창업과정에서 소요되는 창업자금과 창업 후의 운전자금 운영방안에 대한 전략적 구상하여야 한다. 즉, 자금을 어떻게 운용할 것이며, 어떤 자금원천으로부터 조달할 것인지, 장기적으로 안정된 자금 수혈을 하기 위해 어떻게 할 것인지(안정적 자금 회전)를 구상하여야 한다.

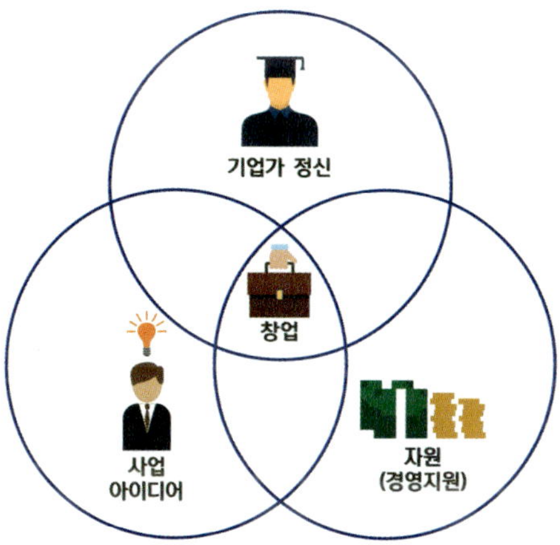

자료 김만술 등(2020)

그림 5-1 창업의 3요소

라. 창업 프로세스 및 기업 유형

창업자는 문제(Problem)를 가진 잠재고객의 니즈(Needs)를 해결하기 위한 구체적 사업계획을 수립하고 기업을 설립한다. 창업자는 기업 설립 시 개인기업을 설립할 것인지 법인기업을 설립 할 것인지 검토를 해야 한다.

그리고 법인기업 설립 시 주식회사, 유한회사, 합자회사, 합명회사 중 어떤 법률적 형태를 가진 기업을 설립 할지 검토 후 사업자 등록을 하여야 한다.

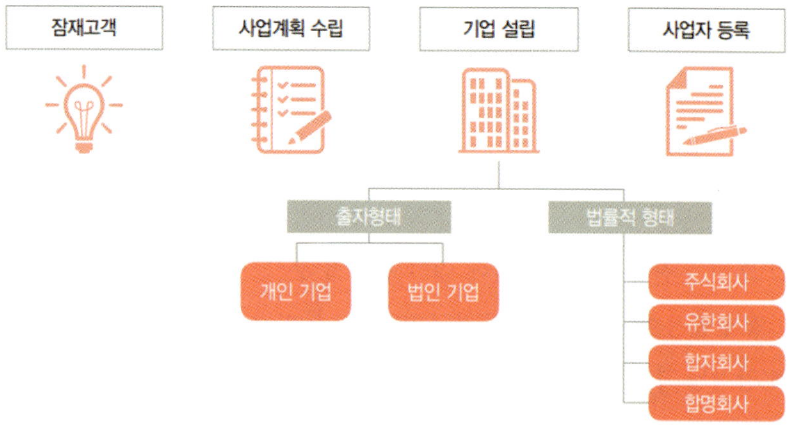

자료 김진수 등(2016)

그림 5-2 창업 프로세스 및 기업유형

개인기업은 완전한 법인격이 없으므로 기업주 개인이 모든 권리와 의무 및 책임의 주체가 되는 형태의 기업이다. 법인기업은 기업 자체가 별도의 법인격을 가지고 권리와 의무의 주체가 되며 기업의 소유자로부터 분리되어 운영된다는 것이 가장 큰 특징이다.

기업 설립 시 법률적 형태에 따라 주식회사, 유한회사, 합자회사, 합명회사가 있다. 주식회사는 가장 잘 알려진 형태로 주주의 권리·의무에 관해서 세분화된 비율적 단위라고도 할 주식을 발행해서 각 주주는 그가 갖는 주식의 인수가액을 한도로 출자의무를 지는 회사이다. 유한회사는 주식회사와 같이 회사에 대하여 그 출자 금액을 한도로 하는 간접의 유한책임을 지는 사원(회사채무에 관하여 회사채권자에 대해 직접으로는 책임을 지지 않고, 단순히 회사에 대하여 출자의무를 지는 데 불과한 사원)만으로 조직하는 회사이다. 합자회사는 무한책임사원과 유한책임사원으로 이루어지는 회사로서 무한책임사원이 경영하고 있는 사업에 유한책임사원이 자본을 제공하고 사업으로부터 생기는 이익의 분배에 참여하는 회사이다. 합명회사는 가족 또는 친척이나 친구와 같이 극히 친밀한 사람들이 공동으로 사업을 하기에 적합한 회사로서 경영을 기동적으로 할 수 있는 장점을 가지고 있으나 사원의 책임이 대단히 무겁다는 단점을 가지고 있는 회사이다.

2 한국의 기업가정신 사례

가. 운곡 정인영 HL그룹(한라그룹) 창업회장

정도경영(正道經營)은 기업의 경영을 올바르게 하여 떳떳하게 한다. 正: 바를 정,정월 정 道: 길 도經: 지날 경,글 경營: 경영할 영

네이버 국어사전

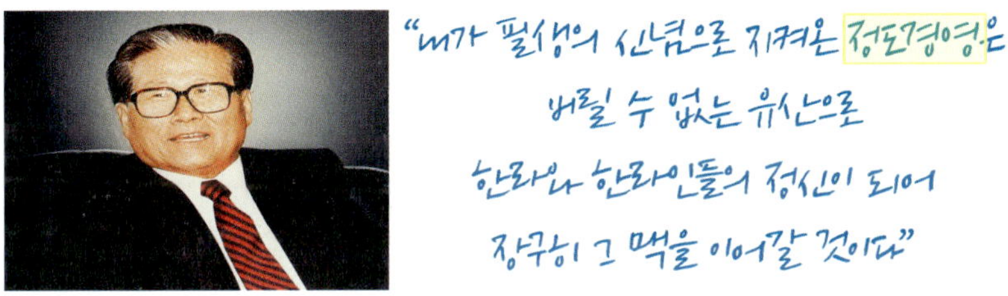

그림 5-3 정인영 HL그룹(한라그룹) 창업회장

5대양 6대주 넘어 세계로, 현대양행 창업

현장에서 경영수업을 받았으니 독립해서 사업을 벌이겠다는 도전정신이 꿈틀댈 것은 당연하다. 현대건설의 기자재 수출입을 담당할 회사 설립을 구상한 운곡은 1962년 10월 1일 (주)현대양행을 창립한다. 그의 나이 43세 때다. 당시 운곡이 직접 지은 현대양행 사명(社名)은 "5대양 6대주를 넘어 세계로 나아간다"는 진취적인 뜻을 담고 있다.

운곡이 창업한 현대양행은 이후 자동차부품을 생산하고, 건설 중장비를 국내 최초로 생산하며, 해외 플랜트설비 턴키 건설 등 중공업에 본격적으로 진출한다.

경영학자들은 창업이후 운곡의 경영전략의 특징을 중공업 중심 전략에서 찾는다. 기계장비 산업을 비롯한 중공업을 일으켜 국가에 보답해야 한다는 산업보국주의는 운곡의 경영철학에서 두드러지는 기업가정신이다.

"나는 지금까지 기업을 운영해오면서
단 한 점의 부끄러움도 없는 기업인이었다고 자부해 왔다."
"HL을 키운 것은 오직 HL인들의 의지와 창의력과 피나는 노력 그리고 정직이었다."

"바로 그것이 정도경영의 멋이자 자유로움이다. 나는 그게 좋다.
머리와 가슴 그리고 땀만으로 일군 성취여야 한다. 야합과 협잡, 다른 사람의 희생 위에서 이루어낸 성취는 결국 자기기만이다. 그러고도 성공이라 외치는 사람은 위선자다."

"내가 필생의 신념으로 지켜온 정도경영은 버릴 수 없는 유산으로 HL과 HL인들의 정신이 되어 장구히 그 맥을 이어갈 것이다.
뇌물 파동 당시 검찰의 소환에서 HL그룹만은 비켜나 있었다는 사실에 무한한 자부심을 느끼던 직원들의 모습에서 나는 그것을 확신했다."

- 故 운곡(雲谷) 정인영 명예회장 자서전 中 -

운곡의 중공업 전략은 이후 국가경제개발 제 2차 5개년 계획과 맞물려, 경제발전과 중화학 수출산업 강국으로 가는 선봉장으로서 대한민국 국가발전의 견인차 역할을 했다. 예를 들어 현재 세계 1위의 담수화 플랜트 수주를 하고 있는 두산 중공업의 창원기계종합공장은 본래 운곡이 계획하고 구상했던 대규모 종합기계단지였다.

당시 운곡의 인재양성의지로 다양한 해외 연수를 받은 엔지니어들이 현재 창원기계공장의 각 기술 분야별 전문가로 성장해 한국 산업 발전에 원동력이 되고 있다. 운곡이 대한민국 중공업의 개척자로 불리는 이유다.

하지만 인생에는 평탄한 신작로만 있는 것은 아니다. 운곡은 1980년 신군부의 '중화학공업투자조정 조치'로 '현대양행과 계열사'를 남에게 넘겨주는 큰 아픔을 겪게 된다. 피땀을 쏟아온 현대양행 창원기계공장을 빼앗겨 사업기반이 통째로 허물어지는 위기를 맞았다.

그러나 운곡은 담대했다. 그는 절망하지 않았다. 1980년 현대양행 안양공장 상호를 만도기계로 바꾸고 꿈을 향해 다시 걷기 시작했다. 운곡은 '전 세계 1만여 도시로 뻗어나간다는 의미'를 담아 '만도(萬都)'라고 했다. 재기의 꿈을 담은 '인간은 할 수 있다'는 뜻의 'Man do'의 의미도 담았다.

운곡은 평생 희망을 붙들고 살았던 휴머니스트다. <운곡 정인영 창업회장의 리더십과 사회적 책임경영>이라는 논문을 썼던 최종태 서울대학교 경영대 명예교수는 특히 이 대목에서 "뜻을 세우면 길이 열린다고 보았던 운곡이야말로 진정한 희망의 신봉자이고 인간적인 낙관주의자"라고 높이 평가했다.

하늘은 스스로 돕는 자를 돕는다. 1980년대 들어 국내외 자동차산업의 폭발적인 성장과 더불어 자동차 부품기업인 만도기계와 한라공조도 비약적으로 성장했다. 운곡도 그 기회를 타고 재기한다. 80년 그날로부터 11년이 지난 1991년, 한라는 매출액 1조원이 넘는 한국 27위의 그룹으로 성장했다. 제2창업에 가까운 성공이었다. 사람들이 운곡을 '재계의 오뚝이'라고 부르게 된 사연이다.

운곡의 기업가정신을 계승한 정몽원 한라그룹 회장은 운곡을 이렇게 회고한다. "아버지는 진정한 리더셨다. 사람들이 아버지를 따랐던 것은 아버지가 굳은 신념과 수많은 시련 앞에서도 좌절하지 않고 다시 일어서는 오뚝이 철학정신을 가지고 있었기 때문이다."

하지만 운명의 신은 얄궂다. 오뚝이처럼 재기한 운곡에게 또 한 번 큰 시련이 찾아온다. 1989년 7월, 운곡이 과로를 이기지 못하고 쓰러졌다. 뇌졸중이었다. 사람들은 이제 '정인영의 시대는 끝났다'고 말했다.

하지만 그래도 운곡은 절망하지 않았다. 오히려 좋아하는 책을 많이 읽을 기회가 왔다고 생각했다. 운곡은 아내 김월계 여사의 헌신적인 간호와 초인적인 재활노력에 힘입어 건강을 회복한다. 쓰러진 지 1년도 안돼 경영일선에 복귀하고야 만다. 어떤 상황에서도 포기할 줄 모르는 운곡은 이제 '재계의 부도옹'으로 통하게 된다.

운곡은 자서전에 이렇게 썼다. "뇌졸중이 나의 반신을 마비시킬 수는 있어도 나를 굴복시킬 수는 없었다. 꿈과 의식이 살아 있는 한, 육체적인 시련에 무릎을 꿇을 수는 없었다. 그 후로 10년간 나는 휠체어에 의지한 채 세계를 누비며 쓰러지기 전보다 더 정력적으로 일했다."

운곡은 1990년대 들어 경제 환경 변화에 선제적으로 대응해 한라그룹을 글로벌기업으로 도약시켜 나간다. 1991년 3월 20일 서울세종문화회관에서 개최된 제18회 상공의 날 기념식에 휠체어를 타고나와 이봉서 상공장관으로부터 금탑산업훈장을 받고 있는 정인영 회장은 이익창출과 납세 의무를 지키며 정도경영을 실천했다<그림 5-3>. 한라그룹은 1992년 창립 30주년을 '국제경쟁력 강화의 해'로 설정, 경영체질의 국제화를 선언했다. 그리고 7월 1일, 운곡은 둘째아들인 정몽원 당시 만도기계 사장을 한라그룹 부회장으로 승진시키고 조선, 중장비 플랜트, 해외건설 등 해외영업의 원활한 추진을 위해 그룹 차원의 통합 해외영업본부를 발족한다.

운곡은 당시 휠체어에 의지해 밤낮으로 해외출장을 다녔다. 1994년 205일, 1995년 217일, 1996년 203일을 해외에서 일을 했다. 특히 해외 투자자들, 금융가들과의 협상에서 탁월한 능력을 보였다. 국제금융기관들은 운곡의 열정에 반해 "한국이라는 나라를 보고 돈을 빌려주는 게 아니라 정인영이란 사업가를 보고 빌려 준다"고 할 만큼 운곡을 신뢰했다.

한라그룹을 글로벌기업으로 성장시킨 운곡은 1996년 12월 24일 경영일선에서 물러나 명예회장이 된다. 창업 35년 동안 운곡 정인영이 이룬 성과는 대단했다. 한라그룹은 자산 6조 2000억 원, 21개 계열사를 둔 재계 12위로 성장해있었다.

한라그룹 성장사를 연구해온 남명수 인하대학교 교수는 "운곡은 경영자로서 성공적인 기업 활동을 하기 위해 정도경영을 확립했고, 그 위에 속도를 중시하고, 기초를 다지며, 규모를 확장시키는 경영활동을 실행했다"며 "운곡의 이 같은 성공적 기업 활동은 한라그룹의 재무성과로 이어졌고 매출, 자산, 자본 모두 성장하는 결과를 이루었다"고 한라그룹의 성공요인을 분석했다.

운곡은 이처럼 도전정신으로 한국 중공업의 씨앗을 심었고(1962~1979),

오뚝이 정신으로 한라그룹을 일으켜(1980~1996) 정도경영으로 한라의 성장발전 (1996-2006)을 도모했다. 운곡은 한국 중공업 발전의 견인차 역할, 산업보국의 사회적 책임경영을 다한 뒤 일선에서 물러났고 2세 경영의 정몽원 회장 체제가 들어선다.

낙관주의자 운곡의 희망경영 철학

정인영 회장은 매년 200일 이상을 해외에서 보내며 글로벌경영을 선도했다. 정인영 회장이 사우디아라비아와 공사계약을 체결하기 위해 계약서를 검토 하였다<그림 5-4>. 하지만 하늘은 운곡이 편히 쉬도록 내버려두지 않았다. 운곡과 한라그룹은 뜻하지 않은 세 번째 시련을 겪게 된다. 1997년 12월 IMF 사태로 한라그룹은 부도를 내고 그룹해체의 위기를 맞았다.

다행히 한라건설(주)은 1999년 경영이 정상화되면서 4000억원 규모의 화의 채무를 모두 갚았지만 알짜기업인 만도기계를 외국계 투자회사에 완전히 넘겨주어야 했다. 한라그룹 재기의 모태가 된 만도기계에 대한 운곡의 애정은 각별했다. 하지만 힘이 부쳤다. 운곡은 2006년 노환으로 영면하고 만다. 7월 20 일이다.

한국경영사학회는 "운곡은 투명한 정도경영, 열정적 도전과 개척정신, 창의적 혁신 등에 기반을 둔 기업가정신과 탁월한 변혁적 리더십으로 한라그룹을 형성하고 성장시켰다."며 "운곡의 기업가정신은 한라그룹이 걸어온 모든 과정에서 한라의 창업과 성장과정의 뿌리가 되었다"고 평가했다.

운곡의 대표적인 기업가정신이 바로 투명한 정도경영이다. 운곡은 정도경영(正道經營)을 절대로 타협할 수 없는 신념이자 철학으로 지켰다. 운곡은 모든 면에서 투명한 생활태도를 항상 주장했다. 사업을 하면서 일체의 뇌물, 향응 등을 제공하지 않았고, 공정한 경쟁과 윤리적 경영 원칙을 철저히 지켰다.

1981년 3월 28일 외환관리법 위반이라는 혐의로 운곡 정인영 창업회장이 검찰에 연행되었다가 연행 14일 만에 무혐의로 석방된 사실은 유명하다. 비자금 사건으로 다른 그룹의 총수나 임원들이 수없이 정치자금이나 배임횡령 등의 구설수에 오르고 검찰에 소환될 때조차 그의 이름은 오르내리지 않았다.

기업인으로서 그는 이익창출과 납세의무를 지켰고, 인재육성과 고용창출을 확대하여 사회와 국가에 공헌하는 산업보국의 사회적 책임경영에 충실했다.

운곡을 특징짓는 또 다른 기업가정신은 포기를 모르는 불굴의 도전정신이다. 운곡은 "낙관과 긍정이야말로 내 삶의 버팀목이다"라고 말했다. "나도 넘어졌고, 다시 일어섰을 뿐이다"는 그의 발언은 너무나도 유명하다. 쓰러져도 오뚝이처럼 일어서는, 절대로 포기하지 않는 운곡의 도전정신은 그의 트레이드마크나 다름없다.

운곡은 또한 창의적 혁신정신을 보여준 기업가였다. 운곡은 미국 롱아일랜드 대학에 인재양성을 위한 과정을 개설하는 등 한국경영자로서 창의성 개발의 모범을 보였다. 운곡은 또한 창의적인 아이디어를 내는데도 앞장섰다. 지금은 일반화된 조선소의 '플로팅 도크(Floating Dock)도 운곡의 머리에서 나왔다.

인천조선에서 부지의 한계로 정상적 도크시설이 불가능한 상황에 처하자 운곡은 '야드에 레일을 깔고 배를 옆으로 밀어서 바다에 진수시키는' 플로팅 도크방식을 제안했다. 당시 국내 조선 전문가들까지 모두 불가능하다고 반대했지만 지금은 일반화됐다.

글로벌 경영을 선도한 것 역시 운곡에게서 두드러지는 혁신정신의 사례다. "한라의 고객은 세계다"는 그의 발언은 너무나 유명하다. 운곡은 '21세기는 문화가 지배하는 시대'라고 보았다. 그래서 항상 글로벌 문화에 대한 가치관과 규범을 공유하고자 했다. 그의 글로벌 경영과 혁신은 경영일선에서 물러날 때까지 쉼 없이 계속되었다.

인생의 황혼기, 평생 일궈온 한라그룹이 산산조각 났지만 그래도 운곡은 꿈을 버리지 않았다. 운곡은 늘 "사업하는 사람은 꿈을 갖고 불굴의 신념으로 모든 일을 추진해야 한다"고 입버릇처럼 말했다.

경영사학자들은 운곡이 경영인생을 통해 피터 드러커와 같은 철학을 실행하고 구체화하는 삶을 살았고 이는 한국이 세계 경제를 이끌 수 있는 기반을 구축하는데 기여했다고 평가한다.

운곡 정인영 HL그룹(한라그룹) 창업회장 기업가정신

운곡 정인영 회장이 기업 비전을 마음속에 수립하게 된 데는 1961년 말~1962년초의 미국 방문이 결정적인 계기가 되었다. 그는 단양 시멘트 공장 건설에 필요한 차관교섭을 위해서 미국 AID를 방문하였다. 여러 가지 재미있는 에피소드를 만들며 우여곡절 끝에 차관교섭을 마무리 짖고 AID의 안내로 보스톤과 피츠버그 등 자동차와 기계공업이 발달한 공장지대를 돌아보았다. 여기에서 그는 미국이 세계 최고의 부자 나라가 된 비결이 제철부터 플랜트에 이르는 유기적으로 연결된 대단위 공업단지에 있다는 사실을 깨닫게 되었다. 그리고 바로 그 자리에서'중공업 중심의 경영비전'에 대한 꿈을 품었다. 이후로 그는 중공업 하나만을 생각하며 '중공업 왕국'의 건설을 위해 그의 모든 것을 바쳤다. 운곡에게 있어서 기업경영의 전략적 목표는 중공업이었고 그의 모든 생각과 활동은 중공업을 지향하였다. 그러므로 운곡의 경영전략을 한 마디로 표현하면 중공업 중심의 전략이라고 말할 수 있다. 그에게 있어서 다른 모든 전략적 선택은 중공업 전략을 성취하기 위한 전술적 차원의 전략이라고 해도 과언이 아닐 것이다.

<그림 5-4>는 운곡 정인영 HL그룹(한라그룹) 창업회장의 기업가정신과 경영전략을 나타내고 있다. 이 그림에서는 '중공업 중심 전략'을 운곡의 비전성취를 위한 기본전략으로 정의하였다. 그리고 이를 위한 실행적·전술적 차원의 전략으로서 '글로벌 경쟁 전략', '기술력 우위 전략', '조직력 극대화 전략'을 채택하였다. 각 전략별로 내용을 간단히 살펴보면 다음과 같다.

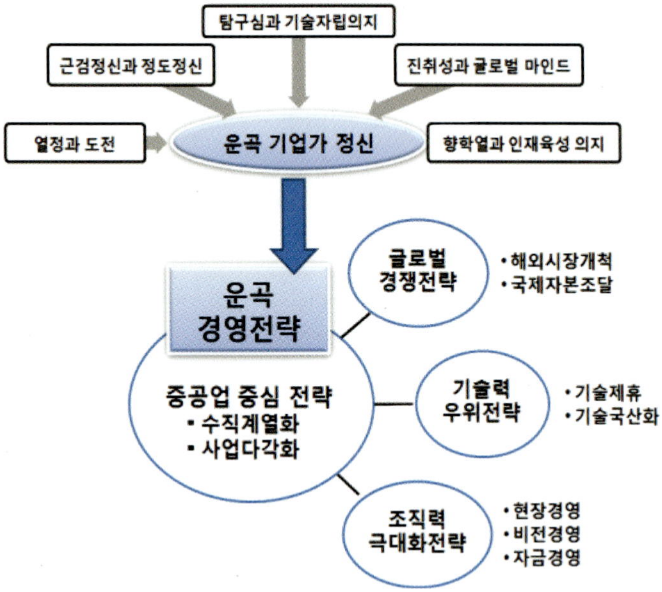

자료 윤재호 등(2012)

그림 5-4 운곡기업가정신과 경영전략

첫째, 중공업 중심 전략의 세부내용으로 수직계열화와 사업다각화를 들 수 있다. 운곡은 현대양행 창업초기에 주로 수직 관계에 있는 사업을 중심으로 수직계열화를 추구하였다. 하지만 1980년에 당시 군사정부에 현대양행을 강탈당한 이후의 재기과정과 80년대 중반 이후 만도의 실적 급등기에는 적극적으로 사업다각화를 추진하였다.

둘째, 글로벌 경쟁 전략의 세부내용으로는 해외시장개척과 해외자금조달을 들 수 있다. 그는 사업 초기부터 국내의 한정된 시장보다는 넓은 해외시장을 우선하는 해외시장을 목표로 제품을 생산하였다. 그리고 국내의 열악한 자본 환경 여건 때문에 사업 확장에 필요한 자본을 적극적으로 해외에서 조달하였다.

셋째, 기술력 우위 전략의 세부내용으로는 해외기술제휴와 기술 국산화를 들 수 있다. 1960년 초반에 기계공업 생산을 위한 국내 기술은 전무하였으므로 그는 해외기술제휴를 활용하여 해외의 선진기술을 적극적으로 도입하였다. 그리고 일단 도입된 기술에 대해서는 최대한 단시일 내에 국산화를 이루어 내었다.

넷째, 전략 실행을 위한 조직력 극대화 전략의 세부 내용으로는 현장경영 방식과 비전추진 방식 그리고 통합자금경영 방식을 들 수 있다. 그는 기본적으로 엄청난 근로욕구를 가지고 있었다. 새벽 3시부터 밤 12시까지 쉬지 않고 현장을 돌며 열정적으로 진두지휘하였다. 그리고 어떤 사업에서든지 남이 생각하기 어려운 원대한 목표를 설정하고 모든 조직원이 물불을 가리지 않고 진력하여 단기간에 목표를 달성해놓는 비전경영의 달인이었다.

마지막으로 그는 당시에는 획기적이라고 할 만한 아이디어를 내서 그룹 내의 모든 자금을 통합 관리함으로써 필요한 곳에 충분한 자금을 공급하는 방식으로 자금을 관리했다.

운곡의 기업비전과 이를 성취하기 위한 중공업 중심 전략, 글로벌 경쟁전략, 기술력 우위전략, 조직력 극대화 전략의 세부 내용으로 운곡 전략경영의 핵심역량은 첫째로 남다른 통찰력, 둘째로 불굴의 실행능력(추진력), 셋째로 규모의 경제의 활용이다.

나. 아산 정주영 현대그룹 창업회장

정주영 회장은 6남1녀 중 장남으로 19세 때 4번째 가출을 하였다. 가출 후 인천부두 하역노동(빈대 일화), 고대 신축공사 노동을 하였다. 주요 일화로는 현대건설 부산 UN군 묘역단장(청보리 일화), 경부고속도로 당저터널공사(주판알 일화), 현대조선 英 차관도입(500원 지폐 일화), 서산 간척지공사(정주영공법 일화), 1998년 대통령출마(황소방북 일화), 금강산개발 등이 있다.

● 결단력과 추진력의 화신 정주영

아산의 기업가정신을 말할 때 가장 먼저 거론되는 사례가 바로 "해봤어?"로 상징되는 도전정신이다. 현대가 사람들에 따르면, 아산은 도저히 불가능해보이는 상황에서도 절대 포기라는 말은 하지 않았다고 한다. 천성이 낙천주의자였던 그는 "안 된다"거나 "어렵다"는 말을 듣는 것을 싫어했

그림 5-5 정주영 현대그룹 창업회장

다. 롯데그룹 신격호 총괄회장과 있었던 다음과 같은 일화는 유명하다.

1980년대 중반의 일이다. 신격호 회장이 아산과 골프 약속을 한 날, 공교롭게도 눈이 발목까지 빠질 정도로 많이 왔다. 신 회장은 "골프는 틀렸다"고 생각했지만 아산이 이미 골프장으로 출발했다는 소식을 듣고는 "차나 한잔 해야겠다"며 골프장으로 갔다고 한다. 웬걸? 아산은 이미 골프복장을 하고 신 회장을 기다리고 있었다. "눈이 와서 그렇지 골프 치기에는 좋은 날씨입니다." 나이 70의 아산이 기운차게 말을 건네더란다. 신 회장이 골프장 주위를 둘러보니 온 천지가 눈으로 덮여있었다.

"아, 이런 날 운동이 되겠습니까?" 신 회장의 퉁명스런 반응을 접한 아산의 대답이 걸작이었다. "염려 마세요. 그래서 내가 눈 위에서도 잘 보이도록 빨간 공을 가져왔거든요." 아산은 주머니 속에서 빨간 칠을 한 골프공을 꺼낸 뒤 그 눈 속에서도 20대 청년처럼 하루 종일 박력 넘치게 플레이를 했다는 것이다. 아산보다 8살 아래인 신격호 회장은 당시 이 같은 일화를 사람들에게 소개하며 아산을 굴하지 않는 도전정신을 가진 기업인이자 '결단력과 추진력의 화신'이라고 평가했다.

기업가정신 연구자들은 이 대목에서 우리 시대에 요구되는 '창조경영'의 흔적을 발견할 수 있다고 말한다. 아산은 사업을 벌이는 과정에서 난관에 봉착할 때마다 늘 창의적으로 궁리해 해결 방법을 찾았다는 것이다. 한겨울 눈이 덮인 골프장에서 빨간 칠을 한 골프공으로 골프를 친 것은 지금은 대중화된 칼라골프공의 시초라고 할 수 있다. 한 겨울에 잔디를 구할 수 없자 새파란 보리를 떠다가 심어 부산 유엔군 묘지의 잔디밭을 조성했던 1952년의 유명한 일화 역시 창조경영의 사례로 볼 수 있다.

1952년 12월, 미국 아이젠하워 대통령 당선인이 부산 유엔군 묘지를 찾기로 하자 미국은 황량한 유엔군 묘지를 새파란 잔디로 덮어달라고 했다. 아산의 자서전에는 그때의 일이 이렇게 묘사돼 있다.

"아주 재미있는 주문이 나를 기다리고 있었다. 전시라 뗏장 한 조각 입힐 겨를도 없이 흙바닥 그대로 황량하기 짝이 없는 유엔군 묘지를 어떻게 파랗게 단장해 줄 수 없느냐는 기상천외한 주문이었다. 나는 참으로 당황했다. 참배는 닷새 후였다. 나는 바쁘게 머리를 굴렸다. 무슨 방법이 없을까? '콜럼버스 달걀이 별 거냐.' 나는 '풀만 파랗게 나 있으면 되는 거냐'고 물었다. '그렇다'고 했다. 아이디어 값 포함해서 실제 공사비의 세 배를 요구했다. 그 길로 나는 김영주를 시켜 트럭 30대를 사방에서 끌어 모아 낙동강 연안 남지, 모래질 벌판의 보리밭을 사서 파란 보리 포기들을 떠다 묘지에 심었다. 깊은 겨울에도 모래질 보리밭 보리 포기는 잘도 떠졌다. 어쨌거나 파랗게 단장만 하면 목적 달성이었다. 유엔 사절 일행이 와봤자 각국 사병 묘지에 꽃만 바치고 돌아갈 텐데 파란 풀을 보고 이것이 보리냐 잔디냐 따질 것인가. 미군 관계자들은 "원더풀, 원더풀, 굿 아이디어!"라며 큰 눈을 휘둥그레 더 크게 벌려 뜨고 감탄했다. 그 이후 미8군 공사는 손가락질만 하면 다 내 것이었다."

고정관념을 깨부순 창조적 경영자

아산이 보여준 창의성의 핵심이 바로 이것이다. 모든 건설업자들이 새파란 '잔디'에만 초점을 맞추고 겨울에는 잔디를 구할 수 없다고 포기할 때, 아산은 잔디가 아닌 '새파란'에 초점을 맞춰서 보리를 구해 문제를 해결했다. 그는 생전에 "뭐든지 어렵다고 생각하면 한없이 어렵고, 쉽게 생각하면 한없이 쉬운 게 일이고 인생이다"라는 말을 자주 했다고 한다. 이는 그 자신이 경험을 통해 수차례 확인했기 때문에 했던 말일 것이다. "고정관념에 갇힌 사람은 아무리 배워도 멍텅구리다." 아산이 생전에 현대그룹 직원들에게 늘 했다는 이 말도 같은 맥락이다.

이는 아산의 기업가정신의 핵심으로 평가된다. 충무공 이순신 장군과 거북선이 그려진 500원짜리 지폐를 보여주며 옥스퍼드 유머로 영국의 바클레이스 은행으로부터 조선소의 건립자금을 대출 받을 수 있었던 것도 아산 특유의 도전정신과 뚝심에 창의성이 결합했기에 가능했던 일이었다. 영국의 바클레이스 은행으로부터 조선소 건립 비용을 조달하기 위해 아산은 런던의 A&P 애플도어사에 현대의 사업계획서와 추천서를 의뢰했다. 조선소를 지을 울산 미포만의 황량한 모래사장을 찍은 사진만을 가져온 아산에게 애플도어사의 롱바톰 회장은 회의적인 태도로만 일관했다.

이때 아산은 특유의 기지를 발휘한다. 호주머니에서 500원짜리 지폐를 꺼내 놓고는 "여기에 거북선이 그려져 있습니다. 이것은 우리 한국이 1500년대에 철갑선을 만들었다는 증거입니다. 당신네 영국의 조선역사는 대략 1800년대부터라고 합니다. 거기에 비하면 한국은 300년이나 앞선 셈입니다. 그동안 쇄국정책으로 산업화가 늦어져 국민들의 능력과 아이디어들이 빛을 보지 못했을 뿐 선박 건조에 대한 잠재력은 결코 적지 않다고 자부합니다."라고 말했다. 자신에 찬 아산의 설득에 감동한 롱바톰 회장은 바클레이스 은행의 부총재를 만날 수 있도록 직접 주선해 주고 아산이 완벽한 사업계획서를 짜는데 결정적인 도움을 주게 된다.

이 뿐만이 아니다. 세계의 토목역사상 유례를 찾아볼 수 없는 유조선공법(서산A지구 방조제 물막이 공사 때 아산이 활용했던 폐유조선공법을 지칭)도 아산만이 할 수 있었던 뚝심의 산물이자 특허상품이었다. 당시 폐유조선으로 조수를 막아 물막이 공사에 성공한 '정주영 공법'에 세계가 놀랐음은 물론이다. 초대형 건설프로젝트였던 사우디아라비아 주베일 산업항 공사도 마찬가지다. 아산이 아끼던 아우 정인영과 다른 참모들 모두가 반대했음에도 불구하고, 아산은 특유의 뚝심과 배짱으로 밀고나가 대성공을 거둔다. 특히 1975년 가로 18m, 세로 20m, 높이 36m, 무게 550톤의 철 구조물 89개를 울산항에서 주베일항까지 바지선으로 끌고가는 기상천외한 발상도 아산이 아니면 불가능했다. 아산은 주베일 산업항 공사를 성공적으로 완수함으로써 현대건설을 세계 굴지의 회사로 발전시키는데 성공했다.

아산 정주영 현대그룹 창업회장 기업가정신

현대그룹은 정주영이 자동차 수리업에 참여하고 건설사인 현대토건사를 설립하면서 시작됐다. 1950년 자동차 수리업과 토건사를 현대건설로 합병하고 건설업에 집중하면서 그룹으로의 기반을 갖췄고 특히 건설부문의 중동진출이후 현대는 그룹으로의 성장은 물론 한국경제의 압축성장을 이끌었다. 1967년에 시작한 자동차 분야나 72년 착수한 조선소는 엔진 중전기 제철 엔지니어링 등으로 이어져 한국을 대표하는 중화학그룹으로 자리했다. 국내 최대 그룹으로의 위상을 갖춘 1990년 말 기준 현대그룹은 건설 자동차 기계조선 제철 무역 전자 등 다양한 부문에서 41개의 계열사에 종업원은 약 17만 명에 달했다.(이종재·김기찬, 2015)

표 5-3 아산 정주영 기업가정신과 리더십

구분	기업가정신과 리더십내용
도전과 개척정신	• 현대그룹 형성 50년간의 출사표 → 무에서 재벌형성 • 최초의 해외 진출 사례
사업보국주의	• 기업활동 → 애국애족 → 고용창출, 조세, 경제개발 기여 기업이윤의 사회환원
근검절약 정신	• 요맨리 정신, 구두 한 켤레 10년 신다. • 장작값 10전을 절약
인간존중 정신	• 인간존중과 사원들의 자기 실현 • 사람은 곧 인간이다. • 인재육성 → 인력개발
신용제일 주의	• "쓰러지더라도 신용을 지켜라" • 신용이 재산: 고령교 공사 → 최대의 적자공사 실현
고객 최우선 정신	• "고객 만족과 신용을 팔아라" • 고객, 서비스 제일주의 표방
창의와 기술개척	• 전 사원의 창의력 요구 • 기술제일주의 표방 → 50개의 기술연구센터
신념의 정신	• Can-doism 창출 • 신념은 위대한 힘의 근원 표명
산업평화 정신	• 노사화합정신 • 노사 '한솥밥' 먹는 가족 시스템 • 자신도 막노동자 강조 → 산업평화의 인력관리 지침 제정

자료 중앙일보 포브스코리아 특별취재팀(2015)

아산 정주영 회장의 기업가정신은 <표 5-3>을 보면 도전과 개척, 사업보국주의, 근검정약정신, 인간존중 정신, 신용제일 정신, 고객 최우선 정신, 창의/기술개척정신, 신념의 정신, 산업평화정신으로 설명 할 수 있다.

<그림 5-6>은 기업가 정주영 회장의 현대경영을 지속가능 경영 성과의 4대 평가지표인 창조성, 시장성, 생산성, 순환성 경영을 살펴보았다. 결국 기업 건강성의 출발점인 창조성이 시장성으로 이어지고 시장성은 생산성을 통해 수익으로 연결돼 그 수익이 재투자되는 순환성의 연결고리를 이루고 있음을 알 수 있는 것이다. <그림 5-6>의 모델은 특히 4대 건강성 요소별 대표성 있는 구체적 사례들을 제시함으로써 정주영 회장 생애 50년의 경영활동과정과 기업 건강성의 상관관계를 한눈에 파악할 수 있다. 정주영 회장은 현재의 성장에 안주하지 않고 지속적인 창조성을 통해 오일쇼크 이후 중동진출, 유조선계약과 조선소 설립, 자동차 산업진출, 기

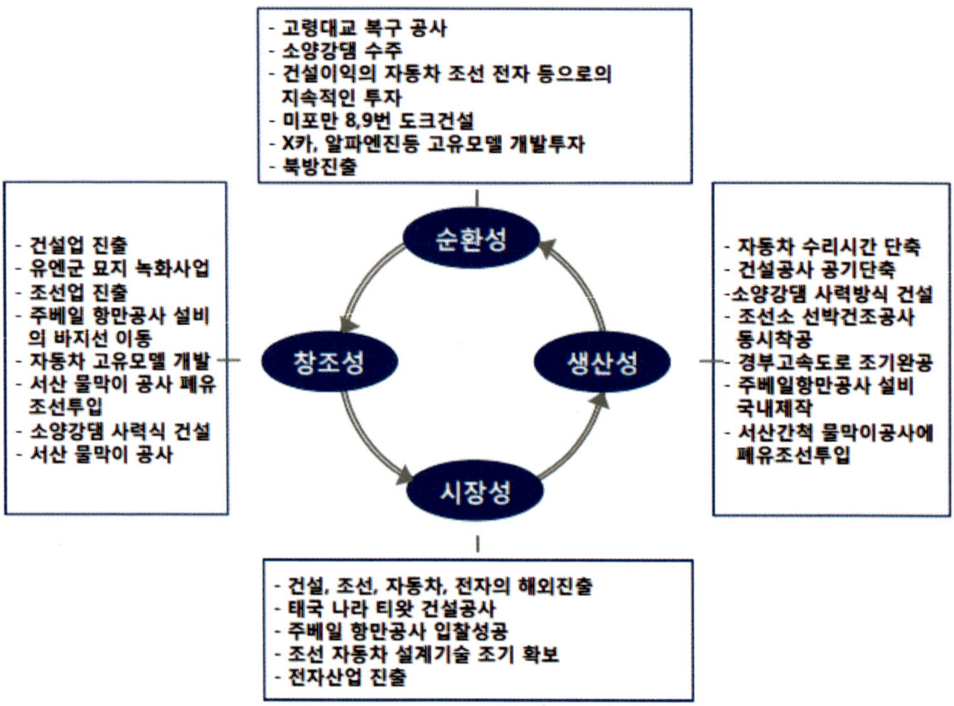

자료 이종재 · 김기찬(2015)

그림 5-6 정주영의 기업가정신과 4대 건강성의 선순환으로 통한 지속적인 진화

타 공사에서의 새로운 공법 시도 등을 통해 끊임없이 혁신했다. 또한 국내 사업 확장과 해외 시장 진출 등을 통해 틈새시장을 창출하고 패러독스에 빠지지 않기 위해 노력했다.

다. 호암 이병철 삼성그룹 창업회장

그림 5-7 이병철 삼성그룹 창업회장

호암(湖巖) 이병철 창업회장은 1910년 경상남도 의령에서 태어나 1938년 3월 1일 '삼성상회'를 창립했다. 이 창업회장은 사명을 '삼성'으로 정한 것에 대해 "'삼성'의 '삼'(三)은 큰 것, 많은 것, 강한 것을 나타내는 것으로 우리 민족이 가장 좋아하는 숫자이다. '성(별)'은 밝고 높고 영원히 빛나는 것을 뜻한다"며 "'크고, 강하고, 영원하라'는 소원을 담았다"고 설명했다.

이병철 창업회장은 자본과 기술이 거의 없고, 전력 공급도 절대적으로 부족했던 한국 경제 발전을 위해서는 우선 무역업이 시급하다는 판단에 1948년 삼성물산공사를 설립하고 본격적으로 무역업을 전개했다.

호암은 우수한 인재 외에는 자원이 부족한 한국으로서는 원자재를 수입해 가공, 수출하는 '제조업'이 불가결하다고 생각해 1953년 제일제당을 설립하고 제당 사업을 시작해 1953년 한국의 설탕 수입의존도는 100%였으나, 1956년에는 국내 생산 비중이 93%까지 급상승하는 성과를 이뤄냈다. 이 창업회장은 제일모직(1954년), 삼성전자(1969년), 삼성중공업(1974년) 등 기업을 일으켜 국가경제 발전에 크게 이바지 했다.

이 창업회장의 경영철학중 첫 번째에 해당하는 사업보국(事業報國)은 기업을 통해 국가와 사회에, 더 나아가서는 인류에 공헌하고 봉사한다는 의미를 담고 있다. 호암은 기업의 존립 기반은 국가이며 따라서 기업은 국가발전에 공헌해야 하다는 신념을 갖고 있었다.

인재제일(人材第一)은 인간을 존중하고 개인의 능력을 최대로 발휘할 수 있는 여건을 만들어 이로 하여금 개인과 사회의 발전에 원동력이 되게 한다는 정신이다. 호암은 일찍부터 '기업은 사람이다'라는 말을 강조했음. 즉 뛰어난 경영이념과 철학은 그것을 실천으로 뒷받침하는 사람이 있어야 한다는 의미를 담았다.

삼성이 국내 민간기업으로서는 처음으로 1957년 공개채용제도를 도입한 것도 '기업이라는 조직체를 움직이는 것은 인간'이라는 확고한 신념에서 비롯됐다. 이병철 창업회장은 사업보국과 인재제일의 뜻이 아무리 훌륭하다 하더라도 그것이 합리성의 바탕에서 이뤄지지 않는다면 그 본질마저도 훼손될 수 있다는 점을 잘 알고 있었으며 이에 모든 경영활동은 이치에 합당한 합리를 추구해야 한다고 강조했다.

이병철 창업회장은 기업의 사회적 책임과 사명에 대한 신념을 바탕으로 삼성문화재단을 설립해 우리의 '정신적 자산'을 풍족하게 하는 다양한 사업을 전개했다. 호암은 기업 외의 영역에서 사회에 직접 공헌할 수 있는 길이 무엇일까 모색하다가 1965년 55회 생일에 삼성문화재단 설립을 결심했다. 평소 예술을 사랑했던 호암은 개인의 소장품을 국민 누구나 쉽게 볼 수 있게 전시하기 위해 1982년 호암미술관을 개관했다.

재계 관계자는 "이병철 창업회장은 불모의 한국경제가 오늘에 이르기까지 발전해 오는데 선도적 역할을 해 옴과 동시에 문화, 예술, 교육, 언론 등 사회 각 분야의 발전에도 큰 업적과 교훈을 남겼다"고 평가했다.

정주영 현대그룹 창업회장은 호암에 대해 "자신의 치밀한 판단력과 혜안으로 삼성이라는 대그룹을 일구었으며, 오늘날 삼성이 한국의 울타리를 뛰어넘어 세계로 진출할 수 있는 발판을 만들어 놓았다"며 "삼성사관학교라는 말이 통용될 정도로 인재에 대한 호암의 열성은 우리나라 기업사에 하나의 기업문화를 일궈냈다"고 회고한 바 있다.

잭 웰치 제너럴 일렉트릭 회장은 "호암을 직접 보고 나서 '기적'이라 불리우는 한국 경제의 놀라운 성장이 어떻게 가능했는지 이해할 수 있을 것 같았다"고 언급했다.

다음은 이병철 창업회장 주요 어록이다.

- 모든 것은 나라가 기본이다. 나라가 잘되어야 기업도 잘되고 국민이 행복해질 수 있는 것이다.(1981.1 신년사)

- 사람은 누구나 자기가 과연 무엇을 위해 살아가고 있는지를 잘 알고 있을 때 가장 행복한 것이 아닌가 생각한다. 다행히 나는 기업을 인생의 전부로 알고 살아왔고 나의 갈 길이 사업보국(事業報國)에 있다는 신념에도 흔들림이 없다.(1976.11 전경련회보)
- 선도적인 기술혁신으로 좋은 상품을 남보다 먼저 만들어내고 수출과 고용과 소득을 늘리며 경영합리화로 잉여를 많이 올려 기업확장의 재원을 마련함으로써 궁극적으로 국가에 봉사하는 것이 기업인의 본분이며 사회적 의무가 아니겠는가.(1976.6 언론 기고문)
- 인재제일, 인간본위는 내가 오랫동안 신조로 실천해온 삼성의 경영이념이자 경영의 지주이다. 기업가는 인재양성에 온갖 정성을 쏟아야 한다. 인재양성에 대한 기업가의 기대와 정성이 사원 한 사람 한 사람의 마음에 전달되어 있는 한 그 기업은 무한한 번영의 길을 걸어갈 것이다.(1982.10 '한국인' 기고문)
- 내가 40여 년 동안 키워온 것이 인재이다. 이들이 성장하면서 두각을 나타내고 좋은 업적을 내는 것을 볼 때 고맙고, 반갑고, 아름다워 보인다.(1982.7 사장단 회의에서)
- 돈벌이를 하려면 반도체 말고도 많다. 왜 이렇게 고생하고 애쓰는가? 반도체는 국가적 사업이고 미래산업의 총아이기 때문이다.(1982.1 사내 반도체 회의에서)
- 대기업과 중소기업은 서로 공존공영해야 한다. 이것은 우리나라 경제 전체의 앞날을 위해서도 꼭 지켜야 할 문제이다. 중소기업이 있어야 대기업도 발전하고, 대기업이 있어야 중소기업을 끌어주고 키워줄 수 있는 것이다.(1982.10 전경련 좌담회에서)
- 모든 설비투자계획에 있어서 5년 정도를 내다본 단기 안목 위에서 세우지 말고 10년 이상 50년 정도의 장기 안목 위에서 세워야 한다.(1977.6 조선소 건설 현장에서)
- 보보시도장(步步是道場), 이것이 인생이다. 나는 가끔 이 말을 되새겨 본다. 사람은 늙어서 죽는 것이 아니다. 한 걸음 한 걸음 길을 닦고 스스로를 닦아나가기를 멎을 때 죽음이 시작되는 것이라는 생각이 든

다.(1976.6 언론 기고문)

- 나는 인간사회에 있어서 최고의 미덕은 봉사라고 생각한다. 인간이 경영하는 기업의 사명도 의심할 여지없이 국가, 국민 그리고 인류에 봉사하는 것이어야 한다. (1987.1 언론 기고문)

자료 뉴데일리 경제, 조재범, 2022

이병철 회장의 기업가정신은 크게 3가지로 들 수 있다. 이치에 부합되는 이익을 추구하려는 '합리 추구', 기업의 가장 중요한 요소인 인재를 적극 발굴하여 적재적소에 배치하여 능력을 발휘하도록 하는 '인재제일주의', 기업의 이윤을 사회로 환원하여 국가 발전에 기여하려는 '사업보국' 이 그것이다.

합리(合理)란 이치에 부합하거나 도리에 합당하고 논리적 원리나 법칙에 잘 부합하는 것을 말한다. 호암 이병철 회장은 평소 "자연이나 모든 세상사와 마찬가지로 기업 경영에도 이치가 있고 이치에 맞도록 해야 한다"는 합리주의 정신을 강조했다.

삼성의 인재제일주의의 기업가정신은 이병철 회장의 동양적 유교사상에 근거한 사업보국정신(事業報國精神)에 기인한다. 사업보국을 위한 인재제일주의의 인재경영원칙은 오늘날 한국 기업들의 인사관리 영역 가운데 핵심을 차지하는 분야이다.

사업보국(事業報國)은 합리적인 방법으로 인재를 육성하고 사업을 발전시켜 국가 발전에 기여하겠다는 것으로 삼성이 지향하는 궁극의 목표이며, 이병철 회장이 35년 간 일본의 식민지 생활, 광복 후 혼란, 6·25전쟁의 세파에 담금질되며 가슴에서 우러나온 기업가정신이다. (자료: 이상호, 2018)

3 최근 국내 및 글로벌 창업사례

가. 야놀자(Yanolja)

㈜야놀자(Yanolja)는 한국의 호텔, 모텔, 펜션, 여행 등 놀이와 레저, 생활, 숙박에 필요한 정보를 제공하는 기업이다. 프랜차이즈 가맹, 잡지 발행 등 총14개의 온/오프라인 서비스와 10개의 모바일 앱 서비스를 기반으로 하는 회사이다. ㈜야놀자(Yanolja)는 본래 위치정보를 이용해 가까운 모텔을 알려주는 것으로 유명해졌지만 최근에는 여행·파티 정보 제공, 숙박 프랜차이즈 운영, 창업 지원 등 다양한 놀이문화 서비스를 운영하는 O2O(온·오프라인 연계) 플랫폼 기업으로 자리 잡고 있다. 한국에 등록된 숙박업소는 5만여 개, 객실은 200만 개에 이르는 상황에서, 야놀자와 업무제휴를 한 곳이 무려 7,700여 곳이나 되어서 선택의 폭이 넓다는 것이 특징이다. 게다가 코텔(KOTEL)이라는 신개념 숙박업소 직영을 시작했고, 프랜차이즈 사업도 확장 중이다.

㈜야놀자 대표이사 이수진은 모텔 청소부로 시작해 지난 2005년 자본금 5000만 원을 토대로 야놀자를 창업해 12년 만에 6000억 원의 기업가치를 평가받는 기업으로 일군 자수성가형 대표다.

자료 해시넷

1) 기업 개요

표 5-4 야놀자 기업개요

회사명	야놀자	설립일	2007.02.01
창업가(대표자)	이수진	업종	여행
추정 기업 가치	6,000억원		
주요 사업 영역	**플랫폼 비즈니스**: 국내외 숙박, 레저, 교통 등 여가 관련 서비스 제공 플랫폼		
	호스피탈리티 솔루션: 모바일 체크인 등 IoT, AI 활용 통합 호텔 솔루션		
	공간 비즈니스: 여가 공간 건설, 시공, 디자인 등 토탈 서비스		

2) 글로벌에서 "Let's Play" 외치다...데카콘 '야놀자' 성장 스토리

자료 https://zdnet.co.kr/view/?no=20210712103654, 백봉삼 기자, 2021년

이 총괄대표와 진행한 세 번(2015년, 2017년, 2020년)의 인터뷰에서 그가 빼놓지 않고 언급한 키워드는 '놀이'와 '글로벌'이다. 바로 여기에 야놀자가 유니콘(기업가치 1조) 기업을 넘어, 데카콘(기업가치 10조) 기업을 넘보게 된 이유가 담겨 있다.

- 2015년 초여름..."안정보다 변화, 다시 시작하자"

그림 5-8 이수진 야놀자 총괄대표

2015년은 야놀자가 설립 10주년이 된 해였다. 그해 초여름 이수진 야놀자 대표를 그의 사무실에서 만났다. 약간 검은 톤의 피부와 수더분한 인상이 기억에 남는 편안한 만남이었습니다. 표정과 행동에서 겸손함이 묻어났고, 회사 성장에 대한 치열한 고민이 느껴졌다.

그 당시 야놀자는 먹고 살 걱정은 넘어선 중견 스타트업이었지만, 더 힘내서 뛰지 않는다면 정체되고 낙오될지도 모르는 기로에 서 있었다. 그 해 설립 행사 때 회사가 내건 구호가 바로 '다시 시작'(Re:Start) 이었습니다. 구성원들에게 초심으로 돌아가 다시 시작하자는 '비장한' 각오로 읽혔다.

"사업 8년차에 위기가 왔어요. 계속 성장해 오다 둔화된 시기가 온 거였죠. 시대는 온라인, 모바일로 급변하는데 오프라인 사업에만 머물러 있었죠..."

당시 야놀자는 숙박 예약 업계에서 단연 1위였다. 다만 모텔, 펜션, 게스

트하우스, 호텔 등 숙박 서비스들이 별도의 서비스로 파편화 돼 있었다. 이에 야놀자의 여러 서비스를 하나의 플랫폼으로 통합하고, 원활히 연동하는 작업에 힘을 쏟던 시기이다.

특히 이수진 대표는 음지에 머물러 잇는 모텔 숙박 시설을 어떻게 하면 양지화할 수 있을까를 치열하게 고민하고 있었습니다. 그래서 시설을 현대화 하고, 디자인도 밝게 하는 것뿐 아니라, 여행과 숙박을 한 데 묶는 작업도 진행했다.

그림 5-9 2015년 야놀자 10주년 행사

"시대가 급변하고 생각지도 못한 기술이 나오는데 모텔 숙박 시설은 아직도 음지에 머물러 있어요. 그래서 양지화 방법을 고민하다 결국은 대한민국을 놀게 해야지 라는 생각을 하게 됐습니다. 시설 등을 현대화 하고, 디자인도 다양하고 밝게 하는 데 주력했죠. 2년 동안 여행작가 20명을 통해 1만3천여개 여행 데이터를 수집하고 여행과 숙박을 한 데 묶는 투자도 했고요."

이때 야놀자는 첫 투자 유치를 고민하기도 했습니다. 지금의 수익만으로 외부의 간섭 없이 경영권을 쥐고 회사를 안정적으로 키울 것이냐, 아니면 외부 투자로 사업 확장에 속도를 높일 것이냐를 오랜 시간 고민하다 이제 막 그 결정을 내린 시기이다. 그렇게 야놀자는 10년 만에 처음으로 파트너스인베스트먼트로부터 100억원을 투자 받게 됩니다. 다음은 그때 이수진 대표가 남긴 말이다.

"저희 야놀자는 10년 후 발전된 놀이문화, 숙박문화의 초석이었다는 얘기를 듣고 싶어요. 설렘과 즐거움을 줄 수 있는 콘텐츠, 그리고 공간을 제공하는 야놀자가 되겠습니다."

■ 2017년 늦여름…“100미터 고지 올라보니 또 다른 고지가 보이더라”

그림 5-10 야놀자 2017년 설립 12주년 행사에서 야놀자 비전 설명 하고 있는 이수진 대표

약 2년 3개월 뒤 삼성동으로 이전한 새 사무실에서 다시 만난 이수진 대표는 확실히 이전과는 다른 눈빛이었다. 그동안 받은 투자금만 900억 원이 넘었고, 따로 흩어져 있었던 야놀자의 여러 서비스들이 야놀자 하나의 앱으로 통합돼 검색과 예약, 결제 서비스를 제공했다. 야놀자의 바람대로 숙박 공간에 대한 대중들의 인식도 ‘자는 곳’에서 ‘노는 곳’으로 조금씩 전환되기 시작하던 시기였다. ‘5년 뒤(2022년) 연결매출 1조원 목표’도 이 때 부터 제시되었다.

그 당시 이제 막 100미터 고지에 오른 이수진 대표는 또 다른 고지가 보인다고 말했다. 2년 전만 해도 빚을 지는 게 싫어서, 또 간섭에 대한 부담으로 투자 유치를 망설였던 그는 투자 유치 이후 생각이 180도 바뀌어 있었다.

스타트업 같았던 조직을 각 분야별로 나눴고, 외부 전문가를 적극 영입했으며, 글로벌 사업과 서비스 고도화에 온 힘을 쏟았다. 글로벌 컨설팅 회사 맥킨지 출신의 김종윤 당시 부대표(현 부문대표)를 영입한 것도 이 때였다. 성장 엔진을 장착한 야놀자는 숙박과 관련한 사물인터넷 서비스·기술 수출과, 해외 진출에 대한 계획을 세우고 이를 수면 아래에서 차근차근 준비했다.

그 결실이 바로 동남아 6개국에서 호텔 체인 및 온라인 예약 플랫폼을 운영 중인 젠룸스와, 클라우드 기반 객실관리시스템 기업인 이지 테크노시스 인수였다. 또 호텔 셀프 체크인 키오스크를 출시하고, 자판기나 출입문 개폐 등 숙박 시설의 편의 기능을 이용할 수 있는 자동화 솔루션 ‘와이 플럭스’을 선보이는 등 야놀자는 숙박과 관련한 기술 기업으로 성장했다.

회사의 빠른 성장에 따른 급격한 변화는 이수진 대표에게 새로운 고민을 안겼다. 2년 전(2015년)만 하더라도 퇴근길에 직원들과 편히 맥주 한잔 하며 함께 행복을 꿈꾸고 고민을 주고받을 만큼 가까웠지만, 직원들 얼굴과 이름을 외우기 힘들 만큼 조직이 커졌고 업무 또한 정신없을 만큼 불어나 있었다. 야놀자의 성장을 오랜 시간 함께해 온 직원들과의 관계가 자연스레 멀어질 수밖에 없었고, 서로 서운한 감정도 싹튼 시기가 바로 이 때였다. 한마디로 야놀자는 내부에서 성장통을 겪었습니다. 그 때 이수진 대표가 한 말은 다음과 같다.

"내가 직원들을 행복하게 만들 수 있지 않을까 하는 생각은 오만이었던 것 같아요. 지금은 직원들도 많아졌고, 일도 바빠졌어요. 그래서 올해부터 직원들에게 강조하는 게 직장보다 직업을 선택했으면 좋겠다는 말을 해요. 평생을 가져갈 수 있는 직업을 생각해 보라고 말하고 있습니다. 기준점을 나를 위해 일한다고 하면 성과도 좋아지고, 본인 삶의 가치도 큰 발전이 있을 거란 생각이 들어요. 회사는 이들이 이직을 하더라도 대우를 받을 수 있는 여건을 만들어주는 역할을 해야 한다고 생각합니다."

■ 2020년 겨울의 끝…"나는 초보사장, 야놀자는 스타트업"

두 번째 인터뷰 한 날로부터 약 2년4개월 뒤 또 다른 사무실로 옮긴 이수진 대표를 만났다. 대표 직책에서 '총괄대표'로 바뀐 그는 회사를 가장 앞에서, 제일 넓고 멀리 내다보고 이끌어가는 오너로 성장해 있었다. 5년 전 첫 인터뷰 때만 해도 150여명이었던 구성원은 1천명이 넘는 조직으로 폭풍 성장해 있었다.

그때 이수진 대표는 자신을 '초보사장', 설립 15년이 된 야놀자를 '아직 스타트업'이라고 하였다. "이만한 조직을 처음 이끌어봤고, 글로벌 시장도 이제 막 첫 발을 내딛은 만큼 아직 모든 게 낯선 초보사장"이라는 게 그의 설명이다. 또 경쟁에서 뒤처지지 않기 위해 빠른 의사결정과 지속 성장이 필요하다는 관점에서 회사를 스타트업으로 정의했다.

그림 5-11 야놀자 젠룸스 인수 자료 사진

"이만한 조직도 처음 운영해보고, 글로벌 시장도 작년에 처음 발을 내디뎠어요. 아직 모든 게 낯선 초보사장이어서 힘든 일도 재미있게 다가오는 것 같아요... 사회에 기여하면서도 자생할 수 있는 회사, 우리만의 기업문화를 만드는 게 목표예요. 야놀자를 세상에서 가장 행복한 놀이터로 만드는 게 꿈입니다."

2019년 연결 매출 3천억원(자체 집계 기준)을 달성한 야놀자는 2022년 연 매출 1조원 목표에 한 걸음 다가와 있었다. 숙박을 시작으로 레저, 액티비타와 같은 다양한 놀거리를 추가했고, 다수의 인수합병으로 국내뿐 아니라 해외 진출 기반을 닦았기 때문이다. 야놀자 앱은 여행과 관련한 모든 것들을 찾아보고 예약하고 결제까지 할 수 있는 '슈퍼앱'으로 진화해 있었다. 특히 비대면 시대가 되면서 야놀자가 개발한 호텔 셀프 체크인 키오스크와, 비대면 솔루션 와이 플럭스도 회사 성장에 날개를 달아줄 아이템으로 급부상했다.

자타공인 유니콘으로 성장한 야놀자였지만 이수진 대표는 여전히 생존을 고민하였다. 회사 브랜드 인식도 좋아졌고, 기업 가치도 커졌지만 회사가 스스로 생존할 수 있는 자생력을 갖고 사회에 기여하는 기업으로 자리매김하고 싶다는 생각을 털어놨다. 또 야놀자만의 일하는 방식과 기업문화를 갖고 싶다고도 말하였다.

"항상 재미있을 순 없지만 아직 일하는 게 재미있어요. 만약 지금 이 일을 안 하면 뭘 할까 생각해보면 또 창업을 할 것 같거든요. 그 역시 쉽지 않겠죠. 그래서 야놀자에서 에너지를 더 써서 더 의미있는 기업으로 성장하는 게 좋다는 생각이에요. 제 청춘을 이 회사에서 보냈고 이제 중년의 나이에 가까워졌지만 야놀자란 기업은 아직 어리다고 생각해요. 2년 뒤에는 야놀자만의 일하는 방식, 기업문화를 가졌으면 좋겠다는 생각을 합니다. 더 높은 목표를 갖고 달리고 있었으면 좋겠어요.

나. 비바리퍼블리카 (Viva Republica (Toss))

토스는 대한민국 핀테크 스타트업인 ㈜비바리퍼블리카가 2015년 2월 26일 출시한 간편 송금 앱이다. 국내 간편송금 서비스의 시초라고 할 수 있는 토스는 앱을 이용하여 송금 시, 돈을 받을 사람의 전화번호 또는 계좌번호와 보낼 금액, 암호 등 3단계만 걸치면 바로 송금이 가능하다. 또한 다른 여타의 간편 송금 서비스 앱들과 마찬가지로 공인인증서나 OTP가 따로 필요 없다. 토스는 애초에 기존 공인인증서의 대안으로 출시된 앱으로 직접 은행과 제휴하여 서비스된다. 즉, 은행 전산망을 사용하지 않고 토스 측 가상계좌로 출금된 뒤, 가상계좌로부터 송금 대상자의 계좌로 다시 송금되는 방식이다.

자료 해시넷

1) 기업 개요

표 5-5 비바리퍼블리카 기업개요

<table>
<tr><td>회사명</td><td>비바리퍼블리카</td><td>설립일</td><td>2013.04.23</td></tr>
<tr><td>창업가(대표자)</td><td>이승건</td><td>업종</td><td>핀테크</td></tr>
<tr><td>추정 기업 가치</td><td colspan="3">8.2조원</td></tr>
<tr><td rowspan="5">주요 서비스</td><td colspan="3">토스: 간편 송금, 자산/신용 관리 모바일 금융 서비스</td></tr>
<tr><td colspan="3">보험: 소속 보험 전문가 컨설팅 등 사용자 보험 관련 경험을 통한 차별화된 보험 서비스</td></tr>
<tr><td colspan="3">투자: 직관적으로 투자를 할 수 있도록 하는 주식 거래 서비스</td></tr>
<tr><td colspan="3">뱅크: 고객 중심 세분화 금융 상품을 통한 혁신적 은행</td></tr>
<tr><td colspan="3">무료 신용등급조회: KCB(코리아크레딧뷰) 신용등급 조회 서비스</td></tr>
</table>

2) 나는 왜 치과의사를 그만 두고 창업했나... 국내 1위 송금앱 '토스'의 이승건 대표 인터뷰

자료 https://www.joongang.co.kr/article/21947347, 중앙일보, 임미진 기자, 2017년

디지털 기술 혁명의 시대. 기술과 산업의 변화를 이끄는 건 세계의 스타트업들이다. 기존 산업의 틈새를 파고들어 사업 모델을 바꾸고 혁신을 끌어

낸다. 국내 대표 스타트업 창업자들은 미래와 일자리 시장을 어떻게 내다보고 있을까. 국내 1위 배달 앱 '배달의 민족'을 키운 김봉진 우아한형제들 대표와 국내 1위 송금 앱 '토스'를 내놓은 이승건 비바리퍼블리카 대표에게 물었다. 각각 디자이너, 치과의사 출신의 이색 경력을 지닌 이들은 "미래가 불투명할수록 하고 싶은 일에 매달려야 한다"고 강조했다.

그림 5-12 이승건 비바리퍼블리카 대표

서울대 치대를 나온 대형 병원 치과 의사. 이승건(35) 비바리퍼블리카 대표는 남들이 선망하는 이런 '꽃길'을 버리고 창업을 택했다. 2013년 회사를 차렸고 8차례 사업을 벌였다가 접었다. 9번째로 내놓은 서비스가 간편 송금 서비스 '토스'. 이달 중순까지 누적 다운로드 1100만회, 누적 송금액 7조 5000억 원을 돌파했다. 그는 "직함으로 삶의 안정성이 보장되던 시대는 끝났다"며 "정말 하고 싶은 일을 찾되, 안락한 삶보다 사회 문제를 해결하겠다는 목표 의식을 갖길 바란다"고 말했다. 다음은 일문일답.

Q. 토스가 단기간에 일군 성과가 엄청나다.

"회사의 목적은 돈을 버는 게 아니라 사회의 문제를 해결하는 것이라고 생각한다. 토스는 금융과 관련한 불편을 해결해주겠다는 사명감에서 출발했고, 많은 분이 공감해주신 것 같다."

Q. 치과 의사를 그만두고 창업을 결심한 이유는.

"치과 의사로 일하다보니 마음에 채워지지 않는 부분이 있었다. 허전함을 달랠 수 있을까 하고 장애인 치과에서 일하기도 했지만, 마음이 다 채워지지 않았다. 내가 원한 인생이 아니라 남이 원하는 인생을 살아왔다는 걸 깨달았다. 보건소에서 군 생활을 하던 3년 간 책을 읽고 사람을 만나며 내가 원하는 삶을 고민했다. 기술 혁신을 통해 세계를 더 낫게 만드는 일을 하고 싶다는 확신이 생겨 창업을 결심했다."

Q. 쉬운 결심이 아니었을텐데.

"어려서부터 컴퓨터 프로그래밍(코딩 · coding)을 좋아했다. 그때 배워둔 게 창업을 결심하게 된 계기가 됐다. 코딩 교육은 제2 외국어보다 훨씬 중요하다. 지금까지는 영어 능력에 따라 진로가 많이 갈렸다면, 앞으로는 코딩 능력에 따라 진로가 갈릴 거다."

> 비바리퍼블리카는
>
> 2015년 2월 간편송금 서비스 '토스' 시작
>
> 2016년 9월 '토스' 입출금 계좌 통합조회 서비스
> 2017년 7월 연리 2.1%의 종합자산관리계좌(CMA) 연계,
> '토스 주계좌플러스' 서비스 시작
> 2017년 9월 '토스' 누적 다운로드 1100만회 돌파
> '토스' 누적 송금액 7조5000억 원 돌파

Q. 미래엔 직업 선택의 기준이 바뀔까.

"더 이상 직위나 직함이 중요한 시대가 아니다. 예전엔 직함을 따면 삶의 안정성이 보장됐다. 앞으론 다를 거라 본다. 사회 경쟁은 더 치열해지고 세분화될 거다. 자격증이나 직함을 따기 위해 실제 역량에 도움 되지 않는 공부를 하는 건 무의미해질 거라고 본다."

Q. 여전히 공무원 같은 직업은 안정적이지 않을까.

"하지만 수십만명이 몇년을 매달려 겨우 들어간 그 직장의 행복이 어떤가. 각자가 하고 싶은 일을 찾아 할 때, 사회 전체 행복감의 총량이 훨씬 클 거다."

Q. 하고 싶은 일을 하다 잘 안 풀리면 빈곤층이 되는 게 현실 아닌가.

"그래서 사회 안전망을 과감히 확충해야 한다고 생각한다. 예를 들어 보자. 실업 급여가 파격적으로 증가한다면 억지로 회사를 다니던 사람들이 나와 자기가 하고 싶은 일을 찾을 거라 생각한다. 장기적으로는 사회의 다양성과 행복을 높일 수 있을 거다."

Q. 그러려면 토스처럼 잘되는 회사들이 세금을 많이 내야 할텐데.

"다른 기업인들은 어떻게 생각할지 몰라도, 나는 그렇게 하고 싶다. 인공지능이나 로봇을 통해 사회적 부를 창출하는 회사는 많은 돈을 내서 사회적 실험을 지원해야 한다고 생각한다."

> 이승건(35) 대표는
>
> 2007년 서울대 치의과대 졸업
>
> 2007년 삼성의료원 · 푸르메치과재단 치과의사
> 2012년 중소기업청 청년창업사관학교 우수 졸업
> 2013년 비바리퍼블리카 설립
> 2015년 간편 송금 서비스 '토스' 출시
> 2016년 한국핀테크산업협회 초대회장

Q. 지금의 교육 시스템은 어떻게 평가하나.

"나는 이 교육 체제에서 모범생이었지만, 학교에서 배운 지식이 크게 도움이 됐다고 생각하지 않는다. 특히 성적을 받기 위해 외웠던 모든 것들이 후회된다. 더 큰 문제는 학교의 인간관계가 너무 폭력적이란 거다. 교사와 학생, 학생과 학생이 서로 따뜻하게 안아주고 도와주는 걸 배우지 못하고 있다."

Q. 어떻게 바뀔 수 있을까.

"적어도 중학생 때까지는 지적인 호기심을 키워주는 게 중요하다고 생각한다. 예를 들어 미적분을 가르치면 왜 미적분을 배우는지를 먼저 알려주는 식이다."

Q. 사업을 하면서도 그런 문제를 느끼나.

"창업 초기에 힘들었던 게 협업해 본 경험이 없다는 거였다. 시행 착오 끝에 배운 게 있다. 각자가 자신이 하는 일이 정말 중요하다고 느껴야 한다는 것, 그리고 누가 어떤 일을 하고 있는지를 투명하게 공유해 서로를 신뢰해야 한다는 것이다."

Q. 많은 젊은이들이 좌절감을 느끼는 시대다.

"지금의 20대가 역사상 유례없는 도전에 직면한 건 확실하다. 하지만 동시에 직장에 취업할 수도 있고, 직장을 만들 수도 있다는 생각을 했으면 좋겠다. 안락한 삶을 좇기보다 사회의 어떤 문제만은 해결해보겠다는 식으로 진취적인 생각을 했으면 좋겠다. 진짜 하고 싶은 일을 찾고, 용기있게 그 일을 하길 바란다. 처음엔 힘들어도 몇년이 지나면 훨씬 더 행복하다는 걸 발견할 거다."

다. 인스타카트(instacart)

표 5-9 인스타카트 기업개요

회사명	인스타카트 (instacart)	설립일	2012년
창업가(대표자)	아푸바 메타 (Apoorva Mehta), 브랜든 레오나르도 (Brandon Leonardo), 막스 뮬런(Max Mullen)	소재지	미국 샌프란시스코, 애틀랜타 캐나다 토론토
업종	식료품 구매대행 서비스	주요제품	인스타카트 (instacart)
종업원	5,001-10,000명	기업가치	390억 달러 (2021년 기준)
투자유치	$ 2.7B (Funding Rounds 17)	홈페이지	www.instacart.com

자료 이윤준 등(2021)

인스타카트(instacart)는 아푸바 메타 (Apoorva Mehta), 브랜든 레오나르도 (Brandon Leonardo), 막스 뮬런(Max Mullen)이 공동으로 창업한 온디맨드(on-demand) 방식의 식료품 배달업체이며, 기업가치가 약 390억 달러(한화 약 43조 9,000억원)에 달하는 데카콘 기업이다. 온라인 기반으로 웹사이트나 스마트폰 앱(안드로이드, IOS) 등을 통해 서비스를 제공하며, 고객이 온라인을 통해 해당 지역의 마트에서 판매하는 물건을 고르면 1~2시간 내에 쇼퍼가 대신 마트에서 물건을 사다주는 방식이다. 인스타카트는 물류창고·재고·운송트럭을 제외하는 '3無 전략'으로 초기 비용·고정비용을 절감하여 리스크를 관리할 수 있었다. 우버가 우버 드라이버의 자가용으로 차량이동서비스를 제공하듯이 인스타카트는 쇼퍼의 자동차로 마트의 식료품을 고객에게 전달한다. 사업 확장에 있어서도 초기비용이 들지 않아, 샌프란시스코에서 시작하여 시카고, 보스톤, 뉴욕, 워싱턴 DC 등 서비스 영역을 빠르게 확대해 나갈 수 있었고 현재는 5,500개 이상의 도시에 인스타카트 서비스가 진출해 있다.

1) 창업 이전

인스타카트를 창업해 데카콘 기업까지 성장시킨 창업자 아푸바 메타에 대해 살펴보자. 아푸바 메타는 1986년 인도에서 출생하자마자 아프리카 북부에 위치한 리비아로 이사했다. 이후 2000년 아푸바 메타가 14살이 된 당시 캐나다로 이민을 갔다. 성장기의 아푸바 메타는 어떻게 기술이 작동하는지, 원자에서부터 google.com에서 볼 수 있는 것들에 이르기까지 그 사이의 모든 것을 배우고 싶었다고 말할 만큼 호기심이 가득한 청소년이었다고 한다. 졸업 후 진로에 대해 결정하지 않은 상태에서 워털루 대학교의 전기공학과에 진학하고 학위를 취득했다. 졸업 후 자신이 하고 싶은 일이 무엇인 지 탐색하기 위해 퀄컴, 블랙베리 등 기술회사뿐 아니라, 심지어 제철소에서 근무하는 등 다양한 시도를 했다고 한다. 이후 2008년 시애틀에서 아마존의 공급망 엔지니어로 근무하면서 아마존의 물류창고에서 고객의 집 앞으로 배송이 되기까지의 주문처리 시 스템을 개발했고, 소프트웨어를 개발하며 도전받는 것이 즐거웠다. 하지만 아마존에서 근무한지 2년 후, 더 이상 도전적인 소프트웨어 개발을 하지 못해 창업의 꿈을 안고 아마존을 퇴사한 시점이 2010년이었다. 샌프란시스코로 이사한 아푸바 베타는 2년간 20여개의 창업아이템을 개발하며 20여 차례의 실패를 거듭했다. 소셜 게임회사를 위 한 광고 네트워크를 구축해보고, 변호사를 위한 소셜네트워크도 개발하였다. 변호사를 위한 소셜네트워크 서비스를 열정적으로 개발을 했지만, 사용자의 습성을 제대로 고려 하지 않았다고 한다. 변호사가 일을 할 때 독자적으로 일을 하고, 기밀유지가 중요해서 소통 활성화를 위한 채널이 불필요했다. 20여개의 아이템이 실패하면서 그는 직감으로 아이템을 개발하는 것을 멈추고 자신이 매일 경험한 문제에 대해 집중하기 시작했다.

2) 창업 과정

2012년 봄 어느 날. 당시 스물여섯 살이던 아푸바 메타는 창업의 꿈을 가지고 아마존을 그만 둔지 2년이 지났지만 번번이 실패를 거듭하고 있었다. 먹을 것이 없을까 냉장고를 열어봤지만 냉장고 안에 스리라차 소스 1병밖에 없는 것을 보고 "온라인으로 안되는 것이 없는 시대에 왜 식료품은 직접 가서 사야하지?"하고 푸념했다. 예전 아마존 근무 당시에도 동료들이 업무에 치여 집에 기본적인 식재료를 구비할 시간이 없다고 한탄하곤 했으며, 생각해보니 집과 마트의 거리는 먼데 자가용이 없는 많은 사람들이 식료품 구매에 고충을 겪고 있을 것 같았다. 우버의 성공을 보고 우버의 플랫폼 방식을 식료품 배달 대행 서비스에도 적용할 수 있을 것이라 판단한 아푸바 메타는 바로 식료품 구매를 대행해 주는 서비스 개발에 돌입했다. 그렇게 개발한 것이 인스타카트 였다.

인스타카트는 실리콘밸리의 스타트업 액셀러레이터인 와이콤비네이터(YC)의 인큐베이팅 프로그램에 참여했다. 2012년 6월에 인스타카트의 첫 번째 버전을 완성하였지만, 이는 YC프로그램 참여기한이 종료된 지 두 달이 지난 시점이었다. YC에 다시 연락해봤지만 입소가 불가능하다는 말을 듣고, 아푸바 메타는 바로 인스타카트 어플을 이용해 YC의 사무실에 맥주 6명을 배송하도록 하였다. 잠시 후 배송을 받은 YC에서 아푸바 메타에게 만나자고 연락을 받아내 미팅을 잡았다고 한다.

자료 이윤준 등(2021)

그림 5-13 인스타카트 서비스 소개

3) 창업 이후 성장과정

'식료품계의 우버'라고 불리는 인스타카트는 쇼퍼가 소비자 대신 식료품을 구매해 서 1~2시간 내에 소비자의 집으로 배송해주는 서비스이다. 인스타카트 서비스 출시 초기에는 소비자가 주문을 하면 쇼퍼가 대신 장을 봐서 소비자에게 배송해주는 서비스였고, 상품을 구매하는 비용에 10~20% 정도의 서비스이용료를 더한 금액을 소비자가 지불하는 방식이었다. 2014년부터는 오프라인 매장보다 높은 가격에 소비자들이 부담을 느낀다는 점을 반영하여 슈퍼마켓, 식료품점과 파트너십을 맺어 소비자의 부담을 덜었다. 지금은 슈퍼마켓, 식료품점들이 가지고 있는 판매상품 목록, 재고, 가격을 공유하고, 인스타카트는 해당 정보들을 어플리케이션과 웹사이트에 그대로 노출하며 각 식료품의 가격이 오프라인 가격과 같은지, 조금 비싼지를 표기하여 소비자가 알 수 있도록 하고 있다. 뿐만 아니라 소비자가 인스타카트로 식료품 배달을 요청한 경우 소비자와 쇼퍼는 어플리케이션 내 메신저 기능을 활용해 서로 대화를 나눌 수 있다. 쇼퍼가 장을 본 사진을 찍어 전송하거나, 구매하려던 물건이 없을 경우 대체상품을 소비자가 결정 할 수 있도록 소통하는 용도로 활용 된다.

인스타카트를 이용하는 소비자와 쇼퍼의 신뢰를 쌓기 위해, 식료품의 실시간 재고를파악하고 소비자에게 정보를 제공하는데 기술적으로 심혈을 기울였다. 각 슈퍼마켓, 식료품점에서 정기적으로 재고상황을 업데이트 할 수 있도록 소프트웨어 기술개발 및 보급을 위해 힘썼으며, 리테일러가 재고가 있다고 정보를 보내와도 쇼퍼들이 재고가 없다고 보고하면 재고가 없는 것으로 처리하였다. 재고가 없어 대체상품을 배송할 경우 소비자가 대체상품 만족도를 평가하도록 하여 알고리즘에 반영함으로써 소비자가 만족 할만한 대체상품을 정확하게 제시할 수 있도록 하였다.

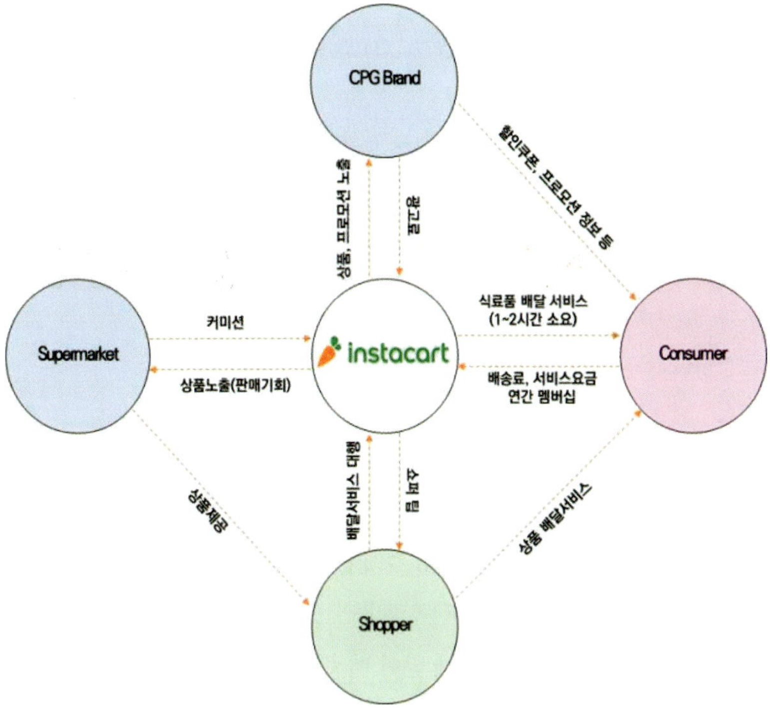

자료 이윤준 등(2021)

그림 5-14 인스타카트 비즈니스 모델

COVID-19로 인해 사람들이 외부활동을 자제하면서 인스타카트의 대신 장봐주기 서비스는 날개를 달았다. 2020년 3월, 인스타카트의 어플 다운로드 수가 전월 대비 두 배 이상 증가하였으며, 인스타카트를 통한 식료품 주문건수 또한 전년 동기 대비 500% 이상이 증가하였다. 아푸바 메타는 한 인터뷰에서 “코로나 발생부터 매일 주문량이 20%씩 증가했으며, 약 2주 만에 연말 매출목표 물량을 넘어섰고, 1주일 후 2021 년 목표를, 또 며칠 후 2022년 목표를 초과했다”도 밝혔다.76) 서비스를 출시하고 2년 4개월 만에 유니콘기업이 되었으며, 10년이 채 되기도 전에 인스타카트는 아마존의 아 마존프레시를 제치고 미국 최대의 식료품 배달 서비스로 부상하였다.

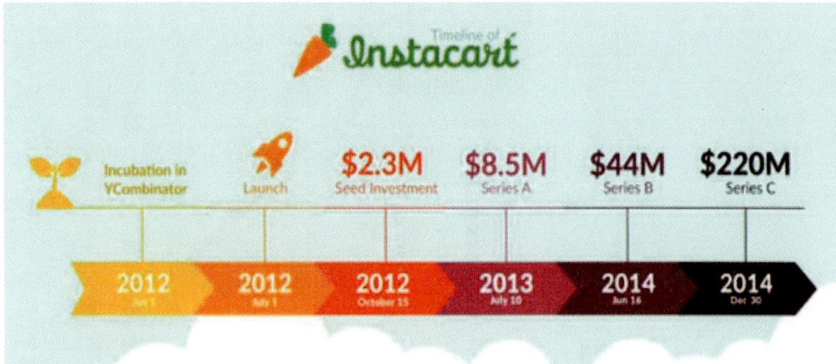

자료 이윤준 등(2021)

그림 5-15 인스타카트 투자유치 현황

한편, 과거 인스타카트와 유사한 사업을 추진했던 웹밴은 1999년 실리콘밸리에서 인터넷으로 주문하면 당일에 배송해주는 온라인 슈퍼마켓으로 당시 혁신적인 비즈니스모델로 촉망받던 닷컴기업이었다. 유수 VC들의 투자유치와 함께 기대를 한 몸에 받아 빠르게 사업을 확장해 나간 탓에 설립 2년 만에 자금난으로 10억불 정도를 날리고 파산하였다. 웹밴에 투자한 소프트뱅크캐피탈·세쿼이아캐피탈·골드만삭스 등은 실리콘밸리와 월가의 투자사들 또한 큰 타격을 입어 실리콘 밸리에는 10년 넘게 '웹밴 휴유증'이 남아 있었다. 때문에 아푸바 메타는 인스타카트가 '제2의 웹밴'이 될 수도 있다는 편견과 싸워야 했다. 아푸바 메타는 2000년대 초반과 스마트폰이 대중화된 지금은 상황이 다르며, 소비자들이 우버를 이용하는데 거리낌이 없는 상황에서 인스타카트 또한 쉽게 받아들일 수 있을 것이라고 투자사를 설득했다. 2013년 시리즈A(850만 달러) 투자를 유치할 수 있었는데, 심지어 투자자가 웹밴 파산으로 큰 타격을 입었던 세쿼이아 캐피털이며, 세쿼이아캐피털의 마이클모리츠 회장이 "웹밴과 같은 실패위험은 없을 것"이라고 단언해 인스타카트의 도약에 더욱 힘이 실어주었다. 이후부터 지속적인 투자를 이끌어낸 인스타카트는 10년에 걸쳐 총 27억달러(한화 약 3조 600억원)의 투자를 유치했다.

식료품 온라인 배송 서비스 시장에서 인스타카트는 아마존과 같은 대기업과 새롭게 시장하는 후발주자들과 경쟁을 하였다. 인스타카트의 주요 경쟁사는 아마존에서 출시 한 '아마존 프레시', 월마트에서 출시한 '월마트 딜리버리', 후발주자로 새롭게 진입한 '십트'등이 있다.

2017년 6월 아마존이 식료품 배송 서비스를 강화하기 위해 홀푸드마켓(Whole Foods Market)을 인수한다고 발표하였다. 홀푸드마켓은 유기농, 친환경 식품을 전문적으로 판매하는 슈퍼마켓 체인점으로 북미 및 영국에 479개의 점포를 보유하고 있다.

특히 자체적으로 GMO표기제를 전면 도입하였으며, 미국 정부에도 GMO표기제를 시행하도록 압력을 행사하고 있어 많은 소비자의 사랑을 받고 있다. 해당발표 1년 전에 인스타마켓이 홀푸드마켓의 식료품을 독점 배송하는 파트너십을 체결하고, 전체 매출에서 홀푸드마켓이 차지하는 비중이 10%남짓이기에 인스타카트에게는 근심이 아닐 수 없었다. 하지만 아마존의 홀푸드마켓 인수 소식으로 생존의 위협을 느낀 오프라인 매장들이 인스타카트와 파트너십을 체결하게 되면서 1년 만에 인스타카트의 파트너사가 기존 200여개에서 350개로 대폭 증가하였다. 식료품 배송 서비스 시장에서 대표적인 대기업은 아마존과 월마트가 있지만 대기업 둘의 시장점유율은 20%도 되지 않는다. 나머지 80%는 각 지역의 마트, 슈퍼마켓, 식료품점 등이 차지하고 있고, 인스타카트는 소비자의 집 근처에 위치한 이들과 파트너십을 맺었다. 현재 미국 소비자의 85%, 캐나다 소비자의 70% 상당이 인스타카트의 서비스 지역범위 안에 포함되어 있으며, 500여 개의 유통업체와 4만여개의 점포와 파트너십을 체결하였다(2020년 말 기준).

표 5-10 인스타카트 경쟁사 비교

구분	인스타카트	아마존 프레시	월마트 딜리버리	십트
주문가능 상점	동네 식료품점 (북미 지역 4만개 이상)	아마존 닷컴, 홀푸드	월마트	동네 식료품점
당일배송	○ (1~2시간 내 배송)	○ (2시간 내 배송)	○ (일부 주문에 한해 2시간 내 배송)	○ (1~2시간 내 배송
서비스 지역	미국 및 캐나다 주요 도시	미국 주요 도시 및 독일, 일본	미국 주요도시	미국 주요도시
요금	배송료(3.99달러 이상) + 서비스 요금(주문 금액의 5%) + 쇼퍼팁(주문 금액의 5% 이상)	아마존 프라임 멤버에 한해 35~50달러 이상 주문할 경우 배송료 무료	배송료 7.95~9.95 달러	배송료 10달러
온라인 판매가	매장 판매가와 같거나 다소 비쌈	홀푸드 매장가와 동일	매장 판매가와 동일	매장 판매가보다 다소 비쌈
멤버십	인스타카트 익스프레스 -연간 99달러 -35달러 이상 무료배송 & 서비스 요금 할인	아마존 프라임 -연간 119달러 -35달러 이상 무료배송	월마트+ -연간 98달러 -35달러 이상 무료배송	십트 멤버십 -연간99달러 -35달러 이상 무료배송

자료 이윤준 등(2021)

인스타카트가 후발주자와 아마존 등 강력한 대기업과 경쟁하여 고점을 차지할 수 있었던 이유는 그가 직접 겪은 불편들을 바탕으로 소비자의 불편함을 정확히 파악했으며, 시장의 니즈에 기민하게 반응했다는 점, 별도의 물류창고를 두지 않고 우버에서 아이디어를 차용해서 식료품을 구매·배송해주는 서비스제공자와 소비자를 연결하는 플랫폼에 중점을 둬 초기 비용을 절감하고 고정비용 발생을 최소화 했다는 점, 그리고 지역의 마트들과의 함께 성장을 할 수 있는 방식이라는 점 등이 언급되고 있다.

라. 에어비앤비(Airbnb)

표 5-11 에어비앤비 기업개요

회사명	에어비앤비(Airbnb)	설립일	2008년 8월 11일
창업가(대표자)	브라이언 체스키, 조셉 게비아, 네이선 블레차르지크	소재지	미국 샌프란시스코
업종	온라인 숙박 공유 플랫폼	주요제품	에어비앤비(Airbnb)
종업원	5,597	기업가치	997.7억 달러
투자유치	60억달러	홈페이지	https://www.airbnb.com/

에어비앤비(Airbnb)는 2007년 브라이언 체스키(Brian Joseph Chesky)와 조셉 게비아(Joseph Gebbia Jr)가 샌프란시스코의 높은 월세 부담을 줄이고자 'AirBedandBreakfast.com' 사이트를 통해 본인들의 아파트에서 에어베드(Airbed)와 아침 식사(Breakfast)를 제공하던 것이 사업의 초기 형태이다. 이후 소프트웨어 엔지니어인 네이선 블레차르지크(Nathan Blecharczyk)가 공동 설립자로 합류하고 기업명을 Airbnb로 변경하며 사업은 본격적인 궤도에 오르기 시작했다.

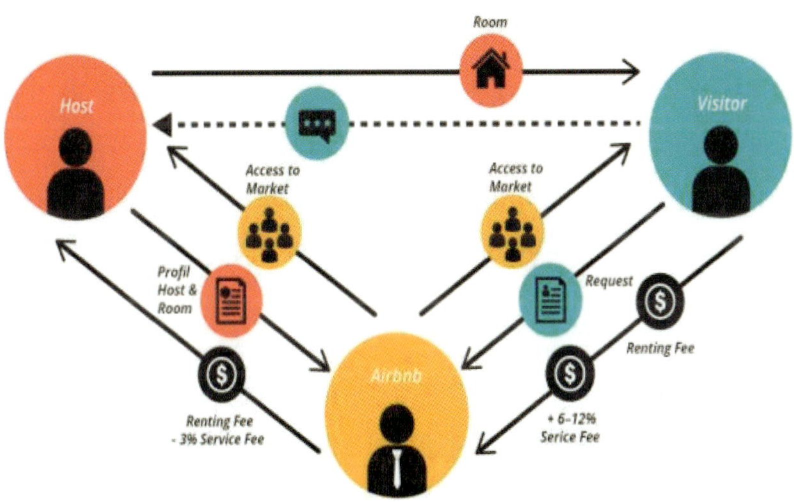

자료 이윤준 등(2021)

그림 5-16 에어비앤비 비즈니스 모델

에어비앤비의 주요 수익모델은 숙박 이용자와 숙박시설 제공자를 서로 연결해주는 중개 플랫폼 서비스이며, 제공자에게 거래액의 3%, 이용자에게서는 6~12%의 수수료를 받음으로써 수익을 창출하고 있다. 2020년 기준으로 220개국 10만여개의 도시에 서 5,400만명의 활성 사용자를 보유하고 있다.

1) 창업 이전

에어비앤비의 공동설립자이자 CSO인 네이선 언더우드 블레차르지크(Nathan Underwood(Nate) Blecharczyk)는 1983년 보스턴의 중산층 가정에서 태어났다. 엔지니어였던 그의 아버지는 그에게 매사에 호기심을 가지고 사물의 작동원리를 탐구하도록 가르쳤으며, 기계 작업 및 구형 장비 분해 등을 시도하게 했다.

어렸을 때부터 컴퓨터에 심취했던 블레차르지크는 12살에 독학으로 프로그래밍 기술을 익히기 시작했다. 고등학교 재학 시절부터 코딩을 통해 복잡한 프로그램을 만들 어 인터넷에 올렸고, 이후 한 사람으로부터 1,000달러에 맞춤 프로그램을 제작해 달라는 제안을 받게 된다. 그 고객을 시작으로 그는 스팸 사업자를 위한 마케팅 소프트웨어를 만들며 어린 나이에 학비를 포함한 거액의 돈을 벌게 되었다. 이 경험을 통해 그는 사람들이 가치 있게 여기는 것을 자신이 만들 수 있다는 것을 깨닫고, 기업가가 되리라는 꿈을 가졌다.105) 하버드에서 컴퓨터 공학을 전공한 후에 어비앤비를 창업하기 전까지 Microsoft의 프로그램 관리자, OPNET Technologies의 엔지니어, Batiq의 수석 개발자 자리를 거쳤다.

2) 창업 과정

2007년 초 블레차르지크가 샌프란시스코로 이사했을 때 그는 Craigslist(미국 온라 인 벼룩시장)를 통해 룸메이트인 조 게비아(Joe Gebbia)를 만나게 되었다. 당시 블레 차르지크는 스타트업의 엔지니어로 일하고 있었고 조 게비아는 다른 스타트업의 디자 이너였다. 블레차르지크가 이사를 간 후 브라이언 체스키(Brian Chesky)가 이사를 왔는데, 브라이언 체스키는 조 게비아의 로드 아일랜드 디자인 스쿨(Rhode Island school of Design) 동기였다. 당시 출판사에서 일을 하던 체스키는 본인의 업무에 회의를 느끼던 중이었다. 이 때 룸메이트 둘이 이사를 가는 바람에 금전적 어려움에 빠진 게비아의 부탁으로 샌프란시스코로 오게 되었다. 집세를 충당하기 위해 고민하던 두 사람은 당시 2008년 샌프란시스코에서 개최되는 국제 디자인 컨퍼런스 참석자들이 숙소 부족 문제를 겪고 있다는 것을 알게 되었다. 여기에서 기회를 본 둘은 게비아의 에어매트릭스 세 개를 가지고 도미토리처럼 거실에 잠자리를 마련하고는 숙박·공항픽업·조식 서비스를 제공하고 인당 80달러의 숙박료를 받았다. 예상보다 사람들의 반응이 좋았고 이에, 수요가 있다고 확인한 둘은 여기서 사업가능성을 보게된다. 사업을 확장시키고 본격적인 비즈니스를 하기 위해서는 개발자가 필요했기에, 하버드에서 컴퓨터 공학을 전공한 네이선 블레차르지크를 영입했다. 체스키와 게비아는 블레차르지크에게 자신들의 사업 아이디어와 프로젝트를 설명했다. 그러나 당시 혼자 스타트업을 운영하고 있던 블레자르지크는 그 둘의 아이디어를 현실로 만들어내는 것이 부담이라는 것을 알아 망설였다. 블레자르지크의 망설임을 눈치 챈 둘은 신속히 거창한 프로젝트를 수정해 블레차르지크의 업무 부담을 감소시켰고(에어비앤비 라이트) 프로젝트를 진행시킬 수 있었다.

이 시점까지도 블레차르지크는 에어비앤비에 완전한 합류를 망설이며 여전히 자신 의 스타트업을 운영하고 있었다. 결국 서비스에 대한 확신이 부족했던 블레차르지크 는 팀을 떠나겠다는 선언을 한다. 체스키와 게비아는 개발자 없이 스타트업이 존속하기 어렵다는 것을 알았기 때문에 비전을 확고히 하고 비즈니스 계획을 구체화시켜 블레차르지크를 설득했다. 체스키와 게비아의 비전과 계획을 들은 그는 사업의 성공을 위해서는 기술적인 전문성도 중요하지만 비즈니스적 컨셉도 필요하다는 것을 깨닫게 되며 2008년 2월 에어비앤비에 매진하겠다는 결정을 하게 된다.

사이트 론칭 이후 자금 사정을 해결하기 위해 체스키와 게비아는 자신들의 디자인 능력을 이용해 '오바마 오'와 '캡틴 매캐인'이라는 시리얼 박스를 만들고, 시중에서 가 장 저렴하게 구매할 수 있는 시리얼을 채워 판매해 2만 달러를 벌었다. 에어비앤 비의 핵심 비즈니스 모델로는 수익이 되지 못하고 시리얼 판매로 연명하고 있었으나, 마지막이라는 심정으로 지원한 와이 콤비네이터 액셀러레이팅 프로그램에 선발되면서 멘토링, 자금 지원 등 도움을 받게 된다.

자료 이윤준 등(2021)

그림 5-17 (좌) Airbnb가 내놓은 시리얼 (우) 시리얼 포장 중인 체스키

3) 창업 이후 성장과정

에어비앤비의 초창기 문제점 중 하나는 접속자는 많으나 숙소 제공자가 부족하다는 점이었다. 사람들이 자신의 집을 플랫폼에 공개하는 것에 부담을 가졌던 것이다. 숙소 공급 부족문제로 골머리를 앓고 있던 에어비앤비는 뜻밖의 사태로 사업에 유리한 상 황을 맞이하게 된다. 2007~2008년 미국 전역이 서브 프라임 모기지 사태를 겪으면서 경기 침체와 주택 가격 폭락으로 많은 사람들이 경제적 어려움을 겪게 되면서, 자신의 집을 통해 추가 소득을 창출할 수 있는 에어비앤비에 몰리게 된 것이다. 그렇게 제공자가 급증하면서 동시에 이용자 또한 증가하면서 수익을 창출할 수 있었다.

그러나 창출되는 수익이 제자리걸음을 하고 있고 더 이상 성장하지 않는 상황을 자 각하게 되었는데, 원인을 찾아보니 이는 호스트들이 업로드한 숙소 사진의 대다수가 매력적이지 않기 때문이었다. 문제를 해결하기 위해 에어비앤비 창업자들은 뉴욕에 등록된 숙소를 일일이 방문해 직접 전문사진사가 촬영한 고품격 사진을 업로드 하는 방안을 마련했고, 그 결과 수익은 성공적으로 두 배까지 증가하였다.

시기상으로도 맞아 떨어졌으나, 이들의 성공 밑바탕이 된 것은 인터넷과 모바일을 활용한 전지구적 네트워크, 친숙하고 유려한 UI 디자인, 강력한 커뮤니티와 신뢰 관계 망이었다. 아무리 수익을 창출할 수 있다고 하지만 낯선 외부인을 자신의 집에 들인다는 것은 여러모로 불안한 일이기에 에어비앤비는 페이스북의 평판 시스템을 철저히 활용했다. 에어비앤비 사이트에 접속하면 집주인과 여행객의 페이스북 내용 및 친구 관계를 바로 확인할 수 있다. 이를 통해 일차 검증이 진행되면 임대인과 임차인의 프로필을 살펴볼 수 있다. 프로필에는 실제로 사용한 이전 사용자의 리뷰가 달려있다. 2011년 여행객을 가장한 도둑들에 의해 피해가 발생한 후 에어비앤비는 최대 10억 원을 배상하는 홈 쉐어 보험에 가입했다.

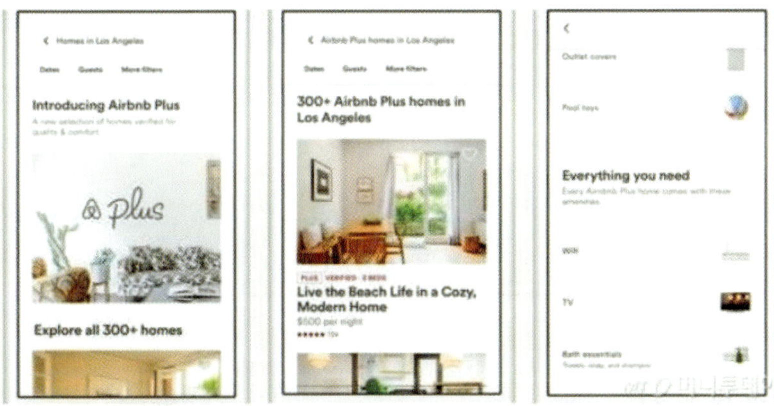

자료 이윤준 등(2021)

그림 5-18 에어비앤비 플러스

2018년에는 숙소에 대한 인증 제도이자 호스트 제휴 프로그램인 ‘에어비앤비 플러스(Airbnb Plus)’를 출시하면서 고급 숙박 사업을 본격화했다. 평점이 4.8점 이상인 숙박 시설에 전문가가 파견되어 에어비앤비가 지난 10년 동안 고객들에게서 받은 100가지 항목을 확인한다. 호스트는 프로그램 참여에 149달러의 신청서를 제출해야 하지만, 조건을 충족하면 에어비앤비가 제공하는 고급 숙소로서 플러스 배지를 얻을 수 있다. 과거 에어비앤비의 경쟁자는 호텔들이었으나 이제는 호텔을 적극적으로 받아들임으로써 호텔을 선호하는 고객들을 확보할 수 있게 되었다. 이와 같은 흐름에 의해 에어비앤비의 경쟁사는 이제 다른 호텔 예약 서비스 플랫폼이 되었다.

성장만을 계속할 것 같았던 에어비앤비는 코로나 19 사태가 발생하며 위기에 직면했다. 코로나 팬데믹으로 인해 여행 자체가 급속히 감소하면서 에어비앤비의 비즈니스 모델은 위협을 받게 된 것이다. 코로나 팬데믹 초기 여행 취소 문의가 빗발쳤고 에어비앤비는 호스트들의 반발에도 불구하고 무료 예약 취소 정책을 실시하였다. 물론 호스트들에게는 250달러에 해당하는 비용을 지불하였다. 이 정책은 게스트들에게는 환영을 받았으나 호스트들에게는 강한 반발을 일으켰다. 이후 코로나 팬데믹이 지속됨에 따라 에어비앤비는 극도의 긴축 재정 정책이 필요해졌다. 이에 불가피하게 인력 조정이 진행되었으나 1년간 건강보험 혜택 유지, 채용 지원 등 해고된 직원들을 배려하는 정책으로 긍정적인 이미지를 얻어냈다. 또한 호텔 및 고급 부동산에 진출하려던 공격적인 전략 및 비핵심 사업들을 중지하고 숙박 공유 비즈니스 하나에만 집중하였다.

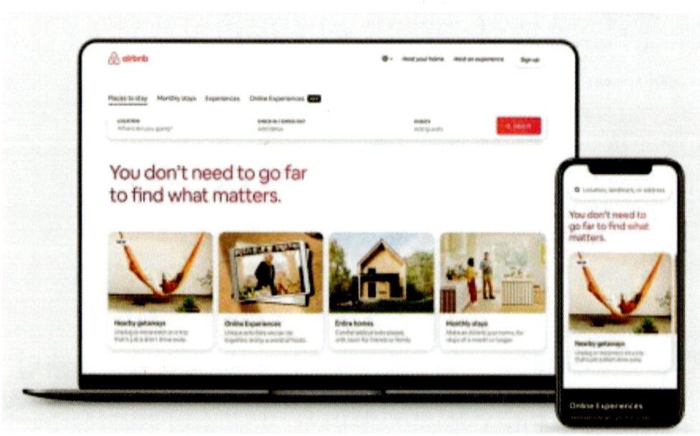

자료 이윤준 등(2021)

그림 5-19 Airbnb의 웹사이트

코로나 팬데믹이 장기화되면서 발생하는 새로운 트렌드를 통해 에어비앤비는 반전의 계기를 맞이하고 있다. 상황은 종식되지 않았으나 사람들이 계속 머물러있던 집을 떠나 이웃 마을, 이웃 도시 등에서 휴가용 임대 주택에 대한 수요가 증가하기 시작한 것이다. 사람들은 재택 및 자가격리, 일상에서의 탈출 등의 이유로 공동으로 사용하는 것이 아니라 집 전체를 예약하기를 원했고, 이는 에어비앤비만이 제공할 수 있는 서비스였다. 이에 에어비앤비는 전략을 빠르게 전환하였고, 2020년 6월 웹사이트와 앱을 재설계하여 알고리즘이 가능성이 있는 여행자들에게 거주자에서 가까운 곳 에 위치한 현지 체류가 가능한 오두막부터 호화로운 해변 주택에 이르기까지 모든 것 을 보여주도록 하였다. 그 결과 7월부터 일부 지역의 에어비앤비 예약은 이전 수준으로 빠르게 회복되기 시작했다.

요점정리

- Bird (1995)는 기업가적 역량을 특정지식, 창업동기, 성격적 특성, 자아상, 사회적 역할과 같은 '특성'과 기업을 설립하고 생존하고 성장시키는 '역량'으로 정의하였다.
- 창업의 3요소는 기업가정신을 가진 창업자, 사업아이디어, 자원이다.
- 법인기업은 기업 자체가 별도의 법인격을 가지고 권리와 의무의 주체가 되며 기업의 소유자로부터 분리되어 운영된다는 것이 가장 큰 특징이다.
- 기업 설립 시 법률적 형태에 따라 주식회사, 유한회사, 합자회사, 합명회사가 있다.
- 故 운곡(雲谷) 정인영 명예회장은 "HL을 키운 것은 오직 HL인들의 의지와 창의력과 피나는 노력 그리고 정직이었다." "바로 그것이 정도경영의 멋이자 자유로움이다. 나는 그게 좋다." 라고 하였다.
- 정도경영(正道經營)은 기업의 경영을 올바르게 하여 떳떳하게 한다.

연습문제

1 창업자의 가장 중요한 역량은 무엇이라고 생각하나요?

2 본인이 가장 좋아하는 창업자는 누구인가요? 무슨 이유로 좋아하나요?

3 창업의 3요소에 대해 설명하시오.

4 개인기업과 법인기업의 특징에 대해 설명하시오.

5 주식회사에 대해 설명하시오.

참고자료

[1] 강원일보(2023.01.13.). https://n.news.naver.com/mnews/article/087/0000946729?sid=102

[2] 김만술, 박철수, 윤재호, 조진행 ,& 민정기. (2020). 4차 산업시대의 기업가정신과 창업. 명경사.

[3] 김진수, 최종인, 임충재, 고혁진, & 이유종. (2016), 4차 산업혁명시대의 기술창업론, 탑북스

[4] 뉴데일리경제(2022.11.18.). '호암 이병철' 35주기… 韓 경제 토대 닦은 기업가 정신 재조명, https://biz.newdaily.co.kr/site/data/html/2022/11/18/2022111800068.html

[5] 바이라인네트워크(2021.03.04.), 3000억원 투자받고 IPO 기대 키운 '인스타카트' (https://byline.network/2021/03/4-89/)

[6] 사례뉴스(2020.09.16.), 홀푸드마켓을 인수한 아마존의 주가가 급등한 이유는 무엇인가

[7] 윤재호, 이종무, & 홍성욱. (2012). 한라그룹 운곡 정인영 창업회장의 기업가정신과 경영전략. 한국전략경영학회 학술대회발표논문집, 1-47.

[8] 이상호. (2018). 삼성 이병철 회장의 기업가 정신과 경제 윤리. 현대교육연구 (구 중등교육연구), 30(2), 113-130.

[9] 이윤준, 황은혜, 진우석, 권기환, & 이민규. (2021). 혁신 창업가 특징 분석과 과제-유니콘기업 사례 중심으로. 정책연구, 1-198.

[10] 이종재, & 김기찬. (2015). 기업가 정주영을 통해서 본 K-기업가정신과 K-경영사례: 기업건강성 모델에 기초한 현대의 지속성장진화사례를 중심으로. 중소기업연구, 37(4), 325-355.

[11] 해시넷. http://wiki.hash.kr/index.php/%EC%9D%B4%EC%88%98%EC%A7%84

[12] 해시넷. http://wiki.hash.kr/index.php/%ED%86%A0%EC%8A%A4

[13] 잡코리아. https://www.jobkorea.co.kr/Recruit/Co_Read/C/medicoson/Company_name/%EB%A9%94%EB%94%94%EC%BD%94%EC%8A%A8

[14] 중앙일보(2015.05.23.) 창업주의 기업가정신을 찾아서 (3)현대자동차그룹 , http://jmagazine.joins.com/forbes/view/306610

[15] 중앙일보(2016.07.18.) 한국의 기업가정신을 찾아서 (4) 정인영 한라그룹 창업회장, https://www.joongang.co.kr/article/20317308

[16] 중앙일보(2017,09.19). [퓨처앤잡] 나는 왜 치과의사를 그만 두고 창업했나... 국내 1위 송금앱 '토스'의 이승건 대표 인터뷰, https://www.joongang.co.kr/article/21947347

[17] Bird, B. (1995). Toward a theory of entrepreneurial competency advances in entrepreneurship firm

emergence and growth.(ebook).

[18] Chandler, G. N., & Jansen, E. (1992). The founder's self-assessed competence and venture perfor mance. Journal of Business venturing, 7(3), 223-236.

[19] Delmar, F., & Shane, S. (2006). Does experience matter? The effect of founding team experience on the survival and sales of newly founded ventures. Strategic Organization, 4(3), 215-247.

[20] Granstrand, O. (1998). Towards a theory of the technology-based firm. Research policy, 27(5), 46 5-489.

[21] Kakati, M. (2003). Success criteria in high-tech new ventures. Technovation, 23(5), 447-457.

[22] Los Angeles Times(2017.01.27.), Apoorva Mehta had 20 failed start-ups before Instacart.

[23] Martin, G., & Staines, H. (1994). Managerial competences in small firms. Journal of management development, 13(7), 23-34.

[24] McClelland, D. C., & Mac Clelland, D. C. (1961). Achieving society (Vol. 92051). Simon and Sch uster.

[25] Murray, G. (1996). A synthesis of six exploratory, European case studies of successfully exited, ve nture capital-financed, new technology-based firms. Entrepreneurship Theory and Practice, 20(4), 41-60.

[26] Oakey, R. P. (2003). Technical entreprenenurship in high technology small firms: some observatio ns on the implications for management. Technovation, 23(8), 679-688.

[27] Tehseen, S., & Ramayah, T. (2015). Entrepreneurial competencies and SMEs business success: Th e contingent role of external integration. Mediterranean Journal of Social Sciences, 6(1), 50.

[28] Stuart, R. W., & Abetti, P. A. (1990). Impact of entrepreneurial and management experience on ear ly performance. Journal of business venturing, 5(3), 151-162.

[29] Watson, K., Hogarth-Scott, S., & Wilson, N. (1998). Small business start-ups: success factors and support implications. International Journal of Entrepreneurial Behavior & Research, 4(3), 217-238.

[30] Zhao, L., & Aram, J. D. (1995). Networking and growth of young technology-intensive ventures in China. Journal of business venturing, 10(5), 349-370.

[31] ZDNNET Korea(2021.07.12.). https://zdnet.co.kr/view/?no=20210712103654

[32] https://liveonkar.wordpress.com/category/asset-light-model/

[33] https://www.youtube.com/watch?v=-LUJ46Q_Ryo (9'19")

[34] https://www.youtube.com/watch?v=UGUctp0mKRs

06 Ideation과 Design Thinking

1 아이디어 개발 방법	2 디자인 씽킹
3 디자인 씽킹 사례	

학습목표

- 아이디어 개발 방법에 대해 이해한다.
- 디자인 씽킹에 대해 이해한다.
- 디자인 씽킹 적용 사례를 살펴본다.

1 아이디어 개발 방법

우리가 해결해야할 문제는 혼자가 아닌 함께 아이디어를 만들어가는 과정을 통해 가능 해진다. 아이디어는 자유로운 상황에서 언제든 떠오를 수 있다. 즉, 긍정적이고 자유로운 분위기 조성이 중요하다.

가. 브레인스토밍(Brainstorming)

브레인스토밍(Brainstorming)은 창의적인 아이디어를 생산하기 위한 학습 도구이자 회의 기법이다. 브레인스토밍은 집단적 창의적 발상 기법으로 집단에 소속된 인원들이 자발적으로 자연스럽게 제시된 아이디어 목록을 통해서 특정한 문제에 대한 해답을 찾고자 노력하는 것을 말한다. 브레인스토밍이라는 용어는 1930년 알렉스 오스본(Alex Faickney Osborn)의 저서 Applied Imagination으로부터 대중화되었다.

오스본 방식

- 브레인스토밍에 관한 오스본의 방법론에서는 효과적인 발상을 위한 두 가지의 원리를 제안한다.
  ① 판단 보류
  ② 가능한 많은 숫자의 발상을 이끌어 낼 것

- 위 두 가지 원리에 따라 그는 브레인스토밍에 대한 4가지 기본 규칙을 언급했고, 이 규칙들을 다음과 같은 의도에 따라 정했다.
  ① 그룹 멤버들 사이의 사교적 어색함, 거리낌 줄이기
  ② 아이디어 주장에 대한 격려 및 자극
  ③ 그룹의 전체적인 창의성 증대

- 브레인스토밍의 4가지 기본 규칙
  ① 양(量)에 포커스를 맞추기 : '양이 질을 낳는다(quantity breeds quality)'는 격언을 따라 문제 해결을 꾀하는 것으로 발상의 다양성을 끌어올리는 규칙이다. 많은 숫자의 아이디어가 제시될수록 효과적인 아이디어가 나올 확률이 올라간다는 것을 전제로 두고 있다.
  ② 비판, 비난 자제 : 브레인스토밍 중에는 제시된 아이디어에 대한 비판은 추후의 비판적 단계까지 보류하고 계속해서 아이디어를 확장하고 더하는 데에 초점을 둬야 한다. 비판을 유예하는 것으로 참여자들은 자유로운 분위기 속에서 독특한 생각들을 꺼낼 수 있게 된다.
  ③ 특이한 아이디어 환영 : 많고 좋은 아이디어 목록을 얻기 위해서 엉뚱한 의견을 가지는 것도 장려 된다. 새로운 지각을 통해서 혹은 당연하다고 생각해오던 가정을 의심하는 것으로부터 더 나은 답을 줄 수 있는 새로운 방법이 떠오를 수 있다.
  ④ 아이디어 조합 및 개선 : 1+1이 3이 될 수도 있다는 슬로건에 따라, 아이디어들을 연계시키는 것으로써 더 뛰어난 성과를 얻을 수 있다고 여긴다.

명목집단기법

- 참여자들은 자신들의 생각을 익명으로 적어 낸다. 이후 진행자는 작성된 아이디어들을 한데 모으고 참여자들은 투표한다. 투표는 간단하게 지지하는 아이디어에 거수를 해 실시한다. 이러한 과정은 일종의 증류 작업이라고 볼 수 있다.

- 이렇게 걸러진 높은 득표의 아이디어는 다시 원래의 회의 혹은 서브 그

룹으로 넘어가고 추가적인 브레인스토밍을 실시한다. 예를 들어, 어느 그룹은 제품의 색에 대해 다루고 다른 그룹은 사이즈에 대해 다루는 식이다. 각 그룹은 이후 다시 돌아와 전체적으로 제시된 아이디어들에 투표한다. 가끔 이전 단계에서 떨어진 아이디어가 다시 제기되어 재평가하기도 한다.

- 이러한 과정을 시도하기에 앞서 회의 진행자는 이 기법을 매끄럽게 이끌 수 있도록 훈련을 받는 것이 매우 중요하다. 회의 참여자들 역시 이런 과정을 받아들일 대비가 되어 있어야 한다. 다른 모든 팀 차원의 활동들처럼 중요한 문제를 다루기 전에 기법에 적응하도록 약간의 연습회의를 가지기도 한다.

그룹전달기법

- 둥근 형태의 그룹에서 각각의 사람은 하나의 아이디어를 기록하고 난 다음, 다음 사람에게 종이를 돌리는데 다음 사람은 생각들을 더한다. 이것을 모든 사람이 자신의 종이를 받을 때까지 계속한다. 그때 즈음이 되면 그 그룹은 각각의 아이디어에 대해 상세히 설명할 수 있게 될 것이다.

- 아이디어 북을 만들고 그 앞에 배포 목록이나 회람을 붙인 쪽지를 부착하기도 한다. 책의 첫 페이지에는 문제에 대해 기록한다. 책을 받는 첫 번째 사람은 자신의 아이디어 목록을 기록하고 회람에 적힌 다음 사람에게 넘긴다. 다음으로 받은 사람은 이전 사람이 기록한 아이디어에 새로운 아이디어를 기록하거나 덧붙인다. 이것을 목록의 모든 사람이 다 진행될 때까지 계속한다. 그리고 이어서 '낭독' 회의를 개최하여 책에 기록된 아이디어들에 대해 의논한다. 이 기법은 더 오랜 시간이 걸릴 수 있으나, 개인에게 문제에 대해 더 깊이 생각할 수 있는 시간을 줄 수 있다.

팀아이디어매핑 기법

- 팀 아이디어 매핑 기법은 연관성(association)을 이용한 브레인스토밍

이다. 이 방법은 참여자 간의 공조를 향상시키고, 아이디어 수를 늘리며, 모든 참가자들이 참가하고 아이디어를 내지 않는 행위가 거부되는 식으로 설계된다.

- 이 기법의 과정은 명확하게 정의된 주제로 시작한다. 각 참여자는 주제에 대해 개인적인 브레인스토밍을 실시하고 그 뒤 모든 아이디어를 하나의 거대한 맵으로 합쳐낸다. 이러한 통합 단계에서 참여자들은 각자의 아이디어에 내포된 의미를 공유하며 문제에 대한 공통적인 이해를 하게 된다. 공유 과정 중에 아이디어가 서로 연관되면서 새로운 아이디어가 생겨나고 이 아이디어들도 역시 맵에 추가된다. 한번 모든 아이디어가 종합되면 구성원들은 우선 순위를 매기거나 행동을 취한다.

통제 브레인스토밍

- 통제 브레인스토밍은 전자 브레인스토밍의 한 분야이다. 통제 브레인스토밍은 컴퓨터나 손으로 실시한다. 통제 브레인스토밍은 사람들에게 더 잘 알려진, 더 선호하는 해결 영역에서 작용한다(즉, 좋은 아이디어를 위한 기준 설정). 이러한 기준은 고의적으로 관념화하는 과정을 제한하는데 사용된다.

- 통제 브레인스토밍의 방식은 이러하다. 각각의 참가자들은 종이 한 장, 혹은 전자 양식을 받는다. 그리고 브레인스토밍 질문거리에 대해 의견을 나눈다. 참가자들은 각각 하나의 응답을 적고, 모든 종이와 양식을 무작위로 참가자들끼리 바꾼다. 참가자들은 그들이 받은 아이디어를 보고 그 처음의 기준아이디어를 근거로 아이디어를 향상할 수 있게끔 개선한다. 그리고 그 양식을 계속 바꾸고 응답해서 계속 아이디어를 향상시키는 이 과정을 3번 이상 반복한다.
- 실험실에서, 통제 브레인스토밍은 전자 브레인스토밍보다 거의 3배 이상의 아이디어 생산성을 보인다.

유도 브레인스토밍

- 유도 브레인스토밍 영역은 특정한 주제에 대하여 시간 및 사고 범위에

제한을 두고 각자 생각하는 시간과 그룹이 함께 생각하는 시간을 따로 떼어두는 회의 방식이다. 이런 종류의 브레인스토밍은 문제에 대한 관심을 끌고, 개인과 집단의 균형이 잡힌 환경 속에서 비판적이고 창의적인 사고를 자극하고, 갈등 및 회의의 제한요소를 제거한다.

- 참가자들은 그들의 아이디어를 미리 임명한 필경사(글을 대신 써주는 사람)에 의해 그려진 마인드맵의 중앙에 위치시키기 위해 노력하는 동안에, 제한시간동안 다른 사고방식을 받아들여야 한다. 다양한 관점을 점검하는 동안, 참가자들은 간단한 해결책이 모아지며 점점 커지는 과정을 지켜본다. 각각의 행동이 개개인에게 할당된다.

- 유도 브레인스토밍 영역을 사용하는 참가자들은 더 나은 브레인스토밍을 위해 아이디어들의 우선순위를 메기고, 미답변인 조사와 질문을 남겨두고, 행동 가능한 목록들을 작성해 모두에게 무엇이 필요한지, 그리고 다음에는 어떻게 할 것인지를 명확하게 이해한다. 이는 집단의 더 큰 목표와 혼합된 미래에 초점을 맞추는 것을 실현시킨다.

개인 브레인스토밍

- 개인 브레인스토밍은 브레인스토밍을 혼자 스스로 하는 것이다. 그것은 전형적으로 무엇이든 자유롭게 쓰고 말해보기, 자유말하기, 단어들 연관시키기, 마인드맵 그리기(사람들이 그들의 생각을 도형으로 그리는 시각적 필기)와 같은 테크닉을 포함한다. 개인적 브레인스토밍은 창의적 글쓰기에 유용한 방법이고, 전통적인 브레인스토밍보다 우월하다.

질문 브레인스토밍

- 질문 브레인스토밍은 문제에 대해 즉각적으로 답을 구상하기보다는 문제에서 파생되는 질문에 대해 사고를 회전시키는 기법이다. 이론적으로 이 기법은 참가들에게 답을 내놓을 필요가 없다는 식으로 제한을 걸지 않는다. 질문의 답은 미래 행동 계획을 구성해서 구조화하는 것으로 대체한다. 일단 질문 리스트를 작성하고, 올바른 방법으로 최고

의 해답에 도달하기 위해 우선순위를 정한다. 큐스토밍(Question + Storming)은 질문방식의 다른 용어이다.

브레인라이팅

- 브레인라이팅 POOL : 이 기법은 Battelle Institute에서 개발된 기법들 중의 하나이다. 6~8명의 사람들이 테이블 주위에 둘러앉아서 주어진 문제에 대한 자신의 아이디어를 종이에 적는다. 참가자가 자신의 아이디어를 네 개 적으면 바로 테이블의 가운데에 놓는다. 그러나 참가자들은 반드시 종이를 테이블 가운데에 놓아야 하는 것은 아니고 계속해서 자신의 아이디어를 적어도 된다. 참가자들이 아이디어가 고갈되었을 때는 자신이 갖고 있던 종이를 테이블 한 가운데에 놓여져 있는 종이 중 하나와 바꾸고 그 종이에 적혀있는 아이디어에 편승해서 새로운 아이디어를 산출해낸다. 결국 모든 참가자들은 테이블 가운데에 쌓여있는 종이 중 하나를 자기 것과 바꾸어야 한다(Higgins, 1994; Lumsdaine, 1996; VanGundy, 1992). 이 기법은 브레인라이팅에 참가하는 사람들이 적극적이어서 옆사람이 종이를 건네줄 때까지 기다리지 않도록 해야 할 필요가 있다고 판단될 때 사용하는 것이 좋다.

- 브레인스토밍 게시판 : 사무실에서 창조적 아이디어를 브레인스토밍하기 위해 게시판을 이용한다. 게시판을 사무실 중앙이나 눈에 잘 띄는 곳에 설치하고, 색종이에 해결해야 할 과제를 적어 흥미를 느끼는 모든 사람들이 쉽게 볼 수 있도록 게시판의 중앙에 붙여 놓는다. 그 문제에 대한 아이디어나 제안을 가진 사람은 누구든지 하얀 종이에 자기 생각을 써서 문제의 색종이 아래 부착하거나 쓴다. 누구라도 언제든지 새로운 아이디어를 추가할 수도 있고 기존의 아이디어에 편승할 수도 있다. 몇 주가 경과한 다음에 게시판의 아이디어를 수거한 후 팀이나 한 사람이 평가를 한다. 이 기법은 아이디어를 얻기 위해 참가자들을 별도로 모으기가 어려울 경우에 사용하는 것이 좋다.

자료 위키백과

나. 스캠퍼(SCAMPER)

1971년에 미국의 교육학자인 밥 에벌(Bob Eberle)이 고안한 창의적 사고 기법이다. 브레인스토밍(Brainstorming) 기법의 창시자인 알렉스 오스본(Alex Faickney Osborn)이 개발한 '체크리스트(Checklist) 기법'을 보완한 것이다. 스캠퍼 기법은 사고의 출발점이나 문제해결의 착안점을 7가지 질문의 형태로 미리 정해 놓고 그에 따라 다각적인 사고를 전개하기 때문에 브레인스토밍보다 좀 더 구체적이고 실행 가능한 대안을 도출할 수 있다.

Substitute	대체하기
Combine	결합하기
Adjust, Adapt	조정하기, 응용하기
Modify, Magnify, Minify	수정, 확대, 축소 하기
Put to other uses	다른 용도로 사용하기
Eliminate	제거하기
Reverse, Rearrange	재정렬하기

그림 6-1 스캠퍼(SCAMPER)

'스캠퍼(SCAMPER)'란 이름은 '대체하기(Substitute), 조합하기(Combine), 적용하기(Adapt), 수정·확대·축소하기(Modify, Magnify, Minify), 다른 용도로 사용하기(Put to other use), 제거하기(Eliminate), 재배치하기(Rearrange)'라고 하는 7가지 질문의 머리글자를 따서 만든 것이다. 스캠퍼 기법의 질문별 의미와 예시는 다음과 같다.

첫째, 대체하기(Substitute)는 기존의 성분, 사람, 재료, 과정 등을 새로운 것으로 대체하면 어떨지를 묻는다. 컵의 재질을 도자기에서 종이로 대체한 종이컵을 예로 들 수 있다.

둘째, 조합하기(Combine)는 기존과 다른 요소, 콘셉트, 목적 등과 결합하면 어떨지를 묻는다. 복사기, 팩스, 스캐너의 기능을 조합한 복합기를 예로 들 수 있다.

셋째, 응용하기, 조정하기(Adapt)는 어떤 것을 다른 목적과 조건에 맞게 응용하거나 조정하면 어떨지를 묻는다. 주로 다른 것을 모방하는 것과 관련된다. 갈고리 모양의 털이 달린 산우엉 씨앗의 모양을 응용하여 만든 벨

크로, 일명 찍찍이를 예로 들 수 있다.

넷째, 수정·확대·축소하기(Modify, Magnify, Minify)는 기존 제품의 형태, 색, 무게, 의미 등을 새롭게 수정·확대·축소하면 어떨지를 묻는다. 안경을 수정한 선글라스, 컴퓨터의 크기를 축소한 스마트폰을 예로 들 수 있다.

다섯째, 다른 용도로 사용하기(Put to other use)는 기존의 것을 전혀 다른 용도로 다른 상황에서 사용하면 어떨지를 묻는다. 빵에 넣는 식품첨가물로 개발된 베이킹파우더를 청소세제로 사용하는 것을 예로 들 수 있다.

여섯째, 제거하기(Eliminate)는 기존 제품의 일부를 제거하면 어떨지를 묻는다. 마우스의 선을 제거한 무선 마우스를 예로 들 수 있다.

일곱째, 반대로 하기, 재배열하기(Rearrange)는 기존 제품의 순서, 배합 등을 바꾸거나 기존의 생각과 반대되는 생각을 한다면 어떨지를 묻는다. 김밥의 김과 밥의 위치를 바꾼 누드김밥을 예로 들 수 있다.

자료 네이버 지식백과

2 디자인 씽킹

디자인 씽킹의 이해

점점 더 높은 삶의 질을 추구하는 현대의 소비자들에게는 제품의 품질이나 기술 수준보다 디자인과 브랜드가 더욱 중요해지고 있다. 단순하면서도 직관적인 디자인으로 전 세계적인 열풍을 이끌어냈던 아이폰의 창조자 스티브 잡스는 “디자인은 제품이나 서비스의 연속적인 외층에 표현되는 인간 창조물의 영혼이다.”라 말했다. 이 말이 의미하는 바는 이제 인간은 단순한 신체적, 물질적인 만족만을 요구하는 게 아니라 영혼의 만족까지도 요구한다는 것이며, 디자인이 그러한 욕구를 충족시킬 수 있다는 것이다.

이처럼 디자인의 중요성이 점차 커지면서 많은 기업이 디자인에 관심을 기울이기 시작했다. 처음엔 단순히 제품의 외양에만 적용되던 디자인이 이제는 '고객을 만족시킬 수 있는 모든 것'에 적용되고 있다. 즉 제품 개발 단계뿐만이 아니라 제품의 기획, 마케팅, 관련 서비스 등 전 과정에 걸쳐 디자이너들의 감수성과 사고방식이 적용되고 있다는 것이다. 이것이 바로 디자인적 사고, 즉 디자인 씽킹(Design Thinking)이다.

통합적인 사고에서 나오는 디자인 씽킹

디자인 씽킹은 디자이너들이 무엇인가를 디자인하며 문제를 풀어가던 사고방식대로 사고하는 방법이다. 디자이너들은 기술적으로 구현할 수 있고, 현실적으로 이윤도 남기는 동시에 고객을 만족시킬 수 있는 방법을 창의적이고 혁신적으로 생각해낸다. 이를 위해서는 사용자와 깊이 공감할 수 있는 감수성과 비즈니스적인 전략적 사고가 둘 다 필요하다.

따라서 캐나다 토론토 대학의 로저 마틴(Roger Martin) 교수는 자신의 책 『디자인 씽킹(Design Thinking)』에서 디자인 씽킹이 직관적 사고나 분석적 사고의 한쪽이 아니라 이에 대해 통합적으로 접근하는 사고법이라고 하였다.

또한 로저 마틴은 그의 저서 『생각이 차이를 만든다』에서 "통합적 사고란 상반되는 두 아이디어 사이의 긴장을 건설적으로 이용하여 하나를 선택하느라 다른 하나를 버리는 양자택일 방식 대신, 두 아이디어의 요소를 모두 포함하면서도 각 아이디어보다 뛰어난 새로운 아이디어를 만들어 창의적으로 긴장을 해소하는 능력이다."라고 정의했다. 다시 말하면 통합적 사고란 새로운 해결책을 찾기 위해 서로 상충되는 아이디어와 상충되는 조건을 모두 이용하는 능력을 말한다. 로저 마틴은 디자인 씽킹이 이러한 통합적인 사고로부터 시작된다고 강조한다.

사용자와의 공감을 이끌어내는 디자인 씽킹

디자인 씽킹은 미래의 사용자와 공감(empathy)하는 것에서 시작된다. 사용자가 무엇을 원하는지, 그들의 생활에 무엇이 필요한지, 또 그들이 어떤 점을 좋아하고 싫어하는지 등을 속속들이 듣고, 느끼고, 이해한 바를 원동력으로 삼아 행하는 혁신이 디자인 씽킹인 것이다.

즉 디자인 씽킹이란 인간 중심 디자인(human-centered design) 방법론이라 정의할 수 있다. 이를 위해서는 공감을 하고 문제의 맥락에 접근하려는 능력, 예술과 기술을 결합하여 통찰을 만들어 내는 창조력, 그리고 복잡성을 조화롭게 하는 문제 해결 능력이 필요하다.

분산과 수렴 단계를 거친 디자인 씽킹

디자인 씽킹은 수렴(집중적 사고)과 분산(확산적 사고)의 두 단계로 나뉜다. 수렴(convergence)은 문제에 대해 최선의 해(optimal solution)를 구하는 것이고, 분산(divergence)은 하나의 주제에 대해서 다양한 아이디어를 제공하는 것이다. 하나의 원리보다는 여러 원리의 교차점에서 혁신적인 아이디어가 나오기 때문이다.

분산적 사고를 한다고 해서 자동으로 창의성이 만들어지는 것은 아니나, 창의적인 결과를 얻기 위해서는 분산적 사고가 필수적이다. 분산적인 사고는 질문을 다각도로 해석하는 방법을 제시하여, 하나의 문제에 대해서도 다양한 답을 생각해 볼 수 있는 능력을 키워주고, 수평적 사고를 확장해 준다.

디자인 씽킹에 수렴과 분산, 즉 집중적 사고와 확산적 사고가 적용되는 방식으로 '다이아몬드'라는 방식이 있다. 처음에는 브레인스토밍 등을 통하여 생각을 다양하게 확장하여 여러 개의 선택지를 만든 후, 현실적인 제약 사항을 고려하여 선택지 중에 하나를 선택한 다음, 이후에 이를 다듬어 나가는 것이다. 이러한 방식은 디자이너들의 평소 작업 방식(다양한 시안을 준비한 뒤, 선정된 시안을 계속 다듬어 나가는 방식)과 일치한다.

결국 디자인 씽킹이란 분산적 사고를 통하여 실현 가능한, 심지어 불가능한 경우까지도 포함하여 다양한 해를 만든 다음, 수렴적 사고를 통하여 최선의 해를 찾아내는 과정이다.

디자인 씽킹을 통해 세상 바꾸기를 실천하는 기업, IDEO

1978년에 창립되어 1991년 이후에 본격적으로 성장하기 시작한 IDEO

(eye-dee-oh라고 발음)는 세계에서 가장 혁신적인 디자인 컨설팅 기업이다. IDEO는 대표적인 디자인 서비스 혁신 방법으로 '디자인 씽킹'을 소개하였으며, 이를 적극적으로 활용하고 있다. IDEO의 CEO인 팀 브라운(Tim Brown)은 "디자인 씽킹이란 소비자들이 가치 있게 평가하고, 시장의 기회를 이용할 수 있으며, 기술적으로 가능한 비즈니스 전략에 대한 요구를 충족시키기 위하여 디자이너의 감수성과 작업 방식을 이용하는 사고방식이다."라고 정의했다.

팀 브라운은 자신을 스스로 디노베이터(D-innovator)라고 말했다. 여기서 'D'는 '디자인'으로, 디노베이터는 디자인을 통하여 혁신을 이룬다는 의미가 된다. 팀 브라운이 말하는 디자인 씽킹이란 사람이 느끼는 필요를 충족시키는 호감도(Desirability for human)와 기술적 가능성(Feasibility for technology), 그리고 경제적 생존 능력(Viability for business)을 조화시키는 일을 의미한다.

디자인 씽킹 3단계와 브레인스토밍

팀 브라운은 디자인 씽킹을 다음의 세 단계로 나누어 설명하였다.

① **영감(Inspiration)**
- 관찰, 공감, 협력하여 영감을 얻는다.

② **아이디어화(Ideation)**
- 통합적 사고 및 분산과 수렴 과정을 통해 구체적인 아이디어를 얻는다.

③ **구현(Implementation)**
- 프로토타입을 만들어 테스트하고, 실패하면 개선하는 일을 반복한다.

아이디어화 단계에서의 분산적 사고를 위한 브레인스토밍의 세 가지 원칙은 다음과 같다.

- 동시에 두 명 이상의 발언을 금지한다.
- 주제에 집중한다.
- 정제되지 않은 거친 아이디어를 존중한다.

이러한 세 가지 원칙에 따라 IDEO의 7가지 브레인스토밍 방법을 소개한다.

❶ 문제를 잘 다듬어서 말한다.

- 문제를 명확하게 묘사해야 브레인스토밍에 참여한 사람들이 좀 더 쉽게 주제에 접근할 수 있고, 그 모임은 훌륭한 출발을 할 것이다.

❷ 어떤 아이디어를 비판하거나 반박하면서 시작하지 마라.

- 그로 인해 모임의 활기가 곧바로 약화될 수 있다.

❸ 아이디어에 번호를 매긴다.

- 이는 모임 전이나 진행 중에 참가자를 자극하는 도구가 되며, 혹은 브레인스토밍이 얼마나 거침없이 진행됐는지 평가하는 수단이 된다.

❹ 때로는 단숨에 뛰어넘는다.

- 구축하고 뛰어넘을 기회를 살펴라. 아주 정력적인 브레인스토머는 가파른 역학 곡선을 따라가는 경향이 있다. 추진력은 서서히 구축되다가 격렬하게 뛰어오른 뒤 다시 안정 수준에 도달하게 된다.

❺ 아이디어를 사방에 기록한다.

- 거침없이 흐르는 아이디어를 팀원 모두가 볼 수 있는 매체에 기록하라. IDEO는 매직펜, 포스트잇 등의 도구들을 가지고 이를 실천함으로써 대성공을 거두었다.

❻ 분위기를 얼마 동안 달아오르게 하는 워밍업 시간을 가진다.

- IDEO가 실천하는 워밍업 중에는 빨리 말하는 낱말놀이가 있다.

❼ 바디스토밍(bodystorming)을 실시한다.

- 뛰어난 브레인스토밍은 아주 시각적이다. 여기에는 스케치, 마인드 매핑, 도형, 인체도가 포함된다. 남 앞에 나서는 데서 생기는 불안은 던져버리고 당신이 활용할 수 있는 비주얼 자료를 가지고서 문 안으로 뛰어들어라.

자료 https://terms.naver.com/entry.naver?docId=3534377&cid=58540&categoryId=58540, [네이버 지식백과] 디자인 씽킹이란? (창의융합 프로젝트 아이디어북, 2015. 6. 10., 조준동)

디자인씽킹 프로세스

디자인씽킹은 주어진 문제들을 창의적으로 해결하는 학습활동이자 사고 양식으로서 5단계로 구성된다. 아래는 스탠포드 대학 디스쿨에서 개발한 디자인씽킹 프로세스이며, 공감(Empathize)-정의(Define)-아이디어도출(Ideate)-시제품제작(Prototype)-테스트(Test)의 5단계로 학습을 진행한다.

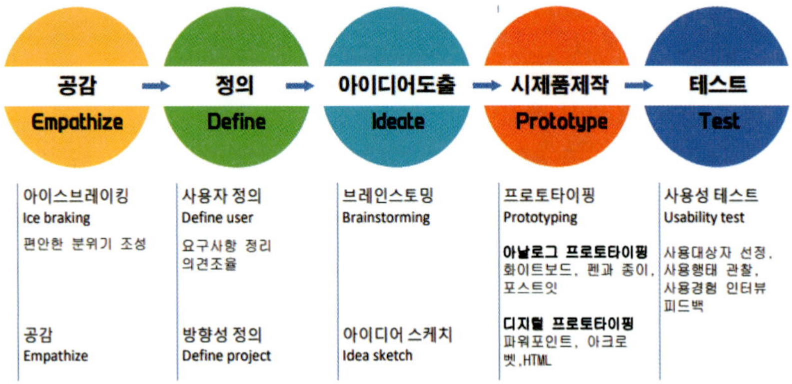

그림 6-2 디자인씽 프로세스

표 6-1 디자인씽킹 5단계 프로세스

프로세스	내용
공감하기 (Empathize)	사람들을 관찰하고 인터뷰하면서 인사이트를 얻는 단계이며, 보이지 않는 것들에 대한 이해가 통찰을 가능하게 하며 혁신적인 해결책을 찾아내는데 중요한 역할을 함
문제 정의하기 (Define)	팀원들의 감정 이입 결과를 종합하고 범위를 특정하는 단계로서, 공감단계에서 모은 자료를 토대로 문제를 정의 내리는 단계임
아이디어도출 (Ideate)	집단지성을 발휘하여 구성원들과 함께 다양한 아이디어를 도출 및 문제점으로 파악된 것에 대해 해결 방법을 개발하는 과정임
시제품 제작하기 (Prototype)	문제해결을 위해 시제품을 만드는 단계이며, 시제품은 모호함을 제거하는 강력한 도구이고, 해당자들과 다른 방식으로 대화를 나누어 볼 수 있는 방식임
테스트하기 (Test)	해당자의 검증을 받는 단계이며, 해결책에 대한 피드백을 받고 그것을 개선하는 과정에서 해당자에 대해 더 많은 것을 공감함

자료 스탠포드 대학교 홈페이지(https://dschool.stanford.edu/programs/teaching-learning)

3 디자인 씽킹 사례

● 정수기 자전거, 아쿠아덕트

IDEO 디자인팀이 2008년에 선보인 정수기 자전거 아쿠아덕트(Aquaduct)는 개발도상국에 사는 많은 사람이 깨끗한 음용수를 쉽게 구할 수 없다는 점에 착안해, 물을 자전거에 싣고 이동하면서 페달을 밟으면 펌프가 작동해 정화 효과를 낼 수 있도록 고안됐다.

더러운 물을 자전거 뒤편 트렁크에 싣고 페달을 밟아 이동하는 동안, 페달에 의해 구동된 펌프를 통해 물이 정수되고, 정수된 물은 자전거 앞부분 물통에 저장된다. 이는 자전거가 주 교통수단인 저개발 국가에서 활용할 수 있는 적정기술 디자인이다. 이 디자인으로 IDEO는 자전거 제조사 스페셜라이즈드(Specialized)에서 주최한 디자인 공모전에서 대상을 받았다.

그림 6-3 정수기 자전거, 아쿠아덕트

● 포드의 하이브리드 자동차, 퓨전의 계기판 인터페이스

포드사에서 '퓨전(Fusion)'이라는 하이브리드 자동차를 개발할 때, IDEO에 의뢰가 들어왔다. 사용자들이 하이브리드 자동차를 잘 이용할 수 있는 인터페이스로 만들어달라는 요구였다. 그래서 IDEO측 사람들은 현장에 나가 사람들이 차의 인터페이스와 어떻게 상호작용하는지, 또 하이브리드 자동차가 움직이는 방식을 어떻게 이해하는지 등에 대해서 연구했다.

이들은 흥미로운 사실을 발견했는데, 하이브리드 자동차를 구입하는 사람들 중에 환경에 관심 있는 사람들이 많다는 것이었다. 연구자들은 그 관심을 자동차와 상호작용하는 방식에 적용했다.

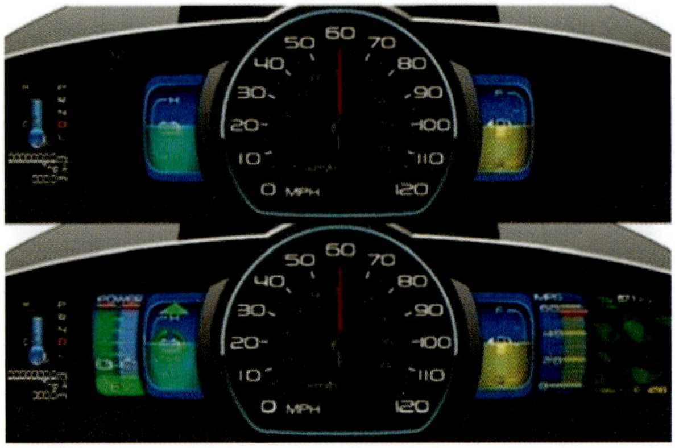

그림 6-4 포드의 하이브리드 자동차(퓨전)의 계기판 인터페이스

다음 중 첫 번째 그림은 시동 전 계기판 모습이다. 운전자가 경제속도로 운전하면, 계기판은 아래 두 번째 그림과 같이 파란 잎사귀가 자라는 모습을 디스플레이한다. 이는 바로 환경에 관심이 많은 소비자를 고려한 디자인으로, 경제속도로 운전함으로써 운전자가 환경에 기여한다는 느낌을 주어 제품에 대한 만족을 느끼게 한다.

이와 같이 소비자의 심리를 읽어 내야 하기 때문에 예술대학 디자인 전공자(제품 디자인, 그래픽 디자인, 인터페이스 디자인, UX 디자인 등), 공학/IT (정보통신) 전공자뿐 아니라 사회학이나 정신분석학, 인류학 쪽의 전공자가 IDEO에 근무한다. 얼핏 보기엔 이러한 전공들은 디자인과 별 상관없어 보이지만, 사용자를 관찰하고 필요한 것을 알아내는 데 아주 중요한 분야들이다.

불확실한 미래 가치를 시각화하는 디자인 씽킹

디자인 씽킹의 성공적인 사례로 아마존닷컴을 들 수 있다. 아마존닷컴의 설립자 제프 베조스(Jeff Bezos)는 인터넷 시대가 도래하자 인터넷을 통해 무엇을 팔 수 있을까 고민하다가 결국 책을 팔기로 한다. 그러나 당시만 해도 인터넷 서점이라는 선례도 없을뿐더러, 사업 모델에 대한 검증조차 없었다. 그런데도 베조스는 투자자들을 설득하는 데 성공한다. 그는 프레젠테이션에서 바로 '미래'를 보여주었고, 투자자들의 신뢰를 얻을 수 있었다.

그림 6-5 아마존닷컴 홈페이지

아마존의 성공 사례에서 보듯이 미래 가치가 불확실한 아이디어이지만 그 경제성과 성장 가능성에 사람들이 위험도 기꺼이 감수하면서 움직였고, 그 최고의 결과물이 디자인 씽킹을 통해 도출될 수 있었다. 따라서 디자인 씽킹은 '지식의 융합을 통해서 불확실한 미래 가치를 과감하게 시각화하는 것'이라고 재정의할 수 있다.

소비자 감성을 충족시키는 커피머신

소비자의 감성을 만족시키는 제품을 만들기 위해서는 인간 중심의 설계, 반복적인 작업, 분산과 수렴, 그리고 균형 잡힌 제약 조건에 기반을 둔 유연한 디자인 씽킹이 필요하다. 이러한 예로 커피를 좋아하는 사람이라면 관심을 가질 만한 세 가지 커피머신 제품을 소개한다. 다양한 기능을 가진 커피머신의 예를 통해 우리가 만들어 낼 수 있는 아이디어가 무궁무진함을 알 수 있을 것이다.

- 안드로이드 커피머신

  이 커피머신(Android Based Coffee Brewery)은 메타트렌드 연구소의 컨셉 디자인 제품으로, 안드로이드(Android) 운영체제를 사용하는 스마트폰 앱에 커피 취향을 입력한 후, 커피머신 상단에 스마트폰을 꽂고 커피를 제조한다. 커피 캡슐에 인쇄된 QR 코드를 인식하며, 머신

좌우에 내장된 스피커에서 커피 맛에 어울리는 음악이 자동으로 재생된다.

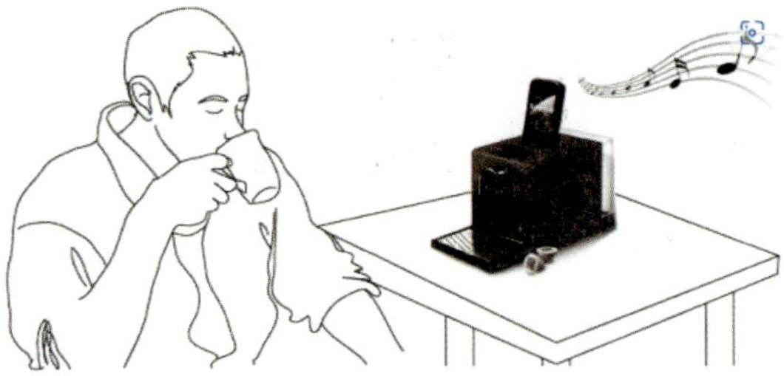

그림 6-6 안드로이드 커피머신

- 문자 인쇄가 가능한 커피머신

이 커피머신(Textspresso)은 리눅스(우분투3)) 기반 머신(Machine)으로, 문자 메시지나 메시징 앱으로 전달받은 주문에 맞추어 커피를 제작한다. 주문자 이름을 에스프레소 거품에 표기하여 개인별 커피를 구별한다. 회사 클라우드 서버(우분투 10.04 서버)를 통해 휴대폰 문자 앱과 동기화한다.

그림 6-7 문자 인쇄가 가능한 커피머신

- 지문인식 에스프레소 머신

'지문인식 에스프레소 머신'은 최대 6명의 지문을 저장하여 각자 좋아하는 커피에 관한 정보를 데이터베이스에 보관할 수 있다. 이 머신은 사용자의 지문을 인식하고, 그가 좋아하는 커피를 곧바로 만들어 내는 독특한 에스프레소 머신이다. 또한 각자의 취향을 인식해서 세라믹 재질의 원두 분쇄기로 에스프레소, 아메리카노, 카페라테 등을 만들어 준다.

그림 6-8 지문인식 에스프레소 머신

자료 네이버 지식백과

요점정리

- 브레인스토밍(Brainstorming)은 창의적인 아이디어를 생산하기 위한 학습 도구이자 회의 기법이다. 브레인스토밍은 집단적 창의적 발상 기법으로 집단에 소속된 인원들이 자발적으로 자연스럽게 제시된 아이디어 목록을 통해서 특정한 문제에 대한 해답을 찾고자 노력하는 것을 말한다.
- 브레인스토밍의 오스본 방식의 4가지 기본 규칙은 ① 양(量)에 포커스를 맞추기, ② 비판, 비난 자제, ③ 특이한 아이디어 환영, ④ 아이디어 조합 및 개선이다.
- 스캠퍼(SCAMPER)'란 이름은 '대체하기(Substitute), 조합하기(Combine), 적용하기(Adapt), 수정 · 확대 · 축소하기(Modify, Magnify, Minify), 다른 용도로 사용하기(Put to other use), 제거하기(Eliminate), 재배치하기(Rearrange)'라고 하는 7가지 질문의 머리글자를 따서 만든 것이다
- 디자인 씽킹(Design Thinking)이란 제품 개발 단계뿐만이 아니라 제품의 기획, 마케팅, 관련 서비스 등 전 과정에 걸쳐 디자이너들의 감수성과 사고방식을 적용하는 것이다.
- 디자인 씽킹 5단계 프로세스는 공감(Empathize)–정의(Define)–아이디어도출(Ideate)–시제품제작(Prototype)–테스트(Test)이다.

연습문제

1 브레인스토밍이란 무엇을 말하는가?

2 브레인스토밍의 4가지 기본 규칙은 무엇인가?

3 스캠퍼(SCAMPER)에 대해서 설명하시오.

4 디자인 씽킹이란 무엇인가?

5 디자인 씽킹 5단계 프로세스에 대해 설명하시오.

참고자료

[1] 스탠포드 대학교 홈페이지(https://dschool.stanford.edu/programs/teaching-learning)

[2] https://ko.wikipedia.org/wiki/%EB%B8%8C%EB%A0%88%EC%9D%B8%EC%8A%A4%ED%86%A0%EB%B0%8D, 위키백과

[3] https://ko.wikipedia.org/wiki/%EB%B8%8C%EB%A0%88%EC%9D%B8%EC%8A%A4%ED%86%A0%EB%B0%8D, 위키백과

[4] https://terms.naver.com/entry.naver?docId=5773109&cid=43667&categoryId=43667, 네이버 지식백과

[5] https://terms.naver.com/entry.naver?docId=3534377&cid=58540&categoryId=58540, [네이버 지식백과] 디자인 씽킹이란? (창의융합 프로젝트 아이디어북, 2015. 6. 10., 조준동)

PART

3

비즈니스 모델과 사업계획

한석만

삼류경영자는 자신의 능력을 쓰고 이류는 남의 힘을 쓰며 일류는 남의 머리를 쓴다[한비자]

이는 직원 한사람 한사람이 갖고 있는 모든 능력을 발휘하게 하는 관리자가 일류 경영자라는 이야기이다.

4차 산업혁명 시대 뉴 노멀, 기업가 정신

07 비즈니스 모델과 린 스타트업

학습목표

- 비즈니스 모델에 대한 개념을 이해할 수 있다.
- 비즈니스 모델의 구성요소에 따른 가치창출에 대한 전략을 구사할 수 있다.
- 비즈니스 모델 구축을 위한 린 캔버스를 작성하고 사업계획과 연계할 수 있다.

1 비즈니스 모델(BM: Business Model)의 개념

비즈니스 모델은 경제적, 사회적, 문화적 또는 다른 맥락에서 조직이 어떻게 가치를 창출하고 전달하며 기회를 포착하는 방법을 제시한다. 따라서 비즈니스 모델을 구축하고 수정 또는 보완하는 절차를 비즈니스 모델 혁신이라고 하며 이것은 비즈니스 전략의 한 부분을 구성하게 된다.

비즈니스

제품(상품 및 서비스)을 제조하거나 구매 및 판매하여 생존하는 수단

비즈니스 모델이라는 용어는 이론과 실무적인 면에서 목적, 비즈니스 절차, 대상 고객, 제품, 전략, 인프라, 조직구조, 자원(source), 거래를 포함하여 조직 또는 비즈니스의 핵심 측면을 나타내는 관행과 문화를 포함하는 운영 및 정책에 대하여 광범위하게 공식 및 비공식적으로 설명하고 있다.

가. 비즈니스 모델의 개념

1) 정의

비즈니스 정의는 어떻게 비즈니스를 통하여 지속적으로 성장하고 이익을 내는가에 대한 계획을 말한다. 즉, 기업의 수익구조 및 비용 구조, 그리고 이익을 어떻게 내는 가를 예측하고 최소한 사업자가 지속적으로 경영을 유지할 수 있는 가에 대한 방법을 제시하고 있다. 비즈니스 모델은 기업이나 창업자가 이윤을 창출하는 방법을 세분화한 자료로서 목표시장,

시장의 요구사항 및 비즈니스가 고객에게 서비스를 제공하는 방법을 계획 단계에서 구분하여 식별하도록 하고 있다. 비즈니스 모델 계획서에서는 제품 생산 및 마케팅과 같은 비용으로 발생되는 다양한 비용도 포함된다. 또한 비즈니스 유형은 다양하기 때문에 고유한 요구사항에 적합하게 조정되는 것이 중요하다.

비즈니스 모델의 개념에서는 아이디어와 비즈니스 자원이라는 두가지의 범주로 분할할 수 있다.

- 아이디어 범주 : 제품 및 서비스, 대상 고객, 경쟁자, 차별화, 광고 및 판매
- 비즈니스 자원(resource) : 아이디어를 실행 하는 데 필요한 것으로서 소유권, 인력, 시설, 재무모델, 자금 조달 및 대차대조표로 구분되고 이에 대한 4가지 핵심요소는 다음과 같다.
  가) 물리적 자원 : 유형의 자원으로서 느끼고 만져볼 수 있는 자원요소로서 기계 및 장비, 건물 및 사무실 공간, 자동차 및 화물차, POS 시스템, 유통 네트워크(물류 창고 및 물류 운송 시스템), 지적자원(물리적 자원보다는 중요하지 않지만 때로는 무형의 자원이 중요한 요소가 될 수 있음)이 있다.
  나) 지적 자원 : 일을 수행하는데 익숙한 암묵지(경험을 통한 축적된 지혜)와 같은 독점적 지식 등 수많은 경험을 통하여 얻은 정보로서 시스템 및 프로세스, 고객 지식, 자사 브랜드, 저작권 및 특허기술, 고객 데이터베이스 등과 같이 서비스 기반 비즈니스로서 일을 효율적으로 처리하는 자원을 말한다.
  다) 인적자원 : 기업에서 관리하는 인적자원부서가 아니라 순수하게 자원으로 구분되는 인력을 말한다. 여기에는 제품이나 서비스를 만드는 인력, 제품을 배달하는 트럭 운전자, 고객 서비스 에이전트, 생산관리자, 세일즈맨, 인사 담당자로서 전문성을 가지고 지적 재산을 효과적인 방법으로 수행하는 인력을 인적자원이라 한다.

라) 재정자원 : 모든 비즈니스 모델은 기업을 지속적으로 운영하기 위해 개발자, 마케팅, 제조 지원 등에 필요한 현금과 신용한도가 있어야 한다. 현금, 거래 및 신용한도, 벤처 투자가, 보조금 및 대출, 직원의 스톡옵션 등을 예로 들 수 있다.

2) 비즈니스 모델의 벨류 체인(Value Chain)

비즈니스 모델은 사회 환경과 정보통신 기술의 발전으로 인하여 계속 변화하고 있으며 이를 토대로 가치 창출에 대한 연구도 빠르게 파생적으로 진행되고 있다.[1] 이러한 주장은 비즈니스 모델 개념이 e-비즈니스 맥락에서 가치 창출의 목표와 밀접하게 연관되어 있다는 것을 알 수 있다.[2] 실제로 인터넷과 전자 데이터 교환을 기반으로 하는 새로운 경제의 발전과 함께 가치의 개념은 수익과 차별화의 원천으로 가상 시장을 지향하게 되었다. 이에 반해 인터넷 이전에서는 가치의 개념이 시장 수준에서 정의되어 만들면 팔린다는 밀어내기 전법으로 진행되었다. 예를 들면 고객의 관점에서 정의된 가치는 고객의 인지된 욕구 또는 요구와 관련된 보다 주관적인 개념으로 나타나고 있다.[3]

고객과 이해관계자를 위한 가치 있는 제안을 통해 경쟁 우위를 달성할 수 있는 기업의 능력을 결정하는 다양한 단계와 운영으로 조직 차원에서 기업이 생산할 수 있는 가치를 판단하여 가치사슬을 구상하여야 한다.[4] 가치사슬은 기업의 주요 활동과 기능, 비용 및 차별화 이점을 주도하는 기본요소에 더 중점을 두고 있다.

가치 사슬이 조직 활동의 기본 관점으로 간주되는 반면에 BM(Business Model)은 경제적 가치 창출을 위한 기업 활동의 구성에 대한 내부 비전과 가치 창출의 원천으로서 고객 중심에 더 관심의 중심에 두고 있다.[1]

3) 가치의 구성으로서 비즈니스 모델

최근에는 비즈니스 모델이 벤처 전략, 아키텍처 및 경제에서 상호 연관된 일련의 결정변수가 지속가능한 경쟁우위를 창출하기 위해 어떻게 처리되는지에 대한 간결한 표현으로 나타내어지고 있다.

표 7-1 사우스웨스트의 비즈니스 모델 특성화

구성요소	기능 수준	독점수준	운영내용(Rule)
제공된 요소	• 서비스만 판매 • 표준화된 오퍼링 • 좁은 폭 • 얕은 선 • 서비스 자체 판매 • 내부 서비스 제공 • 직접적 유통망	• 단거리, 저가, 고효율, 지점간 서비스 • 재미를 전달 • 음료/간식만 제공 • 좌석 지정 없음/일등석 없음 • 여행사/중개자 없음 • 전액 환불 가능한 비용, 사전 결재 안함 • 철저한 구매 요구사항 준수	• 최대 편도 요금은 일정금액 초과하지 않는다. • 1인당 최대 식비는 일정금액 미만이어야 한다.
시장 요인	• B2C, B2B(개인 고객 및 기업 여행부서) • 국가 • 소매 • 폭넓은 시장 거래	• 30개 주 59개 공항에 서비스를 제공하고자 지역 항공사의 체계적인 관리 • 기본 운영 모델을 포함한 적합한 검토를 통한 신중한 도시 선택	• 현지 시장 점유율 85%을 대상으로 서비스를 제공할 도시를 선택하기 위한 특정 가이드라인
내부능력 요인	• 생산 및 운영 시스템	• 일선 라인에 직원을 배치하기 위한 엄선된 프로필의 선발제도 운영 • 혼잡하지 않은 작은 도시의 비행 • 독립적 수하물 처리시스템으로 혁신적 운영방식 • 보잉 737 항공기와 다른 항공사와 코드 공유 안함	• 공항에서 하루 최소 20회 출발 • 최대 비행거리 마일 제한 • 최대 비행시간 제한 • 항공편 회전율 20분 또는 미만
경쟁전략 요소	• 운영 우수성/일관성/신뢰성의 이미지	• 정시도착, 낮은 운임, 즐거운 시간을 보내는 승객들에게 차별화된 서비스 제공	• 항공업계에서 최고의 정시 기록 달성
경제적 요소	• 고정 수익원 • 높은 운영 영향력 • 대용량 • 낮은 이익	• 지속적으로 저렴한 가격과 내부 효율성이 결합된 단거리 노선 및 높은 비행 빈도로 인해 항공업계 동향과 달리 연간 수익성유지	• 승객당 유지비용에 대한 목표관리
성장/퇴출 요인	• 성장모델	• 비즈니스 모델에 부합하는 성장 기회 강조	• 성장율 관리

2 비즈니스 모델의 구성요소와 조건

디자인 씽킹으로 도출된 아이디어를 성공적인 비즈니스 모델로 수행하기 위해서는 다양한 고객을 유인할 수 있어야 하며 이를 수익과 연결시킬 수 있도록 경쟁력 있는 비즈니스 모델이 수립되어야 한다. 특히 가치 창출을 위한 활동들이 선순환적인 구조로 구성하여 경쟁자들이 쉽게 모방할 수 없도록 디자인 되어야 지속성을 확보할 수 있다. 비즈니스 모델은 상품과 서비스 그리고 기업이 삼각관계를 형성하여 경제적인 이윤간의 연결고리 역할을 하는 구조로서 아래 [그림 7-1] 구성요소가 있다. 그리고 비즈니스 모델을 성공시키기 위한 구성 조건은 ①가치제안, ②수익 메커니즘, ③선순환 구조, ④모방 불가능성의 4가지로 구성된다. 여기서 ①과 ②는 경쟁력 요소이고 ③과 ④는 지속성 요소로 구분할 수 있다.

가. 구성요소

기업이 고객을 위한 사회적 가치를 어떻게 창출하여 전달하고 어떤 수단으로 경제적 이윤을 획득하는가에 대한 사이클링은 다음과 같이 6단계의 흐름으로 이루어진다.[5]

1) 가치제안(value proposition) : 고객이나 사용자의 관점에서 상품이나 서비스의 가치가 고객의 요구를 충족시킬 수 있는지에 대한 해결책 또는 만족하는 제품이나 서비스
2) 목표시장(target client) : 고객은 제품이나 서비스에 대하여 다양한 요구사항을 충족되기를 바라면서 다른 소비자들과는 차별화되고 고유의 특성으로 만족할 수 있는 가치를 판단하여 구매 한다는 것이다. 따라서 고객 가치에 대한 정확한 세분화를 통하여 목표 대상을 선정하여 시장에 접근
3) 가치사슬(value chain) : 제품이나 서비스를 제조하고 유통시키는데 필요한 구조와 조직의 자원을 효율적으로 활용하는 방법
4) 전달방식(delivery) : 가치 네트워크라고 하며 전·후방 활동을 통하여 최종 소비자와 연결하는 가치사슬상의 기업, 공급자, 이해관계자들과

의 활동 범위를 포함

5) 수익 흐름(revenue stream) : 수익모델과 그에 따른 수익 잠재력

6) 경쟁 전략(competitive strategy) : 기업이 지속가능한 경쟁우위를 확보하기 위한 방법 또는 전략

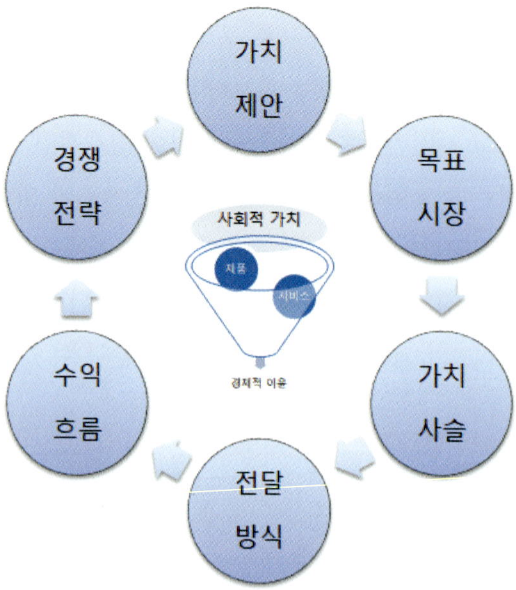

그림 7-1 비즈니스 모델 구성요소

나. 비즈니스 모델의 4가지 조건

1) 가치제안(value Proposition)

성공적인 비즈니스 모델이 창출할 수 있는 기반은 새로운 고객가치 제안을 창의적으로 제공하고 실행하여 수익을 내는 방법이다. 가치 제안은 고객과의 거래내용과 제품을 제공하기 위해 각 조직이 관리하는 자원의 고유한 배치 및 전략으로서 고객이 시장에서 제공받는 모든 부가가치가 있다면 모든 고객은 기업이 제공하는 제품을 구매하는 이유가 된다.

- 가치제안은 고객의 요구를 충족시키기 위해 비즈니스가 제공하는 모든 제품 및 서비스의 경쟁력을 확보하는 것으로서 새로움(newness), 성능(performance), 커스터마이징(customization), 디자인(design), 디

자인 완료, 브랜드/상태(brand/status), 가격(price), 비용 절감(cost reduction), 위험 감소(risk reduction), 접근성(accessibility), 편의성/사용성(convenience/usability) 등 다양한 요소를 통해 가치를 제공하게 된다.

'우리고객은 누구이며 고객이 중요하게 생각하는 고객에게 무엇(what)을 제공할 것인가?' 의 맥락에서 가치제안은 기업이 고객에게 제공할 수 있는 제품이나 서비스의 제안요소, 제품 또는 서비스의 매력적인 요소가 무엇(what)인지 파악하는 것이다.

표 7-2 Kano Model의 매력적인 품질요소[7]

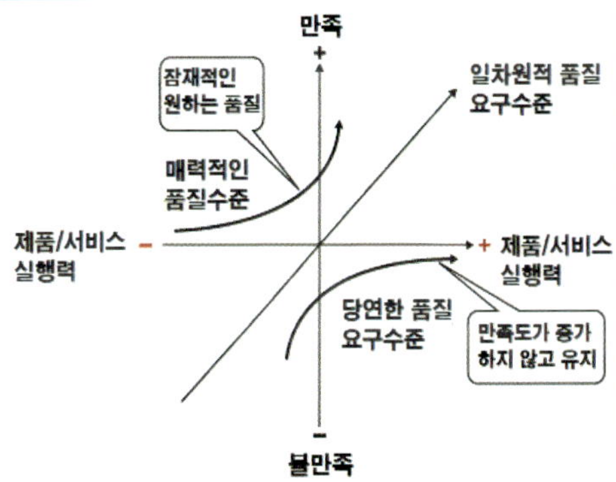

- 당연한 품질요구수준 : 불만족할 수 있는 요구사항 (기대되지만 만족도를 높일 수 없음)
- 1차원적 품질요구수준(원하는 품질) : 요구 사항이 많이 충족될수록 고객이 더 많이 만족
- 잠재적인 원하는 품질(Delighters) : 요구 사항이 없으면 불만을 일으키지 않지만 있으면 고객에게 기쁨 제공
- 무관심: 기능의 보유여부
- 역기능: 실제로 불만을 유발

<표 7-1>의 내용을 살펴보면 가치 제안을 위해서는 목표 고객 또는 고객층, 고객에게 주어지는 가치 혹은 혜택, 기업이 고객가치가 담긴 제품 또는 서비스를 동종 산업의 경쟁사들보다 더 탁월하게 제공할 수 있는 카노 모델로 설명할 수 있다.

2) 수익 메커니즘(revenue mechanism)

기업의 비즈니스 모델의 핵심 구성요소로서 추구할 수익원은 어느 것인가, 제공할 가치는 무엇인가, 가치를 제공할 가격 책정 방법, 가치를 제공할 고객은 누구인가를 구분하고 식별하는 구조로서 수익을 발생시키고 이윤을 내며, 투자 자본에 대해 높은 수익을 창출할 수 있는 방법을 의미한다.

고객가치를 창출할 수 있는 아이디어가 도출되더라도 이를 효과적으로 수익과 연결되지 않으면 비즈니스 모델은 성공할 수 없기 때문에 단순하게 제품이나 서비스를 제공하는 방식보다는 다양한 방법으로 수익을 획득하기 위한 수익 메커니즘이 필요하다.

- 가치제안을 통한 수익구조

  가치구조는 두 가지로 구분할 수 있는데 유료 가치제안과 무료 사용 가치제안이 있다. 제품이나 서비스의 경우 대부분은 어떠한 형태로 접근하면 비용이 수반하게 된다. 제품의 용도와 특성, 대상유형, 대표유형, 제품 사용의 세부사항에 따라 가격 책정이 각각 다르게 되지만 가치 제안을 사용하는데 비용이 필요하지 않거나 무료로 선택을 하는 경우는 수익 창출은 제3자를 통하여 이루어져야 한다. 즉, 광고 공간, 기부, 제휴 프로그램 또는 재판매 등 이전에 언급한 유형의 기반으로 하는 모든 것이 될 수 있다.

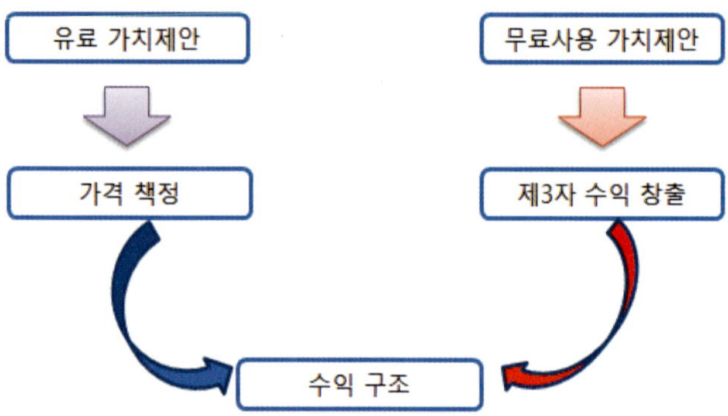

그림 7-2 수익구조 모델

- 수익 메커니즘 유형
  - 상품 서비스화 : 상품의 핵심 기능을 서비스로 제공하여 사용량에 따라 지속적으로 수익을 창출하는 형태(GE에어크래프트 엔진)
  - 프리미엄 : 무상으로 제공하고 다수의 고객이 확보되면 업그레이드에 대한 비용을 추가 부과하여 수익을 창출하는 형태(어도비)
  - 분할 : 번들로 제공하던 서비스를 분할하여 별도로 비용을 청구하거

나 이용시간을 분할하여 다수의 고객이 사용하도록 하여 수익을 창출하는 형태(넷제트)

- 양면 시장 : 서비스를 이용한 고객에게 비용을 청구하지 않고 광고주 등 제3자로부터 수익을 창출하는 형태(구글)

3) 선순한 구조(Virtuous cycle)

시장이나 기술 등의 상황을 선순환으로 연결하여 한 가지 좋은 일이 일어나기 시작하면 다른 좋은 일이 발생하여 후속적으로 계속 발생한다는 의미를 선순환 구조라 한다. 이는 스타트업이나 기업이 지속 가능한 성장을 이루기 위해선 자기혁신을 통하여 끊임없이 진화해야 한다는 것이기도 하다.

예를 들면 Google 앱 스토어는 “Play” 스토어에서 활동하는 사용자가 많을수록 개발자에게 더 매력적이다. 이는 더 많은 개발자가 스토어에 앱을 게시할수록 더 많은 고객이 스토어를 방문하고 해당 애플리케이션을 다운로드하게 되며, 이는 개발자와 사용자의 거대한 커뮤니티로 이어지는 환류(feedback loop)로 연결된다.

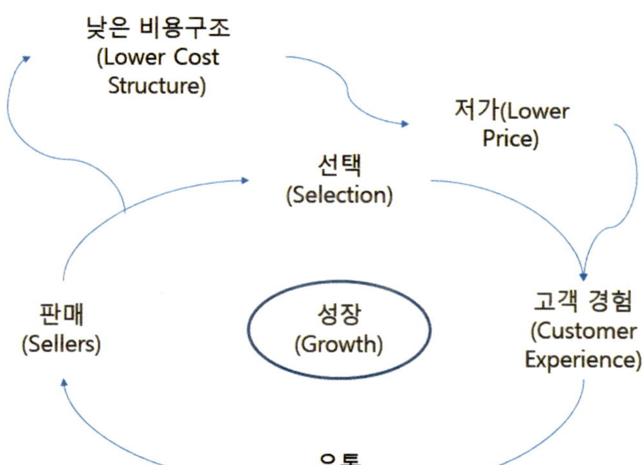

그림 7-3 아마존의 선순환 구조[8]

[그림 7-3]은 아마존의 제프 베조스(Jeff Bezos)가 제시한 “Virtuous Cycle”로서 비즈니스의 성공은 훌륭한 고객의 경험으로 시작된다는 아이디어를 보여주는 사이클로서 훌륭한 고객 경험은 더 많은 고객 유통을 유치할 것이며, 고객은 시스템에 더 많은 판매자를 데려올 것이고, 이 판매자는 더 많은 제품 선택을 제공할 것이다. 더 많은 옵션은 궁극적으로 제품과 혁신의 비용을 절감하고 긍정적인 사이클 효과를 달성한다고 주장하였다. 이는 성장은 일반적으로 점점 더 많은 사용자/고객을 확보하여 제품을 시험해보고 스틱뿐만 아니라 더 많은 잠재 고객이 제품을 사용할 수 있게 해주는 네트워크 효과를 창출하여 번성하고 지속 가능한 비즈니스를 창출하는데 중요한 전략으로 활용하여야 한다.

4) 모방 불가능성(Inimitable)[9]

기업이 지속적으로 경쟁우위를 확보하기 위한 비즈니스 모델을 구축하기 위해서는 경쟁기업이 모방을 전략적으로 방어할 수 있는 전략의 구축이 필요하다. 이를 위해서는 창업기업이 보유하고 있는 비즈니스 모델을 극대화할 수 있게 설계된 아이디어를 지식재산권 확보와 기술임치제도를 통한 방어를 선행적으로 수행하여야 불필요한 분쟁으로부터 사전 예방할 수 있는 경영전략을 구사하여야 한다. 모방 불가능성은 기업의 내재가치를 측정하는 VRIO(value(경제가치), raity(희소성), inimitiability(모방 불가능성), organization(조직))의 한 요소로서 다음과 같은 내용을 확인하여야 한다.

- 그 자원(제품이나 서비스)을 획득하는데 얼마나 큰 비용을 부담해야 하는가?
- 그 자원(제품이나 서비스)을 보유할 경우 비용 측면에서 불리한 입장이 되는가?

다음 <표 7-3>은 사업화 하려는 제품이나 서비스의 시장규모 확대가 기대되는 기술 분야가 있는데 전문지식이나 기술력을 보유한 인재가 매우 부족한 상황이라면 자사는 어떤 경영전략을 VRIO를 통해 타개할 것인지 스스로 측정해보는 표이다.

표 7-3 VRIO 측정 사례

가치생산은 미래가치, 시장가치, 고객가치, 상업적 가티 효율성 가치 5가지 타입이 있음

VRIO 요소	전문인력	기술개발력	자금력
경제적 가치(V)	○	○	○
희소성(R)	○	○	×
모방 불가능성(I)	○	○	×
조직력(O)	○	×	×

- 경제적 가치에 대한 부문은 해당 전문지식을 보유한 인재를 확보하여 아이디어에 대한 특허를 신청하면 경쟁사보다 우위를 점유할 수 있다.
- 희소성에 대한 부문은 해당 인재는 업계에서도 극히 소수에 불과해 희소성이 높다.
- 모방 불가능성에 대한 부문은 전문인력과 기술개발력을 측정한 표이고, 전문지식을 보유한 인재와 특허와 같은 지적재산권을 확보하려는 많은 시간과 노력, 비용이 투입되어야 한다.
- 조직력에 대한 부문은 해당 전문지식을 보유한 인재를 채용하고 적절히 평가하기 위한 인사관리시스템, 지적재산권관리시스템을 관리하기 위한 사내 직무발명 보상제도 같은 제도 정비가 이루어져야 한다.

3 비즈니스 모델 캔버스 작성 및 피드백

비즈니스 모델 캔버스는 새로운 비즈니스 모델을 개발하고 기존 비즈니스 모델을 문서화하는 데 사용되는 전략적 관리 도구로서 기업 또는 제품의 가치 제안, 인프라, 고객 및 재무를 설명하는 요소가 포함된 시각적으로 표현한 전략서로서 비즈니스 모델 캔버스라고 불리게 된 비즈니스 모델 디자인 템플릿의 아홉 가지 “빌딩 블록”은 2005년 Alexander Osterwalder에 의해 처음 제안되었다.[10] 이후 특정 틈새 시장을 위한 새로운 캔버스도 등장하고 있다.

비즈니스 모델 캔버스는 가치 제안을 중심으로 두 부문으로 구분되어 지는데 전반부문은 기업의 가치가 어떻게 고객에게 전달되고, 어떻게 수익

이 창출되는지를 나타내고, 후반부문에서는 주로 시장에서 고객에게 제공되는 가치의 전달방법과 어떤 관계를 맺어 가는지에 대한 내용을 제공하고 있다.

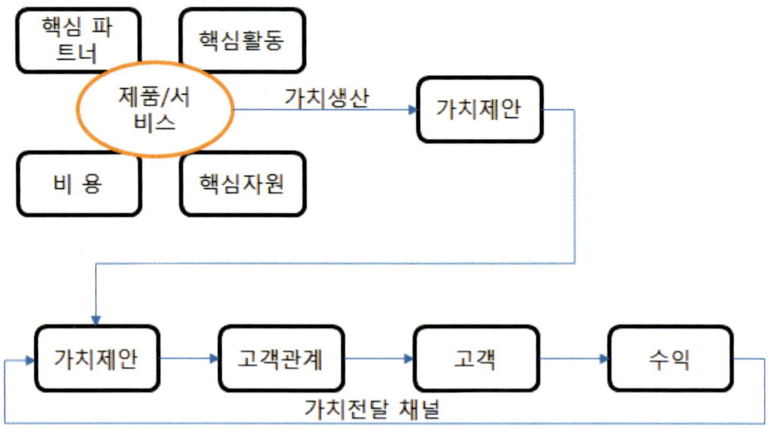

그림 7-3 비즈니스 모델 캔버스 흐름

가. 비즈니스 모델 캔버스(Business Model Canvas) 란

창업 및 스타트업자들이 수행할 수 있는 가장 중요한 업무 중 하나는 머리속에 있는 아이디어를 이해관계자들과 소통할 수 있도록 실질적인 형식으로 표현하는 것이다. 과거에는 일반적으로 조사 및 파악된 사업 계획을 의미했으며, 일반적으로 작성하는 데 몇 주(대략 몇 달)가 소요되었다. 가능한 비즈니스 모델, 제품 출시, 캠페인 및 변형(또는 수정)을 신속하게 공식화하고 리드 흐름 방법(Lead Flow Method) 작업을 위해 이해관계자와 이를 소통하는 데 도움을 주기 위해 린 캔버스를 사용한다. 시각적으로 구성되도록 표현된 Lean Canvas를 사용하면 이 부분이 “모델/아이디어 전달”을 훨씬 더 효과적으로 수행할 수 있다. 린캔버스가 가장 가치 있는 기능이라고 생각할 수 있는 기본 핵심요소는 시간적인 낭비를 제거할 수 있다. 즉 시간, 프로세스, 재고 등을 포함한다.

표 7-3 린 캔버스

<table>
<tr><td rowspan="2">① 핵심 파트너십 또는 문제 해결 과제</td><td>④ 해결방안</td><td rowspan="2">③ 가치제안</td><td>⑤ 경쟁우위 또는 고객 관계</td><td rowspan="2">② 목표고객에 대한 고객 세분화</td></tr>
<tr><td>⑧ 핵심지표</td><td>⑨ 채널</td></tr>
<tr><td colspan="3">⑦ 비용구조</td><td colspan="2">⑥ 수익원</td></tr>
</table>

나. 린 캔버스 구성요소에 필요한 내용

① 핵심 파트너

[정의]

- 창업을 성공할 있게 필요한 외부 이해관계자들이 누구이며 어느 부분이 우리에게 도움을 줄 수 있는지 파악하고 분석하는 단계
- 또 하나는 신상품이나 기존 제품의 문제점에 대한 분석으로 해결하고자 하는 내용을 기술하는 단계

[주요내용]

- 비경쟁자들간의 파트너 관계
- 경쟁업체간의 전략적 파트너십
- 새로운 비즈니스모델 개발을 위한 벤처캐피털 관계
- 안정적 공급을 확보하기 위한 '구매자-공급자' 관계
- 기존 대체 제품이나 서비스의 대안책 등

② 목표고객에 대한 고객 세분화

[정의]

- 창업 기업이 다양한 고객을 목표로하여 세분화하는지 정의

- BM(Business Model)이 무엇이냐에 따라서 고객 세그먼트는 하나가 될 수도 있고 몇 개로 나뉠 수도 있다. 또한, 핵심 타겟으로 삼아야 할 세그먼트와 비교적 집중하지 않아도 될 세그먼트를 결정해야 한다.

[주요내용]

- 고객이 누구인가?
- 고객의 기본 포토폴리오(나이, 성별, 지역, 학력, 직업 등)
- 고객 층이 원하는 제품이나 서비스(사이즈, 성장률 등)
- 다른 형태의 상품을 제공해도 기꺼이 대가를 지불할 수 있는지 여부

③ 가치 제안

[정의]

특정한 고객 세그먼트가 필요로 하는 가치를 창조하기 위한 제품이나 서비스의 조합으로서, 여기서 말하는 '가치'란 고객이 처한 요구를 해결해주거나 니즈를 충족시켜 주는 바로 그 요소이다. 따라서 해당 세그먼트의 니즈에 부응하는 명확한 요소들이 조합되어야 한다.

[주요내용]

- 창의성 및 차별적 제품이나 서비스
- 커스터마이징 수준
- 디자인 및 브랜드 파워
- 가격 및 비용절감
- 위험요소 제거 및 감소
- 접근성 및 편리성 또는 유용성

④ 해결방안(핵심 활동)

[정의]

- 문제해결형일 경우 문제에 대한 검증되지 않은 사항들이 있기 때문에 브레인스토밍을 통하여 해결방법들을 제시하여 해결방안을 확정한다.

[주요내용]

- 문제 원인 및 해결방안

브레인스토밍

브레인스토밍은 문제해결을 이해 자유롭게 토론하고 량보다는 질, 다른 아이디어 편승, 비판 금지의 규칙을 통하여 아이디어 도출 및 문제해결

- 접근방법 및 전략
- 고장원인 및 기능적인 사항
- 가격 및 편의성 등

⑤ 경쟁우위 또는 고객관계

[정의]

- 고객관계 일 경우는 고객 세그먼트와 어떤 형태의 관계를 형성하는 것으로서 고객확보, 고객 유지, 판매 촉진 등의 전략을 구사
- 경쟁사가 쉽게 모방하거나 가격으로 해결할 수 없는 요소를 의미

[주요내용]

- 기술적, 시간적, 조직적 우위
- 전략적인 지원관계
- 충성도 높은 고객 커뮤니티
- 경쟁사에 전문화 인력 및 역량 확보

⑥ 수익원

[정의]

- 고객들에게 전달하고자 하는 가치를 성공적으로 제공했을 때 얻은 수익

[주요내용]

- 판매금액, 수수료, 광고 소득
- 라이센싱, 대여료/ 임대료
- 가입비/ 중개수수료

⑦ 비용구조

[정의]

- 비용 절감에 최대한 초점을 맞추어 가능한 한 최소 비용구조를 만들고 이를 유지하는 것이 목적이며, 그러려면 저가 정책, 최대한의 자동화, 아웃소싱 확대 등 방법을 동원해야 한다.

[주요내용]

- 고정비와 변동비
- 규모의 경제 구조
- 범위의 경제 체계 운영

⑧ 핵심지표

[정의]

새로운 제품과 서비스의 성공을 어떻게 정량적으로 측정할 수 있는지에 대한 정보를 확인함으로써 경영목표를 명확하게 수행할 수 있다.

[주요내용]

- 매출액 및 영업이익
- 생산량 및 제조원가
- 수율 및 시장 점유율 등

⑨ 채널

[정의]

기업이 고객 세그먼트에게 가치를 제안하기 위해 커뮤니케이션을 하고 상품이나 서비스를 전달하는 방법

- 구매 고객에게 사후관리를 철저하게 관리
- 특정 상품이나 서비스를 제공
- 제품이나 시장에서의 위험을 제거하는 활동
- 기업이 전달하는 value proposition을 고객들이 평가하도록 지원

4 린 스타트업(Lean Start up)

창업가나 스타트업들이 신제품 및 서비스를 개발할 때 시장 및 기술 조사, 실험이나 테스트 등을 반복적으로 수행하면서 신뢰성을 기반으로 새로운 비즈니스를 구축하는 접근 방식에 대한 프로세스로 정의되고 있다.

가. 린 스타트업의 특징과 개념

- 린 스타트업은 일본의 토요타 자동차의 TPS 시스템에서 기본개념을 린 경영(Lean management) 원칙에 접목하여 신사업을 추진하는 창업가나 조직에게 적합한 방식으로 창출된 경영방식
- 짧은 주기로 제품개발 및 성과측정을 수행하고 이를 반영하는 사이클을 반복적으로 수행함으로써 고객 니즈를 신속하게 파악하고 이를 사업에 반영하고 방향을 전환하는 것이 핵심
- 해외 글로벌 스타트업들의 경우 빠른 시장 탐지와 고객 환류를 바탕으로 사업을 수정하며 성장궤도에 진입
- 현장 중심의 고객개발, 린 사고, 유연한 제품 개발 방식 등의 3가지 핵심요소를 통해 빠른 변화로 예측하기 어려운 외부환경에 신속하게 대응

TPS

TPS는 Toyoyota Production System 으로서 낭비를 줄이고 보이는 생산시스템을 구축하는 개선이 핵심 활동

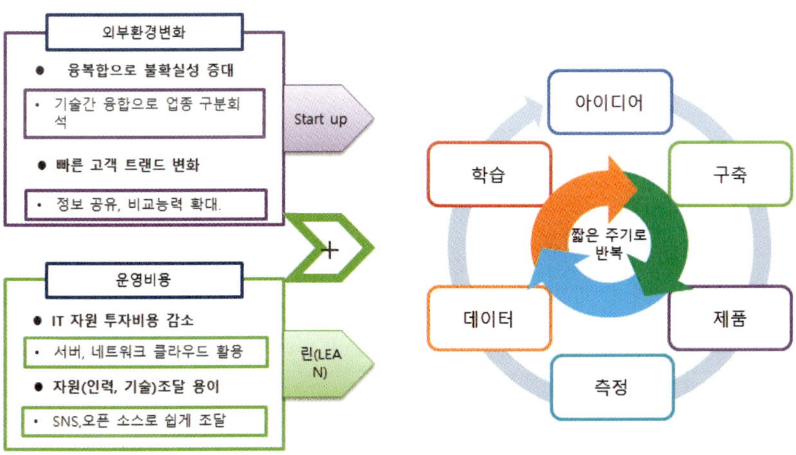

그림 7-4 린 스타트업의 확산배경과 사이클

나. 린 스타트업 원리

- 기업가 정신은 어디에나 존재 → 이제 스타트업이 되기 위해 차고에서 일을 할 필요는 없다.
- 창업가 정신이나 기업가 정신은 경영에 관한 것 → 스타트업은 단순한 제품이 아니라 관리가 중요하다. 린 스타트업은 불확실한 상황을 위해 특별히 설계된 새로운 양식으로 보는 것이 필요하다.

- 검증된 학습 → 스타트업은 지속 가능한 기업을 구축해야 한다. 학습은 비즈니스의 모든 요소를 테스트할 수 있는 실험을 통해 과학적으로 검증될 수 있다.
- 회계의 혁신화 → 진도를 측정하는 방법, 목표를 설정하는 방법, 작업의 우선순위를 지정하는 방법과 같은 지루한 것들에도 집중. 이를 위해 스타트업에 새로운 유형의 회계가 필요하다.
- 지속적 전개 → 스타트업에서의 일은 최종 고객을 위해 정기적으로 업데이트되어야하고, 더 빠른 평가를 받으려면 새 기능을 구축하고 짧은 시간에 사용할 수 있도록 해야 한다.
- A/B 테스트 → 가능하면 시장에서 하나 이상의 제품 버전을 사용할 수 있도록하고, 이렇게 하면 고객이 다양한 제품 모델에 반응하는 방식에 대한 피드백을 얻을 수 있다. 이러한 다양한 가능성에 대한 반응에서 사용자가 선호하는 것이 무엇인지 알 수 있을 것이다.
- 실행 가능한 측정항목 → 스타트업이 시작되면 조직이 비즈니스에 대한 의사 결정을 내리는 데 필요한 정보를 제공하는 메트릭을 수행한다.
- 최소 실행 가능 제품(MVP) → 더 많은 정보를 수집하고 최종 고객의 요구와 기대에 대해 배우기 위한 목적으로 신제품에 대한 최소버전으로 수행한다. 그렇게 하면 불필요하거나 흥미롭지 않은 자원을 만들려는 노력을 피할 수 있다.
- 피벗(Pivot) → 제품 과정의 완전한 변화이며, 새로운 MPV를 테스트해야 하는 새로운 전략적 가설
- 구축-측정-학습 → 스타트업의 기본 활동은 아이디어를 제품으로 만들고, 고객이 어떻게 반응하는지 측정하고, 변경하거나 유지해야 할 사항이 있는지 학습하는 것이다. 모든 성공적인 스타트업은 구축-측정-학습 주기를 가속화해야 한다.

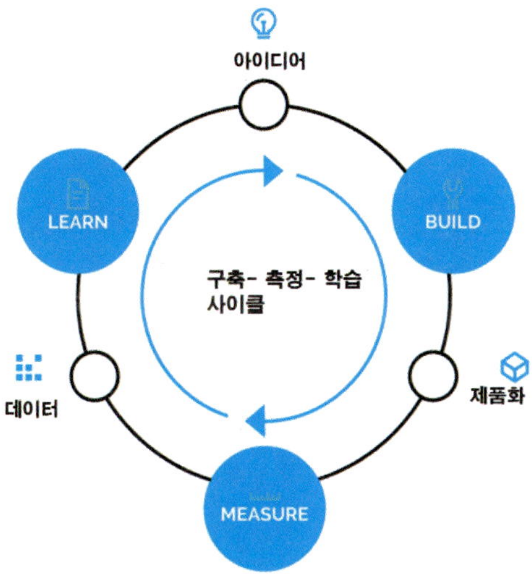

그림 7-5 구축-측정- 학습 사이클

빌드-측정-학습(Build-Measure-Learn)으로 알려진 린 스타트업 사이클은 팀이나 회사가 아이디어를 만들고, 최소한의 실행 가능한 제품을 만들고, 시장에서 효과를 측정하고, 그 경험에서 배우는 속도를 강조하는 것이 중요하다

한마디로 아이디어를 제품으로 만들고, 그에 대한 반응을 측정하고, 좋은 아이디어 인지, 계속 진행하여야 하는지, 아니면 버려야 하는 나쁜 아이디어인지 판단하는 사이클이다.

다. 린 스타트업 전략의 활용

[그림 7-4]에서 급변하는 경영환경에 민첩하게 대응하기 위한 반응형 비즈니스 전략의 구사가 절대적으로 필요한데, 이는 린 스타트업은 명확한 고객 니즈에 충족하는 유연한 비즈니스 전략을 신속하게 추진하는 것이 중요하다는 경영철학적 접근의 변화에 의미를 둔다.

따라서 이를 위해서는 창업가나 최고경영자의 경험과 직관에 의존한 기존 사업 전략보다는 검증된 데이터에 기반을 둔 지속적인 개선을 통해 비즈니스의 실패 가능성을 낮추는 전략이 가장 필요하다.

표 7-4 린 스타트업과 기존 사업전략의 비교

구 분	린 스타트업	전통적인 방식
전략 수립	비즈니스 모델과 가설 기반	비즈니스 계획과 실행 중심
신제품 개발	고객 개발, 시장 테스트, 가설 중심	선형적·단계적 개발 계획에 따라 제품 개발
엔지니어링	최소 기능을 갖춘 제품(MVP)을 반복적으로 검증하고 점증적으로 개발	개발 전 모든 사양을 기획 및 제품 설계에 포함
조직	신속한 제품 출시와 개선 중심의 조직	세부 기능별로 분산된 조직 구성
재무보고	고객 유치비용, 고객 생애가치, 고객 이탈율	기존 회계 보고서(손익, 대차, 현금 흐름표)
실패에 대한 인식	실패를 예상하며 이를 아이디어 개선이나 사업 방향 전환(Pivoting)으로 해결	실패는 예외적인 사항이며 경영자 교체 및 조직개편
추진 속도	수집한 데이터에 기반에 빠른 의사결정 및 실행	측정 가능한 완전한 데이터 기반 신중한 의사결정

Lean(린) 방법론

생산, 판매, 사후관리의 모든 단계에서 고객이 불만족한 사항을 체계적으로 식별할 수 있는 태도가 중요하다. 즉, 시간, 비용 또는 자원에 관계없이 낭비되는 부분을 감소시키거나 제거하는 것이 중요하다. 린의 핵심적인 내용은 '고객에 대해 학습하지 않는 활동은 일종의 낭비하고 있다'라는 개념으로 린 스타트업의 저자 에릭리스는 주장하고 있다.

첫째 : 제품을 출시하기 전에 신 보고서를 통합하는 대신 캔버스를 사용하여 비즈니스 모델을 구축한다.

둘째 : 고객 개발을 통해 가설을 테스트한다. 잠재적인 사용자, 구매자 및 파트너와 소통하여 비즈니스 모델의 모든 요소에 대한 의견을 획득할 수 있다. 이를 위해 MVP를 구축해야 한다.

셋째 : 제품이 반복적인 방식으로 개발되기 때문에 시간이나 자원의 낭비가 없는 애자일 방식의 개발을 최종적으로 채택한다.

모든 것은 고객과 상호작용하고, 가설을 테스트하고, 프로세스 중에 반복하는 것을 시장에 출시하기 전에 작업 계획을 짧은 단위로 세우고 시제품을 만들어 나가는 사이클을 반복함으로써 고객의 요구 변화에 유연하고도 신속하게 대응하는 전략을 구사하여야 한다.

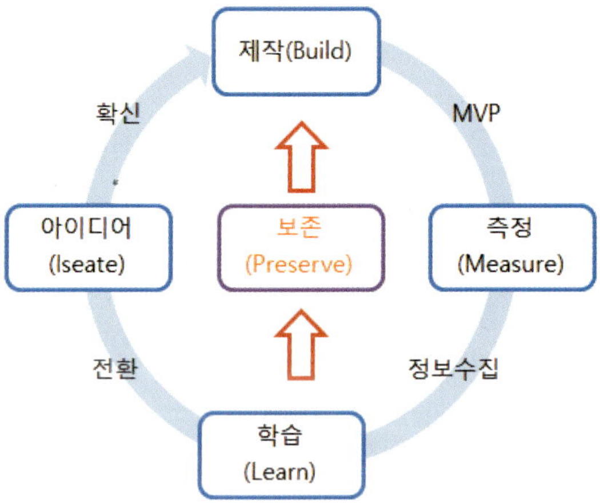

그림 7-6 린 사이클

라. 린 스타트업 도입 배경

● 토요타 생산시스템에 기반을 둔 린 경영은 수십년간 많은 다양한 기업에서 활용

■ 린 경영은 일본 토요타 자동차의 생산 전략을 미국의 기업 경영환경에 맞게 재정립한 경영기법으로 작업 공정 혁신을 통해 비용을 줄이고 생산성을 고도화시키는 방식의 경영방법

- '90년대 MIT의 제임스 워맥 교수 등이 TPS를 제조업뿐만 아니라 서비스업에 맞도록 고안하면서 델, GM, 보잉, 포드까지 도입하면서 빠르게 적용[11]
- 린 경영원칙은 고객 요구를 정확하게 파악하여 효율적으로 생산(칸반)하고 조직원에게 참여와 권한을 부여(안돈 코드)하여 지속적으로 개선 (카이젠, 겐지겐부츠)을 추구

겐지겐부츠
현장을 직접 확인하는 현장경영

카이젠
개선, 전사적으로 더 나은 성과를 내기 위한 지속적인 관심과 노력

칸반
시각적으로 나타내는 간판의 일종

안돈
정보 현황 판

- 린 스타트업은 실리콘밸리의 벤처사업가 에릭 리스가 TPS에서 얻은 아이디어를 착안하여 신사업을 추진하는 조직이나 창업가에게 적합한 방식으로 고안한 경영방식
- 린 경영이 추구하는 경영 원칙과 사상은 도입하면서 불확실하게 급변하는 외부 환경을 감안하여 빠르게 새로운 제품과 서비스를 완성하는 데 집중하기 위한 린 스타트업을 도입

린 스타트업의 확산은 급변하는 신사업 환경과 인프라 구축비용의 감소에 기인

- 클라우드 컴퓨팅, 오픈소스, S/W, 사무 공간 공유 등으로 인해 과거와 달리 스타트업의 부담이 크게 낮아지고 인력, 기술 조달도 용이해지면서 신속한 개발 환경이 구축됨
  - 제품개발 기간이 수년에서 수개월로 단축되고 주기적 업데이트도 가능한 개발 환경이 조성됨
- 반면 융합형 IT기술의 발달, 인터넷 플랫폼의 보편화로 산업의 경계가 사라짐에 따라 새로운 비즈니스 모델의 발굴과 수립의 성공 가능성이 낮아지는 트렌드가 보편화
  - 계획 수립 → 제품 개발 → 판로 확보가 진행되는 동안 시장/기술 트렌드은 이미 변화
- 이로 인해 스타트업은 종합적으로 모든 것을 고려한 사업모델 기반의 단계별 접근방식보다 반복적인 시행착오를 통하여 빠르게 시장에 대응하는 것이 필요

계획된 사업모델의 단계적 실행보다 아이디어 탐색과 반복적인 개선이 핵심

- 린 스타트업은 짧은 주기로 제품 개발 및 성과 측정을 수행하고 이를 반영한 사이클을 반복함으로써 고객 니즈를 이해하고 사업 추진 또는 방향을 전환하는 것이 핵심
  - 아이디어, 제품(코드), 데이터는 구축, 측정, 학습이라는 단계를 통해 반복적으로 정련

- 이를 통해 사업모델을 초기에 확정하는 접근 방식이 갖고 있던 고객 니즈와의 괴리를 빠르게 최소화하고 시장에 기민하게 대응하여 성공 확률 제고
  - IDEO의 디자인 전략[1], 제프리 무어의 캐즘 마케팅[2] 등 다양한 기술 혁신 이론

마. 린 스타트업의 구성요소

1) 현장 중심의 고객개발(Customer Development)

- 린 스타트업은 완전한 계획 수립보다 가설을 바탕으로 한 고객 대면을 통해 시장을 관찰하고 숨겨진 니즈를 테스트하는 반복과정을 통해 고객의 잠재적인 느낌을 이끌어 내는 것이 중요

- 이를 위해 최소요건제품(MVP : Minimum Viable Product)으로 고객의 선호도를 빠르게 파악하고 수집된 반응정보를 기초로 새롭게 아이디어를 수정하거나 보완
  - MVP(최소요건제품)은 완벽한 제품이 아니라 시장 반응을 테스트하기 위한기능만을 포함

MVP
고객의 요구사항에 적합하게 최소한의 필수기능을 구현한 프로그램 또는 제품

- 또한 시장에 대한 가설의 중대한 변화가 요구되거나 잠재 고객 기회가 적합하지 않을 경우 방향 전환(Pivot)을 통해 사업을 구조적으로 전면적으로 재조정(Pivoting)
  - 피봇(Pivot) 대상은 제품, 고객군, 판매 채널, 제휴 사업자, 등 비즈니스 모델 을 구성하는 모든 구성요소를 포함하여 제품을 바꾸는 형태만 국한되지 않는 모든 내용 포함

- 피봇 전략은 제품의 기능차별화에서 타겟 고객군 전환까지 다양하게 활용이 가능하나 기존에 학습한 경험과 자산을 활용할 수 있는 영역으로 이뤄져야 함.

---

1) 세계적 디자인 컨설팅 회사인 IDEO는 이해, 관찰, 시각화, 평가 · 수정, 실천 등 5단계 절차를 갖고 제품, 서비스 관련 창의적 아이디어 발굴과 문제해결에 활용
2) 기술수용주기 상 신제품이 대중화되기 까지 반드시 겪는 캐즘(수요 절벽)과 이에 필요한 단계별 대응 전략

• 특정 기능의 확대, 특정 기능의 부각, 고객 특화 등

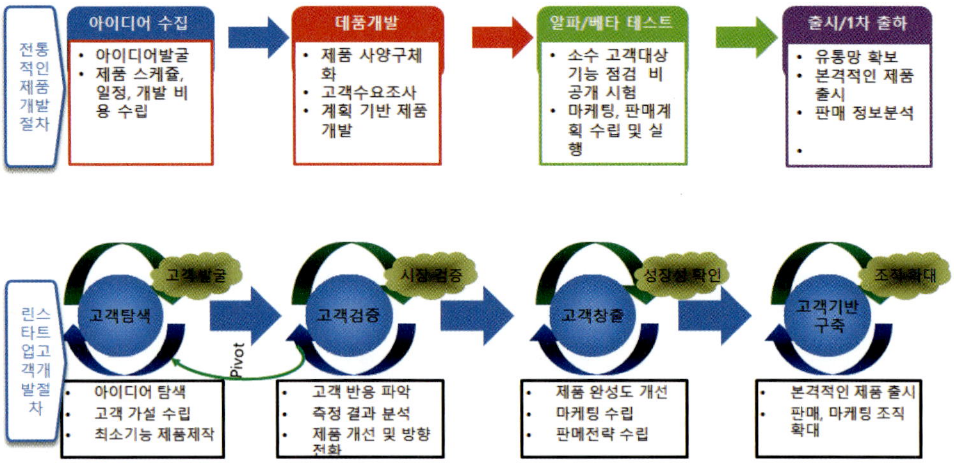

그림 7-7 린 스타트업과 전통적인 제품개발 프로세스

2) 린 사고(Lean Thinking)

- 린 사고는 고객가치를 제고하지 않는 모든 활동을 낭비라고 정의하고 반복적인 문제 제기와 개선을 통해 고객가치를 철저하게 검증하는 경영문화를 의미
- 린 스타트업은 단순한 방법론이 아니라 이러한 조직문화의 형성과 함께 린 캔버스 등과 같은 도구를 활용한 지속적인 고객가치의 검증과 재해석을 요구<표 7-2>
- 이를 위해 재무제표 및 전통적인 측정지표가 아닌 고객에게 가치를 제공하는 요소를 정확하게 파악하기 위한 혁신적 측정지표를 활용
  • 예를 들면 다운수, 방문수는 허수지표로써 사업의 성장을 파악하는데 부적합하며 유효고객군의 증가, 재구매율의 상승, 바이럴 루프(Viral loop,입소문) 등의 개선여부를 파악하는 것이 중요

Viral loop
고객이 자신도 모르는 사이에 다른 고객들에게 제품을 확산시키는 데에 기여하는 순환구조

- 측정지표는 명백한 인관관계를 설명하는 동시에 보여 주기식 지표가 아니라 구성원, 경영자 모두가 쉽게 이해하고 의사결정에 용이한 형태이어야 함
  • 기업이 핵심평가지표(KPI)에 따라 고객의 신제품 구매율에 대한 사

항을 경영 관리에 반영함으로써 실질적으로 고객 가치제고를 위한 조직의 노력을 측정 지표로 활용

3) 신속한 제품 개발(Agil Development)

- 폭포수(Waterfall) 모델과 같은 전통적인 개발방식은 분석 → 설계 → 통합·설치 등 단계별 철저한 계획과 절차 기반으로 진행되며 설계 변경이 용이치 않음
  - 폭포수 모델은 수십 년간 지속되어온 IT시스템 개발 방법론임
- 더구나 수년씩 걸리는 기간으로 인해 계획대로 진행되지 않을 경우 투자되는 자원 과 시간의 부담이 높아 빠르게 테스트하고 제품 반응을 살펴야 하는 조직에 부적합
- 이에 반해 린 스타트업은 지속적으로 발생하는 불확정적인 상황에 유연하고 빠르게 대응해 생산성과 품질을 향상시키고자 하는 협력적인 개발방식(Agile)을 적용
  - 낭비(Loss)을 최소화하고 협업 최적화를 추구하는 다수의 개발 방식을 포함

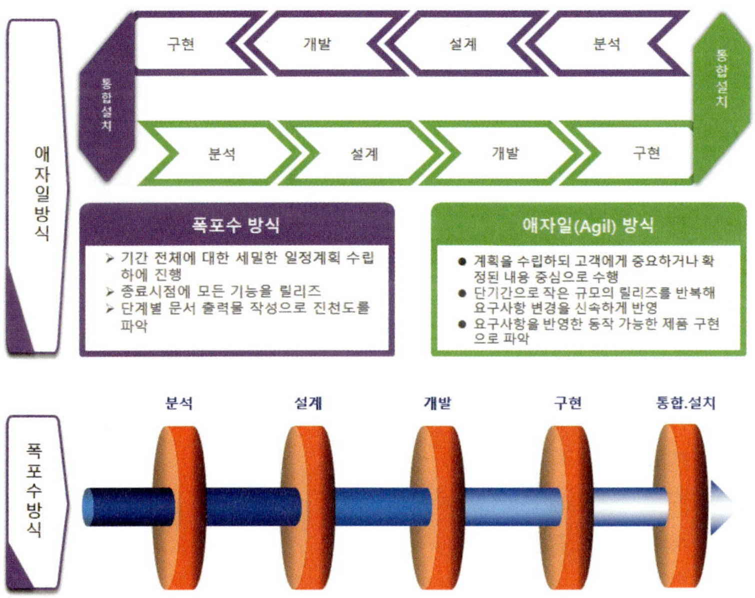

그림 7–8 폭포수 방식과 애자일 개발 방식

- 애자일(Agil) 방식은 기존의 형식주의적 절차와 비효율적인 관습을 최소화하기 위한 방안으로 제시된 린 스타트업의 구성요소이며 디자인, 경영 등 다양한 분야로 개념이 확대
  - 스마트폰은 고객 니즈를 반영한 짧은 주기로 디자인, 기능의 업데이트를 통해 차별적인 경쟁력을 유지하는 동시에 고객 충성도를 제고

바. 린 스타트업의 적용 사례

드롭박스, 자포스 등 실리콘 밸리 내 스타트업 기업

- 해외 글로벌 스타트업들의 경우 초기 시작했던 비즈니스 모델을 유지하는 경우는 적으며 빠른 시장 탐지와 고객 피드백을 바탕으로 사업을 수정하며 성장궤도에 진입
- 자포스(Zappos)의 경우 사업 초기부터 창고와 기반 시설을 구축하는 대신 간단한 시장 테스트를 통해 온라인 판매 가능성의 가설을 검증한 후 사업을 확대

자포스 창업자는 닉스윈먼으로서 자신의 쇼핑 체험에서 창업 아이템을 얻었는데 수많은 가게를 뒤져도 원하는 신발을 찾지 못하는 사람은 자기뿐만 아니라 상당히 많을 것이라는 신념으로 창업을 하게 됨. 인터넷으로 신발을 팔겠다는 도전으로 무료배송, 무료반품, 빠른 배송으로 고객가치를 제공하고자 의도하였다. 가장 큰 특징은 고객만족을 최우선으로 하고 고객과의 대화에 몇 시간을 소요하든 상관없이 고객의 만족을 이끌어 낼 때까지 대화를 한다. 자포스는 고객에게 감동을 선사하기 위해서 꼭 해야 하는 당연한 일이라며 여기서 열정적인 서비스를 제공한다.

- 직원의 목소리에 귀를 기울여라
- 직원이 회사의 브랜드라고 생각하라
- 직원의 개성을 활용하라
- 고객 감동 서비스는 공유하라
- 배우는 조직을 만들어라
- 큰 회사보다는 특별한 회사를 만들어라
- 기업문화와 맞는 사람을 골라라
- 기업문화를 강하게 드러내라
- 함께하는 이벤트를 마련하라
- 신입사원의 적응을 돕고 진심으로 배려하라

- Zappos는 온라인 신발 판매 업체이며 로컬 상점과 소비자를 연결시키는 인터넷 플랫폼을 구축해 창업 10년 만에 연 매출 10억달러에 이르는 거대기업으로 성장

■ 드롭박스(Dropbox)는 시장 반응을 측정하기 위해 최소기능제품으로 데모영상을 만들어 초기 이용자 피드백 및 가입자를 확보하고 이를 통해 지속적으로 서비스를 향상

- 클라우드 파일 공유업체로 '08년 서비스 출시 이후 5천만명의 이용자를 확보

혁신이 요구되는 대기업에서도 린 스타트업 방식을 도입하는 움직임이 확대

■ 바클레이즈 은행은 'Pingit'앱(모바일 간편 송금)을 개발하는 과정에서 스타트업 방법을 적용해 신속하게 모바일 결제시장을 공략하며 핀테크 기업의 공세에 대처

- 2014년에 6월까지 가입자수 300만 명, 총 1조 원 이상을 송금하여 시장에 안착

■ 6시그마, 품질혁신 등 혁신경영으로 유명한 GE도 신제품 개발 속도 개선과 긴밀한 고객관계 구축을 위해 린 스타트업 방법을 도입하는 등 대기업들의 참여도 증가

표 7-5 린 스타트업 사례

기업	사업영역	성공 스토리
인튜이트	온라인 회계, 재무관리	- 사내 혁신 아이디어로 제시된 휴대폰을 활용해 소득신고서를 작성하는 소프트웨어를 매우 간단한 버전으로 출시면서 신속하게 오류를 해결 - 소득신고기간 내 다운로드가 크게 증가(수 주 동안 35만건 다운로드)
그루폰	소셜 커머스	- 초기 The point.com 라는 단체 행동을 위한 아이디어 공유 사업에서 단체 구매(소셜 커머스)영역으로 신속하게 전환 - 이메일 형태(MVP)로 이용자 반응을 테스트 한 후 사업을 확장하여 대표적인 소셜커머스 기업으로 급성장
웰스프론트	온라인 자산관리	- 전문 투자관리자에게 접근할 수 있는 서비스를 제공 - 대부분 투자자는 뮤추얼 펀드나 인덱스 펀드만 접근 할 수 있지 헤지펀드나 자금 관리자의 접근을 불가능함 - 투자 관리자는 투자자를 심사하고 기술적으로 접근하여 필요한 규모를 제공하여 투자자들과 소통하여 투자자의 의사결정 도움

요점정리

- 비즈니스 모델은 고객이 지닌 문제나 문제를 해결하려는 제품, 고객과의 관점에서 본 제품의 가치를 설명하는 가치제안, 다양한 서로 다른 요구사항을 가지고 있다는 인식으로 목표로 삼고 있는 시장이 세분화, 창업기업의 위치와 활동, 그리고 창업기업이 가치사슬에서 창출하는 가치와 일부를 포착하는 방법의 가치사슬 구조, 수익창출과 이익, 가치 네트워크의 위치 및 경영전략을 시도하여 경쟁우위를 확보하려는 툴로서 린 캔버스를 활용하여 전략적으로 창업을 시도하는 것이 중요하다.
- 린 스타트업은 가설을 기반으로 린 캔버스를 활용하여 디자인한 사고로서 신속함을 우선적으로 추구하는 특징이 있으며, 충분한 데이터를 수집하고 분석하여 고객으로부터 평가를 통하여 새로운 제품이나 서비스에 대한 피드백(환류)을 받고 여기서 새로운 가능성과 기능 및 제품을 발견하는 새로운 기반의 경영방식으로 전개하여 성공을 이끌어내는 기법으로서 자리잡아가고 있다.

연습문제

1 우버의 선순환 구조를 작성하고 설명하시오.

2 가치생산에 대한 5가지 가치의 유형에 대하여 기술하시오.

3 판매 - 비용= 이익의 개념을 설명하시오.

4 비즈니스 모델의 7가지 의문점에 대하여 설명하시오.

5 린 캔버스의 특징을 설명하시오.

6 애자일 개발 방식의 장점과 단점을 설명하시오.

7 MVP 수행요건을 설명하시오.

8 비즈니스모델에서 VRIO의 필요성을 설명하시오

참고자료

[1] Mansfield, G.M. and Fourie, L.C.H., "Strategy and business models—strange bedfellows? A case for convergence and its evolution into strategic architecture," South African journal of business ma nagement, 35, 35-44. 2004.

[2] Afuah, A. and Tucci, C.L., Internet business models and strategies, McGraw-Hill, Irwin, Boston, 2001.

[3] Lepak, D.P., Smith, K.G., and Taylor, M.S., "Introduction to special topic forum: Value creation and value capture: A multilevel perspective," Academy of management review, 32 (1), 180-194. 2 007.

[4] Porter, M.E., Competitive advantage: Creating and sustaining superior performance, Free Press, N ew York, 1985.

[5] Chesbrough, H. and Rosenbloom, R.S. (2002).혁신에서 가치를 포착하는 비즈니스 모델의 역할

[6] Morris, M., Schindehutte, M., and Allen, J., "The entrepreneur's business model: Towards a unifie d perspective," Journal of business research, 58 (6), 1-10. 2005.

[7] https://www.isixsigma.com/topic/kano-analysis. 2022. 10. 23

[8] https://medium.com/@ashishkhandelwal/why-every-startup-need-to-discover-their-virtuous-cyc le-561e5065f1bc

[9] https://ko.wikipedia.org/wiki/VRIO

[10] Alexander OSTERWALDER. 'THE BUSINESS MODEL ONTOLOGY A PROPOSITION IN A DESIGN SCIENCE APPROACH'. 2004

08 비즈니스 모델 추진방법

1	비즈니스 환경 변화의 시대에 생존 전략	2	SWOT를 이용한 환경요인 분석
2	SWOT를 실행 전략 사례(폭스바겐 자동차)	4	환경 분석 방법

학습목표

- SWOT 분석방법을 이해하고 작성할 수 있다.
- 비즈니스 전략의 핵심인 PEST를 이해하고 대응할 수 있는 지식을 함양할 수 있다.
- 비즈니스 환경요인을 분석하여 FMEA 방법을 통한 해결 방법을 도출할 수 있다.

1 비즈니스 환경 변화의 시대에 생존 전략

하루가 다르게 변화하는 요즘의 비즈니스 환경에 사소한 방심 하나는 엄청난 충격의 결과로 다가오곤 하는 일이 다반사가 되고 있다. 그 사소한 방심 하나가 바로 과거 성공 기업들의 '하던 대로만 잘하자' 라는 전략에서 기인하고 있다는 사실을 알게 되면 아이러니한 일이다. 왜 그러면 하던 대로만 하면 안되는 것일까? 1980년대만 해도 만들면 판매가 되는 시대가 있었다. 그런데 정보통신 기술이 발달하면서 상품이나 서비스에 대한 정보를 언제 어디서나 빠르게 접속하여 검색할 수 있어 고객의 반응은 매우 신속하게 행동으로 이루어지고 있다. 스마트폰의 등장으로 인해 MP3 플레이어가 사라졌고, 페이스북, 카카오스토리 등이 출현하면서 SNS1호였던 싸이월드는 점점 사용자들이 기억속으로 잊혀지고 있다.

> **비즈니스**
> 제품(상품 및 서비스)을 제조하거나 구매 및 판매하여 생존하는 수단

이뿐이 아니라 골목마다 개성과 경쟁력으로 자리 잡고 있던 슈퍼와 빵집 그리고 치킨집, 미용실의 자리는 이미 대규모 자본력을 갖춘 프랜차이즈들로 점점 바뀌고 있다. 이런 비즈니스 모델 구조는 이제 하던 대로만 잘하면 안 되는 세상으로 빠르게 변화하고 있어 주변 환경에 대한 다양한 정보 수집과 분석, 그리고 전문가가의 멘토 등의 창업자의 학습이 선행되지 않으면 생존이 불확실한 세상으로 빨려들게 될 것이다. 이러한 환경변화는

가령 창업자에게 국한되는 상황은 아니다 라는 사실을 인지하여야 한다.

가. 하던대로 하면 안되는 환경변화

1) 네슬러 사례[2]

- 사업 전략 : 네슬러는 150년의 역사를 자랑하는 대표적인 커피 전문 기업으로서 많은 사람들이 알고 있다. 그러면 이 기업이 지금까지 꾸준하게 성장 하고 있는 비결은 무엇일까?
  - 1976년 커피 캡슐 특허를 획득하여 캡슐 커피의 추출을 담당하는 기계의 성능 및 가격을 고려하여 1986년에 5명의 직원이 중심이 되어 독립사업체를 만듦
  - 독립한 사업체는 네스프레스라는 브랜드로 전문가 수준의 커피 품질로 추출할 수 있는 도구를 만들어 새로운 시장에 진출

- 사업 실패요인 :1995년 까지 10년 동안 타켓팅 한 카페, 사무실, 레스토랑의 고객들은 네스프레소 기구를 선호하지 않아 매출이 기대이상으로 나오지 않음.
  - 그 당시에는 왜 인기가 없었을까? → 고객들은 커피 머신이라는 기계에 익숙하지 않았던 것이 실패 요인

- 성공요인 : 네스프레스 클럽(nespresso club)이라는 컨셉(Concept)을 만들어내고 신선한 커피 캡슐을 2일내에 공급하는 전략으로 수정하여 보다 수준 높은 서비스를 제공하기 시작, 마케팅팀 메시지를 취합하여 전달하는 창구를 만들어 고객들이 어떤 종류의 커피맛을 좋아하는지와 인구 통계학적/계절적 특징들이 무엇인지 분석하여 적극적으로 고객들에게 데이터를 피드백을 통하여 경청하고 이를 서비스에 반영하여 고객들이 직접 입소문을 내도록 전략 실행
  - 적극적인 마케팅 전략으로 항공사들이 1등석 승객들에게 네스프레소를 제공하여 큰 인기를 얻음
  - 파리의 유명 백화점인 갤러리 라파예트에 네스프레소 머신을 공급함으로써 네스프레소 부티크로 변신

그림 8-1 네스프레소 머신

2) 에어비엔비 사례

- 사업전략 : 매년 샌프란시스코에서 열리는 '국제 컨퍼런스' 행사장 근처 모든 호텔방의 부족현상을 문제이자 동시에 기회로 바라보고 '자신들의 아파트 공간 일부를 여행객들에게 제공해서 수익을 창출하면 어떨까? 라는 생각으로 창업하여 간이침대와 아침 식사(Airbed & Breafast)의 약자로 로고화

그림 8-2 에어비앤비 로고[1]

- 색다른 고객 경험 전달의 비즈니스 모델을 만들고 색다른 지역의 문화를 경험

3) 시사점

비즈니스 모델 진화에 필수 요소인 디자인 씽킹(Design Thicking)이야말로 원래 있던 방식대로 그리고 원래 하던 방식으로 열심히 따랐다면 새롭게 등장하지 못하였을 두 비즈니스 모델 사례를 통하여 혁신은 리딩(Leading)하는 기업이나 창업가에게 새로운 창의적인 과업을 수행할 수 있도록 공감하는 것이 변화의 시기에 생존하기 위한 절체절명의 명제가 되었다. 이 흐름속에서 고객 중심의 변혁을 창출할 수 있는 내·외부환경 요소를 정의하고 아이디어의 타당성을 확보하고자 수요요인과 촉진요인 및 저해요인을 철저하게 알아가는 과정을 다음 내용에서는 다루고자 한다.

2 SWOT를 이용한 환경요인 분석

내·외부환경을 분석하기 위한 방법은 주로 SWOT 도구를 사용한다. SWOT 분석은 기업 또는 창업자가 보유한 강점(Strength), 약점(Weakness), 기회(Opportunity), 위협(Threat)의 머리글자를 모아 만든 단어로 경영 전략을 수립하기 위한 분석 도구이다. 스타트업 또는 기존 기업의 내적인 면을 분석하는 강점/약점 분석과, 외적 환경을 분석하는 기회/위협 분석으로 나누기도 하며 긍정적인 면을 보는 강점과 기회 그리고 그 반대로 위험을 불러오는 약점, 위협을 저울질하는 도구이다. 가로축과 세로축으로 2차원의 사분면을 그리고 각각 하나의 사분면에 하나씩 배치하여 연관된 사항들을 우선순위로 배치하여 내부의 강점과 약점을 파악하고, 외부 환경 요소에 대한 기회요소와 위협요소를 파악하여 중점전략을 수립하는데 중요한 도구로서 활용하면 실패를 줄일 수 있는 장점도 가지고 있다.

가. SWOT분석 방법

<그림 8-3>의 4가지 SWOT 프레임워크를 함께 분석하면 현재 상황과 다음 단계로 나아가기 위해 어떻게 해야 하는지 거시적으로 파악할 수 있으며, 각 용어를 자세히 살펴보고 이러한 요소가 개선점을 파악하는 데 어떻게 도움이 되는지 학습하고자 한다.

강점(Strengths)	약점(Weaknesses)
•	•
•	•
•	•

기회(Opportunities)	위협(Threats)
•	•
•	•
•	•

그림 8-3 SWOT 매트릭스 프레임워크

1) 강점(Strengths)

SWOT에서 강점이란 효과적으로 수행되는 내부역량 또는 주도권(자주성, 결단력 등)을 나타낸다. 이는 다른 주도권(자주성, 결단력 등)이나 외부 경쟁력과 비교할 수 있다. 강점을 분석하면 무엇이 효과적으로 수행되는지 파악할 수 있으며, 효과적으로 수행되는 기법(강점)을 창업팀의 효율성 향상과 같이 추가적인 지원이 필요한 영역에서 활용할 수도 있다.

스타트업이 보유하고 있는 조직의 유형 및 무형의 긍정적인 요소로서 자신이 통제할 수 있는 속성들로서 다음과 같이 확인할 수 있다.

- 조직이 잘하는 것은 무엇인가?
- 조직의 특별한 점은 무엇인가?
- 목표 잠재고객이 우리 조직에서 좋아하는 점은 무엇인가?

2) 약점(Weaknesses)

SWOT에서 약점이란 기대치를 밑돌고 있는 내부역량 또는 주도권(자주성, 결단력 등)이 무엇인지 파악하고, 성공과 실패의 기준선을 만들기 위해 강점을 분석한 뒤 약점을 분석하는 것이 좋다. 내부 약점을 파악하면 실적이 부진한 프로젝트를 개선하기 위한 시작점을 마련할 수 있는 장점을 가지고 있다.

스타트업이 제공하는 가치를 저하시키거나 경쟁에서 불리하게 만드는 비즈니스 측면을 다음과 같이 확인할 수 있다.

- 기대에 못 미치는 이니셔티브(initiative, 주도권)는 무엇이며 그 이유는 무엇인가?
- 개선할 수 있는 점은 무엇인가?
- 성과를 개선할 수 있는 자원 또는 재원은 무엇인가?

3) Opportunities(기회)

SWOT에서 기회란 기존의 강점과 약점의 결과로 발생하는 결과 외에도 경쟁에서 우위를 선점하게 해주는 외부 주도권이 있다. 기회는 개선하고

자 하는 약점이 될 수도 있고 SWOT 분석의 앞선 두 단계에서 특정하지 못한 영역이 될 수도 있다.

기회는 비즈니스가 존재하고 번영할 수 있는 이유를 나타내는 외부의 매력적인 요소로서 다음과 같이 확인할 수 있다.

- 약점을 개선하기 위해 사용할 수 있는 자원 또는 재원은 무엇인가?
- 우리 서비스에 시장 격차가 있는가?
- 당해년도 우리의 목표는 무엇인가?

4) Threats(위협)

SWOT에서 위협이란 문제를 야기할 가능성이 있는 영역을 나타낸다. 위협은 외부 요인이며 대체로 통제할 수 없기 때문에 약점과는 다르다. 위협에는 전 세계적 팬데믹부터 경쟁 상황의 변화까지 다양한 요인이 있을 수 있다.

위협은 통제할 수 없는 외부 요인으로서 비즈니스를 위험에 빠뜨릴 수 있어 다음과 같은 비상계획을 수립하기 위한 환경을 파악하고 대응할 수 있어야 한다.

- 업계에서 어떤 변화가 우려되는가?
- 떠오르는 새로운 시장 트렌드는 무엇인가?
- 경쟁사들이 우리보다 뛰어난 점은 무엇인가?

나. SWOT분석 매트릭스

내부환경 / 외부환경	강점(S)(긍정적 요소)	약점(W)(부정적 요소)
기회(O)(긍정적 요소)	SO 전략(발전형 전략)	WO 전략(전환형 전략)
위협(W)(부정적 요소)	ST 전략(다원화 전략)	WT 전략(방어형 전략)

- 발전형(SO) 전략: 외부환경의 기회를 이용하기 위하여 내부강점을 사용하여 성장하는 전략
- 방어형(WT) 전략: 내부환경의 약점을 줄이고 외부 환경의 위협을 회피하는 전략

- 다원화형(ST) 전략: 자체의 기존 강점을 이용해 외부 위협이 가져올 영향을 회피하거나 줄이는 전략
- 전환형(WO) 전략: 외부의 기회를 이용해 내부요인의 약점을 보완하는 것으로, 약점을 강점으로 바꾸는 전략

다. SWOT 실행 가능한 전략 개발 모델[3]

본 분석은 내부 환경의 강점 분석을 먼저하고 다음 단계로 약점 분석, 외부 환경의 기회 분석 후 위협 요소를 분석하는 단계로 수행하는 것이 효과적이다.

1) 강점을 찾는 방법

아래 단계별 과정은 강점, 약점, 위협, 기회 요소에 공통적으로 활용할 수 있다. 다만 활동 단계별 요소에 따른 활동 내용은 각각의 특징에 따라 다르게 적용 된다.

표 8-1 SWOT 추진 단계

활동 단계	활동 내용	비 고
1. SWOT 매트릭스 프레임워크준비	- 4칸으로 된 매트릭스 준비	[그림 8-3] SWOT 매트릭스 프레임워크
2. SWOT 사례 검토	- 스타트업의 강점을 분석하기 전에 다른 비즈니스 사례 예를 검토하고 참고할 수 있는 항목이나 자신의 강점을 파악	
3. 이해관계자 및 멘토, 팀원을 만나 회의	- 철저한 분석을 수행하기 위하여 다양한 이해관계자 및 전문가를 만나 그들의 관점을 확인	- 1회 이상 수행
4. 관련된 중요 항목을 기록	- 브레인스토밍을 실시하여 하나 이상을 기록하도록 설명 - 반드시 포스트잇에 적고 수집하여 집계 - 한 문장으로 기술 - 강점부분만 기술하도록 원칙 강조	
5. 다양한 형태의 강점만 생각하기	- 비즈니스 강점을 기술하기 전에 매개변수를 정의 - 내부적으로 통제할 수 있는 긍정적인 요소로만 경험과 자원(재원)기술	가) 매개변수로 확인
6. 강점 도출을 위한 지속적으로 질문	- 강점을 파악하는 데 도움이 될 질문 목록 작성 - 기회 부문으로 치우치거나 제품 또는 서비스를 보다 관련성 있게 만드는 영역의 새로운 트렌드와 같이 비즈니스에 도움이 될 수 있는 외부 항목은 자제	나) 강점을 유도하기 위한 질문
7. 지속적으로 SWOT 수행	- 진실을 추구하고 피드백이 수행되어야 한다. - 집중하고 질문 목록을 스토리로 유지한다.	SWOT 스토리 보드

가) 매개변수

- 재정 자원: 수익원, 투자, 다양한 소득 및 보조금
- 물리적 자산 : 건물 및 장비
- 지적 재산권 : 특허, 저작권 및 상표를 포함
- 인적자원 : 인력 확보, 자원 봉사자, 멘토(전문가 또는 대학 교수) 등
- 구성원 : 스타트업이 보유한 핵심 인력
- 직원의 탁월함을 돕는 직원 프로그램.
- 기업 업무 절차 또는 업무 수행 및 프로세스, 업무수행 방법.
- 기업 문화 또는 기업이 만든 가치와 환경.
- 비즈니스 수행을 위한 스타트업 또는 기업의 이미지와 평판
- 경쟁적 위치 : 비즈니스가 시장에서 유리한 위치인가 등

나) 강점을 찾기 위한 질문

- 스타트업(창업자)에 대한 질문
    - 잘할 수 있는 사업은 무엇입니까?
    - 경쟁자들이 할 수 없는 일을 하고 있습니까?
    - 왜 고객이 관심을 갖는다고 생각하십니까?
- 재정적인 질문
    - 어떤 종류의 재정 자원이 있습니까?
    - 수익이 다양합니까?
    - 미래를 위해 어떤 투자를 하고 있습니까?
    - 현재 현금흐름은 어떻습니까?
    - 판매 예측을 충족하고 있습니까?
- 물리적 질문
    - 어떤 자산이 있습니까?
    - 회사의 공간과 건물의 장점은 무엇입니까?
    - 어떤 종류의 장비를 소유하고 있습니까?

- 지적 재산권에 대한 질문
  - 비즈니스에는 어떤 종류의 지적 재산이 있습니까? 상표, 특허 등을 나열합니다.
- 인적 자원에 대한 질문
  - 팀의 핵심 인재는 누구입니까?
  - 최고의 인재를 유치하고 유지하기 위해 어떤 것이 있습니까?
  - 인재 이직률은 어떻습니까?
  - 어떤 종류의 전문성 개발기회를 보유하고 있습니까?
- 업무절차에 대한 질문
  - 회사를 효율적으로 만드는 어떤 종류의 프로세스가 있습니까?
  - 새로운 도구나 접근 방식으로 시간이나 자원을 절약할 수 있었습니까?
  - 업무 위임을 얼마나 잘합니까?
- 회사 문화에 대한 질문
  - 기업은 어떤 근무 문화를 만들어 냈습니까?
  - 가치는 고객과 팀에 어떻게 표시됩니까?
- 회사 평판에 대한 질문
  - 고객 또는 커뮤니티에서는 기업을 어떻게 보고 있습니까?
  - 어떻게 명성을 얻었습니까?
  - 고객 이탈률은 어떻습니까? 또는 고객의 평균 만족도 가치는 얼마입니까?
- 경쟁 위치에 대한 질문
  - 경쟁자가 없는 시장에서 우위를 점하고 있습니까?
  - 시장 지위를 향상시키기 위해 어떤 계획을 가지고 있습니까?
- 성장 가능성에 대한 질문
  - 성장을 위해 어떤 계획이 있습니까?
  - 경쟁자가 있는 특정 분야에서 성장할 가능성이 있습니까?

2) 약점을 찾는 방법

- 스타트업의 비즈니스 계획을 수립하기
    - 내부의 약점을 기반으로 직면하게 될 위험요소를 처리하는 접근 방식을 찾아서 문제해결을 위한 계획을 세우고 대응하는데 기여할 수 있다.

- 진행중인 전략 계획 단계에서의 SWOT 약점 찾아보기
    - SWOT 분석을 수행하기 전에는 사업 자금 대출을 받는 것을 중단하는 게 좋다.
    - 단점을 파악하는 이유는 사실과 정보를 문서화하고 이를 이용하여 성장 및 위험완화 전략을 개발하는데 참고자료가 된다.

표 8-2 SWOT의 약점 파악의 잇점

현재 진행 중인 사업(기존 사업진행)	새로운 사업 추진 시(스타트업)
· 비즈니스에 대한 새로운 관점 제공 · 전략적 결정을 내리는 데 사용할 수 있는 내부 및 외부 요인의 핵심적인 정보 제공 · 기업의 상태를 실시간으로 평가 · 개선할 영역을 식별 · 팀이 통찰력을 공유하고 비즈니스 전략에 영향을 미치는 역할을 할 수 있는 기회를 제공 · 전략 계획 업데이트를 위한 프레임워크 제공	· 제안된 비즈니스의 이점 강조 · 사업계획서에 활용할 수 있는 내·외부 요인에 대한 귀중한 정보 제공 · 잠재적인 문제 식별 · 창업에 대해 비판적으로 생각하도록 격려 · 현재와 미래에 고려해야 할 귀중한 정보 제공

가) 약점을 정의하는 방법

모든 창업자나 사업가는 자신의 비즈니스가 순조롭게 운영되고 있다고 믿고 싶어하므로 SWOT 분석요소가 부정적으로 판단할 수 있다. 그러나 이 단계는 매우 중요하기 때문에 유용한 전략적 도구가 되기 위하여 약점을 정확하게 평가하는게 유리하다.

- 약점은 비즈니스를 실패하게 하거나 불리하게 하는 내부 요소만 기술한다.

- 절대로 외부 위협요소나 외부 위험요소를 기술하는 것을 지양해야 한다.
- 다만 1단계의 강점에서 내열된 동일한 범주를 다시 적용할 수는 있다.
- 약점을 찾아내는 브레인스토밍에서는 최소한 비즈니스 멘토나 신뢰할 수 있는 전문가를 포함하여 수행하는 것을 추천한다.
- 약점을 평가하는 매개변수는 강점과 동일하게 적용할 수 있다.

나) 약점을 찾는 질문

- 초보자 또는 스타트업 창업자에 대한 질문
  - 귀하는 어떤 영역에서 어려움을 겪고 있습니까?
  - 고객들이 당신보다 경쟁자를 선택하는 이유가 있습니까?
  - 어떤 특정한 것이 최선을 다하는 데 방해가 됩니까?

- 재정적인 질문
  - 재정적 자원이 방해하고 있습니까? 그렇다면 어떻게 합니까?
  - 비즈니스는 하나의 주요 제품이나 서비스에서 수익을 얻습니까? 그렇다면 다각화가 우려되는가?
  - 재정적 미래를 어떻게 준비하고 있습니까?

- 물리적인 질문
  - 문제를 일으키는 물리적 자산이 있습니까?
  - 사무실은 어떤 상태입니까?
  - 장비는 어떤 상태입니까?

- 지적 재산권의 질문
  - 특허, 상표 또는 저작권이 위험에 처해 있습니까?
  - 특허가 앞으로 나아가지 못하도록 막는 정부의 통제나 방해요소가 있습니까?
  - 특허 등을 출원하는 데 시간이 너무 오래 걸리나요?

- 인적 자원요소 질문
  - 어떤 인적 자원이 있습니까?
  - 부족하거나 비효율적인 부서가 있습니까?

- 비즈니스를 개선하기 위한 직원 프로그램이 마련되어 있습니까? 그렇다면 그들은 일하고 있습니까?

■ 업무절차에 대한 질문

- 업무절차와 관련하여 어떤 부분을 개선할 수 있습니까?
- 무엇이 업무의 속도를 느리게 합니까? 특정 영역에 너무 많은 관료주의가 있습니까?
- 지난 1년 또는 분기에 실수를 저질렀던 영역은 무엇입니까?

■ 회사 문화에 대한 질문

- 본인이 만든 회사 문화에 만족합니까? 그렇지 않다면 그 이유는 무엇입니까?

■ 회사 평판에 대한 질문

- 고객이나 이해관계자는 여러분의 회사를 어떻게 보는가? 그리고 이미지에 만족합니까?

■ 시장 위치에 대한 질문

- 귀하의 비즈니스는 시장에서 어떤 위치에 있습니까?

■ 성장 가능성에 대한 질문

- 성장을 위해 어떤 계획이 있습니까?
- 경쟁자가 여러분이 할 수 없는 방식으로 성장하고 있습니까?
- 비즈니스 성장을 방해하는 요소는 무엇입니까?

다) 약점을 파악하는 통찰력과 정보수집을 위한 팁(TIP)

■ 열린 마음을 가져라

제안자가 약점을 제안하면 열린 마음으로 대하여야 하고, 제안자가 창업자가 생각하지 못하거나 동의하지 않는 약점을 제기할 가능성이 있을 경우는 절대로 반대나 거절하지 않는게 좋다.

■ 비즈니스에 대해 비판적이어야 한다.

지금 경영상태나 시장 조건이 장미 빛 시대가 아니라 순수하다는 정직한 인식을 가지는 것이 좋고, 내부와 외부 모두에서 비즈니스를 비판적으로 판단하는 게 유리하다.

- 모든 비즈니스에는 약점이 있음을 기억하라
  비즈니스의 부정적인 측면에 대해 이야기하고 나면 약간 위축된 느낌이 들 수 있으니, 모든 비즈니스에는 약점이 있음을 기억하여야 한다. 오늘은 비즈니스를 전반적으로 더 잘 평가하는 데 도움이 되는 더 큰 프로세스의 일부 일 뿐이기 때문이다.

- 약점 목록을 편리하게 보관하라
  목록을 접근 가능한 장소에 보관하고 주기적으로 수집한 모든 데이터를 분석하여 야 한다.

3) 기회를 찾는 방법

기회를 분석하는 시간이 가장 유익하고 즐거운 시간일 수 있다. 기회 분석은 어떤 면에서 SWOT 매트릭스를 완성하는데 가장 쉬운 요소처럼 보인다. 특히 가능성을 즐기는 것을 즐기는 유형이라면 더욱 그런데 자신의 강점과 기회만 본다면 비즈니스에 대한 판단을 흐리게 할 수 있어 위험하게 된다. 약점과 위협을 동시에 평가하면 흥미롭고 가치있는 통찰력을 얻을 수 있다. 경영학에서는 항상 SWOT의 기회 분석을 수행하기 좋은 시간이라고 보고 있지만 언제든지 비즈니스를 비판적으로 살펴보고 비즈니스 성과를 확인할 수 있어야 한다.

가) 기회분석 시간(time)

- 연초: 새해가 시작되면 자연스럽게 지난해의 사업 전략을 검토하고 새로운 경영전략 등을 세워야 하는 시기로서 새해 초에 분석을 수행하면 앞으로 몇 달 안에 결정을 내릴 수 있다.
- 매년: 매년 의사를 방문해야 하는 것처럼 SWOT 분석도 적어도 1년에 한 번은 검토를 수행하여야 한다. 1년 안에 얼마나 많은 환경변화가 일어날 수 있는지 놀라게 될 것이기 때문이다.
- 법령 등 환경이 변화 했을 때: 비즈니스에 큰 변화가 있다면 새로운

SWOT 매트릭스를 작성할 시기이다. 기업간의 인수합병 되거나, 정치적 변화로 인한 법령이나 규정의 변화가 있을 수 있기 때문이다. 이와 같은 눈에 띄는 변화가 발생하면 항상 비즈니스의 위치를 재평가하는 것이 좋다.

- 새로운 스타트업 시작단계 : 스타트업을 통하여 비즈니스를 시작할 계획이라면 SWOT 보고서를 수행하는 것은 아이디어와 제안된 전략 계획의 실행 가능성을 확인하는 좋은 방법으로 강력하게 추천한다.

나) 기회를 찾는 매개요인

- 경제 동향: 목표 시장 경제동향을 살펴보아라
- 시장 동향: 목표 시장은 비즈니스의 문을 열 수 있는 새로운 동향을 판단
- 자금 조달 또는 현금 흐름 변화: 새로운 큰 고객을 생각하거나 사업 대출이나 외부 투자를 받을 경우
- 정치적 지원: 정치적 유대의 변화를 고려
- 정부 규정: 새로운 기회를 제공할 수 있는 변화하는 규정
- 관계 변경: 공급업체, 파트너 또는 공급업체와의 관계 변경

다) 기회를 창출하는 질문

- 경제 동향
  - 목표시장 지역의 경제가 상승하고 있습니까?
  - 경제로 인해 고객이 더 많은 구매를 할 수 있습니까?
  - 타겟 고객에게 영향을 미치는 경제적 변화가 일어나고 있습니까?
  - 외부 자재 가격이 하락하고 있습니까?

- 시장 경향
  - 여러분의 시장은 어떻게 변화하고 있습니까?
  - 귀사에서 활용할 수 있는 새로운 트렌드는 무엇입니까?
  - 이러한 새로운 트렌드를 둘러싼 기간은 어떻게 됩니까? 장기적 기회가 아닐까요?

- 자금 변경

- 올해 보조금 기금 또는 기부금이 증가할 것으로 예상하십니까(비영리 단체인 경우)?
- 새 계약을 맺으셨습니까(새 소득 보장)?
- 대출이나 투자 자금을 확보했습니까?
- 자금 조달 변경이 귀하의 비즈니스에 어떤 도움이 됩니까?

■ 정치적 지원

- 올해 정치적 지지의 변화를 예상하십니까?
- 새로운 정치적 파트너십을 통해 어떤 기회를 만들 수 있습니까?

■ 정부 규정

- 긍정적인 변화로 이어질 수 있는 규제가 바뀌고 있습니까?

■ 관계 변경

- 외부 비즈니스 관계에서 긍정적인 변화가 일어나고 있습니까?
- 공급업체가 변경되거나 확장되고 있습니까?
- 당신의 파트너가 함께 일할 기회를 만들기로 결정했습니까?

■ 타겟 고객 이동

- 인구통계학적 변화는 어떻습니까?
- 이러한 변화하는 인구 통계와 함께 이동할 수 있는 기회는 무엇이라고 생각할 수 있습니까?
- 청중이 확장되고 있습니까? 그렇다면 이 증가를 어떻게 활용할 수 있습니까?
- 새로운 시장 점유율을 확보할 수 있도록 출시할 수 있는 관련 제품이나 서비스가 있습니까?

라) 기회를 발견하는 팁(Tip)

■ 스타트업 창업자가 직접 수행하라.

- 적극적으로 전화 걸고, 회의를 준비하고, 시장을 조사하여 자신감을 얻는게 중요

- 창의력을 발휘하라
  - 경영자가 기술과 창의성을 취할 수 없는 기회를 찾기 위해, 가능한 기회를 나열할 때 상자 밖에서 생각하는 것이 중요
- 기 목록을 편리하게 보관
  - 5단계에서 실행 가능한 전략을 개발할 수 있도록 SWOT 매트릭스를 다시 한번 검토하라.

4) 위협을 정의하는 방법

기업이나 스타트업에 대한 위협은 통제할 수 없는 외부 요인으로 비즈니스에 부정적인 영향을 미치며, 위협은 기업 내부에 존재하거나 현재 존재하는 기업의 일부인 약점과는 완전히 다른 차원으로 해석된다.

비즈니스에 대한 위협을 식별하는 것은 위험을 줄이거나 최소한 비즈니스가 중단되지 않을 만큼 충분히 완화하는 강력한 첫 번째 단계로서, 실패를 최소화하기 위해 준비하고 사전 조치를 취하는 방법으로 활용된다.

위협 목록을 작성하는 것은 어려울 수 있지만, 모르는 것이 무엇인지 모를 뿐일 수 있다.

가) 위협에 대한 매개요소

- 경제 동향: 비즈니스에 영향을 미치는 경제 상황을 조사
- 시장 동향: 시장 동향의 변화 또는 축소 사항
- 자금 조달 변경: 기부, 교부금 또는 통제할 수 없는 기타 수익 흐름의 변화
- 정치적 지원: 정치적 지원이 바뀌고 있다면 그 영향을 분석
- 정부 규정: 비즈니스에 피해를 줄 수 있는 변경되는 규정 또는 법령
- 관계 변경: 공급업체, 파트너 또는 공급업체와의 관계 변경을 고려
- 대상 고객 이동: 대상 시장이 축소, 노화 또는 변화중일 경우

나) 위협을 찾는 질문

- 경제 동향
  - 귀하의 지역 경제는 불황에 있습니까?

- 경제가 고객의 구매 능력에 부정적인 영향을 미칩니까?
- 타겟 고객에게 영향을 미치는 경제적 변화가 일어나고 있습니까?

■ 시장 경향

- 목표 시장은 어떻게 변화하고 있습니까?
- 어떤 새로운 트렌드가 회사에 피해를 줄 수 있습니까?
- 당신의 시장에서 당신을 밀어내는 더 많은 경쟁이 있습니까?

■ 자금 조달 또는 현금 흐름 변경

- 현금 흐름에 부정적인 영향을 미칠 수 있는 변화가 있을 것으로 예상하십니까? 결제 지연, 계절 문제 등
- 자금 조달 변경이 비즈니스에 해를 끼칠까요? 그렇다면 어떻게 해야 하는가?
- 매년 보조금 또는 기부금이 감소할 것으로 예상하십니까?

■ 정치적 지원

- 사업년도 정치적 지지의 변화를 예상하십니까?
- 정치적 변화에 대해 우려할 이유가 있습니까?
- 비즈니스는 정치적 변화로 인해 무엇을 잃게 됩니까?

■ 정부 규정

- 더 많은 비용이 들거나 생산에 지장을 줄 수 있는 규제가 바뀌고 있습니까?
- 새로운 규정은 어떤 피해를 줄 수 있습니까?

■ 관계 변경

- 변화하는 외부 비즈니스 관계가 있습니까?
- 파트너 또는 공급업체와 분쟁은 있습니까?

■ 타겟 고객 이동

- 인구통계학적 변화는 어떻습니까?
- 이러한 변화하는 인구 통계에는 어떤 위협이 수반됩니까?

• 고객이 제품이나 서비스를 수용할 수 없는 방식으로 변화하고 있습니까?

다) 위협을 찾는 팁(Tip)

- 시장 조사 : 가능한 위협요소에 대한 시장 조사를 수행하여 대상 고객이 어떻게 변하고 있는지 확인고자 할 때
- 생각할 수 있는 모든 위협을 나열: 위협이 생각나는 대로 나열하는 방식으로 반복적으로 수행한다. 그 위협이 즉각적으로 느껴지지 않는 결과를 가져오더라도 위협을 항상 모니터링 한다.
- 위협이 존재 : 위협을 나열하는 것은 약간의 불안을 유발할 수 있지만 모든 비즈니스에는 위협이 존재한다. 위협에 눈을 돌리는 것보다 위협에 대해 아는 것이 좋다.

3 SWOT 실행 전략 사례(폭스바겐 자동차)

강점, 약점, 기회 및 위협의 목록은 편리한 비즈니스 가이드를 제공하는데 도움이 되기 위하여 비즈니스를 개선하기 위한 전략과 계획을 수립하여야 한다. 이를 TOWS 분석이라고 한다. 분석의 각 사분면을 연결하는 구조이고, 실행 가능한 전략을 만들기 위해 두 사분면의 정보를 결합하여 사각형 박스에 기술한다.

- SWOT 실행 및 완료
  - SWOT 및 TOWS 분석을 마치면 비즈니스를 개선하기 위해 구현할 수 있는 전략목록과 함께 비즈니스를 통찰력 있게 볼 수 있게 관리하여야 한다(표 8-3 폭스바겐의 사례 참조).
  - 구성한 SWOT 전략에 대하여 계획을 수립하고 일부 전략이 장기 계획인 경우 특정 이정표가 있는 단계로 구분하고 각 계획을 일정에 기록하여 시간이 지남에 따라 변경 사항을 구현할 수 있게 문서화
  - 관리차원에서 벽에 걸거나 데스크 탑에 두어 결정을 내릴 때 수시로 참조할 수 있게 주기적으로 관리

표 8-3 SWOT 요소분석

구분	내부 강점요소(S) · 연구능력과 엔지니어링 · 마케팅 능력과 서비스 네트웍 · 자동화 생산 시스템	내부 약점요소(W) · 제품의 믿음 낮음 · 비용 상승 · 미국 공장 설치 시 노동운동에 대한 경험 부족
외부 기회요소(O)	**SO**	**WO**
· 소비자들의 다양한 옵션의 고급화 기능의 성장 · 미국 공장 설치에 대한 매력적인 요구 · 크라이슬러와 미국 소비자의 소형 자동차 요구	· 옵션별 경제성을 확보한 생산 라인 구축과 개발역량 확보 · 연구개발, 엔지니어링, 생산성과 자동화 경험으로 조립 라인 구축 · 크라이슬러와 AMC의 엔진 제조	· 다른 가격 수준별로 호환 모델 개발 · 미국 노동운동에 대응할 수 있는 전문가 고용 · 독일에서 비용상승 대응으로 미국 공장 설립
외부 위협요소(T)	**ST**	**WT**
· 환율 저하 · 일본과 미국자동차 기업 경쟁 · 에너지 고갈과 가격상승	· 미국 공장 구축으로 환율위험 절감 · 응용 설계기술을 통한 경쟁 타파 · 디젤엔진과 연료 분사 방식으로 연료 소비량 개선	· 강점요소를 해결하면서 약점 극복전략 - 유연생산시스템개발을 통한 경쟁위협 제거 · 폭스바겐이 경험하지 못한 가능 옵션 전략 - 크라이슬러 또는 AMC와 합작 전념 - 미국 시장 철수

4 환경 분석 방법

메가트렌드란 사회, 경제, 정치, 과학기술의 큰 변화를 말하며, 변화는 천천히 형성되지만, 일단 변화가 일어나면 일정 기간 이상 걸쳐 사회에 큰 영향을 준다고 나이스비트(John Naisbit)가 주장하였다[4]

가. PEST 분석

비즈니스 관점에서는 정치(Politics), 경제(Economy), 사회(Society), 기술(Technoligy) 을 의미하고 있으며 고객이나 경쟁사 등에 대한 구체적인 대상을 분석하는 3C 보다 거시적인 관점 차원에서 분석하는 방법

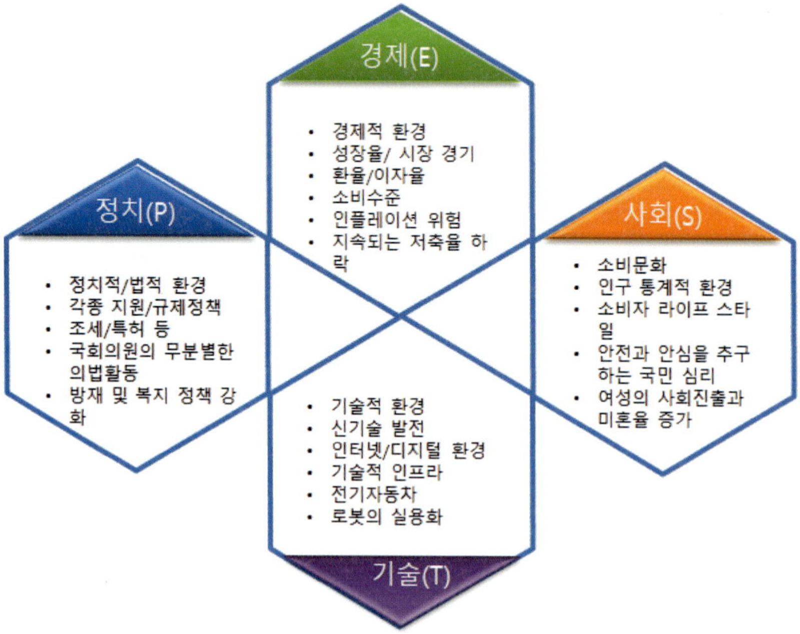

그림 8-4 PEST 구성요소

1) 정치(Politics)적 분석

- 비즈니스는 정치나 법적 환경의 변화에 큰 영향을 받기 때문에 규제의 개정이나 폐지, 세제개편 등으로 인하여 기업 활동이 위축되거나 제한받기도 하지만 새로운 비즈니스의 기회로 활용되기도 함
  - 산업관련 법률개정이나 새로운 법 제정의 가능성을 파악하여 자사의 경쟁환경을 유리하게 만들어야함.
  - 글로벌 기업의 경우 각 나라마다 정책결정 과정이 다르고 여론이나 문제의식에서도 차이가 있기 때문에 관련 국가의 정치 상황도 파악 필요

2) 경제(Economy)

경제분야는 분석 대상의 폭이 아주 넓지만 가장 기본이 되는 부분은 GDP 분석으로 GDP의 증감은 소득과 밀접한 관련이 있으며, 경기를 이해는 중요한 지표로 활용

- 환율, 금리, 주가 등도 주요 체크 요인이며, 수출입과 직접적인 관련이

없더라도 환율에 따른 원자재의 가격상승에 따른 원가 상승 등의 요인으로 작용

3) 사회(Society)

사회 환경과 소비자 라이프 스타일의 현재 상황 및 앞으로의 변화를 통해 비즈니스에 어떤 영향을 미칠지 파악하는 것을 의미

- 인구동태, 여론, 환경문제, 문화적 유행, 종교, 교육 등과 같은 분야의 움직임을 분석

4) 기술(Technology)

기술 발전에 양향을 받지 않는 비즈니스는 거의 없으며, 그 영향은 긍정 또는 부정적인 방향 2가지 측면으로 있음.

- 기업은 기술을 어떤 전략적 의도로 이용할 지에 따라 시장을 결정하고 관련 기술을 찾는 방법과 특정기술(자사 보유)을 바탕으로 시장을 개척 할지 2가지 방향으로 접근 가능

> PEST 분석 시 유의점할 점은 기업은 정치, 경제, 사회, 기술 등 전 분야에 대하여 검토할 필요는 없으며, 스타트업이나 기존 기업의 경우는 비즈니스 유형별로 영향을 받을 수 있는 요소에 대해서만 정기적으로 분석하는 것이 현실적으로 보고 있다.

5) PEST와 SWOT 연관 분석[5]

PEST분석에서는 앞에서 설명한 SWOT와 연계성이 외부환경요인으로 밀접한 관계가 있음을 확인할 수 있다. 따라서 외부 기회와 위협 요소는 정치, 경제, 사회, 기술요소 부문을 밀접하게 분석하여 대응하는 전략이 필요하다.

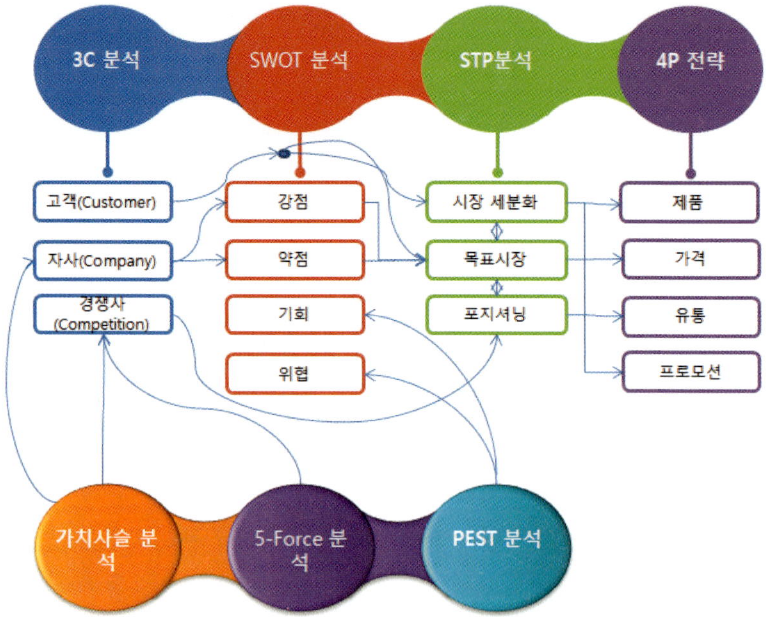

그림 8-5 PEST와 SWOT 연관 분석

나. Michael Porter의 The Five Forces 분석[6]

■ 판매자(공급자)의 협상력

판매자란 업계를 기준으로 공급자를 의미하며, 자동차 제조업의 경우 부품 제조업체, 철강제조업체 등의 공급업체를 의미한다.

- 판매자(공급자)의 협상력이 뛰어나면 원료가격을 높게 책정하여 원가상승으로 인한 수익성이 악화 될 수 있는데, 예를 들면 석유 산유국과 자동차 소유자들 관계
- 판매자는 다음과 같은 상황에서 강한 협상력을 가짐
  - 판매자가 독점 상태로 구매자의 선택이 한정되는 경우
  - 전환비용이 높은 경우(공급자 변경시 많은 노력과 시간이 소요)
  - 판매자가 속한 업계의 판매가격이 비슷하여 가격협상의 여지가 없는 경우
  - 판매자의 제품이 동종 산업내에서 품질 및 가격 경쟁력이 강한 경우

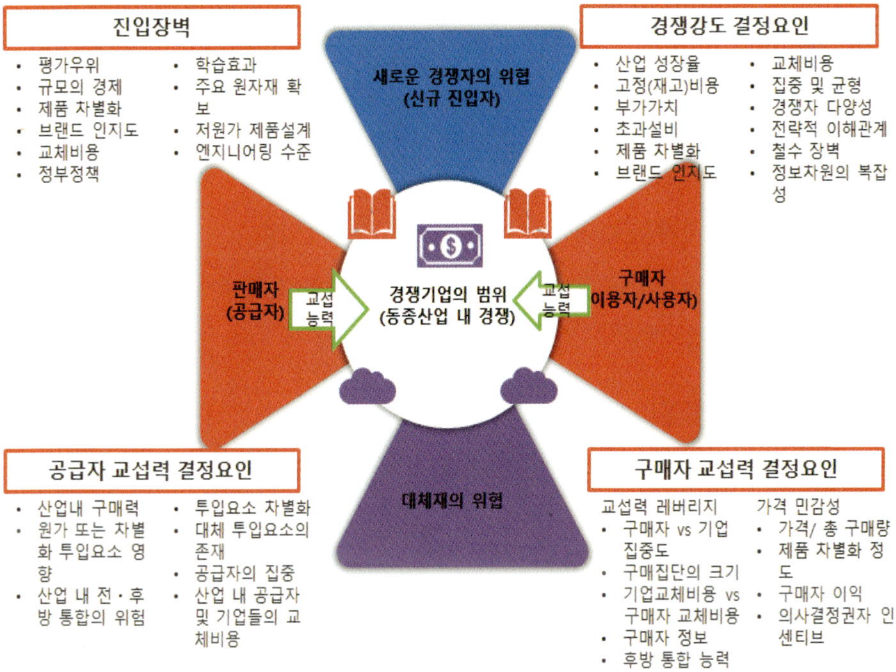

그림 8-6 경쟁구조 분석 접근 요소 네트워크

- 업계 내 경쟁

업계 내 경쟁이 치열한 정도를 의미, 시장 규모에 비해 유사제품 및 서비스를 제 공하는 경쟁업체가 많을수록 경쟁은 심화되고 이익은 줄어든다.

- 특히, 시장 규모가 축소되면 업계 내 기업들이 가동률을 끌어올려 가격 인하 경쟁이 집중하거나 또는 시장에서 철수하기 어려운 잔존 기업이 많은 상황이라면 경쟁은 더욱 심화되고 이러한 제품은 시장에서 넘쳐나고 가격은 최하 가격으로 치킨게임으로 치닫는 경우로 기업의 부도 등이 발생할 가능성이 있다.

- 구매자의 협상력

구매자의 자사 이익 축소 압력으로 볼 수 있으며, 자사와 직접 거래하는 기업뿐만 아니라 2차 제조 기업까지도 고려할 필요가 있다.

- 제조업 측면에서는 도매, 소매, 최종 소비자까지 구매자 협상력 검토 대상
- 특히, 시장이 성숙기에 접어들면 구매자의 협상력이 높아지는 경향

이 있으며, 다음 같은 상황에서 강한 협상력을 가짐
- 제품이 차별화되지 않아 소비자가 어떤 제품을 구입해도 상관없는 경우
- 즉시 다른 제품으로 대체할 수 있는 경우
- 구매자의 기업 규모가 판매자보다 더 큰 경우
- 구매자가 속한 업계가 과점 상태로 특정 기업에게 매출액 의존도가 높을 경우

■ 신규 진입의 위험

신규 진입이 용이한 업계는 언제라도 새로운 경쟁기업이 나타날 수 있으며, 반대로 진입 장벽이 높으면 신규 업체의 진입이 어려워 경쟁이 완화될 수 있다.

• 진입 장벽의 대표적인 사례는 다음과 같다.
  - 새로 업계 진입할 때 부딪히는 규제나 특허
  - 거액의 설비 및 투자
  - 브랜드 및 유통채널 구축까지 필요한 거액의 투자

그럼에도 불구하고 업계의 매력도에 따라 신규 진입의 위험이 줄어들거나 높아질 수 있다.

■ 대체품의 위험

대체품이란 형태는 다르지만, 동일한 사용자의 수요(욕구)를 충족시키는 제품 및 서비스를 의미한다.

• 대체품이 위협적인 것은 갑자기 업계의 상황을 완전히 변화시킬 수 있다.

수요가 완전히 없어지는 경우는 거의 없으며, 신제품이 출시되면서 대체되어 사라지는 경우가 대부분이다.

■ 시사점

업계의 의미를 제대로 정의하고, 어떤 산업계에서 경쟁하고 있는지, 어떤 경쟁사와 (잠재적인) 고객을 상대로 비즈니스를 하고 있는지(하

고 싶은지)를 정확하게 파악가능하다.

- 위협에 대해 정확하게 이해하는 것이 필요하고, 위협의 강약을 판단 가능한 기준이 없지만, 타업계와 비교하여 어떤 압력이 강하게 가해지는지 판단할 필요가 있으며, 일반적으로 2개 이상이면 수익을 올리기 어려우며, 3개 이상이면 산업의 매력도가 매우 낮은 것으로 판단할 수 있음
- 5가지 경쟁요인은 뛰어난 프레임워크지만 업계의 매력도를 정확하게 측정할 수 없으며, 경쟁요인이 많더라도 그것을 흡수할 수 있는 시장 규모나 수익성이 있으면 기업은 이익의 총액이 늘어날 수 있다.
- 분석결과와 상관없이 경쟁사와 M&A를 통한 산업 상황을 뒤집을 수도 있다.

다. 시장의 경쟁력과 다이아몬드 모델

기업이나 국가의 경쟁력을 평가할 때 대부분 생산 조건만을 지나치게 강조하고 있었지만 마이클 포터 교수는 다이아몬드 모델에 따라 생산조건, 수요조건(또는 요소조건), 관련 및 지원 산업, 경영 여건을 모두 평가해야 현대산업이나 조직이 처한 문제점을 발견하고 해결책을 모색할 수 있다고 주장하였다.[7]

그림 8-7 마이클 포터의 다이아몬드 모델

1) 다이어몬드 4가지 요소

- 생산조건(Factor Conditions)

천연자원과 값싼 노동력과 같은 기초요소와 선진기술과 같은 고급요소로 구분하였다. 선진국은 고급요소에서 경쟁력을 확보한 나라이고, 후진국은 기초 요소에서 경쟁력을 확보한 나라라고 설명하고 있다. 이는 기업에게 적용할 경우 하이테크 기술을 보유한 기업과 대기업과 커플링(coupling)으로 수직화 된 공급관계로 하청에 의하여 임가공을 주로 하는 기업으로 구분할 수 있다.즉, 스타트업 창업자는 보유한 기술이 하이테크 기술로서 지적재산권을 확보한 고급기술인지 아니면 대

기업과 협업체계로 납품하는 낮은 기술인지 평가하는 것이 필요하다.

- 수요조건(Demand Condition)
  대한민국은 IT 분야에서 선두를 달리고 있다. 이는 시장 규모가 크기 때문이 아니라 대한민국 국민들의 수요에 대한 기술수준이 매우 높기 때문이다. 기업은 고객의 요구를 충족할 앱이나 컨텐츠를 고급화시킬 제품을 제조할 수밖에 없기 때문이다.

- 관련 및 지원사업의 경쟁력을 분석할 때 단위기업이나 국가를 독립적으로 판단하기 보다는 관련 산업 클러스터에 관심을 가져야 한다. 미국의 첨단 산업 경쟁력의 분석 단위는 구글이나 애플이 아니라 실리콘밸리라는 사실이고 대한민국은 판교나 구로디지털단지가 될 수 있다.

- 경영여건(Business Condition)
  이는 전략, 구조, 경쟁을 말한다. 규모의 경제를 달성하기 위해 거대기업을 중심으로 산업을 육성해야 하지만 선진국들은 강력한 경쟁자들이 국가내에 존재한다. 스위스는 제약 산업, 스웨덴은 자동차 산업, 미국은 IT 첨단산업을 주도적으로 기업들이 경쟁하고 있다. 이는 스타트업의 제품 경쟁력이 어느 정도인지를 평가하여 추진하는 것이 중요하다. 즉, 기업간의 효율적인 경쟁이 없다면 해당 산업의 전체 경쟁력은 떨어진다. 경쟁은 경쟁력을 강화시키는 역할을 한다.

2) 촉진요인 분석

스타트업이 경쟁력을 확보하여 제품의 성숙도를 평가하는 요소로서 시장요인, 비용요인, 정부요인, 경쟁요인으로 구분하고 있다.[8]

- 시장요인
  시장요인은 1인당 소득의 격차가 좁혀지고 생활 패턴과 소비자 기호의 수준 향상, 통신시설과 운송수단의 발달, 소비자들의 브랜드 인지도가 높아지고 제품이나 서비스에 대한 만족도를 조사하여 제품이나 서비스를 결정하는 수단이 고도화되어 있어 구매력을 촉진하는 요인이 되고 있다.

■ 비용요인

- 비용 요인은 규모의 경제를 위한 계속적인 노력이 이루어지고 기술 혁신이 가속화되는 점을 들 수 있다. 따라서 기업이 경쟁우위를 확보하기 위해서 다양한 시장으로 도약할 필요가 있다.
- 기업들에게 중요한 사항은 생산비용의 원가절감 노력이 산업의 경쟁력을 촉진시킨다. 특정 산업은 저렴한 생산비용, 특히 저렴한 노동력을 활용하기 위해 글로벌화 하는 경향이 있다.

■ 정부요인

- 산업의 글로벌화는 정부의 정책변화에 많은 영향을 받는다.
- 예를 들면 일반의약품의 경우 판매되는 상이한 국제표준을 따라야하기 때문에 낮은 글로벌화 수준을 보이고 있다. 항공산업의 경우 호환성이 있는 기술표준을 확보하여야 원만하게 사업운영을 할 수 있다.
- 제품이나 서비스는 국가 또는 단체표준을 인증 받아 국민이나 소비자의 안전을 확보할 수 있는 성능 및 기능, 소비자의 위험요소나 건강위해 요소가 안전하다 는 규정을 만족하여야 한다.

표 8-4 촉진요인과 산업별 글로벌 수준 사례

산업	시장 요인	비용 요인	정부 요인	경쟁 요인	전 체	
					합계	순위
서적출판	1	6	10	1	18	3
일반의약품	2	5	1	3	11	1
은행	3	2	4	4	13	2
전기용품	4	8	3	7	22	4
치약	5	4	13	6	28	6
의사처방의약품	6	12	8	8	34	8
특수화학제품	7	7	7	9	30	7
음료수	8	1	9	5	23	5
자동차	9	10	11	10	40	9
신용카드	10	6	2	2	20	4
컴퓨터	11	9	9	11	40	9
항공기	12	11	5	13	41	11
반도체	13	13	6	12	44	12

- 경쟁요인
  - 최근에는 시장환경이 글로벌화 되어 있어 정보통신산업이 국경을 넘어 전 세계를 상대로 한 비즈니스가 활성화되어 모든 세계의 경쟁기업과의 제품이나 서비스에 대응할 수 있는 경쟁요인을 극복하고 시장을 진출하여야 한다.

라. FMEA(Failure Mode and Effects Analysis,고장유형영향 분석 기반의 위험요인 분석)

고객, 새로운 법 조항(제조물 책임법[4.5]), 그리고 규격(DIN ISO 9000 ff[4.2])에 의한 품질 요구사항의 증가, 제품의 복잡성 증가, 비용 증가, 개발 기간 단축에 대한 요구, 그리고 마지막으로 환경에 대한 인식이 높아지면서, FMEA는 오늘날의 품질보증에 있어 필수 구성요소가 되고 있다. 특히 기본 사상은 아이디어 시스템, 서브시스템, 부품에 대한 발생 가능한 모든 고장모드를 결정하는 것이다. 동시에, 가능한 고장 영향 및 고장원인을 제시하고자 하는 위험요인을 분석하는 방법으로서 가능한 신속하게 제품의 위험 및 약점을 파악하여 적시에 개선하고 예방할 수 있는 도구로서 군사, 항공기, 자동차, 반도체 산업 등의 핵심 산업에 적용되고 있는 중요한 문제해결에 활용되고 있다.[9]

그림 8-8 자동차 변속기어 트리구조

가) FMEA 개념

- Potential Failure Mode and Effects Analysis으로서 잠재적 고장유형 영향 분석

- 즉 발생할 가능성이 있는 기능이나 위험요소를 사전에 예측하고 방어함으로써 제품이나 서비스를 보장하는 수단
- 잠재적인 고장형태(클레임 및 환불 등)와 이들의 영향에 대한 심각도(severity)를 정의
- 치명적인 특성이나 중요한 관리 인자를 파악
- 잠재적인 제품설계 및 공정에 대한 결함의 우선순위를 부여
- 결함예방을 위한 문제해결 노력에 집중

나) FMEA 태동과 히스토리

- 1960년대 미국의 Apollo Mission 추진 과정 중 항공 우주산업에 처음으로 사용됨.
- 1974년 미 해군에 의해 미사일 개발시 “FMEA 사용”, MIL-STDㄸ1629 규격으로 제정
- 1970년대 말 미국의 자동차 산업에 적용되기 시작
- 1994년 미국의 자동차 BIG 3에 의해 QS-9000 규격으로 제정
- FMEA를 필수요구항목으로서 협력업체에 시행 요구

다) 기능과 활용방법론

- 고장 불량이 발생하기 전에 사전 예방 방식으로 프로세스를 개선하기 위한 프로세스 팀의 핵심도구
- 프로세스 개선활동이 고객에게 안전을 보장하고 내구성을 제공하기 위해 잠재적인 고장 모드, 잠재적인 고장영향, 잠재적인 고장 원인 등에 대한 위험요소를 평가하고 최적화를 위해 우선순위를 선정하고 시정조치 수행
- FMEA 성공을 위한 주요 사항

표 8-5 FMEA 참가자 역할

구분	해설	비 고
관리자	FMEA 작업을 눈에 보이게 명확하게 지원	
조정자(전문가)	좋은 방법론 지식과 의견을 조율하는 지식을 제공	
참가자	아이디어와 관련있는 설계자, 제조자, 품질관리자, 구매자 등이 참여하는 위험요소 해결 전담자	

1) FMEA 활용 서식[9]

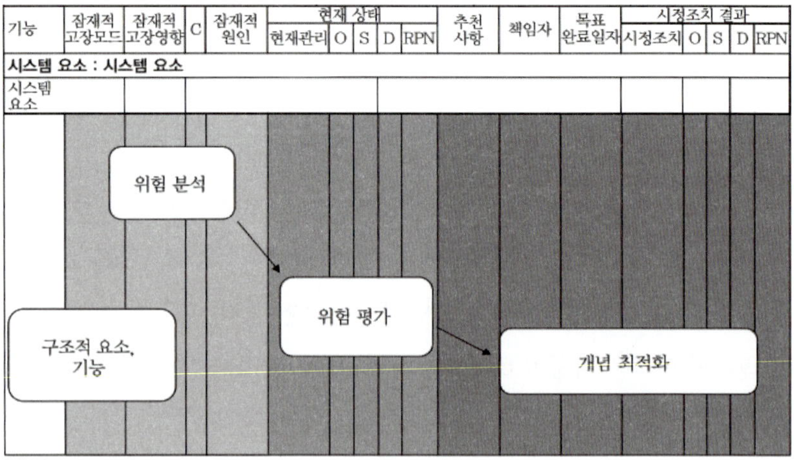

그림 8-9 FMEA 서식

2) 문제해결을 위한 서식 활용

- 기능
  - 위험한 경우에는 모든 고장 모드를 찾는 데 창의적인 수단을 사용
  - 설계 FMEA :구조적인 요소와 그 기능을 기술
  - 공정 FMEA : 제조 및 검사 절차에 대한 그 기능을 기술
  - 여기서는 부품과 프로세스가 누락되지 않아야 하고 고장 모드에 대한 정밀한 조사, 상향식 방법(bottom - up)으로 접근하는 것이 중요하다.

- 잠재적 고장모드
  - 모든 예상 가능하고 잠재적인 고장 모드를 조사
  - FMEA에 있어서 가장 중요하고 어려운 단계

- 잠재적 고장 영향
  - 모든 예상 가능하고, 잠재적인 고장 영향 조사
- 잠재적 고장원인
  - 모든 예상 가능하고 잠재적인 고장 원인조사

운영 Tip

- 고장에 대한 데이터
- FMEA 경험자 참여
- 체크리스트(고장 모드 리스트)
- 창의적 방법(브레인스토밍, 635, 델파이 기법 등)
- 기능 또는 고장 기능에 대한 시스템적 분석
- 가능하면 관련된 제품의 부품 리스트 확보
- FMEA 서식 준비

그림 8-10 FMEA 활용 팁(Tip)

3) FMEA 전개

특정 부품은 하나 이상의 기능과 일반적으로 다수의 고장 모드를 가진다. 각 고장 모드는 다시 여러 개의 고장 영향과 서로 다른 고장 원인을 가진다.

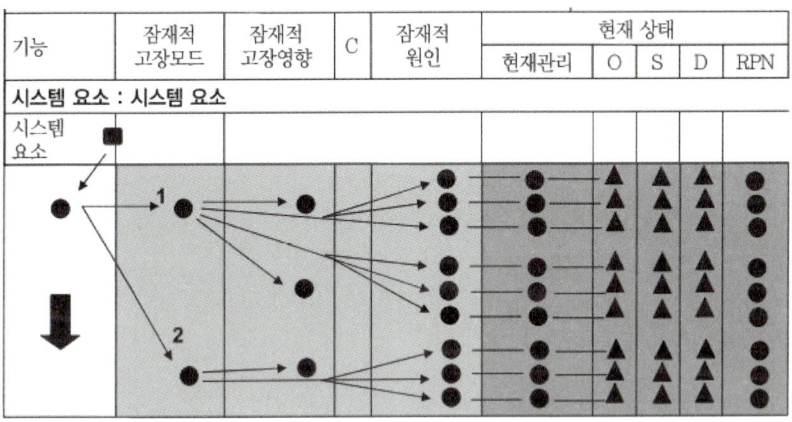

그림 8-11 FMEA 서식의 나무구조(Tree Structure)

- 발생도(O, Occurrence) : 고장이나 불만이 얼마나 자주 발생하는지를 나타냄
- 심각도(S, Severity): 고객에게 미치는 영향이 치명적인 정도를 나타냄
- 검출도(D, Detection): 고장이나 불만의 발생 여부를 검출하는 정도

를 나타냄

• 위험 위험순위(RPN, Risk Priority Number)

4) 위험평가

표 8-6 고장원인 평가 서식

현재관리	발생도(O)	심각도(S)	감지도(D)	RPN(위험우선순위)
	10점 척도	10점 척도	10점 척도	OxSxD

◉ 평가척도

구분	1–2	3–4	5–6	7–8	9–10
	매우 낮음	낮음	보통	높음	매우 높음
고장원인의 발생 빈도는 어느 정도인가?					
고장 영향은 얼마나 심각한가?					
고장 원인의 감지도는 어느 정도인가?					

■ RPN(Risk Priority Number : 위험우선순위) ► 고장 원인들의 우선순위

► 값 척도는 1에서 10까지 가짐

- 긍정적, 좋은 경우 = 1
- 부정적, 나쁜 경우 = 10

• 개별 평가 값들의 곱 = RPN(위험우선순위) : 확인된 잠재 고장 원인의 위험

○ RPN 값에 따라 고장 원인의 순위 매김

○ RPN 값이 가장 큰 고장 원인을 가지고 개념 최적화 시작

- 미리 지정한 한계 RPN까지(예 : RPN = 125)
- 혹은 고장 원인의 특정 양까지(파레토 원리에 따라 일반적으로 약 20~30%)

○ 개별 측정값 O > 8 혹은 S > 8 혹은 D > 8인 고장 원인으로 우선 선정원칙

○ FMEA 결과는 개별적으로 관측

5) 최적화 단계

계산된 RPN 값들에 순서를 매긴다. 최적화는 RPN 값이 가장 큰 고장 원인들부터 시작하여 분석의 복잡도, 특정한 하한, 혹은 파레토 원리에 의해 RPN 값들의 20~30%가 최적화된 후에 끝난다. 개별 평가 값이 큰 경우는 또한 RPN 값과 함께 고려되어야 한다. O > 8인 값은 고장이 매우 자주 발생한다는 것이다. 당연히 이 경우도 최적화되어야 한다. S > 8인 심각도는 안전 위험뿐 아니라 심각한 기능 손상을 나타내는 것이다. 그러한 경우

들에 대해서도 보다 면밀히 검토되어야 한다. D>8인 값에서는 고장을 감지하기가 매우 어렵다. 그러므로 이러한 경우는 고객에게 전달되기 전에 고장이 해결되지 않는 상황이 발생한다.

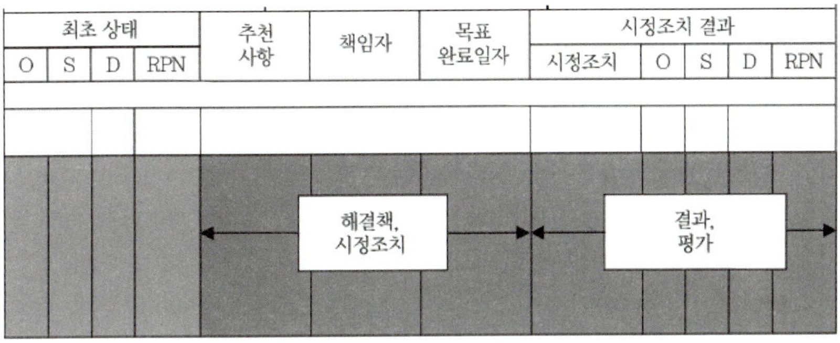

그림 8-12 FMEA 개념 최적화

요점정리

- 최근들어 글로벌 경제에 대한 이념적인 사고가 발생하면서 자국의 패권을 위한 정책으로 변화하고 있는 시기에 접어들지만 제품이나 서비스 시장은 하나의 체제로 형성되어 가고 있다. ICT의 발달과 4차 산업혁명 시대로 접어들면서 가난한 국가와 부자 국가간의 차이가 점점 벌어지고 있는 것도 사실이다. 자원이 빈약한 국가와 자원이 풍부한 국가의 차이는 무엇인가를 생각해 보면 우리는 정확한 답을 낼 수 있다. 자원을 이용한 응용제품과 서비스를 개발하고 고객에게 제공하는 것만이 우리의 살길이라고 많은 경영자나 학자들은 판단하고 있다. 세계가 단일 생활권이 형성되면서 소비자 기호의 동질화 현상이 발생하면서 기술혁신은 가속화되고 있다. 스타트업을 성공으로 이끌기 위한 외부와 내부 환경요소를 분석하여 대응하는 제품이나 서비스를 개발하지 않으면 성공하기에 무거운 어깨의 짐이 될 수 있다. 이에 8장에서 설명한 SWOT 분석과 시장 촉진요인에 대한 철저한 학습을 통하여 창업자의 실패를 사전에 방지할 수 있는 내용을 충분히 이해하고 숙지하면 좋은 결과의 스타트업을 이룰 수 있을 것이다.

- FMEA(Failure Mode and Effects Analysis)는 신뢰성 방법론 분야에서 가장 흔히 사용되고 또한 잘 알려진 정성적 신뢰성 방법론이다. FMEA는 시스템 변경이나 부품 변경을 위해 설계 단계에서 수행하는 예방 차원의 신뢰성 방법론이다. FMEA의 목적은 신뢰성 평가의 최적 기준을 달성하기 위해 경험적인 관점에서 부품을 분석하고 변경하는 것이다. 그 한 가지 중요한 기준이 이 장에서 설명하는 RPN(Risk Priority Number, 위험우선순위)이다.

- FMEA는 1960년대 중반 미국항공우주국(National Aeronautics and Space Administration, NASA)에서 아폴로 프로젝트를 위해 개발되었다. 이후 FMEA는 항공우주 및 항공공학 분야의 절차에 적용되었으며,FMEA의 문헌들은 대부분 미군의 표준규격인 MIL-STD-1629A [4.1]에서 나온 것이며, 항공우주 및 항공공학 분야의 모든 부품에 대한 승인 기준으로 요구될 정도로 예방차원의 위험요소 분석 툴로서 많은 각광을 받고 있다. FMEA는 정교하고 세부적이며, 명확하게 정의된 절차를 가지고 있다. 또한 FMEA는 원자력 기술 분야와 자동차 산업, 방위산업, 반도체산업 및 이차전지 산업에까지 사용되고 있다

- FMEA는 제품이나 서비스를 개발 및 운영하면서 발생할 수 있는 잠재적인 위험요소를 선행적으로 파악 및 분석하여 대응함으로서 실패를 감소시키고 사업을 성공의 요소로 이끌 수 있는 분석 기법으로 활용하면 좋은 결과를 얻을 수 있다.

- 제품은 하드웨어(부품, 구성품, 조립품 등)와 소프트웨어(프로그램, 절차, 정보, 자료, 지식 및 기록 등), 서비스(보험, 금융, 운송, 교육, 도소매 등), 가공된 소재(원유같은 원재료, 액체, 고체, 선재, 판재 등)로 구분되고 있으며 어떤 활동으로 만들어진 결과물로서 완제품이나 제조업에서만 통용되는 용어가 아닌 우리 일상생활의 콘텐츠, 레스토랑 등 모든 분야에서 생산되는 결과물이다.

연습문제

1 네슬러의 Prodigio 전략에 대하여 조사하여 제출하시오.

2 비즈니스의 환경분석에서 정치분석의 사례를 설명하시오.

3 인재 아웃소싱 스타트업을 창업하고자 할 경우 PEST 분석 현황을 작성하시오

4 자동차 대체품은 무엇이 있는지 설명하시오.

5 드론의 시장 촉진요인을 설명하시오.

6 전기자동차의 화재원인에 대하여 FMEA를 작성하시오

7 스마트폰의 5-force 에 대하여 조사하고 구체적으로 작성하시오.

8 나의 성공을 위한 SWOT를 작성하시오.

9 네이버의 SWOT를 분석하시오.

10 이차전지 시장이 확대되는 시점에 위험요소와 촉진요인을 작성하시오.

참고자료

[1] https://www.creativebloq.com/news/airbnb-logo-secrets

[2] ttps://m.post.naver.com/viewer/postView.naver?volumeNo=8915418&memberNo=3185448

[3] https://articles.bplans.com/swot-analysis-challenge-day-2-how-to-identify-weaknesses/

[4] 존 나이스비트(John Naisbit). 메가트랜드 2000, 1997. 한국경제신문사. 2022. 10. 28 확인

[5] https://hotcoca.tistory.com/152. 2022. 10. 18 확인

[6] ____. 외부환경분석. 2022. 10. 28 확인

[7] 마이클 포터. 경쟁전략. 1980.

[8] ___. 기업수준의 세계화.

[9] B. Bertsche, Reliability in Automotive and Mechanical Engineering VDI-Buch Doi: 10.1007/978-3-540-34282-3_4, ⓒ Springer-Verlag Berlin Heidelberg 2008. FMEA(고장 모드 및 영향 분석)

09 PSST 사업계획

학습목표

- PSST 사업계획서의 작성방법과 내용을 이해할 수 있다.
- 스타트업의 비용과 인력에 대한 필요성과 추진방법을 이해할 수 있다.
- PSST의 구성요소와 필요성을 이해하고 작성할 수 있다.

1 사업계획서의 개념

처음 사업을 시작 한다는 것은 두려움과 초조함, 기대감 등이 교차하는 순간으로서 누구나 겪어야 하는 감정이라고 볼 수 있다. 사업계획서는 사업에 대한 타당성을 분석하는 설계도로서 창업자가 추진하고자 하는 사업을 투자자, 금융기관, 고객 또는 소비자, 정부 지원기관 등을 상대로 설득하는 중요한 문서의 기능을 가지고 있다. 즉 기획의 기능으로서 경영활동을 시작하는 핵심단계라고 볼 수 있지만 사업에 대한 미래의 발전 요소와 위험요소를 진단하고 예측하여 주는 사업의 바이블과 같은 문서이다. 따라서 PSST 사업계획서는 스타트업 기업들이 처음에 아이디어를 개발하는데 고객의 요구사항이나 경쟁자의 제품 및 서비스에 대한 차별성과 독창성 등의 차원에서 인지하고 있는 해결요소가 무엇인지를 파악하는 문제(Problem) 제시와 파악된 문제를 해결해야할 요소들을 어떻게 해결할 것인지에 대한 방안을 도출하고 해결을 위한 자원과 프로세스를 작성하는 Solution 단계, 해결 요소를 통해 만들게 될 사업아이디어를 통하여 예상되는 매출은 얼마인지를 추정하고 이를 실현하기 위한 소요자금과 자금조달 방법에 대하여 작성하는 Scal up(스케일 업) 단계, 달성하여야 할 목표를 성취하기 위하여 필요한 인력 확보에 대한 실행계획을 수립하는 팀(Team) 구성 단계로 사업계획서를 작성하는 방법으로서 사업계획서 작성에서 상세하게 설명하고 있다.

가. 사업계획서는 문서라고 할 수 있다.

작성된 사업계획서는 제안된 아이디어나 스타트업을 상세하게 설명하거나 비젼을 제시하는 서면 문서로서 다음과 같은 기능을 갖는다.

- 신규 사업에 대한 현재의 상황이나 환경, 예상되는 요구사항, 전망들을 설명하여야 한다.
- 프로젝트, 마케팅, 연구개발(R&D), 경영관리, 중요한 위험요소 대응 관리, 재무계획, 이정표 또는 일정표 등이 포함된 문서
- 해당 아이디어가 무엇인지, 시장이 무엇인지, 누구를 상대로 할 것인지 등에 대한 전반적인 사항에 대한 세부적이고 명확하게 도표나 이미지 등으로 표시된 스타트업의 로드맵이라고 할 수 있다.

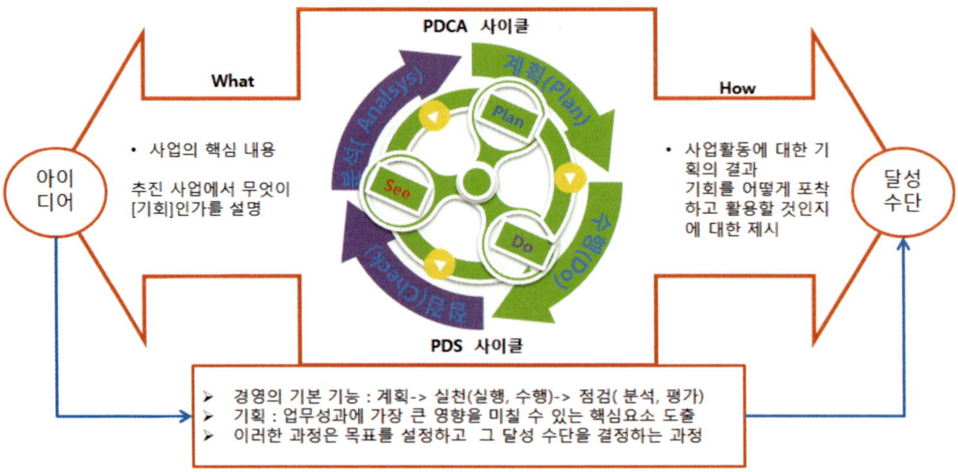

그림 9-1 사업기획의 PDS 사이클 모형

나. 사업계획서의 필요성

1) 기본적 사항

가) 감정적 편견의 억제에 기여

- 감상적 아이디어 또는 경험에 의존하는 주먹구구식 계획을 탈피
- 과학적 분석기법의 활용으로 보다 체계적인 사업계획의 수립이 가능
  - 빅데이터를 분석하는 통계도구의 활용으로 객관적이고 사실적인 데이터 제시

나) 사업에 대한 자신감과 의지력 시험

- 창업자가 자기 사업에 대한 상당한 노력과 시간의 투자로 보다 성공가능성이 높은 사업계획을 수립하는 과정에서의 자신감, 도전심, 투쟁정신 함양을 기를 수 있음

다) 계획 및 실행 방안의 정당성 입증

- 구체적이고 세부적인 사업계획은 계획 및 아이디어 정당성을 입증하여 현실감과 실행 가능성에 대한 신뢰성 또는 믿음을 높여줄 수 있음

라) 사업아이디어 시나리오 또는 진행되는 과정에 대한 검증

- 시나리오 또는 사업 진행중에 발생할 수 있는 중대한 실수 요소를 사전에 점검하여 사업의 실패확률에 대응할 수 있는 시나리오 검증

바) 일관성 있는 전략으로 발전 가능

- 계획을 문서로 작성하는 것은 사업과 관련된 제반 요소를 재검토 및 재인식하게 하여 핵심 성공요소를 끌어내어 전략으로 발전시킴

사) 타인의 감동과 신뢰성의 제고

- 객관적이고 사실적으로 작성된 사업계획서는 설득과 신뢰성이 있는 문서로서 이해관계자의 관심을 유발하고 창업자의 신뢰도를 높혀 줌

2) 업무적 필요성

- 사용 목적 또는 용도에 따른 구분으로서 기업 내부의 경영관리에 유용한 기본 자료로 활용하기 위하여 작성
- 부수적으로 투자유치, 정책 자금의 조달과 사업의 승인, 벤처기업 확인, 각종 인·허가용 등으로 외부기관에 제출하기 위한 목적으로 작성

다. 사업계획서의 종류

1) 일반적인 사업계획서

- 정부기관, 금융기관, 엔젤, 투자가 등에게 제출하는 용도
- 스타트업을 정확하게 알리고 기업이 영위하고자 하는 사업의 비전과 가능성을 입증하는데 중점을 두는데 활용

2) 사업 타당성 분석용 사업계획서

- 비즈니스 계획을 설계
- 사업에 대한 실질적인 분석을 위한 기획

이는 사업의 여건, 가능성, 소요자금, 인력, 생산, 판매 및 마케팅 관리. 재무관리, 수익성, 운영전략, 경쟁관계 등 실질적이고 객관적인 기준으로 작성하는 사업계획서

3) 자체 검토용 사업계획서

- 사전에 치밀한 준비를 하지않고 창업을 하는 비율이 70%, 이렇게 창업한 성공확률은 20% 이고 실패하거나 그럭저럭 운영하는 비율은 80%에 달하고 있음
- 창업자의 성공에는 치밀한 사업계획서의 작성이 기본이고 소공인의 창업이라도 사업계획서는 반드시 필요한 문서로서 갖추는 것이 가장 중요하다.

4) 제3자의 객관적인 확인을 위한 사업계획서

- 인·허가를 받기 위한 해당기관에서 요구하는 용도로의 활용을 위한 접수용 사업계획서
- 사업계획서 용도에 따른 평가요소에 적합한 중점사항 위주로 작성
- 국가 정책적 예산에 대한 타당성의 요소를 제시하기 위한 공신력 제고
- 주어진 사업계획서 양식을 사용하여 작성하여 제출

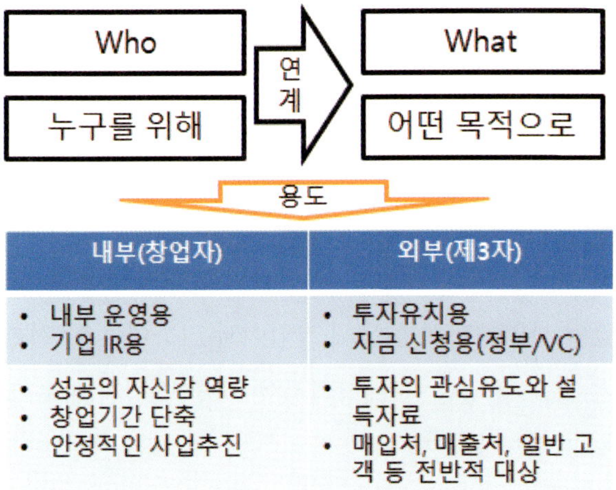

그림 9-2 사업계획서 활용과 용도

IR(Investor Relations)
투자자들을 대상으로 기업 설명 및 홍보 활동을 통하여 투자 유치를 원활하게 하는 용도의 기업설명활동

사업계획서는 성공적인 사업을 추진하기 위해 산업/시장/기술 관점으로 전반적인 내·외부 정보를 정리한 것이다. 또한 체계적인 계획을 통해 사업화를 추진하는 것 이외에도 다양한 이해관계자(투자자, 정부기관 및 지자체, 금융기관 등)를 설득해야 하는 자료로도 활용된다. 즉 사업계획서는 목적과 용도에 맞게 사용해야 하며, 이는 기업이나 조직 구성원들과 함께 사업을 진행할 때 나가야 할 방향과 목적을 서로 명확히 하기 위한 내부적인 커뮤니케이션 용도와 자금조달(정부자금지원, 투자유치 등), 기업홍보, 사업제휴 등의 외부적인 용도로 구분된다.[1]

라. 사업계획서의 장점

1) 계획에 의한 사업의 체계화

- 창업 시 사업 계획서를 작성하게 되면 그것이 미래의 사업계획으로 전개
- 사업 아이디어나 아이템을 가지고 직접 사업 계획을 수립함으로서 사업을 시작할 준비하여 자신감을 가질 수 있음

2) 다양한 분석을 통한 사업의 타당성을 검증

- 사업 아이디어나/아이템을 다양한 방법으로 분석하여 타당성을 검증하고 실질적인 조사를 할 수 있음

- 사업 전에 시장 및 기술 환경과 관련된 정보를 분석하고 촉진요인과 저해요인에 대한 요소를 도출하는 준비단계의 선행 분석을 할 수 있는 단계로서의 성공 요소의 타당성을 확보

3) 사업 방향성 제시

- 사업을 착수하고 난 후 목표를 상실하고 방황하게 되는 경우, 창업 시 작성하였던 사업계획서를 통해 기업이 추진하여야 할 진행 방향을 명확하게 추진할 수 있음 → 예상치 못한 사건 발생시 대응할 수 있는 사업 운영의 보물지도 역할

4) 이해관계자에 미치는 신뢰성

- 투자자, 투자기관, 금융기관 등 다수의 이해관계자에게 신뢰성을 부여하고 갈등을 해소하는 역할을 하여 투자유치를 용이하게 추진할 수 있는 대화도구로 활용 할 수 있음 → 재원조달의 용이성

5) 미래 예측

- 사업 타당성 분석을 통하여 미래의 환경변화를 예측하고 그에 따른 전략을 수립할 수 있음

사업계획서는 용도에 따라 작성 내용이 다소 상이하게 작성될 필요가 있다. 제공되는 용도에 따라 기업 현황(회사개요, 재무현황 등), 아이템 기술의 실현가능성, 미래시장으로의 성장가능성 등 각각 중요하게 고려되는 항목이 다르기 때문에 무엇으로 초점을 두고 작성해야할지 고려해야 한다.

2 사업계획서 작성절차

가. 작성 기본 방향

BI/BM
비즈니스 아이디어(Business Idea) / 비즈니스 모델(Business Model)

세상에는 동일한 내용의 사업계획서는 존재하지 않는다. 사업목표와 사업화 아이템(BI/BM)1)에 따라 다양한 종류의 사업계획서가 작성되기 때

문에 사업자는 본인이 작성하고자 하는 사업계획서를 어떠한 방식으로 작성할지에 대한 구체적인 방안을 구상해야 한다. 사업계획서를 성공적으로 작성하기 위해서는 사업자가 작성 전에 나름의 작성절차를 갖추는 것이 중요하다.[2]

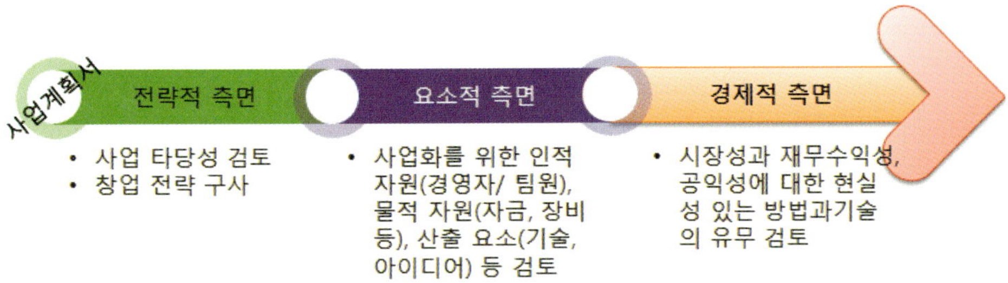

그림 9-3 사업계획서 작성의 기본 방향

나. 사업계획서 작성을 위한 사전 분석

사업계획서를 목차에서 내용까지 처음부터 일사천리로 전문가적인 사고로 작성하는 창업자는 없을 것이다. 확보한 사업화 아이템(Business Item(BI) / Business Model(BM)과 유사하게 작성된 사례들을 참조하여 사업계획서를 작성하는 것도 하나의 방법이다.

그림 9-4 사업계획서 절차

사업 계획서는 가치를 창조하고 사업의 정도를 지켜가면서 어떻게 수익으로 변환하는지에 대해 체계적으로 정리된 문서로서 관리되는 전략서이다. 이는 이익을 내는 수익 메커니즘을 작성하고 고객이 관심을 가질 수 있는 제품이나 서비스를 제공하여 상호간의 가치를 나누는 설계도로서 비즈니스 모델과는 개념적인 차이가 있다.

표 9-1 비즈니스 모델과 사업계획서 차이점

비즈니스 모델	사업계획서
• 사업계획서의 핵심 내용을 간단하게 정리 • 서류의 형태가 아닌 1페이지의 이미지 형태로 도식화 • 지속적인 성장을 위해 도약, 변화, 발전의 과정에 적정하게 활용 • 문제해결 또는 개선아이디어에 대한 9가지 항목으로 정리된 리플렛 형식의 가치제공의 전략기술서	• 수십 페이지 이상의 상세한 문서, 재무예측자료, 시장 분석, 기술분석, 사업화 계획 등을 상세하고 구체적으로 작성 • 내부가치 공유 또는 금융기관이나 투자자, 정부 지원과 관계된 지원시 신청자료 • 각종 기술개발 또는 금융지원을 위한 사업화 자료 • 수익모델이 대한 가치창출 전략서

다. 사업계획서 작성기준

■ 결론에 대한 자신감과 명료성

사업계획에 대한 종합결론은 설득력 있는 내용으로 간단하고 명료하게 작성한다.

■ 주요 내용의 강조 및 핵심역량 부각

기업의 주요 기술과 핵심역량을 부각시키고 부수적인 부분은 과감하게 생략하거나 간단하게 작성한다.

■ 성장 가능성 부각

향후 기술개발 가능성이나 기업의 성장 가능성을 집중적으로 부각시킨다.

■ 창업자의 경영능력 강조

경영진과 창업멤버의 기술력과 경영능력에 대한 충분한 입증자료를 준비하고 특허기술이나 경험적인 내용을 기술한다.

- 이해가 쉬운 용어로 정리

  전문적인 용어보다는 단순하고 상식적인 수준의 용어로 작성하고 타인이 쉽게 이해할 수 있도록 작성한다.

- 객관적이고 사실적인 자료 확보

  근거가 불충분한 자료나 비논리적인 추정은 피하며, 객관적이고 공신력 있는 자료를 이용한 논리적인 접근으로 신뢰도를 확보할 수 있도록 작성한다.

- 잠재 위험요소 및 대응방안 확보

  향후 발생 가능한 잠재적인 위험에 정확하게 기술하고 그 위험에 대비한 창업자의 해결방안에 대하여 구체적으로 기술한다.

- 소요자금 산출과 실행 가능한 자금조달 계획

  신뢰성 있는 자금 조달 및 운용계획을 구체적으로 분석하여 정확하게 기술한다.

- 측정 가능한 정량적인 지표

  추정 재무제표 및 소요자금, 성능목표, 주요 추진 일정별 실행계획과 과정을 기술한다.

라. 사업계획서 작성을 위한 준비

1) 작성 프로세스

가) 작성 방향의 설정

사업계획서의 작성 목적을 고려하여 작성방향을 설정한다. 작성목적으로는 사업 수행을 위한 경영계획, 사업타당성 검토, 창업에 필요한 자금조달, 투자유치, 기술평가 등이 있을 수 있다.

나) 양식의 확인

사업계획서의 작성목적이나 제출기관에 따른 소정 양식의 존재 여부를 확인한다. 일반적으로 양식을 제시하지 않으나 기관에 따라 정해진 양식이 있는 곳이 있기 때문에 확인이 필요하다.

다) 작성계획의 수립

사업계획서의 작성계획을 수립한다. 작성일자, 담당자, 작성기간, 소요비용 등에 따라 사업계획서의 분량이나 범위가 달라질 수 있다.

라) 자료 및 서류의 준비

사업계획서 작성에 필요한 서류 및 자료를 수집한다. 필요한 서류에는 창업의 기본사항에 관한 자료와 환경요인 및 사업수행에 관계되는 자료들이 있다.

예를 들면 출자자명부, 기술현황, 경영진 명부, 시장조사서, 투자 설비 목록 및 견적서, 사업일정표, 수익성 분석 자료, 통계자료 등이 있다.

마) 양식의 결정

정형화된 사업계획서의 양식은 없으나 효율적인 작성을 위하여 사업계획서의 작성범위에 따라 적절한 목차와 세부 내용에 필요한 양식을 결정한다. 제출기관에서 정해진 양식이 있을 경우에는 규정양식으로 한다.

바) 사업계획서의 작성

작성원칙을 고려하여 사업계획서를 작성한다.

사) 편집 및 검토

작성된 내용을 잘 편집하고 오자, 탈자 및 형식에 대한 전반적인 사항에 대하여 최종적으로 검토한다. 필요한 경우 전문가의 검토를 받을 수 있으며, 주요 검토항목은 다음과 같다.

- 정량적인 수치에 대한 정확성과 타당성
- 기대 수익률의 정도 및 객관적 데이터
- 경영자의 역량(정직과 성실, 경험, 성취도, 청렴, 사업동기 등)
- 차별화된 핵심 역량
- 시장 지향적 접근 전략

- 자금 출구전략 등

아) 활용 및 제출

작성된 사업계획서를 지속적으로 보완해 나가면서 사업경영에 활용한다. 제출목적의 사업계획서는 해당 기관에 제출한다.

2) 사업계획서에 갖추어야 할 요소

가) 명확한 고객가치

- 시장에서 성공하기 위한 KFS(Key factor for company's Success)는 훌륭한 제품이 아니라 만족한 고객이라는 개념의 인식이 필요하다.
- 고객에게 차별화된 가치를 제안하고 제시하여야 한다.

> • 누가 제품과 서비스를 구매하는가?
> • 왜 고객은 우리의 제품을 구매하는가?
> • 우리기업의 사업 아이템은 가장 독특하고 차별화한 기술/기능·서비스는 무엇인가?

나) 시장 규모의 적절성

- 판매하려고 하는 제품이나 서비스의 목표시장이 적절한 규모가 형성되어 있는지 분석이 필요하다. 정확하게 분석이 가능하면 좋겠지만 개괄적인 통계치나 추정치로도 가능하다.
- 경쟁자를 분명하게 분석하고 평가하여야 한다.

> • 국내·외 전체시장 규모는 어느 정도인가?
> • 시장은 성장하고 있는가?
> • 시장 점유율 목표는 얼마인가?
> • 경쟁자는 어느 기업, 어느 제품인가?
> • 경쟁자와의 강점과 약점은 무엇인가?

다) 혁신성

- 사업 아이디어는 제품·서비스의 종류 및 비즈니스 시스템의 차원에 따라 다음과 같이 구분한다.

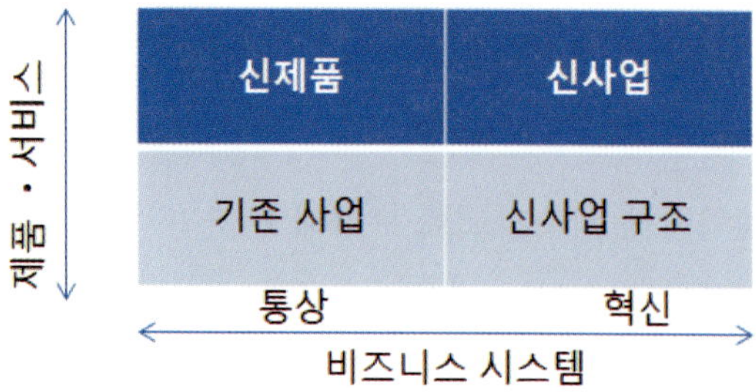

그림 9-5 제품과 서비스의 혁신성

- 우리 제품·서비스는 혁신성이 있는가?
- 우리기업은 비즈니스 시스템 면에서 혁신성이 있는가?

라) 실행 가능성 및 수익성

- 실행 가능성을 고려하고 수익성을 산출한다.
- 법적 제약, 시간, 자원제약 등을 고려한다.
- 간단하게 현금 흐름(cash Flow)을 계산한다.

- 우리가 보유한 아이디어를 사업화 하는데 어떤 제약이 있는가?
- 왜 경쟁자 및 다른 사업가들은 이 아이디어를 실행하지 않을까?
- 이 사업에서 투자비는 얼마인가?
- 개략적인 현금흐름은 어느 정도인가?

※ 일반적으로 토지, 노동, 자본과 같은 생산요소는 '수확체감의 법칙'이 적용된다. 즉 생산요소를 증가 투입시키면 한계 생산물이 지속적으로 감소한다. 그러나 지적 자본은 오히려'수확 체증의 법칙'이 적용된다. 예를 들면, 기업의 종업원이 업무를 처리하는 과정에서 얻은 지식이나 노하우는 그것을 쓸수록 더 발전하고 새로운 노하우를 발견하는 토대가 된다. 왜냐하면 지적 자본은 제한된 자원이 아니기 때문에 기존의 기술이나 지식과 경험 등에 의해 무한히 새로 개발되기 때문이다. 또한 조직성원들과의 지식 공유 등을 통해서 시너지 효과가 발생, 새로운 지식이나 노하우 등이 창조될 수 있기 때문이다[3]

3 사업계획서 작성

가.PSST 이해

창업기업들이 성장할 수 있는 아이템을 개발/개선할 수 있는 방법으로서 문제해결(Problem), 해결방안(Solution), 성장요소(Scale-Up), 창업 구성원(Team)의 구성요소를 활용한다. 앞 글자를 의미하여 PSST라고 말한다. 다음은 이에 대한 구체적인 세부 설명을 제시하고 있으며 사업계획서 작성 시 개발 동기부터 사회적 가치 실현 또는 실천 계획까지 순차적으로 작성할 수 있다.

1) 문제인식 또는 해결(problem)

창업을 준비할 때 가장 중요한 부분이고 창업에 실패하는 이유가 문제인식을 잘못하였기 때문이라고 할 수 있는 도입 부분이다. 창업의 성공 유무에 결정적인 이유가 될 수 있는 창업초기에 정확하게 분석하고 철저하게 준비하여야 하는 부분이다.

- 문제인식 분류
  - 고객 요구사항 : 소비자가 필요로 하는 요소로서 기능, 성능, 가격, 품질, 납기, 디자인, 편리성, 환경, 에너지 소비 등급에 대한 사항으로서 시대적인 환경에 따라 변화하고 달라지는 항목으로서 가장 기본적인 요구사항이라고 할 수 있다.
  - 법적 또는 규제 요구사항 : 최근에 환경에 대한 국가 및 단체에서 나오는 정책이 지구 온난화 방지 및 기후변화에 대한 규제로서 탄소배출권에 대한 제재사항이 강조되고 있으며 이는 디젤 차량의 배제 등으로 전개되고 있는 사항이 대표적인 사례라고 할 수 있다.
  - 자체적 요구사항 : 창업자가 직접 경험하거나 창출한 아이디어를 기본으로 제품화하고자 하는 사항으로서 특허출원/등록, 기술이전 등의 방법으로 자체적인 요구사항을 기반으로 대응하는 사항이다.

■ 창업아이템의 개발동기

국내·외 시장(사회·경제·기술)을 기반으로 문제인식이 무엇인지를 제시하고 실질적으로 해결하기 위한 방안 등을 기재한다.

■ 창업아이템의 목적(필요성)

창업아이템을 구현하고자 하는 목적, 국내·외 시장(사회·경제·기술)의 문제점을 혁신적으로 해결하기 위한 방안 등을 기재한다.

2) 실현가능성 (Solution)

문제인식을 정확하게 확인하였으면 이제는 그 문제를 어떻게 해결하여야 하는지에 대한 실현가능성에 대한 내용을 기재한다.

■ 제품 · 서비스의 개발(개선) 방안

창업자가 인지한 제품(서비스)에 대한 문제점의 개선(개발)방안, 현재 구현정도, 제작 소요기간 및 제작방법(자체, 외주 등)에 대하여 기재한다.

■ 고객의 요구사항에 대한 대응 방안

고객 및 해당분야 전문가 등이 제시하거나 추가적으로 요구하는 문제점에 대한 개선방안 등을 파악하여 기재한다.

■ 시장 경쟁력 확보 및 강화 방안

고객이나 경쟁자 등의 제품·서비스 대비 문제점에 대한 개발(개선) 방안, 경쟁우위요소, 차별화 전략 등을 파악하여 기재한다.

■ 창업아이디어 또는 아이템의 사업화 전략

비즈니스모델(BM), 제품 (서비스)구현 정도, 제작 기간, 제조방법(자체 또는 외주), 추진체계 및 추진일정을 기재한다.

■ 창업아이템의 시장분석 및 경쟁력 확보방안

기능·효용·성분·디자인·스타일 등의 측면에서 현재 시장에서의 대체재(경쟁사) 대비 우위요소, 차별화 전략 등을 기재한다.

3) 성장요소(Scale-up)

이는 창업기업의 규모를 확대 또는 확장하는 것을 뜻한다. 기술, 제품, 서비스, 제조 등의 규모 확대를 설명할 때 주로 사용하는 의미이다. 즉 창업이 단순하게 새로운 기업을 만드는 것보다 새로운 성장을 만드는 방향으로 변해야 한다는 시각이 대두되면서 성장요소 개념은 매우 중요한 요소라고 할 수 있다.

■ 자금소요 및 조달계획

자금의 필요성, 자금의 적정성 여부를 판단할 수 있도록 사업비 (정부지원금, 금융기관 대출 자금, 자체적인 대응자금(현금))의 사용계획 등을 구체적으로 기재한다.

■ 시장진입 및 성과창출 전략

- 국내시장 : 국내 시장 동향, 경쟁사 현황, 매출처 또는 대상 고객, 홍보 및 마케팅 전략 등을 기재한다.
- 해외시장 : 해외사장 동향, 해외 경쟁사 현황, 글로벌 진출 실적 및 전략, 보유역량, 마케팅 및 홍보 전략 등을 기재한다.

■ 출구(EXIT) 목표 및 전략

- 투자유치 : 엔젤투자, VC(벤처캐피탈), 크라우드 펀딩 등의 투자처, 향후 투자유치 추진전략 및 방법 등을 기재한다.
- 인수·합병(M&A) : M&A를 통한 사업 확장 또는 출구전략에 대한 중·장기 전략 등을 기재한다.
- 기업공개(IPO) : 기업의 경쟁력 강화, 투자자금 회수 등을 위한 IPO 중·장기 전략에 대하여 기재한다.
- 정부지원금 : R&D, 정책자금 등 정부지원금을 통한 자금 확보 전략을 기재한다.

4) 창업 구성원(Team)

스타트업의 성공요소는 구성원(팀원) 기술력의 총합이라고 해도 지나치지 않다. 그만큼 스타트업에서는 사람이 가장 중요하고, 성공의 전부일 수 있다. 뛰어난 아이디어를 가졌어도, 좋은 시장 기회를 맞이했더라도 결국 이를 실현해내는 것은 모두 구성원이기 때문이다.

끊임없이 조직문화와 팀 빌딩에 대해 반복해서 묻고 또 묻는 초기 구성원들의 노력이 매우 중요하다.

- 대표자(창업자) 및 팀원의 보유역량
  대표자(창업자) 및 팀원(업무파트너 포함) 보유하고 있는 경험, 기술, 지식,노하우 등 기재한다.

- 사회적 가치 실천계획
  양질의 일자리 창출을 위한 성과공유제, 비정규직의 정규직화, 근로시간 단축, 지역기반 연계 등 사회적 가치 실천계획을 구체적으로 기재한다.

나. 사업 계획서 작성 및 내용

끊임없이 조직문화와 팀 빌딩에 대해 반복해서 묻고 또 묻는 초기 구성원들의 노력이 매우 중요하다.

1) 일반 현황

창업제품 (서비스)명					
창업자 성명(신청자)		생년월일		성별	남 / 여
현재 직업명	학생/ 일반인/특정 직업 기재	창업유무	예비창업자 / 기창업자(ㅇ년차)		
기업명	ㅇㅇㅇㅇ	사업장 소재지	ㅇㅇ도 ㅇㅇ시		
개업연월일 (회사성립연월일)	2022. 00.00	사업자 구분	예비창업자/개인사업자 / 법인사업자		

Tip

창업제품(서비스명)은 구체적이고 명확하게 제품명이나 서비스명을 기술한다. 이는 평가자가 첫 번째로 대면하는 내용으로서 첫 감성을 느낄 수 있는 현재 환경에서 개선이나 안전 및 환경, 에너지 관련 제품이나 서비스가 제시되는 것이 중요하다. 예를 들면 "무인 카페", "출장 장난감 세척서비스", "구매대행 온라인 플랫폼 서비스", "소형 건설장비 임대", "초소형 세라믹 살균장치" 등과 같이 4차산업혁명과 ICT를 이용한 사업화를 고려하는 제품명 또는 서비스명을 고안하는 것이 매우 중요하다.

2) 사업비 구성 및 주요성과

<table>
<tr><td rowspan="5">사업비 구성계획 (백만원)</td><td colspan="2">정부지원금</td><td>00백만원</td><td rowspan="5">주요 성과 ('23년 기준)</td><td>고용(명)</td><td>0명 (대표자 제외)
신청일 기준 현재 고용인원</td></tr>
<tr><td rowspan="2">대응 자금</td><td>현금</td><td>00백만원</td><td>매출 (백만원)</td><td>00백만원
전년도 매출액 기준</td></tr>
<tr><td>현물</td><td>00백만원</td><td>수출 (백만원)</td><td>00백만원
전년도 총 수출액 기준
(수출실적 발생 당월 기준환율 기준)</td></tr>
<tr><td colspan="2">합계</td><td>00백만원</td><td>투자 (백만원)</td><td>00백만원
최근 3년 총 투자유치 금액</td></tr>
</table>

Tip

사업비 구성에서 정부지원금은 청년창업 일 경우 정부에서 일부 지원하는 비용으로서 일정한 요건이나 자격을 갖추어야 하는 조건이 있기 때문에 확인이 필요하다.

- 대응자금은 자체조달 할 수 있는 자금으로서 준비금이나 금융 대출금액 등 을 표기한다.
- 현물은 창업자 및 구성원의 인건비를 산출하여 제시하면 된다. 물론 참여 비율에 따라 다르겠지만 100% 참여하는 조건으로 계상하는 것이 필요하다.

3) 팀 구성

팀 구성(신청자 제외)					
순번	직급	성명	담당업무	주요경력	비고
1	연구소장	○○○	프로그램 개발 및 운영	• OOO 기업 프로그램 코딩 • OOO 평기기관 평가위원	엔지니어
2	영업	○○○	국내 및 해외 영업	미국 ○○대 경영학 전공	팀원

Tip

구성원의 경력이나 자격증 분야 등의 전문 분야를 구체적으로 기술하고 설명하는 것이 중요하다.

4) 창업 아이템 개요(요약)

창업아이템 소개	[핵심기능] [주요 고객] [사용처] 핵심적인 주요 내용을 중심으로 간략히 기재	
창업아이템의 차별성	[성능이나 기능] [서비스 방법] [진행 단계] 다양한 요구사항 등에 대한 해결의 차별성, 독창성, 창의성 등을 기재	
국내외 목표시장	[국내외시장동향] [목표시장규모] [판매전략] 에 대하여 간력하게 기재	
제품.서비스 이미지	제품 이미지 또는 설계도, 서비스 개념도	제품 이미지 또는 설계도, 서비스 개념도
	제품 이미지 또는 설계도, 서비스 개념도	제품 이미지 또는 설계도, 서비스 개념도

Tip

창업아이템은 시장에서 또는 사회적인 요구사항을 반영한 개선 및 해결된 제품이나 서비스를 편리하고 안전하게 제공할 제품이나 서비스를 구체적으로 표기한다.

- 차별성은 선행 기술분석을 통하여 제시하면 좋겠으나 여건상 그렇지 못할 경우는 기존 분석 자료나 논문 등을 통하여 비교 및 분석한 정량적이나 정성적으로 나타내면 효과적이다.
- 국내외 목표시장은 창업아이템에 대한 시장 조사를 통하여 시장 규모, 예상 성장률, 주요 고객층에 대한 분석을 통하여 구체적으로 제시하는 것이 필요하고 출처를 표기하는 것도 중요하다.
- 이미지는 제품 설계도, 프로그램 로직, 서비스의 개념도를 간략하게 설명하여 이미지를 파악하고 이해할 수준으로만 제시한다.

5) PSST 작성

① 문제인식 (Problem)

■ 창업아이템의 개발동기

- 사회적 요소, 기술적 요소, 경제적 요소, 환경적 요소, 정치적 요소 등에 대한 거시적인 변화와 고객이 요구하는 표출된 문제점과 잠재적인 불만사항 등의 미시적인 내용을 고려한 창업자의 아이디어가 왜 필요한지를 요약하여 기술한다.

■ 창업아이템의 목적(필요성)

• 개발 동기와 연계된 해당 문제를 어떻게 해결할 것인지를 구체적으로 제시한다.

② 실현가능성(Solution)

■ 창업아이템의 사업화 전략

• BM(비즈니스모델)을 기반으로 핵심적인 내용을 9가지 기본 내용으로 작성하고 사업 추진일정을 세부적으로 기술한다.

사업 추진일정

추진내용	추진기간	세부내용
제품 개발 및 출시	2023.0.0. ~ 2030.0.0.	OO 기능 보완, 신제품 출시
홈페이지 제작	2023.0.0. ~ 2030.0.0.	홍보용 홈페이지 제작
글로벌 진출	2023.0.0. ~ 2030.0.0.	북미 OO업체 계약체결
투자유치 등	2023.0.0. ~ 2030.0.0.	VC, AC 등

■ 창업아이템의 시장분석 및 경쟁력 확보방안

• 창업 아이템에 대한 시장 조사는 사업화에 매우 중요한 요소이기 때문에 기존에 수집한 자료를 기반으로 통계치를 활용하는 방법을 권고한다. 국가 기관에서 정기적으로 발행하는 시장 분석 자료나 통계자료를 조사하고 금융기관, 구글 등의 자료를 조사하여 시장 개요, 시장 &기술 동향, 시장 규모, 경쟁사 현황, 고객 분석, 목표시장과 시장 전망 등을 기술한다.

③ 성장전략 (Scale-up)

■ 자금 소요계획 및 조달계획(건강기능 식품 사례)

• 자금 소요 : 창업아이템 개발 인력을 보유하기 위한 인력 지원비가 필요하고, 차별화된 제품이나 서비스를 개발하기 위하여 시제품 제작과 디자인 비용이 필요함

• 조달 계획 : 예비창업자에게 초기 사업화를 위한 정부지원금과 신제품 출시를 통한 매출액 및 자본금 확보, 기술보증기금/신용보증기금/중소벤처 기업진흥공단 정책자금 및 투자유치 등에 대하여 기술한다.

- 비목별 시제품 제작, 지식재산권 취득, 마케팅 등에 소요되는 사업화 자금 지원은 최대 1억 정도까지 지원하는 국가 제도를 활용하는 것도 고려할 만하다.
- 1억이 지원된다면 창업자의 대응자금을 합한 비용으로 구체적으로 비목 별 산출 근거를 세부적으로 지출 비용을 작성한다.

비목	산출근거	금액(천원)	
		정부 지원금	대응자금 (현금)
인건비	• 연구인력 인건비(3,000*12월)	36,000	
재료비	• 전원IC류 구입(100개×200)	20,000	
외주용역비	• 시금형제작 외주용역(OOO제품플라스틱금형제작)		5,000
지급수수료	• 국내 OOO전시회 참가비(부스임차, 집기류 임차 등 포함	5,000	
특허출원비	• 특허출원(2건*2,000)		4,000
기계장치 및 사무용품비	• 사무용품비 등 • 장비 임대비	50,000	
여비	• 출장 여비(250*10회)		2,500
창업활동비	• 디자인 전문인력(500*10월)	5,000	
합계		116,000	11,500

- 시장 진입 및 성과창출 전략
- 국내시장 확보방안(경쟁사 및 판매가능성)
  - 대상 고객(건강기능식품 사례 중심)
    - 온라인 구매 활동이 활발한 주부 및 청년(20~50대)
    - 기존 건강식품 사용자(건강기능 식품의 효용에 대한 높은 인지도)
    - 건강에 대한 높은 관심자 및 안전성을 우선하는 고객

국내시장 진출 및 판매전략

단계	목표	채널	전략	비 고
1단계	PMF(Product market Fit)	카카오메이커스	- 샘플링 - 설명회	소비자 반응조사
2단계	신뢰성 확보	- SNS 운영 - 공인시험 시험성적서	-고객의 후기 - 성능 시험	-네이버 -공인시험기관
3단계	온라인 판매망 구축	-홈페이지 -SNS 운영	- 판매채널 일원화	홈페이지 구축
4단계	오프라인 판매망 구축	-쿠팡	-빠른 배송	- 선물패키지 활용

국내시장 예상 매출

유통채널명	진출시기	판매 아이템	판매금액(천원)
카카오메이커스	2024. 01 ~ 2024. 03	웰빙 기능성 유산균	90,000(3개월*100개 *300천원))
홈페이지	2024. 02 ~ 2025. 01	웰빙 기능성 유산균	-
…			

- 해외시장 진출 방안(경쟁 및 판매가능성)
  - 주요 목표시장 및 진출전략
    - 일본, 베트남, 미국 등지에서 한국의 유기농 건강식품에 대한 수요가 증가하면서 주부 및 직장인들에게 인기가 매우 높음
    - 경쟁력 있는 유산균주와 새로운 섭취방법 및 한국산 제품의 프리미엄을 마케팅 포인트로 활용할 정도로 성공적인 해외시장 진출이 가능할 것으로 예상
  - 예비창업자의 해외시장 개척 역량
    - SNS 등을 통한 일본 및 미국 등지의 블로거를 확보하고 있어 해당 지역이 의사소통은 원활하고 건강기능 식품에 대한 전문적인 지식을 바탕으로 현지 고객들과의 원활한 협력이 가능

수출분야 핵심인력 현황 : 1명

성명	직 급	주요 담당업무	경력 및 학력
홍길동	부장	북미권	00무역회사 마케팅 경력 5년이상
…			

해외시장 매출 예상

유통채널명	진출시기	판매 아이템	판매금액
아마존	2024.2.14. ~ 2024.12.22.	웰빙 기능성 유산균	○○○백만원
North canada Cop	2025.1.2 ~ 2025.12.30	웰빙 기능성 유산균	○○○백만원
…			

글로벌 진출 실적

수출국가수	수출액	수출품목수	수출품목명
○개국	○○○백만원	○○개	○○○, ○○○, ○○○
…			
…			

■ 출구(Exit) 목표 및 전략

추정 매출을 달성하기 위한 필요 자금을 산출하여 작성하고 중요한 항목은 대량 생산을 위한 설비자금이나 외주 기업 선정, 홍보를 위한 자금, 유통 채널 확보를 위한 자금, 기술개발 및 마케팅을 위한 자금 확보 전략을 기재한다.

■ 투자 유치

창업자의 아이템으로 IR를 개최하여 기업 소요자금을 확보하는 방안을 전략적으로 활용하는 방법을 구체적으로 구사하는 것을 고려하여 작성한다.

- 중소·벤처기업의 성장을 지원하는 성장 사다리펀드 유치
- KB인베스트먼트 투자유치를 통하여 자금 확보 및 지역기술지주회사의 경영 지원컨설팅을 통하여 기업성장 발판 마련
- 중소벤처기업부 엑셀레이터 프로그램 선정에 따른 VC, 엔젤 등을 통한 투자유치 및 해외법인 설립
- 인건비 : 2억/3년
- 장비구축비 : 5억(분산 및 포장기기)
- 유통채널 구축비 : 2억

■ 인수·합병(M&A)

- 관련된 기업을 확인하여 시설이나 영업망 등에 대한 인수합병 계획 추진

■ 기업공개(IPO, Initial Public Offering)

- 창업기업이 소요자금을 확보하기 위하여 심사를 받고 주주를 모집하기 위해 기업의 중요정보를 공개하는 절차를 말한다.
- 반면에 기업공개를 통하여 정보가 유출되고 경영권이 약화되는 단점도 있다.

■ 정부지원금

- 중소기업 정책자금 : 중소기업 체질을 개선하고 국제 경쟁력 제고를 위해 지원하는 자금으로 시중은행 보다 저렴한 금리로 진행
- 중소기업 시설자금 : 창업기업이나 기존 기업에 대하여 기계설비, 공장 설립, 토지구입비 등을 시설자금에 소요되는 자금을 중소기업 육성 차원에서 저금리로 융자하여 지원하는 정책자금으로 시중 은행 금리보다 저렴하게 대출
- 중소기업 창업자금 : 사업개시일 7년 미만인 중소기업에게 창업기업 지원자금을 지원한다.
- 청년전용창업자금 : 창업자가 39세 이하로 사업 개시일부터 3년미만인 중소기업에 대하여 지원한다.
- 기타 중소기업 운전자금, 소상공인 정책자금, 여성기업 정책자금 등 많은 지원자금을 살펴보고 창업자에게 유리한 자금을 신청하여 활용한다.

④ 팀 구성(Team)

■ 대표자 및 팀원의 보유역량

창업에서 실패하는 이유중에 약 23%가 팀구성의 잘못으로 인하여 발생 한다고 한다. 그래서 중요한 요소가 인재를 어떤 사람과 어떤 방법으로 영입하는 것이 좋을 까 하는 문제에 대하여 아래에 제시하였다.

인재영입시 합의를 이루면 좋은 영역	인재 영입시 다르면 좋은 영역
• 가치를 공유할 수 있는지? • 기업의 성장규모에 대해 나와 같은 꿈을 꾸고 있는지? • 10년 이상 장기간 나와 함께 할 수 있는지?	• 전문영역이 나와 얼마나 다른지? • 성격, 성향은 나와 얼마나 다른지? • 나와 얼마나 다른 배경을 가지고 있는지?

■ 창업가의 자질

• 성공적인 창업가로서 성공하기 위한 5요소는 다음과 같이 정리하였다.

기본 자질요소	핵심 내용	비 고
적극성	스스로 창업을 준비하고 운영하면서 적극적이고 자심감에 대한 성취 동기부여가 필요하다.	
의사소통 능력	창업 시작단계에서 혹시라도 가족들의 반대 의사를 설득할 일이 생기거나 건물주와의 문제가 발생할 경우, 원활한 대화를 통해 해결해 나갈 수 있는 소통 능력이 필요하다.	
강한 체력	업종에 따라서는 낮과 밤이 바뀌거나 규칙적인 생활 패턴이 어려운 경우도 많아서 체력은 필수가 된다.	
재무관련 지식	전문적인 수준은 못 되더라도 기초적인 재무 지식 정도는 가지고 있어야 한다	
업무 적합성	창업하고자 하는 아이템과 나의 특성이 얼마나 잘 부합하느냐를 객관적인 입장에서 분석하고 확인하여야 한다.	

■ 현재 재직인원 및 고용계획

현재 재직인원 (대표자 제외)	명	추가 고용계획 (협약기간내)	명

■ 팀원 현황 및 역량

순번	직급	성명	주요 담당업무	경력 및 학력 등	채용연월	비 고
1	이사	○○○	S/W 개발	XX 기업체 연구소장	2024. 1	
2	…		해외 영업 (베트남, 인도네시아)	○○기업 해외영업 경력 8년	채용 예정	
3	…		R&D	○○연구원 경력 10년		

■ 추가 인력 고용계획

순번	주요 담당업무	요구되는 경력 및 학력 등	채용시기
1	S/W 개발	IT분야 전공 학사 이상	'16. 8
2	해외 영업 (베트남, 인도네시아)	글로벌 업무를 위해 영어회화가 능통한 자	
3	R&D	기계분야 전공 석사 이상	

■ 업무 파트너(협력기업 등) 현황 및 역량

순번	파트너명	주요역량	주요 협력사항	비고
1	○○테크		테스트 장비 지원	~'23.12
2	…			협력 예정
3	…			

■ 중소기업 성과공유제 도입현황 및 계획

제도명	도입 여부	주요내용	실적*
내일채움공제	완료 ('23.10)	정관 취업규칙 등 내부 규정과 주요내용을 발췌하여 기재	근로자 2인 적용
스톡옵션	완료 ('22.06)	'17.6월 제도도입 이후 기업 주주총회를 통해 스톡옵션 부여	총 0명, 000주 (0000원) 행사
사내근로복지기금	예정 ('22.06)	기금조성 및 기금법인 설립, 운용규정 마련	00백만원
…			

■ 사회적 가치 실현

※ 양질의 일자리 창출을 위한 중소기업 성과공유제, 비정규직의 정규직화, 근로시간 단축 등 사회적 가치 실천계획을 기재

* 중소기업 성과공유제 개요 : 중소기업 근로자의 임금 또는 복지 수준 향상을 위해 사업주가 근로자간에 성과를 공유하는 제도 (중소기업 인력지원 특별법 제27조의 2)

<table>
<tr><th colspan="2">구분</th><th>내용</th></tr>
<tr><td rowspan="2">현금</td><td>경영성과급</td><td>기업 차원에서 이익 또는 이윤 등의 경영성과가 발생했을 때 해당 성과를 회사 종업원들과 공유하는 경영활동</td></tr>
<tr><td>직무발명보상</td><td>종업원, 법인의 임원 또는 공무원이 개발한 직무발명을 기업이 승계 소유하도록 하고, 종업원 등에서 직무발명의 대가에 상응하는 정당한 보상을 해주는 제도</td></tr>
<tr><td rowspan="2">주식</td><td>우리사주</td><td>'우리 회사 주식 소유제도'의 줄임말로, 근로자가 자신이 근무하는 회사의 주식을 취득 보유할 수 있도록 하는 제도</td></tr>
<tr><td>주식매수선택권
(스톡옵션)</td><td>회사가 정관으로 정하는 바에 따라 임직원 등에게 미리 정해진 가격으로 신주를 인수하거나 회사의 주식을 매수할 수 있는 권리를 부여하는 것</td></tr>
<tr><td rowspan="3">공제 및
기금</td><td>내일채움공제</td><td>5년 이상 장기재직한 핵심인력에게 중소기업과 핵심인력의 공동적립금과 복리이자를 성과보상금 형태로 지급하는 제도</td></tr>
<tr><td>과학기술인
공제회</td><td>과학기술인에 대한 생활안정과 복리를 도모하기 위해서 설립된 공제기구</td></tr>
<tr><td>사내근로복지
기금</td><td>근로자의 복지를 위해 기업이 이익금을 출연해 조성한 기금</td></tr>
</table>

* 출처 : 중소기업 성과공유제 활성화 방안, 중소기업연구원, 2016

* 대중소기업 상생협력 촉진에 관한법률 제8조(상생혁력 성과의 공평한 배분)의 성과공유제와는 다른 제도임

요점정리

- 창업자의 사업계획서 구상과 작성은 창업 초기 및 투자용으로 제출할 시에 STEEP을 통한 문제인식 또는 해결내용을 분석하고, 이를 해결할 수 있는 솔류션(Solution)을 세부적으로 구분하여 성장 전략을 제시하고 팀을 구성하여 스타트업을 추진하는 일반적인 경영요소를 충분하게 정치(Politics), 경제(Economy), 사회(Society), 기술(Technoligy)적 요소를 분석하여 사업초기에 의도한 방향으로 진행하도록 한다.

- 사업계획서(business plan, 事業計劃書)는 사업의 내용을 정리하거나 계획을 나타낸 문서로서 지속적인 수정이나 보완을 통하여 기업의 현황과 구조, 경영 전략, 마케팅, 창업 멤버, 재정 등을 업데이트 하여야 한다.

- 사업계획서의 기간을 얼마로 두는지에 따라 내용의 구성이 크게 달라질 수 있으므로, 주로 사업의 인가/허가, 사업 자금의 지원을 받아내는 것을 목표로 작성되는 사업이 문서로서 신중하게 검토하고 작성한다.

- 특히 사업의 위험성을 분석하기 위하여 Potential Failure Mode and Effects Analysis으로서 잠재적 위험요소를 분석하여 대응할 수 있는 사전 시나리오가 중요하다.

연습문제

1 사업계획서 목적과 용도를 설명하시오.

2 사업계획서 작성 시 사전 점검 사항에 대하여 설명하시오.

3 아래에서 설명하고 있는 상황에 대하여 검토하고 문제점 또는 개선사항에 대하여 기술하시오.

> 환경관련 국제규제가 강화되고 화학물질에 대한 유해성 및 안정성에 관한 검증, 관리에 대한 규제가 증대
>
> : 전세계 환경보호 목적 TBT(무역기술장벽)통보문 건수 현황을 살펴보면, 2009년에서 2012년 간 지속적으로 증가했으며, 2012년 전세계 TBT통보문 1,550건 중 환경 보호 목적 TBT통보문 건수가 253건으로 약 16%를 차지하고 있음
>
> 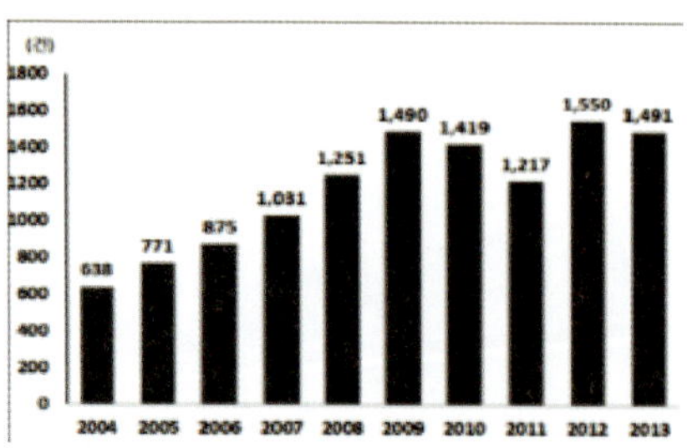
>
>
> 〈전세계 TBT통보문 건수(좌)〉
>
> 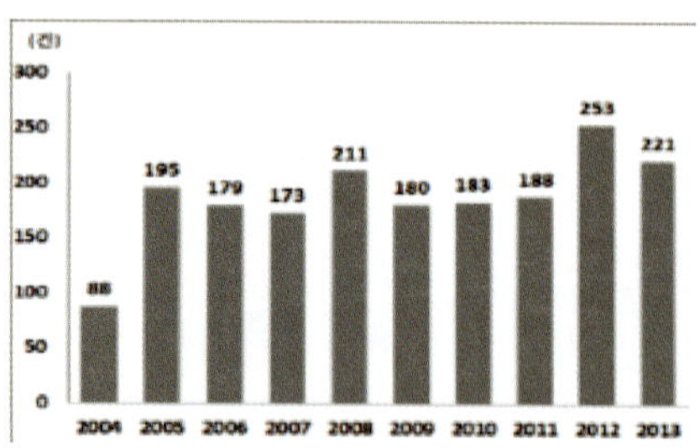
>
>
> 〈전세계 환경보호 목적 TBT통보문 건수(우)〉
>
> ※ 출처 : 한국무역협회 국제무역연구원, 2014

4 사업계획서 작성 전 단계인 선행기술 조사를 위한 체크리스트를 작성하시오.

5 작물보호제에 대하여 지식재산권을 조사하여 제출하시오.

6 아래 양식으로 가정용 공기청정기를 조사하여 작성하시오.

제조사/제품명	기업명1	기업명 2	기업명 3	기업명 4
제품 이미지				
판매가격				
성능적 특징				
지적재산권 현황				

참고자료

[1] 창조경제타운. 사업계획서 작성 체크리스트. 최현규 최강모 장영민 공저 2022. 12. 1일 확인

[2] 사업계획서 작성의 이해(이론과 실무).www.google.com. 2022. 12. 2 확인

[3] https://ko.wikipedia.org. 2022. 12. 05 확인

PART

4

스타트업 경영전략

양문철, 배병윤, 한석만

Teamwork is the ability to work together toward a common vision. The ability to direct individual accomplishments toward organiz ational objectives. It is the fuel that allows common people to attain uncommon res ults .

팀워크는 공통된 비전을 향해 함께 일하는 능력이다. 조직의 목표를 향해 개인이 성과를 내도록 지휘하는 능력이다. 평범한 사람들이 비범한 결과를 이루도록 만들어내는 에너지원이다.

– Andrew Carnegie –

4차 산업혁명 시대 뉴 노멀, 기업가 정신

10 자금 조달과 Exit

학습목표

- 창업을 위한 자금조달 방안에 대해 알아본다.
- 벤처캐피탈을 통한 창업자금 조달 프로세스에 대해 살펴본다.
- 투자회수(Exit)의 의미와 방법에 대해 이해한다.

1 창업 자금 조달

사람은 생활의 편리를 위해 화폐를 발명하였고, 화폐로 인해 그 이전의 물물거래시대에 비해 훨씬 편리하고 다양한 형태의 거래가 가능해졌다. 사람들은 금, 은, 구리, 종이 등으로 만든 화폐에 신용을 부여함으로써 신뢰와 가치를 부여하였고, 이로써 현대사회의 모든 거래는 유·무형의 재화 또는 서비스와 그에 상응하는 화폐 또는 화폐가치와 교환하는 방식으로 거래가 이루어진다. 이와 같이 자금은 이 사회에서 발생하는 모든 거래를 가능하게 해주는 마치 혈액과도 같은 존재라고 할 수 있다.

사람들은 필요에 따라 소요 자금의 규모가 달라진다. 필요가 작으면 적은 자금으로도 운영이 가능할 것이고, 필요가 커지면 더 많은 자금을 필요로 하게 될 것이다. 대개의 경우 적은 자금이 필요한 경우에는 자신의 수입을 통해 조달이 가능하지만 그 이상의 큰 필요가 발생하게 되면 외부에서 자금을 조달해야 할 필요가 생긴다. 창업이 바로 그와 같다고 할 수 있다. 스타트업 초기 적은 자금이 필요한 경우에는 자기가 가진 자금으로 충당이 가능하겠지만 갖고 있던 자금을 모두 소진하거나 갖고 있는 것보다 더 많은 자금이 필요하게 된다면 부족한 자금 또는 미래에 필요한 만큼의 자금을 조달해야 할 필요가 생긴다.

> Your ability to attract and receive money determines how much money you can live with.
>
> 돈을 끌어오고 받아들이는 능력이 당신이 얼마나 돈을 만지며 살 수 있는가를 결정한다.
>
> Andrew Matthews

가. 조달자금의 종류 : 자기자본과 타인자본

● 자기자본과 타인자본

창업자가 사업운영에 필요한 자금을 조달하는 방법은 매우 다양하다. 그러나, 그렇게 다양한 방법으로 조달한 자금도 결국은 자기자본, 타인자본의 두 가지로 크게 구분된다. 자기자본과 타인자본의 개념에 대해 이해하기 위해 재무제표 중 재무상태표에 대해 간략하게 살펴보도록 한다(<표 10-1> 참조).

재무제표 (financial statements)

기업의 재무상태와 경영성과를 회계기준에 따라 보여주는 보고서의 묶음을 말하며, 재무상태표, 포괄손익계산서, 자본변동표, 현금흐름표와 주석으로 구성된다. 우리나라는 2009년 국제회계기준을 도입하여 '한국채택국제회계기준(Korean IFRS, K-IFRS)'에 따라 재무제표를 작성한다.

두산백과(N.A.)

재무상태표(B/S : Statement of financial position, Balance sheet)는 일정 시점에 기업의 자금조달 및 조달한 자금의 운영상황을 보여주는 보고서로 손익계산서, 현금흐름표 등과 함께 핵심적인 재무 및 경영성과를 나타내는 보고서다(김세연·김경태, 2021; 두산백과, N.A.). 재무상태표의 대변은 부채와 자본항목으로 구성되어 있어 회사운영에 필요한 자금이 타인자본(부채)과 자기자본(자본)으로 각각 얼마나 조달되었는 지를 보여준다. 또한 차변의 자산은 타인자본과 자기자본으로 조달된 전체 자금이 어떻게 배분되어 운영되고 있는 지 보여준다. <표 10-1>에 예시된 ㈜ㄱㄴㄷ의 20ㅇㅇ년 ㅇ월ㅇ일 현재 재무상태를 보면, 타인자본인 은행차입금 400만원과 창업당시 출자한 자본금 400만원으로 총 850만원의 자금을 조달하였으며, 이를 비품에 200만원, 임차보증금으로 250만원을 사용하고 400만원은 현금으로 보유하며 미래 사용에 대비하고 있는 상태임을 알 수 있다.

표 10-1 재무상태표 예

재무상태표

㈜ㄱㄴㄷ 20○○년 ○월 ○일

자산	부채
현금 400만원	은행차입금 400만원
비품 200만원	자본
임차보증금 250만원	자본금 450만원
자산합계850만원	부채와 자본합계 850만원

이와 같이 자금조달의 방법은 크게 자기자본을 통한 조달과 타인자본을 조달하는 방법이 있음을 알았다. 자기자본과 타인자본의 조달방식에 따라 상환조건에 차이가 있으므로 창업자는 보다 유리한 방식을 선택할 필요가 있다.

타인자본의 경우, 대부분 장외에서 거래되는데 기업의 신용이 높고 재무건전성이 양호한 경우 조달이 용이하고 낮은 비용(이자율)으로 조달이 가능한 반면, 기업의 경영성과와 무관하게 정해진 기간마다 이자와 원금을 상환해야 해 투자 위험이 낮고 미래에 많은 수익이 예상되는 경우 바람직한 조달방식이라 할 수 있다. 이에 비해 자기자본의 경우, 이자와 원금 상환에 대한 압박없이 장기간 활용할 수 있으며 수익이 발생한 경우에 배당금을 지급하므로 자금 비용 부담이 적은 반면 높은 성장가능성을 통해 장기적으로 이자율보다 높은 기대수익(주가상승 및 배당)이 예상되지 않는 경우 자금조달이 용이하지 않은 단점이 있다.

자기자본 조달방법은 창업자와 동업자의 출자금과 현물출자, 투자자의 출자 및 현물출자 등이 있으며, 타인자본 조달방법은 정부와 공공기관의 창업지원자금 등 정책자금, 은행, 보험사 등 금융기관으로부터의 대출, 일가 친인척 및 친구 등으로부터 개인적으로 빌리는 방법 등이 있다(<그림 10-1> 참조).

자료 정창화 등(2021) 재구성

그림 10-1 자금조달 원천

반대로 투자자의 관점에서 대출과 투자를 하는 경우 다음과 같은 사항을 고려하게 된다. 먼저, 대출의 경우, 신용과 담보를 확인한 후 자금을 빌려주므로 대금회수 위험이 상대적으로 작으며, 정해진 기한 내 비교적 단기간에 원금과 이자를 회수할 수 있다. 대출에 대한 보상은 이자이다. 투자 측, 주주로 참여하게 되는 경우 별도의 담보가 없으므로 높은 투자회수의 위험을 감수해야 하고 기업이 성장하여 충분한 기업가치를 갖게 되거나 수익을 창출하여 배당을 받을 수 있을 때까지 기다려야 하므로 투자금을 회수하기까지 상대적으로 오랜 기간이 소요된다. 출자를 통한 성과는 주식 가치의 상승으로 인한 차액과 배당수익을 기대할 수 있다(<그림 10-2> 참조).

구분	자금 운영	위험	투자 회수 기간	담보	투자 회수방법	성과
일반 금융	융자	저위험	단기	있음	일정 기간 이후 원금 회수	이자
벤처 금융	투자	고위험	장기	없음	• 기업공개(IPO) 이후 지분매각 • 기업매각을 통한 회수	• IPO 공모가격 • IPO까지의 기간 • 좋은 조건의 기업매각

자료 : 손동원 · 허원창(2020)

그림 10-2 투자자관점 일반금융(타인자본)과 벤처금융(자기자본) 비교

스타트업의 자금은 조달방식에 따라 필요한 자금을 자체적으로 조달하느냐 아니면 외부에서 조달하느냐에 따라 내부금융과 외부금융으로 나누어지며, 외부금융은 또다시 필요기업이 직접 자금을 조달하느냐, 금융기관의 중개를 통해 조달하느냐에 따라 간접금융방식으로 나누어진다(<그림 10-3> 참조)(이윤보·이병구, 2017).

내부금융은 사내유보이익, 감가상각 및 출자금 등 기업의 영업활동을 통한 수익과 지출비용의 유보를 통해 기업이 자체적으로 자금을 조달하는 방식이다. 외부금융은 기업외부에서 자금을 조달하는 방식으로 기업이 주식 또는 회사채를 발행함으로써 투자자로부터 직접 자금을 조달하는 방식과 은행 등 금융기관의 중개(대출)를 통해 자금을 조달하는 방식이 있다. 그 외 외국의 금융기관 또는 투자자로부터 자금을 조달하는 방법이 있다.

직접금융은 금융기관의 중개없이 자금을 조달하므로 낮은 비용으로 장기 자금의 조달이 가능하지만, 스타트업의 경우 신용, 담보능력의 제한으로 간접금융방식으로 자금을 조달하는 것이 보편적이다(이윤보·이병구, 2017).

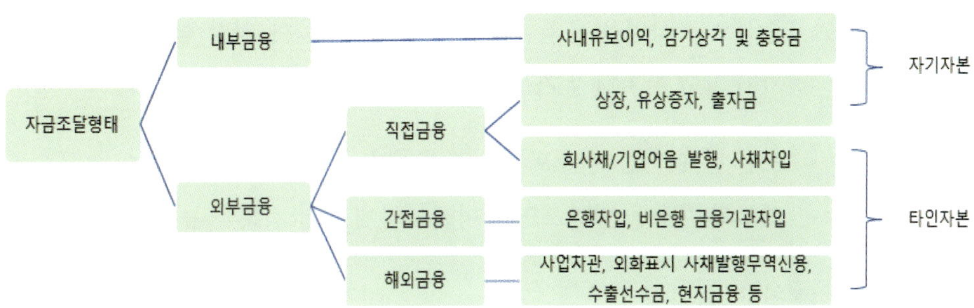

자료 이윤보 · 이병구(2017) 재구성

그림 10-3 자금조달 방식에 따른 분류

스타트업 투자 주체

창업자가 창업을 통해 자기 사업을 하는 이유는 간단히 말해 다른 사람이 하는 사업에 투자해 수익을 내는 것보다 내 사업을 통해 얻는 수익이 훨씬 클 것이라고 믿기 때문일 것이다. 초기 창업자들은 대부분 사업에 필요한 자금을 충분히 갖고 시작하지 못할 뿐 아니라 사업확장, 설비투자 등 성장에 필요한 자금을 외부의 도움을 받아 조달하게 된다. 이렇게 외부자금을 이용하는 이유는 다른 사람의 자금을 빌려 사업을 수행해 얻는 수익이 자금조달로 발생하는 비용보다 클 것이라고 기대하기 때문이다. 즉, 기대수익이 기대비용보다 크다면 외부에서 자금을 조달해서라도 사업을 수행해 수익을 창출하는 것이 창업자에게 득이 되기 때문이다. 그럼에도 불구하고 초기 창업자들은 자금조달이 쉽지 않다. 창업자가 제시하는 미래가치에 대한 신뢰가 부족하기 때문이다. 이는 기업이 성과를 내고, 성장하여 신용이 높아지면서 차츰 해결할 수 있게 된다. 스타트업에 투자하는 사람/기관들은 누구인지 알아보도록 한다(이윤보·이병구, 2017).

❶ 창업자

창업자와 동업자가 개인적으로 투자하는 자금이다. 초기출자금으로 활용되며, 창업 초기 긴요하게 사용된다. 이는 이후 출자를 고려하는 투자자에게도 중요한 평가요소로 고려된다. 창업자 스스로 자기 사업에 많은 투자를 하고 있다면 투자자에게도 사업의 성공가능성에 대해 좋은 신호를 줄 수 있지만, 스스로는 적게 투자하고 다른 사람의 투자 중심으로 사업을 운영한다면 사업이 어려움에 처할 경우 끝까지 책임지지 않고 빠져나갈 가능성이 높다고 평가할 수 있을 것이다.

또한 전체 기업 자산 또는 자본에 대한 창업자의 자본비중이 높을수록 외부의 간섭을 덜받으면서 미래이익에 대한 지분을 높일 수 있다.

❷ 친구, 친인척

3 Fools란 말이 있다. Family, Friends, Fools를 지칭하는 말로 창업자와의 개인적 친분으로 초기 스타트업에 자금을 빌려주는 사람들을 말한다(Gordon, 2022). 미국의 경우 매년 창업하는 스타트업 조달자금의 35~40%가 이들로부터 조달한 것이라 하니 작은 금액이라 할 수 없을 것이다.

이들이 Fools라고 불리는 것은 자금회수를 위한 엄격한 평가를 거치지 않고 자금을 빌려주기 때문이다. 이 때문에 신용이 없거나 매우 낮은 초기 창업자들에게 매우 요긴한 자금원이 되어주고 있지만 이들의 신뢰와 개인적 관계를 해치지 않기 위해 창업자들은 주의깊게 관리하고 적절한 보상을 포함한 상환을 위해 노력해야 할 것이다.

❸ 거래처

이는 거래를 하고 있는 다른 기업으로부터 자금지원을 받는 것을 말한다. 물품대금의 지불유예나 할인이 대표적인 방식으로 자금여력이 충분하지 않은 스타트업에게 원자재를 제공하거나 설비를 공급하고 대금의 전부 또는 일부의 납부를 유예해 줌으로써 자금이 부족한 스타트업이 이를 활용해 생산, 영업활동을 해 수익을 내서 대금을 변제할 수 있도록 하는 것이다. 이를 통해 원자재와 설비업체는 더 많은 매출과 미래 우수 거래선을 확보할 수 있고, 스타트업은 사업수행 및 성장의 기회를 가질 수 있게 된다.

❹ 금융기관

금융기관과의 거래를 통해 구축된 신용 또는 창업자나 동업자가 소유하고 있는 건물 등 자산에 저당권을 설정하고 자금을 조달하는 것을 말한다. 은행 등 금융기관으로부터 자금을 대출받아 사업운영에 사용하고 창출된 수익을 통해 원금과 이자를 상환하는 방식이다. 금융기관은 스타트업의 부족한 신용으로 인한 위험을 줄이기 위해 담보를 요구하기도 한다. 금융기관과의 충분한 신용 또는 충분한 가치를 가진 자산을 소유하고 있는 스타트업이 활용할 수 있는 자금원이다.

❺ 정부 및 공공기관

정부기관도 스타트업의 창업자들이 초기 자금을 조달할 때 적극적으로 활용할 수 있는 자금원이다. 정부 산하의 중소기업진흥공단, 기술신용보증기금, 소상공인시장진흥공단 등 여러 기관이 스타트업의 창업을 촉진하고 경쟁력 있는 기업으로 성장, 발전할 수 있도록 다양한 지원정책을 수립, 시행하고 있는데 그 일환으로 자금을 지원해 주는 프로그램을 운영하고 있다.

매년 많은 예산을 투입하는 다양한 사업들이 수시로 시행되며 지원조건이 일반 금융기관의 자금조달에 비해 유리한 만큼 창업자들은 관련 사업의 시행시기, 지원자격, 지원내용 등에 대해 관심을 갖고 활용할 필요가 있다.

• 소상공인시장진흥공단 : www.semas.or.kr
• 기술보증기금 : www.kibo.or.kr
• 중소벤처기업진흥공단 : www.kosmes.or.kr
• 기업마당(중소기업 정책정보) : www.bizinfo.go.kr

⑥ 벤처캐피탈

신용이 부족해 금융기관으로부터 일반적인 대출을 받기 어려운 스타트업에게 필요한 자금원이다. 신용은 부족하지만 높은 성장 잠재력이 있는 스타트업들을 발굴해 자금을 제공하거나 때로는 경영관리 및 영업 등과 같은 경영성과 향상을 위해 스타트업에 부족한 여러 교육이나 인력 지원 등을 수반하기도 한다. 궁극적으로 벤처캐피탈이 추구하는 것은 높은 위험을 감수하는 대신 이를 만회하고도 남을 미래 가치이다.

벤처캐피탈은 투자대상에 대해 엄격한 심사를 거쳐 투자여부를 결정하게 되며 투자금의 회수를 위해 경영에 깊이 관여하기도 하므로 투자계약을 체결할 때 이에 대한 충분한 검토와 협상이 필요하다.

벤처캐피탈과 같이 성장잠재력이 높은 초기 스타트업에 투자하는 전문투자자들로 엔젤투자자와 엑셀러레이터(accelerator) 등이 있다. 벤처캐피탈과 마찬가지로 높은 자본이득을 목적으로 유망한 초기 스타트업을 발굴해 투자하는 것은 동일하지만 엔젤투자자는 벤처캐피탈에 비해 더 이른 시기의 스타트업을 주로 대상으로 하며, 시기가 이른 만큼 더 높은 위험을 감수하는 투자자들이다. 엑셀러레이터도 마찬가지로 자본이득을 목적으로 하지만 자금지원 외에도 스타트업의 성장에 개입해 공간, 멘토링, 교육 등 다양한 지원을 병행함으로써 성공 가능성과 기업가치를 높여 투자금을 회수한다.

❼ 크라우드 펀딩(Crowd funding)

크라우드 펀딩은 군중(crowd)과 자금모집(funding)의 합성어이다. 신제품 생산 또는 영화기획 등 자본이 부족한 창업자나 기획자가 다수의 군중으로부터 소액의 후원 또는 출자 등 선주문/후원/출자/대출의 방식으로 자금을 조달하여 제품을 생산, 공급하거나 수익을 내 상환, 배당하는 방식으로 보상하는 자금조달 방식이다.

창업자나 기획자는 사업에 필요한 자금을 모을 수 있을 뿐 아니라 자신의 기획안에 대한 다수 군중의 반응 정보를 얻을 수 있어 제품/서비스의 개선, 발전에도 도움을 받을 수 있으며, 다수의 군중은 세상에 없던 제품과 기획안에 참여하여 혜택을 누리는 것에 큰 가치를 부여하며 신생 기업과 사업의 육성에 참여하는 것으로부터 큰 보람을 얻을 수 있어 최근 큰 호응을 받고 있는 자금원이다.

- 해외 : 킥스타터(Kickstarter), 인디고고(Indiegogo), 로켓허브(Rocket Hub), 펀디드바이미(Funded By Me), 크라우도(Crowdo), 아워크라우드(OurCrowd) 등
- 국내 : 와디즈, 텀블벅, 해피빈, 오픈트레이드, 크라우디, 오마이컴퍼니, 메이크스타, 팬딩 등

자료 나무위키(2023)

나. 기업 성장단계별 자금조달 유형

● 성장단계별 자금조달 유형

스타트업은 창업부터 기업공개(IPO, initial public offering) 때까지 소요 시기 및 필요 규모에 따라 여러 차례 자금조달이 필요하다. 자금조달 횟수와 관련해 정해진 바는 없지만 미국의 경우 통상 4~5회 이루어진다고 한다(<그림 10-4> 참조)(손동원·허원창, 2020; IT리홍, 2021).

기업공개

기업이 일정 목적을 가지고 자사의 주식과 경영내용을 공개하는 것으로, 일정 규모의 기업이 상장절차 등을 밟기 위해 행하는 외부 투자자들에 대한 첫 주식공매를 말한다.

시사상식사전(2021)

1) 초기 자금조달(early-stage financing)

종자돈 조달(or 프리 시드), 창업자금조달(or 시드), 1단계 자금조달(프리 시리즈A)의 세 단계를 초기 자금조달 단계 또는 시드투자 단계라고 한다. 제품/서비스의 완성도가 높지 않은 창업 초기 손익분기점을 넘지 못한 상태에서 3~5년의 기간을 보내게 된다. 스타트업의 95%가 이 기간을 넘기지 못하고 폐업한다고 해서 죽음의 계곡(death valley)이라고도 한다. 자금은 주로 본인, 친구나 지인, 엔젤투자자로부터 조달한다.

❶ 종자돈조달(프리 시드)

투자를 받기에는 아직 사업화 완성도가 낮은 아이디어 단계의 시기이다. 개인이 모아둔 종자돈을 활용하거나 친구와 친인척, 정부지원사업, 엔젤투자자를 통해 자금을 조달한다.

❷ 창업자금 조달(시드)

창업 초기 주로 시제품의 개발과 시장/고객의 반응을 확인하기 위한 소요자금 조달단계로 대개 1년 이하의 업력으로 아직 상업적 판매는 이루어지지 않고 있는 시기이다. 사업계획과 시장조사 등 사업준비를 어느 정도 마친 상태에서 시제품을 평가받아 자금을 조달하며, 조달한 제품은 제품/서비스의 상용화개발에 주로 사용된다.

❸ 1단계 자금조달(프리 시리즈A)

창업 초기 확보된 자금이 시제품 개발 등에 거의 소진된 시점으로 본격 사업추진을 위한 생산과 판매에 필요한 자금을 조달하는 단계이다. 시제품의 개발결과 또는 시제품에 대한 시장의 반응이 좋은 경우 바로 투자단계로 넘어간다. 이 단계의 자금조달은 시리즈 A에 중점을 두고 있기 때문에 지인, 엔젤투자자, 크라우드펀딩을 많이 활용하고 있다. 연차로는 통상 1~3년차 스타트업이 이 단계에 해당한다.

2) 확대 자금조달(expansion financing)

죽음의 계곡을 잘 넘어 본격적인 성장단계의 자금조달로 생산시설 투자나 영업망 확충 등 많은 자금이 소요된다. 이 단계 이후의 자금은 주로 벤처캐피탈, 인수/합병, 전략적 제휴를 통해 조달한다.

❹ 2단계 자금조달(시리즈 A)

시리즈A 라운드는 시드 단계를 넘어 사업 규모 확장을 위한 자금 조달 단계이다. 대개 시장과 고객의 검증을 거친 비즈니스 모델과 일정 수준의 시장 점유율을 보유한 기업들이 본격적 상용 제품의 생산 및 영업을 위한 인프라 구축과 인재 확보 등을 위해 추가 자금이 필요하게 된다. 이는 기업이 안정적으로 성장하고 시장에서 더 큰 영향력을 발휘하기 위해 필요하다. 그러나 아직은 시장 인지도가 낮은 상태라 영업 성과 예측이 어렵고 현금흐름도 불안정하다. 창업자는 안정적 수익 창출을 위한 비즈니스모델 개발 및 스케일업에 중점을 두며, 투자금은 제품/서비스 출시 및 모니터링, 마케팅에 많이 사용된다.

이 시점부터 벤처캐피탈이 본격적으로 참여하기 시작하며, 투자금은 10억~30억 원 정도, 업력은 2~5년차가 주로 이 단계에 해당한다.

❺ 3단계 자금조달(시리즈 B)

2단계(시리즈 A)에서 조달한 자금을 활용해 성공적으로 손익분기점을 지난 후 더 많은 수익과 시장점유율 확보를 위한 본격 확장 투자단계의 자금이다. 이 단계에서 조달하는 자금은 주로 생산시설 확장, 인력보강, 마케팅, 제품개선을 위한 연구개발 등에 사용한다.

벤처캐피탈의 참여가 늘어나고 자금 규모도 50억~500억 원으로 크게 증가하는 시기이다. 업력 3~7년차가 이에 해당한다.

❻ 4단계 자금조달(시리즈 C)

3단계(시리즈 B) 투자를 통해 확장된 사업의 시장점유율과 생산/영업 규모확장을 본격화하는 단계이다.

이 단계부터는 사업운영에 소요되는 자금을 자체적으로도 충분히 조달 가능한 상태이다. 따라서, 이 단계에서 필요한 자금은 사업 확장을 위해 해외진출, 수직적/수평적 사업확장 등에 사용된다.

3) 기업공개(IPO)/ 인수(acquisition)/ 기업매수(buyout) 자금조달

메자닌은 이탈리아어로 1층과 2층 사이의 라운지공간을 의미하는 단어로 주식과 채권의 성격을 함께 갖는 투자방식이다. 자금이 필요한 기업이 신주발행이 신용/담보 부족으로 대출이 어려운 경우의 자금조달방법으로

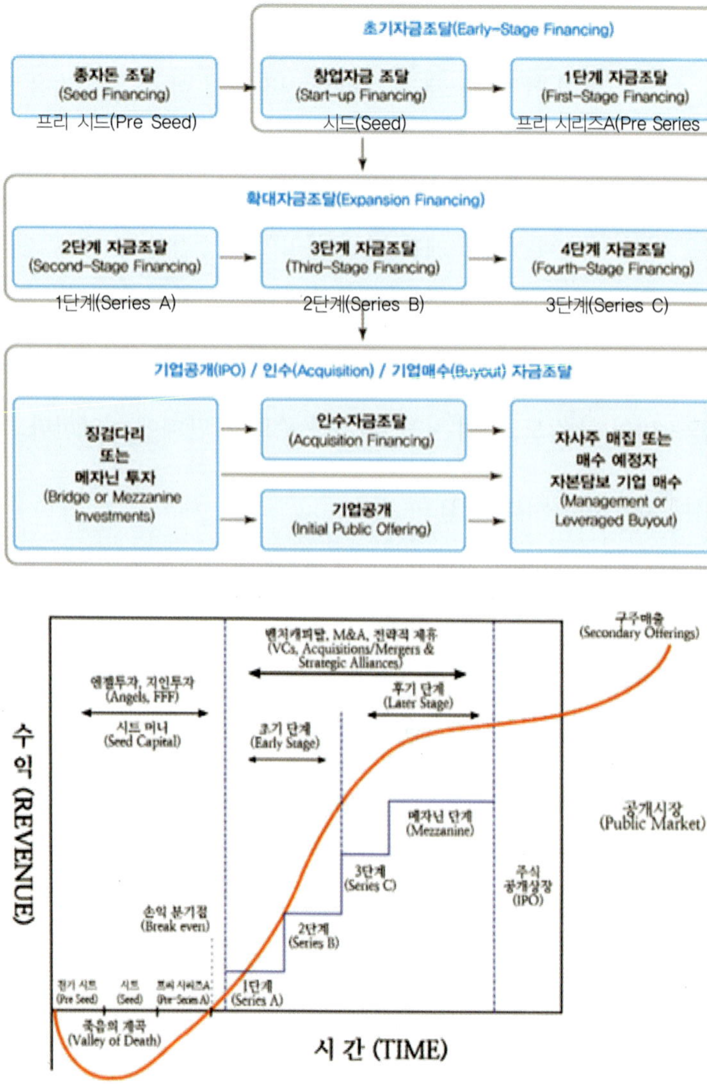

자료 손동원 · 허원창(2020), IT리홍(2021)

그림 10-4 기업 성장단계별 자금조달 유형

전환사채(CB; convertible bond), 신주인수권부사채(bond with warrant)가 대표적인 상품이다. 기업의 위험이 높으면 채권처럼 이자를 받다가 기업의 가치가 높아지면 주식으로 전환 또는 정해진 가격에 살 수 있는 권리를 행사해 높은 수익을 올릴 수 있다. 기업은 일반 채권보다 낮은 이자율로 자금을 조달할 수 있고, 투자자는 안정적 이자 또는 높은 수익의 선택권을 통해 위험을 회피하며 높은 수익을 기대할 수 있다(노력하는개미, 2023).

2 투자유치

가. 벤처캐피탈 사이클(Venture Capital Cycle)

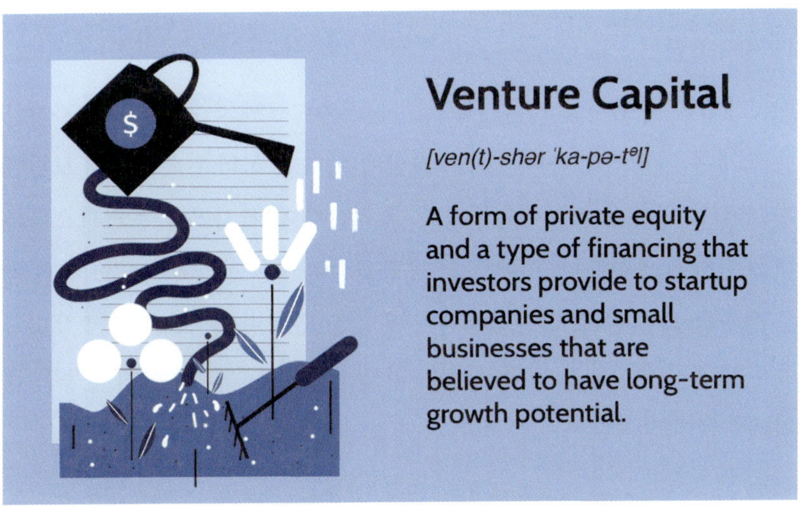

자료 Hayes(2023)

벤처캐피탈

벤처캐피탈은 개인투자자, 투자은행 및 기타 금융기관이 출자한 사모펀드(PE: private equity)의 한 형태로 높은 성장잠재력이 기대되는 신생기업이나 중소기업을 선정해 투자한다. 투자방식은 자금을 주로 하지만 그 밖에 기술이나 경영역량이 부족한 기업에는 부족한 기술이나 관리역량을 제공하는 형태로 이루어지기도 한다.

벤처캐피탈은 성장 잠재력은 높지만 기업운영 성과가 미흡해 충분한 신용과 담보를 갖지 못해 일반 자본시장이나 은행 등으로부터 자금을 조달하기 어려운 스타트업에게 중요한 자금조달원이 되어주고 있다. 반면, 벤처캐피탈의 경우 미래 성장가치에 주목하는 만큼 회사 지분을 요구하는 것이 일반적이라 기업경영의 독립성이 침해될 수 있다는 위험을 안고있기도 하다(Hayes, 2023).

벤처캐피탈 사이클

벤처캐피탈을 효과적으로 활용하기 위해서는 벤처캐피털의 작동원리에 대해 이해할 필요가 있다. 벤처캐피탈의 운영원리를 설명하는 개념이 미국 곰퍼스(Gompers)박사의 펀드조성-투자-회수의 세 단계 벤처캐피탈 사이클이다(손동원·허원창, 2020).

1) 펀드 조성

벤처캐피탈이 투자할 자금을 조성하는 것이다. 벤처캐피탈의 투자자금은 크게 두 가지인데 하나는 자기 자금이며, 다른 하나는 외부에서 모집한 자금이다. 외부자금은 개인투자자, 투자은행이나 기타 금융기관으로부터 모집하여 조성된다. 이때 자금 모집을 주관하는 벤처캐피탈이 과거 높은 성과를 올린 실적, 또는 높은 평판을 갖고 있다면 자금모집에서 상당히 유리한 위치에 놓이게 된다. 투자자의 입장에서 가능하면 신뢰가 높은 벤처캐피탈에 참여하고 싶을 것이기 때문이다.

2) 투자

자금모집 즉 펀딩(funding)이 종료되면 이후 진행되는 것이 투자이다. 적합한 투자대상을 선별해 투자를 하는 것(investing)은 벤처캐피탈의 존재이유이다. 벤처캐피탈로부터 투자를 유치하고자 하는 스타트업은 이 단계에서 진행되는 벤처캐피탈의 투자활동에 대해 이해해야 할 필요가 있다.

미국의 스타트업은 기업공개(IPO)를 통해 자금을 조달할 수 있을 때까지 약 4차례에 걸쳐 벤처캐피탈 등을 통한 자금조달이 이루어진다. 투자는 벤처캐피탈과의 투자계약이 이루어진 후 바로 진행되며, Series A, Series B 와 같이 투자순서에 따라 알파벳이 순서대로 부여된다.

앞서 이야기했던 것처럼 벤처캐피탈은 스타트업의 성장가능성에 투자를 하므로 그 대가로 지분을 인수한다. 따라서 투자가 순차적으로 이루어져 더욱 큰 자금이 유입되면 벤처캐피탈이 기업내 지분에서 차지하는 비중이 더욱 크게 증가하게 된다는 점을 유념할 필요가 있다. 미국 스타트업의 경우 벤처캐피탈로부터 수차례에 걸친 투자를 받은 후 기업공개(IPO) 시점에 즈음하면 창업자의 지분은 5% 정도로 줄어있는 경우가 상당하다는 것이다.

벤처캐피탈의 투자활동은 투자대상기업의 발굴, 투자기회 검토, 평가, 투자협상 및 계약, 사후관리의 5단계로 이루어진다.

❶ 투자대상기업의 발굴

벤처캐피탈의 성과는 성장잠재력이 높은 유망한 스타트업을 발굴하여 높은 수익을 올리는 것이다. 벤처캐피탈 운영자들이 어떻게 유망 스타트업을 발굴하는 지에 대한 명시적 원리는 아직 알려진 것이 없다. 각 벤처캐피탈 나름의 선별 경험과 기준에 의해 대상기업을 선별하는데 좋은 기업을 잘 선별하는 벤처캐피탈이 높은 성과와 함께 명성을 얻게 될 것이고, 그런 벤처캐피탈이 자금모집에 더욱 유리할 것이다.

❷ 투자기회 검토

투자대상 기업이 발굴되었다면 실제 투자에 앞서 벤처캐피탈 내 전문가들이 해당 투자기회에 대한 객관적 평가를 실시한다. 투자대상기업을 발굴하는 담당자의 주관적 판단오류 가능성을 줄이기 위해 객관성을 부여하는 과정이다. 미국 벤처캐피탈의 경우에는 각 벤처캐피탈마다 전문분야가 있어 이전에 투자경험이 있는 업종이나 분야에 대한 투자비중이 높다고 한다.

③ 평가

객관적으로 투자기회에 대한 검토가 이루어졌다면 벤처캐피탈 내 전문 투자심사역에 의해 체계적인 평가가 진행된다. 평가기준은 각 벤처캐피탈의 경험과 지식이 집약되어 수립되며, 평가결과에 따라 투자계약이 이루어지고 실제 투자가 집행되어 전체 벤처캐피탈의 성과를 좌우하는 만큼 대단히 중요한 과정이라 할 것이다.

④ 투자협상 및 계약

내부적으로 투자와 관련된 검토와 의사결정이 완료되면 해당 스타트업과 투자 계약을 체결하게 된다. 벤처캐피탈의 입장에서는 대상기업이 투자를 받은 후 성실히 기업을 운영하지 않는 도덕적 해이의 위험을 줄이고자 여러 통제장치를 두려고 한다. 투자대상 스타트업의 운영에 대한 강한 통제권을 요구하거나 경영진에 대한 인센티브 보수체계를 수립해 약정된 성과를 내는 경우에 보상하도록 하며, 투자기업의 경영에 직접 참여하기도 하고 투자회수방법을 미리 확보해 두기도 한다. 투자위험을 줄이기 위해 단계별 목표를 설정하고 점진적으로 투자하는 단계별 투자나 다른 벤처캐피탈과 공동으로 투자하여 투자위험을 분산하기도 한다.

⑤ 사후관리

투자기업의 도덕적 해이를 관리하기 위해 사후관리가 매우 중요하다. 실제로 실리콘밸리의 벤처캐피탈은 투자 스타트업에 대한 사후관리를 용이하게 하기 위해 자동차로 2시간 이내에 위치한 스타트업에 대한 투자성향이 높다고 한다.

3) 회수

벤처캐피탈의 대표적 투자회수 방법은 기업공개(IPO)와 기업매각의 두 가지이다. 기업공개는 주식시장에 기업을 공개, 즉 상장하는 것을 의미하며, 이는 벤처캐피탈뿐 아니라 투자기업도 상장을 통해 기업가치를 인정받아 스타트업에 참여한 창업자이하 구성원들의 노력을 보상받게 된다.

기업매각은 인수·합병(M&A; merger & acquisition)으로 더 알려진 투자 회수 방식이다. 미국 등의 경우 인수·합병을 통해 스타트업을 인수함으로써 인수기업은 빠른 시간 내에 새로운 사업기회와 사업전환의 기회를 모색하고, 매각기업은 가치를 인정받고 기업을 매각하므로써 그동안의 노력에 대한 보상을 받거나 이후 새로운 투자기회에 투자할 자금을 조달하는 수단으로 활성화되었다.

나. 투자계약서(term sheet)

투자계약서란 무엇인가? 위험을 감수하고 성장잠재력을 가진 스타트업에 장기 투자를 수행하는 벤처캐피탈은 서로의 권리와 의무에 대해 명확하게 정리하고자 한다. 이를 위해 특정 서식을 활용한 계약을 체결하게 되는데 이것이 투자계약서(term sheet)이다. 미국 벤처 캐피탈 업계에서는 통상 3~6페이지 분량의 간단한 양식을 사용했었는데 인터넷 버블 이후 투자계약서 상의 내용이 더욱 자세하고 구체적으로 변화하였다(손동원·허원창, 2020).

투자계약서의 구조

기업이 벤처캐피탈로부터 투자를 유치하면 두 개의 계약이 성립할 수 있다. 첫째, 투자자와 기업사이에 체결되는 투자계약서[주식인수계약서(SPA; share purchase agreement) 또는 사채인수계약서]가 있고, 둘째, 기존 주주와 새로 주주가 되는 이해관계인 간의 합의서(SHA; share holder's agreement)가 있다(<그림 10-5> 참조)(한국벤처투자, 2018).

두 개의 계약은 각각 체결되어 운영될 수도 있지만 일반적으로는 투자계약서 내에 두 계약의 내용을 모두 담고 있다. 스타트업의 경우 통상 기업공개가 있기 전까지 수 차례의 투자가 이루어지므로 기존 투자자와 신규투자자 간의 권리관계를 위한 주주 간 합의서가 통상적으로 작성되고 있다(한국벤처투자, 2018).

주주 간 합의서(SHA)에 담기는 주요 내용은 ①회사의 의무, ②회사의 지배주주 또는 이해관계인의 의무, ③회사와 지배주주 또는 이해관계인의 공동 의무 등으로 그 내용은 주로 회사의 지배구조 관련 사항, 지분의 양도제한 관련 사항, 해지 및 해지의 효과 관련 사항, 경업금지·자금조달·배당 정책 등 부수적 사항이다(한국벤처투자, 2018).

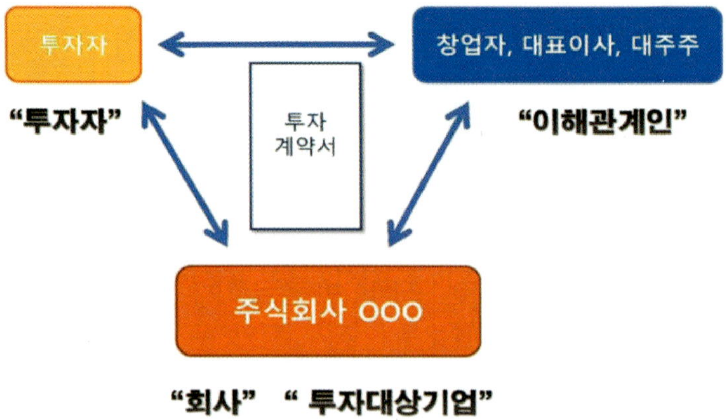

자료 한국벤처투자(2018)

그림 10-5 투자계약서의 구조

● 투자 의사결정 프로세스

벤처캐피탈의 투자프로세스는 투자사별로 차이가 있지만 대체로 <그림 10-6>의 프로세스를 따른다(김만술 외, 2020). 우선, 벤처캐피탈의 담당 심사역들이 개별 스타트업에 직접 접촉을 하거나 스타트업들의 IR행사 등에 참가해 상장잠재력이 높은 스타트업을 발굴하여 투자검토보고서를 작성, 제출한다. 이 보고서를 기반으로 사내 투자심사위원회의 심사를 거쳐 현장실사 여부가 결정되며, 현장 실사 후 대상 스타트업과 투자협상을 진행한다. 최종 투자합의가 이루어지면 투자계약서를 작성하고 날인한 후 투자금을 납입함으로써 투자관련 의사결정 프로세스는 종료된다.

이후 계약서에 기반해 투자회수가 이루어질 때까지 성과창출을 위한 사후관리를 실시한다.

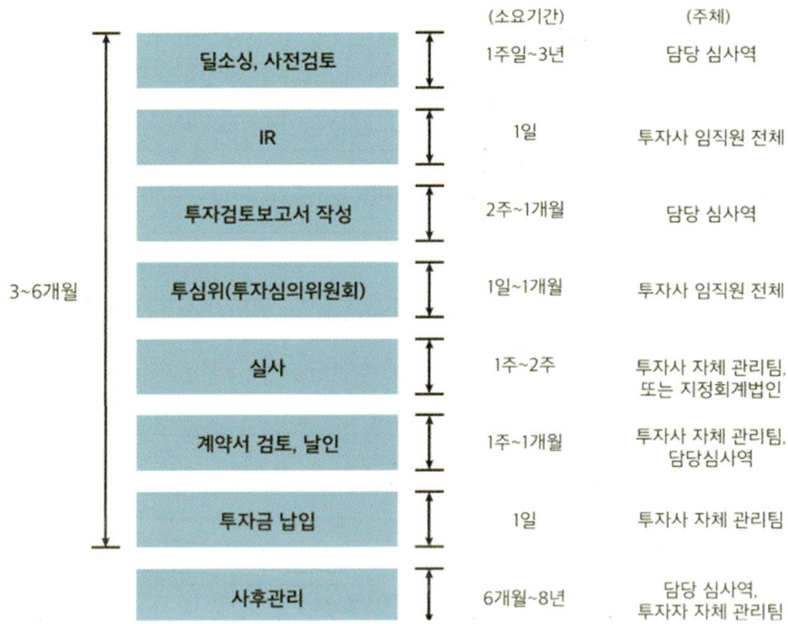

자료 김만술 외(2020)

그림 10-6 투자 의사결정 프로세스

투자계약서 주요 조건

투자계약서의 주요 내용은 다음과 같다(<그림 10-7> 참조). 투자계약은 계약자유의 원칙에 따라 당사자 간 협의에 따라 자유롭게 작성되지만 다음의 내용들이 대체로 주요하게 다루어진다(손동원·허원창, 2020).

- 반희석(anti-dilution)권리: 이후 유상증자 시 기존 투자지분 축소방지 위한 참여권리
- 발행주식 유형 : 보통주, 우선주, 전환우선주 등
- 기업가치 평가(valuation): 투자지분 비율결정을 위한 기업가치 평가 기준
- 단계적 투자: 벤처캐피탈 위험회피 위해 경영성과에 따라 후속투자 여부 결정
- 스톡옵션 풀(stock option pool): 전체 지분 중 스톡옵션 할당 규모
- 브릿지 파이낸싱(bridge financing): 다음 라운드 투자위한 소규모 투자 여부

주요 투자조건(Term Sheet, 신주의 종류: RCPS)

투자대상회사와 투자자 간 협의를 위한 제안서이며, 투자 규모 변동 등에 따라 최종 변경될 수 있습니다.

구분		발행조건
투자대상(대상회사)		
투자자		
총 투자금액		[ ]원
투자방식		신주 투자: 상환전환우선주(RCPS)
투자 주식수/지분율		[ ]/[ ]
신주 투자금 사용용도		운영자금
Value		Pre [ ]원 / Post [ ]원
		RCPS의 조건 등
RCPS	발행가	[ ]원 (액면가 [ ]원)
	존속기간	투자일로부터 10년
	의결권 보유	의결권 有
	배당	누적적·참가적, 우선배당률 1.0% (액면가액 기준)
	상환이율	연복리 6.0%
	청구기간	발행일로부터 3년이 경과한 날부터
	지연배상금	연 12.0%
이해관계인		[대표이사 등] 이해관계인은 고의 또는 중과실이 있는 경우에 한하여 책임을 부담함
전환조건	전환주식	기명식 보통주
	전환비율	우선주 1주당 보통주 1주
	전환기간	발행일 익일부터 존속기간 만기일 전일까지
	전환조건	투자자 요청시
	전환가격 조정	• 상장(IPO) 또는 M&A시 전환가격은 직전 전환가격 또는 공모가격의 70% 중 낮은 값으로 조정 • 주식 또는 주식관련사채의 신규발행가액이 본건 주식의 전환가격 하회 시 전환가격도 동일하게 하향 조정
투자금 용도제한		신주 투자금의 사용용도에 맞게 사용
청산 잔여재산 분배시 우선권		회사 청산에 의하여 잔여재산 분배시 연복리 6.0%를 보통주에 우선하여 분배
임원의 지명		기타비상무이사에 해당하는 회사의 이사 1인 지명 가능
공동매도참여권 (Tag along)		이해관계인이 보유지분을 매각하는 경우, 투자자는 이해관계인과 동일한 조건으로 그 처분에 참여할 수 있는 권리
투자자의 주식매수청구권 (Put option)		본 계약을 고의 또는 과실로 위반한 경우 등 일반적인 주식매수청구권 조항
우선매수청구권 (Rights of first refusal)		이해관계인/투자자가 보유 지분을 처분하려는 경우 투자자/이해관계인은 우선매수청구권 행사 가능
연체금리		연 12%의 비율

자료 법무법인 디라이트 · 스타트업얼라이언스(2022)

그림 10-7 주요 투자조건(term sheet) 사례

- 기업청산과 투자회수: 청산 또는 IPO 시 투자회수 조건 등
- 상환권리(redemption rights): 미래 주가하락 시 약정 가격에 되팔 권리 (Put option)
- 전환권(conversion rights): 우선주를 보통주로 전환할 권리
- 경영진 참여: 벤처캐피탈의 임직원이 경영에 참여할 권리
- 고용조건: 벤처캐피탈의 투자조건으로 임직원 임금 중 근로조건 포함 요구

3 투자회수(Exit)

투자회수란 스타트업에 대한 창업자와 투자자의 노력과 투자에 대한 보상을 의미하며, 출구전략이라고도 불린다. 투자자의 입장에서 자금을 회수하는 방안이며, 창업자에게는 또 다른 창업을 모색할 수 있는 발판을 제공해 생태계를 선순환시키는 구실을 한다(시사경제용어사전, 2020). 대표적인 투자회수 전략으로는 매각, 주식시장에 상장, 인수합병, 기업청산 등이 있을 수 있다. 베트남전에 참전했던 미군이 인명과 장비의 피해를 최소화하면서 전쟁에서 빠져나오기 위한 전략으로 사용하였는데 이후 특별한 상황에 대응하기 위한 조치를 상황이 안정된 이후 후유증을 최소화하면서 정상상태로 되돌리기 위한 방안들을 폭넓게 지칭하면서 널리 사용되고 있다(위키백과, 2022).

가. 투자회수 방법

스타트업 투자회수는 기업공개(IPO)와 기업매각(M&A: merger & acquisition)을 통해 이루어진다. 대부분의 스타트업들이 기업공개를 선호하지만 실제로는 기업매각이 주류를 이루고 있다. 미국의 경우, 기업매각을 통한 투자회수 비중이 80%를 넘는데 우리나라는 기업인수에 대한 부정적 인식이 높아 투자회수 시장이 활성화되지 못하였다. 이것이 결국 스타트업에 대한 투자부족으로 이질 수 있으므로 기업매각시장의 조속한 활성화가 요구된다(손동원·허원창, 2020).

스타트업이 기업공개를 선호하는 이유는 기업가치에 대한 평가가 다르기 때문이다. 미국에서는 기업공개를 하는 경우 매각에 의한 때보다 4~8배 정도 높은 평가를 받는다고 한다. 문제는 기업공개 요건을 충족하는 것이 쉽지않다는 점이다. 따라서 빠른 회수를 원하는 기업들은 기업매각을 택하게 되고, 이에 참여하는 벤처캐피탈은 몇 년 후 기업공개가 가능한 성장잠재력이 높은 스타트업을 선별해 매입한다(손동원·허원창, 2020).

기업공개(IPO) : 상장(上場)

기업공개는 주식시장(KOSDAQ)에 상장하는 것을 의미한다. 기업공개를 통해 창업자와 투자자는 회사의 가치를 사회로부터 공식적으로 인정받으며 지분가치를 실현할 수 있는 기회를 갖게 된다(손동원·허원창, 2020).

그러나, 기업공개는 시장에서 일반 대중에게 주식의 거래가 허용되는 만큼 신뢰성을 확보하기 위해 높은 수준의 조건을 요구하고 있어 그 조건을 충족하기가 쉽지 않다. 또한 조건을 충족한다 하더라도 상장시점의 시장 상황에 따라 시장에서의 기업가치가 크게 영향을 받는 점도 고려해야 한다.

기업공개의 장·단점은 아래 <표 10-2>와 같다.

표 10-2 기업공개의 장·단점

장점	단점
• 추가자금조달을 위해 주식시장 등 다양한 자금원 활용 가능 • 기업에 대한 인지도 향상 • 기업 성과에 따라 주가 상승	• 투자자 보호를 위한 규제기관 관리 • 일반 주주 정보공개 요청 • 주식시장 시장변동 위험에 노출 • 기업공개에 상당한 비용 발생 • 매각제한(lock-up)동안 지분매각 불가

자료 손동원 · 허원창(2020) 재구성

기업매각

기업공개가 여의치 않은 스타트업은 기업매각을 추진하게 된다. 기업공개에 비해 기업매각 시 기업가치가 매우 낮게 평가됨에도 불구하고 이를 추진하는 이유는 기업공개 시의 단점과 기업공개의 불확실성이 높기 때문이다(<표 10-3> 참조).

구글, 애플, 페이스북 등의 대기업들은 기술의 급격한 변화에 빠르게 대응하기 위해 유망한 스타트업의 발굴과 인수에 적극적이다. 스타트업도 기업공개가 불투명한 상태에서 적절한 가치를 인정해주는 매수자를 만나는 것은 좋은 기회가 될 수 있다(손동원·허원창, 2020).

표 10-3 기업매각의 장·단점

장점	단점
• 독자생존이 어렵거나 퇴출경로가 불확실할 때 기업가치 훼손을 줄이면서 자금회수 가능 • 주식시장, 경기변동의 영향 제한적	• 기업공개에 비해 기업가치 저평가 • 향후 주식시장에서 가격상승 가능성 포기

자료 손동원 · 허원창(2020) 재구성

K-유니콘, IPO · M&A 성공한 기업도 수두룩

'K-유니콘 프로젝트'에 참여한 기업 가운데 기업공개(IPO)와 인수합병(M&A)을 통해 엑시트에 성공한 사례들이 늘고 있다. 기업가치 1조원대 유니콘기업 육성이 K-유니콘 프로젝트 최종 목표이지만 중간에 엑시트에 성공하는 기업도 확대되면서 스타트업 생태계의 선순환 구조를 만드는 데 긍정적인 역할을 하고 있다는 평가다.

1일 중소벤처기업부가 발표한 'K-유니콘 프로젝트 성과'에 따르면 지난해 하나기술, 엔젠바이오가 코스닥에 상장한 데 이어 올해 피엔에이치테크, 제주맥주가 상장에 연이어 성공했다.

□ **(기업공개)** 코스닥시장 상장 4개사

(단위 : 원)

유형	업체명	제품(기술)	상장일자	공모가
코스닥	하나기술	이차전지 공정 장비 제조기술	2020.11.25	35,000
코스닥	엔젠바이오	유전체분야 진단시약 제조	2020.12.10	14,000
코스닥	피엔에이치테크	유기발광다이오드(LED)	2021.02.16	18,000
코스다	제주맥주	수제맥주	2020.05.26	3,200

인수·합병된 사례도 눈에 띈다. 최근 카카오에 합병된 지그재그(회사명 크로키닷컴)는 지난해 예비유니콘에 선정되면서 성장동력을 키웠다.

유효상 숭실대 교수는 "엑시트는 '창업-투자-성장-엑시트-재창업·재투자'로 이어지는 스타트업 생태계 선순환 구조를 만드는 데 중요한 퍼즐"이라며 "국내 스타트업 생태계가 건전하게 발전하려면 유니콘 육성만큼이나 엑시트 활성화 정책이 더 필요하다"고 말했다.

전자신문(2021. 7. 2.)

벤처캐피털의 역사

1. 벤처캐피털의 기원

모험과 도전에 대한 투자, '벤처캐피탈(venture capital: VC)'이란 개념이 등장하기 전에도 이런 활동은 꾸준히 이루어져 왔다. 처음에는 현대 과학과는 거리가 멀어보이는 '연금술사'영역에서 이런 투자가 활발했다. 16세기 후반 금을 얻고자 하는 왕족과 부호들이 탁월하다는 연금술사들에게 자금을 후원했다 아직 과학이 발전하기 전이었기 때문에 연금술은 '모험과 도전'의 영역이었고, 이때 이루어진 후원과 연구들이 비록 원하던 금을 만들어내지는 못했지만, 현대 화학기술을 꽃피울 수 있었다.

비슷한 시기 스페인, 포르투갈, 영국 등 유럽의 왕족과 부호들은 미지의 세계를 탐험하는 모험가들도 후원했다. 모험가들은 위험을 무릅쓰고 세계 각지를 탐험했고 후원자들은 이들을 통해 새로운 영토 및 자원들을 얻을 수 있었다.

주식의 등장과 최초의 주식회사

1602년, 네덜란드에서는 해상무역을 통해 높은 수익창출이 가능하다는 것을 알게 된 사람들이 '주식'이라는 개념을 발명했다. 선박건조 및 선원모집에 대규모 자금이 필요하다 보니 이미 자금이 충분한 사람들만 해상무역을 시작할 수 있었는데, 많은 사람이 함께 하면 부자가 아니어도 무역을 시작할 수 있다고 생각한 것이다. 사람들은 '주식'을 발행해 필요 자금을 확보했고, '주식'을 산 사람은 향후 무역에서 얻은 수익을 배분받을 수 있었다. '수익을 배분받을 수 있는 권리'는 '자산'으로 인식되기 시작하였고, 이에 따라 항해가 끝나기 전 특정 선박에 대한 주식을 팔거나 거래하는 사람들도 생겨났다. 현대의 증권 거래 같은 시장이 생겨난 것이다.

2. 엔젤투자방식에서 VC로의 변화

산업혁명 시대 – 무역상이 신기술 투자

제임스 와트(James Watt)의 증기기관은 초기 탄광업자 존 로벅(John Roebuck)의 자금 후원으로 진행했으나 로벅이 파산을 하면서 그의 친구인 금속용품제조 사업가 매튜 볼턴(Matthew Boulton)이 투자를 계속해 주었기 때문에 지속적인 개발이 가능했다. 19세기 초, 조지 스티븐슨(George Stephenson)의 증기기관차 개발도 달링턴의 면방직업자인 에드워드 피스의 자금 후원이 없었으면 불가능했을 것이다. 이들은 전형적인 엔젤 투자자였다.

근대 투자은행 신산업 투자처, 철도

영국에서 증기기관차 개발에 성공한 뒤 철도는 유럽과 미국 전역에서 신산업으로 부상했다. 철도라는 전례 없는 수송 기술의 등장은 새로운 사업 기회를 창출했고, 이로부터 근대적 형태의 투자 은행이 등장했다. 독일에서 지멘스가 1870년에 도이체방크를 설립했고, 미국에서 모건이 1864년 JP모건은행을 출범시켰다. 이들은 종래의 대부업 중심의 모델에서 탈피해 채권과 주식 발행을 통해 철도사업자에 대한 적극적인 자금 지원을 하면서 성장했다. 이 과정에서 근대적 투자은행들은 당시 신발견, 신발명이 집중적으로 이뤄진 전기와 화학산업에 대한 투자를 아끼지 않았다. 예컨대 도이체방크는 바이엘과 지멘스, JP모건은 GE에 투자함으로써 20세기를 주도한 산업의 발전을 주도했다. 기업의 성장을 위해 지원했고, 필요한 경우 적절한 M&A를 주도하기도 했다.

VC 출현 전 모험자금

20세기 초 자동차 산업이 성장하고 통합되는 동안 또 다른 산업인 항공 산업이 출현했는데, 항공 산업이야말로 벤처캐피탈 산업의 탄생에 더욱 직접적인 영향을 미쳤다. 초창기 항공업 창업자는 자동차에 사용된 부품에서 비행기를 조립하는 방식으로 사업을 했으나 점차 비행기는 훨씬 더 복잡하고 정교한 제품으로 진화했다. 그 후 항공업이 항공우주산업으로 발전하면서 정부는 군용 항공산업 분야의 중소기업에 막대한 연구개발비를 지원하기 시작했다.

2차 세계대전 이전 수십 년 동안 항공분야에는 주로 부유한 개인이 투자했다. 이들은 비행기에 관심이 많았을 뿐 아니라 항공업을 유망한 투자 분야로 생각했다. 예를 들어, 역사적인 비행으로 유명한 라이트 형제(Wright Brothers)는 카보츠(Cabots), 코넬리어스 밴더빌트(Cornelius Vanderbilt), 어거스트 버몬트(August Belmont), 러셀(Russell), 프레드릭 알제(Frederick Alger)와 같은 동부의 기업인들과 금융가들로부터 많은 투자를 받았다. 당시 항공분야에서는 현대적인 VC과 유사한 기관들의 투자 실험이 있었는데 1926년 다니엘 구겐하임(Daniel Guggenheim)은 250만 달러의 펀드로 항공분야의 과학기술 연구를 장려해 민간항공이 수익을 낼 수 있도록 도왔다.

1938년 실업문제 논의를 위한 상원위원회에서 du Pont Corporation 회장인 라못 뒤퐁(Lammot du Pont)은 "미국이 다시 움직이도록 하기 위해 필요한 것은 VC라고 보고 했다. 이 위원회에서 VC라는 용어가 공식적으로 처음 사용됐다. 1938년 1월 13일자 월스트리트 저널 사설에서 라못 뒤 퐁의 VC라는 문구를 채택해 VC를 "수익에 대한 보상이 확실하지 않은 투자"로 정의했다. 1939년 10월 9일 샌프란시스코 증권회사인 Dean Witter & Company의 장 위터(Jean Witter) 회장은 투자은행협회 연설에서 VC가 필요한 이유를 다음과 같이 설명했다. "실험단계에 있는 사업을 위해 공모로 증권을 발행해 자금을 모집하는 것은 적합하지 않다. 초기 사업에 대한 자금조달은 위험에 익숙하고 문제해결에 적극적이며 새로운 사업의 관리를 잘 할 수 있는 개인들에 의해 이루어져야 한다."

3. 미국 VC의 산업화

2차 대전 후 미국 VC의 형성

제2차 세계대전 직후, 보스턴에서 바네바 부시(Vannevar Bush), 칼 콤프톤(Karl Compton), 랄프 플랜더스(Ralph Flanders)와 하버드 경영대학원 조지 도리오(Georges Doriot) 원장 등 기업 및 대학 지도자들이 American Research and

Development(이하 ARD)라는 최초의 VC를 결성했다. ARD는 투자신탁 및 보험회사 등의 기관투자자, 그리고 초기 공모주 발행을 통해 자금을 조달했다. 자금을 모집한 이후 ARD는 중소기업에 직접 투자하기 시작했고, 투자대상 기업 중 다수는 MIT에서 스핀오프해서 나온 기업들이었다.

당시까지 공모형 펀드는 주로 안정적인 채권이나 상장 주식에 투자하는 것이 관례였고, 위험도가 높은 신기술사업에 투자한다는 것은 상상하기 힘들었다. 당시 유명한 발명가 찰스 케터링(Charles Franklin Kettering)은 ARD가 5년 이내에 파산할 것이라고 예측하기도 했다.

그러나 세간의 예상을 뒤엎고 회사는 25년 동안 성장했고 수백 개의 벤처기업을 탄생시켰다. 그 중에서도 7만달러에 투자한 디지털이큅먼트(DEC)의 지분가치를 400만달러에 매각한 일화는 유명하다. 미국 동부에서 ARD가 성공하자 이를 모방한 VC가 속속 등장하기 시작했다.

VC산업의 출현

1950년대 중반부터 새로운 VC들이 생겨나기 시작했는데 결정적으로 1957년 10월 우주개발 경주에 불을 붙인 구 소련의 스푸트닉 발사가 계기가 됐다. 이 사건으로 당시 미국에 트랜지스터, 컴퓨터, 그리고 다양한 과학기구 등의 경량부품에 대한 엄청난 수요를 발생시켰다. 이에 따라 1958년 미국 국방부는 국방관련 연구, 특히 항공우주, 전기공학, 컴퓨터 과학 분야의 막대한 연구비 마련을 위해 선진국방연구사업청(The Defense Advanced Research Projects Administration: DARPA)을 설립했다. 미 국방부는 기존에도 대학과 기업에 연구비를 지원했지만, DARPA는 기존과 다른 규모로 엄청난 자금을 쏟아 부었다. 스푸트닉 발사로 인해 생겨난 미 국방부의 투자는 두 가지 면에서 VC 산업에 중요한 의미를 지닌다. 첫째, 이 투자로 인해 부가가치가 매우 높은 첨단 전자제품의 시장이 크게 성장해 관련 중소기업의 이익이 대규모로 늘었으며, 둘째, 대학 전기공학부에 대한 연구비가 대폭 증가해 1960년대에 많은 대학에서 독립형 컴퓨터공학과가 설립됐다는 것이다. 그 이후 컴퓨터공학과의 학생들이 새로운 발명과 기술을 만들어 냈고 이들이 졸업 후 연구자, 기술 중심의 스타트업 임원 및 기업 창업자로 성장하게 됐다. 이로 인해 컴퓨터 부품 및 소프트웨어 기술이 엄청나게 빠른 성장할 수 있었다.

이후 벤처투자는 눈부신 투자 수익을 올렸는데, 첫 번째 성공은 1958년 위성사진 촬영용 정보 처리 시스템을 제작한 Itek 회사에 대한 Rockefeller Brothers, Inc(이하 RBI)의 투자였다. 1958년 RBI는 Itek 주식을 주당 2달러에 매수해 1961년 5월까지 장외시장에서 주당 60달러에 매도했다. 1957년 ARD는 MIT 링컨연구소의 자회사인 Digital Equipment Corporation(이하 DEC)의 지분 70%를 대가로 7만달러를 투자했는데, 1966년에 DEC가 IPO를 할 당시 ARD의 DEC 지분 가치는 3850만 달러(연평균100% 수익률)로 향상했다. 곧 파산한 Itek과는 다르게 DEC는 계속해서 성장했고, 1970년에는 기업가치가 3억 5천만 달러로 늘어났다. DEC는 VC이 향후 미국 경제를 이끄는 핵심적인 역할을 할 수 있다는 기존 학자들의 주장을 입증했다.

'투자가 아니라 육성이 성공의 관건'

미국 VC의 성공비결은 '투자'가 아니라 '육성'에 있었다. 자금을 공급하는 일보다, 경영진을 구성하고 적절한 자문을 제공함으로써 회사를 키우는 일이 우선이었다. 도리오에 따르면, VC 업무의 본질은 자금을 공급해 주는 것이 아니라, 동고동락하면서 기업이 스스로 일어설 수 있도록 키우는 것이었다.

경영은 창업가의 열정 또는 한정된 능력만으로 성공시킬 수 있는 만만한 대상이 결코 아니다. 에디슨 제너럴 일렉트릭은 창업가 에디슨의 고집으로 경영난에 빠진 뒤 JP모건의 자금 수혈을 통해 톰슨휴스톤전기회사에 합병 당했다. 그 뒤 에디슨은 경영 일선에서 물러나고 회사는 찰스 코핀의 주도 하에 오늘날의 GE로 성장했다.

조영필(2021), Kim(2021) 재구성

요점정리

- 사람들은 화폐를 발명하고 이에 신용과 가치를 부여함으로써 화폐를 통한 거래를 가능하게 하였다. 이로써 사람들간에 더욱 활발한 거래가 이루어질 수 있었고 이제 현대사회의 모든 거래는 화폐를 매개로 이루어지므로 새로운 사업을 준비하는 창업자들도 창업과정에서 발생하는 모든 거래를 위해 자금조달의 필요가 생긴다.

- 자금조달의 방법은 자기자금과 투자에 상당하는 지분을 받고 경영에 참여하는 자기자본 조달과 이자와 원금상환을 약속하고 일정기간 자금을 빌리는 타인자본 조달이 있다. 가능하면 보다 장기적이며 고정적 비용지출이 없는 자기자본 형태의 자금조달을 선호한다.

- 스타트업의 자금조달을 위한 자금조달원으로는 창업자 본인, 3Fools로 불리는 친구, 친인척 등의 지인, 거래처에서 제공하는 신용, 금융기관의 투자 및 융자, 정부 및 공공기관의 자금지원, 벤처캐피탈의 투자, 크라우드 펀딩을 활용한 자금유치 및 후원 등이 있으며, 필요자금의 크기에 따라 다양한 방법을 선택하게 된다.

- 스타트업은 창업이후 기업공개(IPO)에 이르기까지 필요한 자금을 확보하기 위해 여러 차례의 자금조달을 하게 된다. 창업초기 손익분기점에 이르지 못해 죽음의 계곡(death valley)에 머무는 기간 필요한 자금은 주로 창업자 본인과 동업자, 친구나 친인척, 그리고 엔젤투자자로부터 조달하게 된다. 종자돈(프리 시드), 창업자금(시드머니), 1단계 자금조달(프리 시리즈A) 등이 초기 자금조달 단계(early-stage financing)에서 이루어진다. 다음 스타트업이 손익분기점을 넘어 본격적으로 성장하는 단계의 확대 자금조달(expansion financing)이다. 이 단계에서는 필요에 따라 수 차례 자금조달이 이루어지는데 횟수가 반복됨에 따라 시리즈A부터 시리즈B, 시리즈C 등 알파벳을 순차적으로 붙여가게 된다. 이 시기의 자금조달은 주로 벤처캐피탈과 인수/합병, 전략적 제휴 등을 통해 이루어진다. 마지막으로 투자회수(exit) 단계의 자금조달이다. 주로 신사업분야나 사업영역의 확장을 위해 자금조달이 이루어지며, 이 단계에서는 기업공개(IPO), 인수합병(M&A), 금융기관의 투자 및 융자 등의 방식을 이용하게 된다.

- 벤처캐피탈은 스타트업의 미래 성장가능성을 기대하며 위험에 투자하는 댓가로 높은 수익을 창출하는 사업모형으로 개인투자자나 금융기관이 출자하여 조성한 사모펀드(private equity)의 한 형태이다. 벤처캐피탈은 펀드를 조성하고, 적합한 투자대상을 물색해 투자하며, 대상기업을 성장시켜 시장으로부터 높은 가치를 받아 투자를 회수하는 프로세스를 거친다.

- 창업자와 투자자들은 위험을 감수하고 스타트업을 성장시킨 댓가로 투자회수를 통해 노력과 투자에 대한 보상을 받는다. 대표적인 투자회수 방법은 기업공개(IPO)와 기업매각(M&A)이 있으며, 이를 통해 창업자와 투자자는 그간의 위험감수와 노력에 대한 보상을 받기도 하고, 새로운 사업기회를 탐색할 자금을 마련하기도 한다.

연습문제

1 창업을 준비중인 예비창업자들이 어떤 일에 돈이 필요할지 생각해 봅시다.

2 여러 분이 창업자라면, 아직 사업성과가 없고, 미래 성공가능성도 알 길이 없으며, 실패라도 한다면 빌린 돈을 갚을 담보도 제시할 수 없는 상태에서 누구를 찾아가 어떻게 투자자를 설득할 수 있겠습니까?

3 미국에서는 창업자가 창업이후 여러 차례의 자금조달을 하고나면 기업공개 시점에서는 지분이 5%남짓으로 줄어든다고 합니다.

그럼에도 창업에 뛰어들 만한 가치가 있다고 생각하나요? 그 이유는 뭔가요?

4 신규투자를 받아 사업이 성장하게 된다면 신규 투자자나 창업자를 포함한 투자자 모두에게 이익이 될 겁니다. 그 과정에서 신규투자자, 창업자, 기존투자자들은 서로 다른 이해관계를 갖게 됩니다. 그로 인해 협상과정에서 각 당사자들은 서로 특정 권리의 보호를 주장하거나, 특정 의무를 부과하고자 합니다.

각 당사자들이 요구할 권리와 의무는 어떤 것들이 있을까요?

5 창업자나 투자자의 입장에서 기업공개(IPO) 방식의 투자회수 방법이 가장 높은 기업가치를 인정받을 수 있다고 합니다.

그럼에도 불구하고 창업자와 투자자가 기업매각(M&A) 방식의 투자회수 방법을 선택하는 이유는 무엇일까요? 왜 기업공개(IPO)는 그 조건을 까다롭게 하는 걸까요?

참고자료

[1] 김만술, 박철수, 윤재호, 조진행, 민정기. (2020). 4*차 산업시대의 기업가정신과 창업*. 서울: 명경사.

[2] 김세연, 김경태. (2021). *재무회계를 이용한 재무분석*. 서울: 창민사.

[3] 나무위키. (2023. 3. 8). s.v. "크라우드펀딩". 2023. 4.21 검색. https://namu.wiki/w/%ED%81%AC%EB%9D%BC%EC%9A%B0%EB%93%9C%ED%8E%80%EB%94%A9

[4] 노력하는개미. (2023.4. 13). 채권과 주식의 중간 상품 메자닌 투자에 대해서. Retrieved from https://blog.naver.com/gyehfm324/223073702749

[5] 두산백과. (N.A.). s.v. "재무상태표". 2023. 4.20 검색. https://www.doopedia.co.kr/doopedia/master/master.do?_method=view&MAS_IDX=101013000835373

[6] 두산백과. (N.A.). s.v. "재무제표". 2023. 4.21 검색. https://www.doopedia.co.kr/doopedia/master/master.do?_method=view&MAS_IDX=101013000857820

[7] 법무법인 디라이트, 스타트업얼라이언스. (2022). *투자유치를 앞둔 창업자를 위한 투자계약서 가이드북*. 1-154.

[8] 손동원, 허원창. (2020). *스타트업 창업바이블*. 서울: 시대가치.

[9] 시사경제용어사전. (2020.11. 3). s.v. "엑시트". 2023. 4.27 검색. https://www.moef.go.kr/sisa/dictionary/detail?idx=1788

[10] 시사상식사전. (2021. 4.14). s.v. "기업공개". 2023. 4.21 검색. https://terms.naver.com/entry.naver?docId=66686&cid=43667&categoryId=43667

[11] 위키백과. (2022. 7.20). s.v. "출구전략". 2023. 4.27 검색. https://ko.wikipedia.org/wiki/%EC%B6%9C%EA%B5%AC_%EC%A0%84%EB%9E%B5

[12] 이승훈. (2011. 1. 3). 도덕적 해이와 대리인 문제. *KDI 경제정보센터*. Retrieved from https://eiec.kdi.re.kr/material/clickView.do?click_yymm=201101&cidx=1387

[13] 전자신문. (2021. 7. 2). [이슈분석]K-유니콘, IPO·M&A 성공한 기업도 수두룩. *전자신문*. Retrieved from https://www.etnews.com/20210701000209

[14] 정창화, 김종선, 이창현, 진변석, 이용주. (2021). *쉽게 풀어쓴 창업의 이해(제2판)*. 서울: 창민사

[15] 조영필. (2021. 5.23). 벤처캐피탈의 역사. Retrieved from https://brunch.co.kr/@zhoyp/441

[16] 한국벤처투자. (2018). *벤처기업을 위한 투자계약서해설서*. 1-159.

[17] IT리홍. (2021. 7.13). 기업 성장단계별 투자자금 조달 유형(시드투자, 시리즈 A, 시리즈 B 등). Retrieved from https://missions-for-survival.tistory.com/10.

[18] Kim, Marcia. (2021. 5.14). 벤처캐피탈의 유래와 국내 자금 운용 구조. Retrieved from https://medium.com/@Marcia.K/투자유치-프로세스-1-벤처캐피탈의-유래와-국내-자금-운용-구조-e8b9afd94720

[19] Gordon, J. (2022.4.17). Funding from Friends Family and Fools – Explained. Retrieved from https://thebusinessprofessor.com/en_US/business-transactions/funding-from-friends-family-and-fools.

[20] Hayes, A. (2023. 3.14). Venture Capital: What Is VC and How Does It Work?. Retrieved from https://www.in

11 마케팅

학습목표

- 마케팅과 창업마케팅 개념에 대해 이해한다.
- 시장규모 분석과 경쟁사 분혁에 대해 이해한다.
- 린 마케팅, STP전략, 4P Mix 대해 이해하고, 마케팅 방법에 대해 살펴본다.

1 창업마케팅

가. 마케팅의 개념

마케팅을 제품(또는 서비스)을 잘 판매하는 것으로 판매활동이나 영업활동으로만 일반적으로 많이 생각한다. 마케팅은 소비자가 무엇을 원하는지를 파악하고, 소비자가 원하는 바를 경쟁자보다 더욱 충족시켜주기 위한 일련의 활동을 모두 포괄하는 폭 넓은 개념이다. 미국 마케팅 협회(AMA)에서는 마케팅을 개인과 조직의 목적을 충족시키는 교환을 창조하기 위해 아이디어, 재화, 서비스의 개발, 가격결정, 판매촉진, 유통을 계

자료 김진수 외(2016)

그림 11-1 마케팅의 영역

획하고 수행하는 과정이라고 정의한다. 필립 코틀러(P. Kotler)교수는 마케팅을 기업이 고객들에게 가치를 창출해주고 고객과의 강한 관계를 구축함으로써 반대의 가치, 즉 이윤을 창출할 수 있는 일련의 과정이라고 정의 하였다.

김진수 외(2016)는 마케팅은 <그림 11-1>에서 보듯이 마케팅전략, 광고, 브랜딩, 영업, 유통, 프로모션 등 다양한 영역을 포함하고 있다고 하였다.

나. 창업마케팅의 개념

Morris et al.(2002)는 창업 마케팅을 "리스크관리, 자원 활용 극대화 및 가치창출을 위한 혁신적 접근방법을 통하여 수익을 제공하는 고객들을 확보 및 유지하고 나아가 그러한 가치를 능동적으로 확인하고 활용하는 활동"이라고 정의 하였다.

서상혁(2016)은 창업마케팅을 "창업기업들이 시장에 신제품이나 새로운 서비스를 성공적으로 출시하고 관리하는 활동" 이라고 정의 하였다. 이 정의에 따라서 창업마케팅은 일반기업이 아닌 창업기업이 주체가 된다는 점, 신제품 혹은 새로운 서비스를 마케팅 대상으로 한다는 점, 그리고 출시활동을 중시한다는 점에서 기존의 마케팅과 다르다고 할 수 있다. 신규창업기업이 주체이므로 주로 소규모업이고, 창업자의 기업가정신이 중요하게 발휘되며, 신제품 출시를 위주로 하므로 하이테크 마케팅적 요소가 가미되며 혁신 지향적이다.

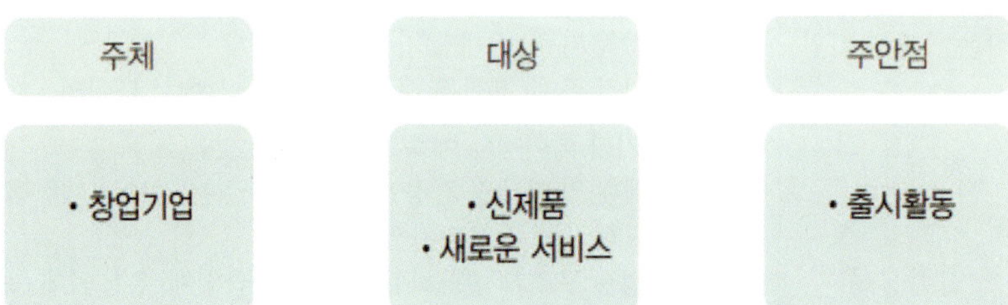

자료 서상혁(2016)

그림 11-2 창업마케팅의 차별점

창업기업의 마케팅 특징은 <표 11-1>과 같이 신생기업, 작은 규모의 기업, 불확실성으로 구분된다. 창업기업은 새롭게 회사를 설립하기 때문에 잠재고객에게 알려지지 않았으며 역량에 대한 신뢰가 부족하다. 또한 고객과 교환관계, 마케팅 내부구조 및 프로세스, 마케팅 경험, 과거 데이터가 부족하다.

작은 규모의 기업이기 때문에 마케팅에 사용할 수 있는 자금은 매우 제한적이고 수수의 인적자원으로 부족한 마케팅 기술로 사업을 진행하여야 한다. 또한 기존 경쟁사에 비해 시장지배력이 약하기 때문에 마케팅 진행을 위한 파트너와 협상에서 불이익이 발생할 수 있다.

창업기업은 기존 경쟁사에 비해 불확실성이 높은 마케팅 특징이 있다. 창업기업의 제품 및 서비스 시장 및 기타 데이터의 예측 가능성 매우 낮고, 마케팅 계획 및 마케팅 결정에 사용할 수 있는 정보는 제한적이다. 마케팅 모범 사례 결정되지 않아 자원이 제한된 창업기업에 치명적인 결과를 초래할 수 있는 잘못된 마케팅 의사결정의 높은 위험이 존재한다.

표 11-1 창업기업의 마케팅 특징

구분	특징
신생 기업	• 잠재 고객에게 알려지지 않음 • 새로운 회사의 역량에 대한 신뢰 부족 • 낯선 사람 사이의 사회적 상호 작용에 의존 • 교환 관계 부족 • 마케팅의 내부 구조 및 프로세스 부족 • 마케팅 경험 부족, 과거 데이터 부족
작은 규모의 기업	• 마케팅에 사용할 수 있는 매우 제한된 재정 자원 • 소수의 인적 자원, 마케팅 기술 부족 • 제한된 시장 존재, 제한된 시장 지배력, 협상에서 불이익
불확실성	• 시장 및 기타 데이터의 예측 가능성 매우 낮음 • 마케팅 계획 및 마케팅 결정에 사용할 수 있는 정보는 제한적 • 마케팅 모범 사례 결정되지 않음 • 업계의 경쟁 구조가 변화하고 있으며 공급업체, 유통업체 등과의 관계가 불안정 • 자원이 제한된 소기업에 치명적인 결과를 초래할 수 있는 잘못된 결정의 높은 위험

자료 Gruber, M. (2004)

2 시장조사 방법과 분석

가. 시장 규모 분석

시장 분류 및 시장 규모 산정 방법으로 유용하게 활용할 수 있는 TAM-SAM-SOM 방법론을 소개하고자 한다. 이 방법론에 따르면 시장은 크게 3가지 유형으로 분류 할 수 있다. 전체 시장(TAM: Total Available Market)과, 유효 시장(SAM: Served/Serviceable Available Market), 목표 시장(SOM: Serviceable Obtainable Market)이다.

시장을 3가지 단계로 구분하는 접근하는 이유는 스타트업이 궁극적으로 지향하는 목표 시장 규모 자체가 내포하고 있는 의미를 판단하기 위함이다. 즉, TAM-SAM-SOM 이라는 일련의 단계별 시장 분류를 통해 목표시장의 크기가 얼마나 되며, 어떤 가능성이 있는지 판단하고자 함이다.

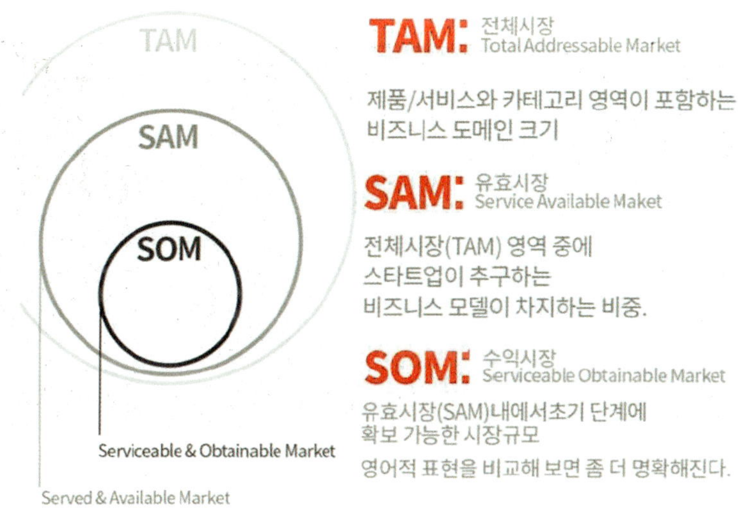

자료 구일호(2016)

그림 11-3 시장 규모 도출 방법론

<그림 11-4>는 MZ세대 맞춤형 올리브영 전용 기초 스킨케어 화장품 시장 규모를 TAM/SAM/SOM 추정한 것이다. TAM은 기업이 목표로 하는 서비스의 전체 시장을 의미한다. 또한 기업이 궁극적으로 도달하고 싶

어하는 목표이다. SAM은 실제로 고객을 획득할 수 있는 시장 전체를 의미한다. 이는 경쟁자와 내가 함께 만들어가고 있는 시장을 포함한다. SAM을 TAM 대비 시장의 비율로 추정하거나, 경쟁사의 재무재표를 참고한다. 또한 경쟁사의 재무재표는 시장 전체의 리더의 재무재표를 가장 많이 참고하며, 그 브랜드의 시장 점유율을 바탕으로 역산하기도 한다.

SOM은 6개월, 1년, 2년 안에 도달할 1차적인 시장 점유를 목표로 하는 시장이다. SOM을 산정할 때는 고객 수, 검색량 등의 정량적 데이터를 기반으로 최대한 정확하게 계산하는 것이 중요하다. 목표 시장 타겟을 선정하고 시장 규모를 파악한다. 목표로 하는 시장, 인구통계학적 타겟, 또는 단기간 내에 점유할 매체에서의 시장 규모를 체크한다. 6개월, 1년, 2년 안에 빠르게 점유할 수 있는 점유율을 보수적으로 산정한다. 고객의 가치 수명을 추정한다. **목표 시장 규모 × 점유율 × 고객의 가치 수명**을 통해 1차적으로 도달할 목표 시장을 정의한다.

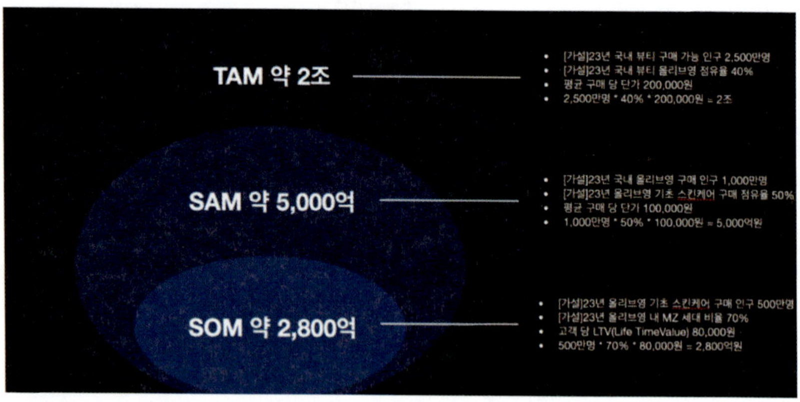

자료 https://letter.wepick.kr/510/4365563/

그림 11-4 MZ세대 맞춤형 올리브영 전용 기초 스킨케어 화장품 TAM/SAM/SOM

당근마켓이 시작할 때 TAM은 중고거래를 하길 원하는 사람, SAM은 서울/경기에서 중고 직거래를 하길 원하는 사람, SOM은 판교 테크노벨리에서 물품 교환 및 직거래를 하길 원하는 사람이었다.

토스가 시작할 때 TAM은 은행 거래를 하는 사람, SAM은 은행 송금 기능을 이용하는 사람들, SOM은 공인인증서 없이 송금을 간편하게 하고 싶은 iOS 유저들이었다.

나. 경쟁사 분석

시장 분류 경쟁사 분석은 시장 트렌드를 파악하는 것은 물론 제품의 차별화 전략을 마련하는데 있어 중요하다. 따라서 경쟁사 분석은 장기적인 관점에서 주기적으로 모니터링을 할 필요가 있다. 또한 신제품 출시 등 정기적인 이슈와 관련한 부분에서는 적시분석이 중요하다.

일반적으로 경쟁사라고 하면 자사 제품과 동일한 제품 범주 내에서의 경쟁사로 정의하지만, 동일 제품이 없는 경우 같은 제품군은 아니지만 자사 제품과 소비자에게 주는 효용이 비슷한 유사/유관 제품을 보유한 회사를 경쟁사로 정의한다.

자사 아이템과 같은 카테고리의 제품·서비스, 관련 매출 및 동향, 마케팅 전략을 비롯한 시장 대응 전략, 미래 비전 등을 정기적으로 모니터링 해야 한다. 이에 따라, 경쟁사 대응 및 시장 환경변화에 따른 자사의 마케팅 전략을 적극적으로 수립할 수있다. 특히, 이미 시장이 형성되어 있는 경우, 관련 시장의 BIG3 업체의 분석을 통해 시장의 흐름(Trend)을 파악할 수 있다.

경쟁사가 명확하다면 경쟁기업의 공시자료, 보도자료, 메인 홈페이지 등의 뉴스 정보를 통해 어떤 활동을 하고 있는지 정기적인 모니터링을 해야 한다. 공시 기업이라면 전자공시시스템(dart.fss.or.kr), 중소기업의 경우 중소기업현황정보시스템(sminfo.smba.go.kr)에서 사업현황, 매출 등을 주기적으로 확인할 필요가 있다. 또한 이를 통해 각 사의 주력 사업 및 자체 서비스, 향후 사업 계획(M&A, 신규사업 진출, 조직 개편 등) 등을 사건 발생 시, 혹은 중요도에 따라 분기, 반기, 연간 등으로 나누어 공시하니 정기적인 모니터링은 필수이다. 상장사가 아니라면, 증권사의 산업전망보고서를 통해 대표기업들의 매출 정보 및 전망정보를 파악할 수 있으며, 이는 관련 시장을 파악하는 중요한 기반 자료가 될 수 있다.

신설 스타트업의 경우, 국내 소셜 펀딩 사이트 '와디즈'와 '텀블벅'을 통해 최신 아이디어 및 개발 트렌드를 파악 할 수 있다. 이 외에 국내·외 스타트업 근황 및 투자 소식을 알 수 있는 플래텀(platum.kr), 벤처스퀘어(venturesquare.net)가 있다.

해외 기업 중 글로벌 기업은 자사 홈페이지 내 IR 페이지를 통해 분기/반기/연간 보고서를 참고할 수 있으며, 나이스 정보통신에서 운영하는 'D&B hoovers(global.nicednb.com)' 및 미국 후버스가 운영하는 'Hoovers Online(hoovers.com)'사이트를 통해 전 세계 약 12,000개의 유명 기업들의 재무정보를 파악할 수 있다.

<그림 11-5>는 PT 비용 부담 없이 식단관리와 운동 가이드를 받아 보는 월 구독 서비스 armadillo의 경쟁사 분석 사례이다.

	PT시장	mealligram	NOOM	armadillo
가격(월)	80만원	부분유료	5.5만원	1.5만원
맞춤형	높음	낮음	높음	높음
오락성	없음	높음	낮음	높음
편의성	보통	보통	낮음	높음
소통성	높음	없음	보통	높음

자료 https://chang-blog.oopy.io/23e16fcd-505e-4959-b934-86ccaff88cbf

그림 11-5 armadillo의 경쟁사 분석 사례

3 마케팅 전략

가. 린 마케팅

<그림 11-6>에서 보듯이 린 마케팅은 아이디어(가설)도출, 마케팅 캠페인 설계, 작은 규모로 테스트, 성과측정, 데이터분석, 아이디어 유지 또는

개선 프로세스로 진행이 된다. 린 마케팅은 린 스타업의 개념과 동일하게 최소 노력으로 마케팅 캠페인을 빨리 적용하고 효과를 검증한다. 즉 시간과 비용을 절감하여 마케팅 효율을 극대화 한다.

린 마케팅은 다음과 같이 진행한다.

① 시장분석
② 마케팅 목표 설정
③ 마케팅 아이디어 가설 도출
④ 예상되는 성과(지표) 설정
⑤ 여러 개의 채널과 옵션으로 작은 단위로 테스트
⑥ 가장 효과적인 채널과 옵션 선택
⑦ 선택적 채널과 옵션에 자원 집중, 성과 극대화

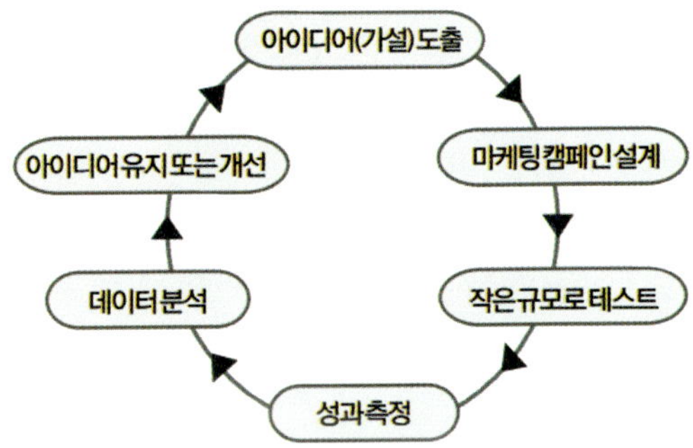

자료 장효곤(2018)

그림 11-6 린 마케팅 프로세스

린스타트업 방법론은 에릭 리스(Eric Ries)가 자신의 창업의 실패와 성공 경험을 토대로 창업기업의 지속적인 성장을 위해 고안한 경영 전략으로 린 스타트업의 핵심은 낭비를 줄이는 것이다.

<그림 11-7>은 린스타트업 프로세스로 아이디어 발굴을 통해 최소존속제품(MVP)을 빠르게 만들고(build), 그 구축된 제품(product) 혹은 서비스를 통해 시장에서의 반응을 측정(measure)한 후, 그 고객들의 측정 평가 결과(data)를 통해 부족한 점을 배워서(learn), 반복적으로 보완하거나 혹은 사업의 방향을 조기에 전환(pivot)함으로써 실패의 부담을 낮출 수 있다

MVP

MVP는 최소한의 노력으로 고객에게 검증된 학습 정보를 최대한 수집할 수 있는 신제품 버전

Eric Ries

Pivot

Pivot(피벗)는 계획을 변경하여 실행하는 것

Steve Blank

자료 김진수 외(2016)

그림 11-7 린스타트업 프로세스

린 캔버스(lean canvas)는 애시 모리아(Ash Maurya)가 알렉산더 오스터왈더(Alex Osterwalder)가 창안한 비즈니스모델 캔버스에 에릭 리스(Eric Ries)의 린 스타트업(lean startup) 개념을 적용하여 <그림 11-7>과 같이 개발하였다.

<table>
<tr><td rowspan="2">문제(Problem)</td><td>해결책
(Solution)</td><td rowspan="2">고유한
가치제안
(Unique
Value
Proposition)</td><td>일방적 경쟁우위
(Unfair
Advantage)</td><td rowspan="2">고객군
(Customer
Segments)</td></tr>
<tr><td>핵심지표
(Key metrics)</td><td>채널(Channels)</td></tr>
<tr><td colspan="3">비용구조(Cost Structure)</td><td colspan="2">수익원 (Revenue Streams)</td></tr>
</table>

그림 11-8 린캔버스

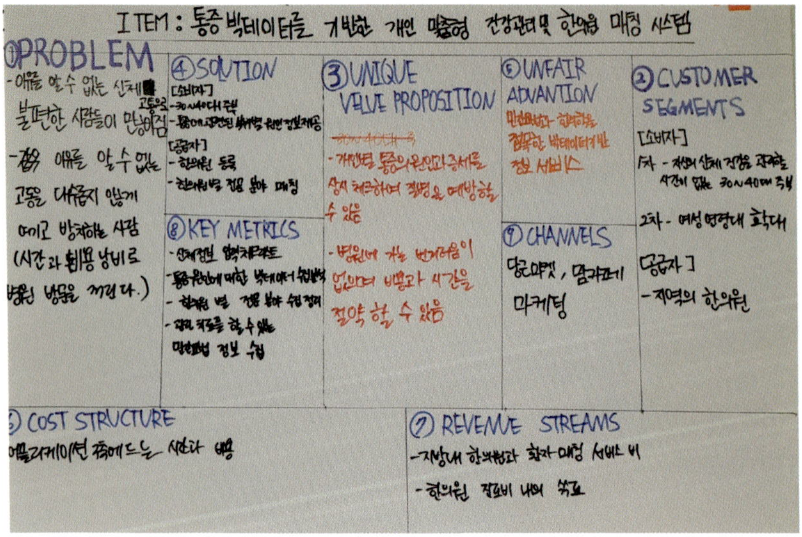

그림 11-9 린캔버스 사례

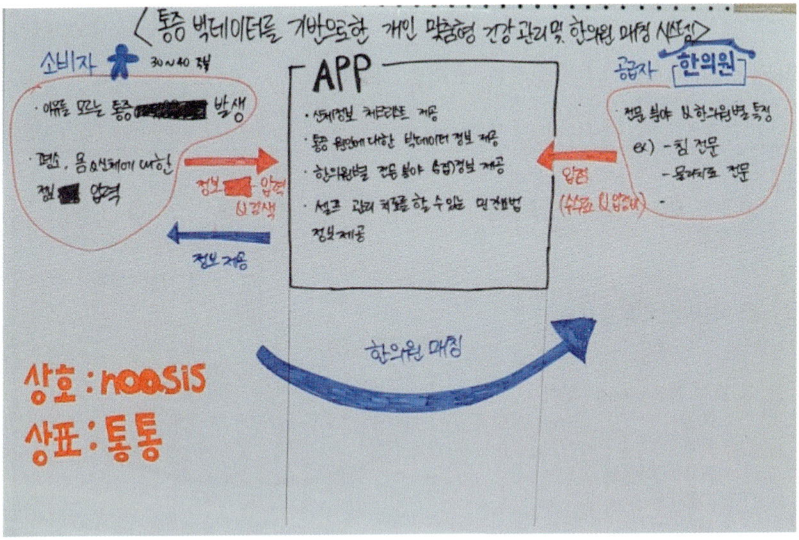

그림 11-10 그림을 통한 아이디어 MVP 설명 사례

<그림 11-9>은 창업캠프에서 대학생이 발표한 '통증 빅데이터를 기반으로 한 개인 맞춤형 건강관리 및 한의원 매칭 시스템' 아이디어 린캔버스 작성 사례이고, <그림 11-10>은 그림을 통해 구현할 아이디어 MVP를 설명 한 것이다.

나. STP전략

창업기업은 그 특성 상 대체로 소수의 제품이나 서비스만을 취급하므로 목표시장 을 정확히 포착하고 그 목표시장으로 하여금 자사제품을 선호하게 만드는 것이 무엇보다 중요한 일이다. 즉 대기업과는 달리 소수의 제품이나 솔루션이 실패한다면 창업자체가 흔들리게 되기 때문이다. 이른바 STP라고 약칭하는 시장세분화와 표적시장 선정 및 포지셔닝은 일반 마케팅에 있어서 전략수립의 기본일 뿐만 아니라 창업기업의 경우 매우 중요한 과정이다.

따라서 창업기업의 가장 중요한 이슈 중 하나는 그들의 새로운 기술, 제품 및 서비스를 가지고 추구해야 하는 첫 표적시장을 선정하는 것이다. 이를 위하여 우선 시장을 세분화하는데 그 이유는 고객의 니즈와 구매행동의 특징이 비슷하며 창업기업의 제공물에 대해 유사하게 반응할 고객의 집단을 확인하고 그 목표시장 내에 있는 고객의 마음에 경쟁상품과는 차별화되는 이미지를 심어주려는 노력을 해야 한다.

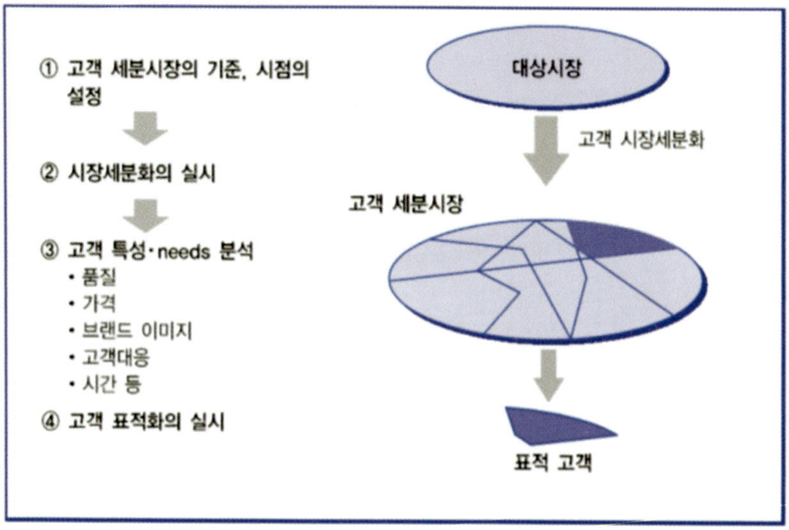

자료 서상혁(2016)

그림 11-11 Pivot(피벗)의 두 가지 방향

STP 모델은 시장세분화(Segmentation), 목표시장 설정(Targeting), 포지셔닝(Positioning) 세 단계로 이루어지며 구체적인 내용은 다음과 같다.

1) 시장세분화: 특정 시장을 공략하기 위한 선행 작업으로 고객의 성별, 소득수준, 연령, 지역, 소비성향, 가치관 등 다양한 기준에 의해 시장을 세분화한다.
2) 목표시장 설정: 제품의 이미지나 특징에 가장 적합한 시장을 선정한다. 이때 마케팅 비용이나 수익 증대 폭, 시장의 성장가능성 등을 고려해야 한다.
3) 포지셔닝: 고객에게 타사와 다른 자사 제품의 차별성을 각인시킬 수 있도록 광고 등 커뮤니케이션을 한다.

이 모델은 회사가 보유한 자원이 한정적이거나, 제품을 선호하는 특정 고객층이 있을 경우 유효한 전략이다. 예를 들어, 고객들의 선호 차이가 크지 않은 생수의 경우 시장을 세분화하지 않는 비차별화 마케팅이 비용 대비 효과가 클 수 있다. 이와 반대로 유아용 이유식은 고객층에 따라 선호하는 가격이나 성분 등에 큰 차이가 있어 STP 모델이 유효할 수 있다.

자료 네이버 지식백과

다. 마케팅 4P Mix

제품 또는 서비스의 가격을 결정(Pricing)하며, 촉진(Promotion)하고 유통(Place) 경로를 설정하는 과정을 마케팅의 기본적 요소라고 하며 흔히 제품(Product)을 포함하여 마케팅 4P's라고 표현한다.

자료 서상혁(2016)

그림 11-12 마케팅 4P's

● 제품(Product)과 서비스

제품(Product)이란 효익의 묶음 혹은 조합을 말한다. 즉, 효익을 제공함으로써 구입 하는 사람의 욕구나 필요를 충족시켜 줄 수 있는 모든 것이 상품의 범주에 들어간다. 기업은 고객에게 물리적인 제품이나 무형의 서비스를 판매하며 고객들은 기업이 제공하는 제품이나 서비스를 사용함으로써 얻어지는 효익을 구매하는 것이다. 예를 들어, 고객이 세탁용 세제를 사는 이유는 세제 그 자체를 산다기보다 옷을 깨끗이 할 수 있는 효익을 산다고 볼 수 있다.

고객의 욕구나 필요를 충족시키기 위하여 제공되는 것을 통칭 상품이라 부른다. 시장에 제공되는 상품에는 물리적 재화 즉 제품, 서비스, 경험, 행사, 사람, 장소, 소유권(재산), 조직체, 정보 및 아이디어 등이 포함된다. 품질 통제, 공급자의 신뢰성이 요구된다. 예를 들어, 미용, 법률상담, 보험, 교육, 가전제품의 AS 등이 이에 속한다.

보통 무형적인 상품을 서비스라 부르고 내구제, 비내구제를 포함한 유형의 상품을 제품이라 부르지만 <그림 11-13>을 보면 실제로 어디까지가 제품이고 어디까지가 서비스인지 구분하는 것은 쉽지 않다는 것을 알 수 있다. 예를 들어, 자동차는 유형의 제품이지만 자동차를 구입하는 고객들은 제품 자체도 중요하지만 AS, 할부판매, 등록서비스, 중고차 처분 서비스 등 부가적으로 제공되는 여러 가지 서비스들도 중요하다고 생각한다. 때에 따라서는 자동차 그 자체보다 이러한 서비스들이 경쟁우위의 원천이 되기도 한다. 반대의 경우로, 어린이 놀이방은 흔히 서비스라 부르지만 무형적인 서비스보다도 유형적인 요소들 즉, 놀이방 시설, 입지, 급식 등이 고객인 학부모들이 놀이방을 평가하는 데 더 중요한 요소가 되기도 한다.

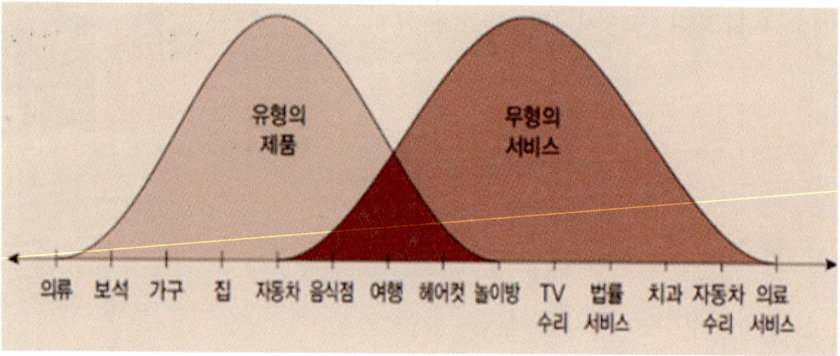

자료 서상혁(2016)

그림 11-13 제품과 서비스

그러나 서비스는 유형의 제품과 구별되는 몇 가지의 독특한 특징을 가지고 있으며, 이는 마케팅 전략을 수립하는데 영향을 미치게 된다는 점을 기억해야 한다. 다음은 서비스의 특징을 기술한 것이다.

- 무형성 : 유형적 제품과는 달리 서비스는 구매하기 전에 만져 보거나, 느껴보거나, 소리를 듣거나 할 수 없다. 예를 들어, 성형 수술을 하는 사람은 수술을 받기 전에 그 결과를 알 수 없다. 이러한 불확실성은 구매자에게 불안을 줄 수 있다. 따라서 마케팅 관리자는 무형적인 서비스를 유형화해 주려는 노력을 기울여야한다. 예를 들어, 시술 받은 사람들의 성형 전후 사진을 제시하는 등이 그것이다.
- 비분리성 : 서비스는 생산과 동시에 소비가 일어난다. 서비스가 어떤

사람에 의해 제공된다면, 그 제공자는 그 서비스의 일부가 된다. 또한, 서비스가 제공되는 시점에 고객도 함께 있으므로 기업은 서비스의 질을 통제할 수 있는 시간적 여유가 없다. 따라서 서비스 생산자이자 제공자인 직원들의 역할이 매우 중요하며, 서비스 제공자에 대한 교육이 매우 중요하다.

- 이질성 : 서비스는 언제 누구에 의해 제공되느냐에 따라 달라지므로 서비스 품질의 이질성이 매우 높다. 때에 따라서는 같은 사람, 같은 기업이 제공하는 서비스라 할지라도 달라질 수 있다. 예를 들어 단골 주유소를 매번 이용한다 하더라도 매번 그 서비스에 만족하리라 장담할 수는 없다. 이러한 서비스의 변화성은 고객에게 위험(risk)으로 느껴질 수 있으므로 마케팅 관리자는 “서비스 청사진”등을 통해 서비스 품질을 표준화 하는 등의 노력을 기울일 수 있다.
- 소멸성 : 서비스는 재고로 남길 수 없으며 저장이 불가능하다. 따라서 마케터는 수요와 공급의 균형을 유지할 수 있는 전략을 세워야 한다. 가격 차별화를 실시하여 피크 타임의 수요를 보통 시간대, 혹은 수요가 적은 시간대로 옮겨 주는 방법(조조할인 등) 등이 그 한 예가 되겠다.

가격결정(Pricing) 전략

일반적으로 창업기업들이 가격을 결정하는 방법은 ⅰ)원가기준법 (판매자 이윤중심), ⅱ)경쟁자 대응 방식 ⅲ) 소비자 사용가치 중심법 등 세 가지이다.판매자 이윤중심의 경우 원가에 일정마진을 추가하는 방식인데 이 때 마진은 해당 산업의 표준 또는 이익 목표에 따른다. 경쟁자 대응 방식은 경쟁자들에 대응하여 가격을 책정하는 방법이다. 소비자 사용가치 중심법이란 고객의 지각된 가치를 기준으로 가격을 책정하는 방법을 말한다.

표 11-2 가격결정 방법

구분	가격결정 방법
원가기준법	원가에 일정 마진(이윤)을 추구하는 방법으로 이때 이윤은 업계의 관례가 되는 마진율 혹은 자사 마케팅 목표에 따름
경쟁대응	경쟁자의 가격에 대응하여 가격을 책정하는 방법
소비자 사용 가치 중심	준거상품 대신 우리 상품을 사용함으로써 얻게 되는 효익의 증가분을 화폐단위로 계산하여 책정하는 방법

자료 서상혁(2016)

1) 원가 기준법(Cost-plus pricing 혹은 Markup pricing)

원가 기준법이란 상품의 원가에 일정 비율의 이익(Markup)을 더하여 가격을 결정하는 방식이다. 이 방법은 변동비와 고정비에 과거 실적 또는 업계의 관례가 되는 일정한 마진율 혹은 마크업 율을 곱해서 가격을 결정하는 방법이다.

예를 들어 USB 제조업자가 다음과 같은 원가로 예상판매량을 산정했다고 가정하여 원가기준법에 의한 가격 결정에 대해 설명해 보도록 하겠다.

단위당 변동비: 10,000원

고정비: 200,000,000원

예상 판매량: 500,000대

이 경우, 제조업체의 단위당 원가는 다음과 같이 산출한다.

단위당 원가 = 단위당 변동비+고정비/판매량

= 10,000+200,000,000/500,000=10,400원

여기에 제조업자가 20%의 마진율을 원한다고 할 때, 제조업자의 원가 기준법에 의해 책정된 USB의 단가는 다음과 같다.

단위원가/(1−예상판매수익률)=10,400 /(1−0.2)=13,000원

따라서 이 제조업체는 USB를 개당 13,000원에 판매해 2,600원의 이득을 취한다. 여기에 중간 유통업체도 마진을 붙일 것이다. 유통업체가 판매가에 50%의 마진율을 부과하면 USB는 26,000원이 되는데 이 가격의 원가 마진율은 100%가 되는 것이다.

원가 기준법은 다음과 같은 장점을 가지고 있다 .

- 매우 간단하고 편리하다
- 수요예측이 되지 않더라도 일정한 이익을 확보할 수 있다.
- 가격의 안정을 꽤할 수 있다
- 피상적인 수요에 의해서보다 비용에 의해 가격을 결정하기 때문에 적정이윤을 유지할 수 있다.

반면 다음과 같은 단점을 갖고 있다.

- 경쟁기업의 행동과 수요의 변화를 무시하고 있다
- 판매량에 영향을 미치는 가격이 능동적으로 고려되지 않고, 가격은 오로지 총 비 용에 의해 좌우되는데 총비용은 역으로 판매 수준에 의해서 결정되고 있다는 모순을 내포 하고 있다.
- 따라서 판매량이 증가되지 않을 때에는 일정한 이익을 보장하기 위해서 가격인상 을 실시하기 쉽다.

2) 경쟁 대응법

자사상품과 경쟁관계에 놓인 상품이 시장에서 판매되고 있다면 경쟁력이 강한 기업 이 아닌 이상 이것을 무시하고 독자적인 가격을 결정하기란 어렵다. 경쟁력이 약한 기업의 상품 가격은 경쟁력이 강한 기업 상품의 가격을 모방하는 것이 보통이다. 즉, 경쟁기업의 가격을 기준으로 삼아, 그 기업의 제품, 시장구조, 기타 비가격적인 특징을 자사의 것과 비교하면서 때로는 경쟁사 상품보다 조금 낮은 가격을 책정하기도 하고 때로는 조금 높은 가격을 책정하기도 한다. 이 방법은 가격 경쟁을 피할 수 있다는 장점을 가진 반면 소비자 측면을 전혀 고려하지 않고 있다는 단점을 지니고 있다.

3) 소비자 사용 가치 중심법

소비자 사용가치 중심법에 의한 가격 책정은 고객이 지각한 가치를 기준으로 가격을 결정하는 방법을 말하다. 소비자 사용가치 중심법에 의한 가격 책정은 <그림 11-17>과 같은 절차를 거친다.

준거상품의 선정 → 경제적 편의 증가분의 계산 → 적절한 가격 수준 결정

자료 서상혁(2016)

그림 11-14 소비자 사용가치 중심법에 의한 가격책정 과정

우선 자사의 상품과 비교의 기준이 될 준거상품을 선정한다. 이것은 대부분 고객이 기존에 사용하고 있는 상품이거나 경쟁사의 상품이 된다. 그 다음 준거상품 대신 우리 상품을 사용함으로써 고객이 얻게 될 경제적인 효익의 증가분을 화폐단위로 제시한다.

마지막으로 이 값이 0보다 크다는 것을 전제로 적절한 가격 수준을 결정한다. 이 가격의 상한선은 준거상품가격+경제적 편익의 증가분이 될 것이고 하한선은 준거상품의 가격이 될 것이다.

고객이 지각한 가치를 측정하는 방법에는 여러 가지가 있으나 산업재의 경우에는 베타테스트(Beta test)나 산업공학적인 방법이 쓰이고 있으며, 소비재의 경우에는 설문조사나 컨조인트분석(Conjoint analysis)과 같은 마케팅 조사 방법이 이용된다.

소비자 가치 중심법은 고객의 관점에서 출발하지만 경쟁상품의 특성과 자사의 원가 를 모두 고려한다는 점에서 앞서 설명한 두 방법의 단점을 많이 보완하고 있으며실제로 점점 더 많은 기업들이 이 방법을 도입하여 사용하고 있다.

유통(Place) 관리

유통이란 생산과 소비 간의 공간적, 시간적 거리(또는 괴리)를 줄여주는 가치창출 활동이다. 유통경로(또는 마케팅 경로)는 상품이 최종소비자에게 이전되는 과정과 관련된 일체의 기관들을 말한다. 유통경로의 예를 그림으로 표현하면 다음과 같다.

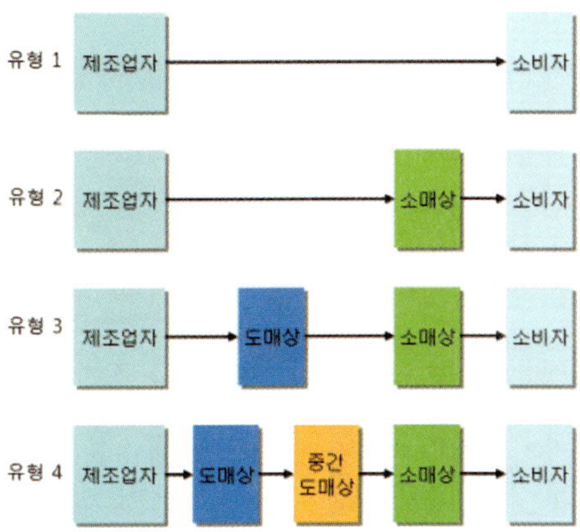

자료 서상혁(2016)

그림 11-15 소비재 유통경로

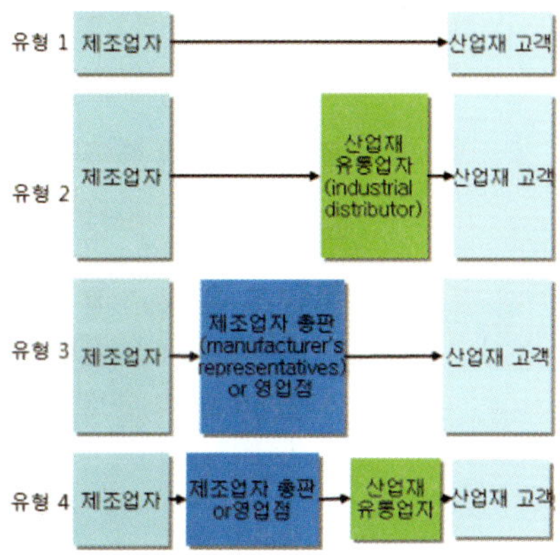

그림 11-16 산업재 유통경로

1) 옴니채널(Omni Channel)

IT기술의 발전으로 마케팅 경로는 크게 확장되어 복수경로(Multi Channel)을 넘어 옴니채널(Omni Channel)이 새로운 대안으로 떠오르고 있다. 옴니채널은 '모든 것'을 뜻 하는 '옴니(Omni)'와 유통경로를 뜻하는'채널(Channel)'의 합성어로 온라인, 오프라인, 모바일, 카탈로그, 방송 등 기업이 보유한 모든 채널을 유기적으로 융합하여 소비자에게 끊김없는 쇼핑 경험을 제공하는 것을 말한다.

위와 같은 다양한 채널을 융합하여 어떤 채널을 사용하든 동일한 매장을 이용하는 것처럼 느끼게 하는 것을 가능하게 한 것은 바로 모바일이다. 온라인, 오프라인, 카탈로 그, 방송 등 각각 독립적인 채널들이 고객이 항상 곁에 두고있는 모바일 기기를 통해 상호 유기적으로 이어질 수 있게 되었다. 융합의 방식은 매우 다양하여 Online에서 주문하고 Offline 매장에서 제품을 찾아가거나 또는 지역 점포에서 배달하는 등 여러 가지 방식이 적용되고 있다. 지난 수년간 Online 유통이 소매 유통의 강자로 부상하면서 Offline 매장에서 제품을 살펴보고 주문은 Online에서 하는 쇼루밍(Showrooming)이 발전했으나, 이제는 O2O(Online to Offline)서비스, 옴니채널이 새로운 트렌드로 떠오르고 있는 것이다. 옴니채널은 판매자와 구매자 모두에게 장점을 부여하고 있으며 앞으로 IT기술이 더욱 발전함에 따라 가파른 성장이 예상되기에 창업기업에서도 유통채널을 구축할 때 함께 고려해야할 것이다.

자료 서상혁(2016)

그림 11-17 옴니채널 사례

2) 창업기업의 경쟁우위를 위한 유통 전략

① 직접 최종소비자에게 판매를 해본다.

어떤 유통 채널을 선택할 것인가 생각하기 전에 자신이 제품을 직접 최종 소비자에게 판매해 보자. 기업이 제품을 최종소비자에게 스스로 직접 판매하는 과정을 통해 소비자 구매의 최종 접점에 대한 이해의 폭을 넓힐 수 있으며 소비자의 구매 과정과 선호 유통 경로 등 자사 제품의 판매에 대한 많은 사항들을 배울 수 있다. 이를 통해 습득한 유통에 대한 정보와 지식은 유통 채널 결정에 많은 도움을 줄 것이다. 또한 기업이 간접 유통을 선택하게 되더라도 위와 같은 자사 제품 직접 유통 경험은 경로구성원을 관리하고 지휘하는 데 큰 도움을 제공할 것이다.

② 최종 소비자로부터 유통의 흐름을 역으로 추적한다.

유통의 끝단으로부터 즉 최종 소비자로부터 거꾸로 올라오며 유통의 흐름을 파악하는 것이다. 자사가 출시하는 동종 또는 유사 제품의 최종 소비자를 찾아내서 그들이 어떤 경로를 통해서 제품을 구매하고 있는지, 어떤 경로를 통해서 제품을 구매하기 원하는 지를 조사하는 것이다. 조사에서 밝혀진 경로들을 거슬러 올라가며 상위 경로 단계를 파악하고 다시 그 위의 유통 단계들을 파악하면 창업기업이 선택해야 할 경로에 대한 윤곽이 나타난다. 파악한 유통 단계들 중에서 비교적 성공한 경쟁사가 취하고 있는 경로 단계들을 참고하여 자사의 유통 단계를 구성하면 유통 단계를 잘못 구성하여 발생할 수 있는 큰 손실을 피할 수 있다.

③ 유능한 유통 파트너와 협력한다.

창업기업은 초기에 자본과 시간, 인력 모두가 부족하며 특히 제품을 개발하여 출시하는 단계에 이르면 유통 경로를 구축하고 제품을 홍보할 여력이 없는 경우가 많다. 많은 창업기업들은 직접 유통을 통해 마진을 많이 취하는 것을 이상으로 생각한다. 그러나 직접 유통에는 막대한 자금과 거대한 조직이 필요하여 사실상 대기업들만이 직접 유통을 실시하고 있고 대부분의 중소기업은 간접 유통 방식을 취하고 있다. 따라서 창업기업은 제품 출시 초기에 능력있는 유통 파트너를 찾아 협력체계를 구축하여 유통 관련 비용을 줄이고 유통 파트너가 확보하고 있는 네트워크와 영업 능력을 활용하는 것이 나을 수 있다. 예를 하나 들어보겠다. 미용실을 표적시장으로 두피 맛사지 기능과 물 튀김 방지 기능을 갖춘 샤워기헤드를 개발한 JWKOREA사는 미용실에 미용 기자재를 납품하는 전국 유통망의 본부를 찾아가 협력 관계를 만들어 냄으로써 전국의 미용실에 빠른 시일 내에 제품을 공급하게 되었다. 만일 그들이 직접 미용실을 상대로 영업을 했다면 영업 조직구축과 제품 확산에 소요되는 시간과 비용으로 상당한 부담을 가졌을 것이다.

④ 웹 사이트를 먼저 구축한다.

이제 지구촌은 인터넷 덕분에 하나로 연결되어있다. 창업기업은 이러한 온라인 채널을 적극 활용해야한다. 인터넷이 닿는 지구촌 소비자라면 대부분이 제품을 구매하기에 앞서 인터넷을 통해 제품 정보를 검색하고 있다. 다행히 웹페이지를 구축하여 전 세계인들에게 자신의 기업과 제품 정보를 제공하고 주문 및 결제를 받는데 들어가는 비용이 크지 않다.

미국은 물론이고 국내에서도 앞서 가는 창업기업들은 제품 개발 완료 전부터 웹페이지를 만들어 고객들의 검색에 노출시킴으로써 미리 정보를 제공하고 고객의 반응을 수집하며 나아가 주문까지 접수하고 있다. 창업 기업 역시 제품을 개발하는 과정과 더불어 웹사이트를 구축하여 정보를 미리 제공하고 가망 고객을 확보할 필요가 있다.

촉진(Promotion) 전략

소비자에게 제공되는 정보들이 날이 갈수록 많아지고 최근 더욱 다양한 매체들이 속속 등장하면서 무엇을, 어떻게, 누구에게, 얼마나 자주 전달할 것인가가 더욱 어려운 과제가 되고 있다. 특히 자원이 부족한 창업기업의 경우 기존의 대기업이나 중견기업에 대항하여 강력한 프로모션을 수행하는 일은 무척 어렵다. 그럼에도 불구하고 창업기업의 경우 마케팅 결정요소들 중 프로모션이 가장 중요하다는 것이 여러 연구자들의 공통적인 견해이다. 마케팅 커뮤니케이션을 위해 고려해야 커뮤니케이션 구성요소는 <표 11-3>과 같다.

거의 쉴 새 없이 많은 창업 기업들이 시장에 제품과 서비스를 출시하고 그를 위한 독창적인 마케팅 커뮤니케이션 상의 촉진 활동들을 선보인다. 다음에서 소개할 몇 몇 촉진 사례는 성공을 이끈 몇 가지 길을 보여주는 것이지 성공을 보장하는 탄탄대로나 시 금석은 아닐 수 있다. 제시된 사례가 가리키는 원칙을 상기하고 동시에 새롭고 독창적이며 창업 기업이 처한 환경과 보유한 여건과 연관되는 판촉 전략을 고안하기 위해 노력하면 빛이 비추는 돌파구를 파악 할 수 있을 것이다. 가능한 한 여러 판촉 및 마케팅 대안을 개발하고 잠재적인 추가 수익과 관련 비용을 검토하고 가장 수익성이 안정된 옵션을 실행하는 것이다. 전면적인 실시에 앞서 사전 테스트를 실시하면 불확실성을 낮추는데 도움이 될 것이다. 모든 촉진 전략은 기업의 제품 포지셔닝과 목표시장과 연계성을 가져야 한다는 점을 유념해야 한다.

표 11-3 마케팅 커뮤니케이션 구성요소

구성 요소	고려사항
정보 제공자	• 커뮤니케이션 목표결정 : 예) 정보 제공, 상표 인식, 구매연계 • 표적청중 결정 • 메시지전달자(광고모델, 판매원)의 특징 평가 :전문성, 진실성, 호감도 등으로 평가
부호화	• 전달할 내용을 부호나 상징으로 표현(메시지제작)
메시지	• 주의환기, 흥미유발, 욕구 자극, 행동 유도 할 수 있어야 함 • 메시지 소구방식(Appeals) : - 이성적 소구 : 속성, 편익을 구체적으로 제시하는 합리적 소구 - 감성적 소구 : 따뜻함, 유머, 두려움, 자부심 등의 감정을 유발 - 도덕적 소구 : 불우이웃돕기, 환경보호 등 의의와 가치 전달 • 메시지 구조 중 메시지 주장측면 : - 일방적 메시지와 양면적 메시지로 구분 가능 - 결론을 먼저 제시하는지 나중에 제시하는지, 반대의견도 제시하는지 여부, 주장의 수 및 주장들 간의 관계 등에 대한 고려 필요 • 메시지양식 : - 전달내용을 표현하기 위해 상징이나 부호를 사용하는 것 - 언어적 표현과 비 언어적 표현, 시각적 및 청각적 메시지 등으로 구분 가능
채널	• 광고, PR, 판매원, 판매촉진, 포장 등으로 구분 가능 • 채널 선택 영향 요인 : 표적 청중의 특성, 제품 특성, 메시지 내용 및 구조와 양식

자료 서상혁(2016)

1) 디지털 마케팅

검색엔진 최적화, 비디오 마케팅, 이-메일 마케팅, 웨비나 마케팅, 소셜 미디어마케팅, 콘텐츠 마케팅, 제휴 마케팅 등 인터넷을 기반으로 이루어지는 마케팅을 디지털 마케팅이라고 한다.

디지털 마케팅은 다음과 같은 활동으로 진행된다.

• 유·무료 광고 및 콘텐츠 마케팅 계획 및 실행
• 마케팅 성과 측정 - 투자 대비 효과 분석

• 전환율 최적화 - 사용자를 고객으로 전환하는 비율
• 마케팅 자동화 - 주기적이고 반복적인 마케팅 프로세스 자동화
• 개인화, 맞춤형 - 고객 개인의 취향과 기호 반영

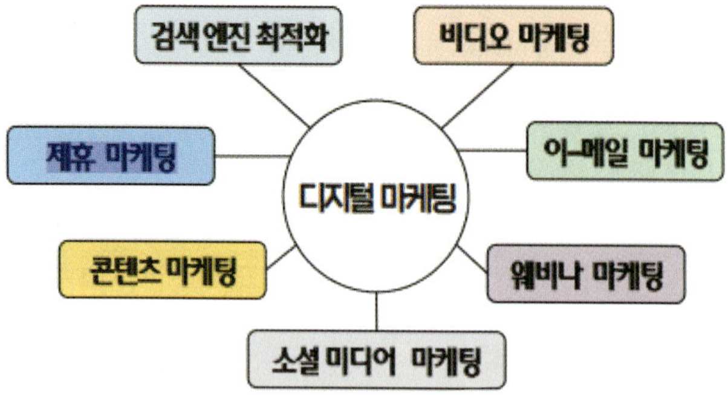

자료 임연호(2022)

그림 11-18 옴니채널 사례

2) 검색엔진 최적화

검색엔진 최적화는 자사 웹 사이트 정보를 검색 결과의 앞 페이지에 위치하도록 하는 마케팅 활동을 말한다. 검색엔진 최적화를 위한 구글애즈(Google Ads)는 다음과 같은 특성이 있다.

• 구글이 제공하는 온라인 유료 광고 플랫폼
• 구글애즈를 이용하는 이유: 고객 정보 획득(Leads), 전환(Conversions), 매출(Sales)
• 검색엔진 결과 페이지(SERP : Search Engine Results Page) 상위 노출
• 클릭당 광고비 지불 : PPC (Pay-Per-Click)

구글 애드 광고 실행을 위해 제일 먼저 광고 캠페인을 만들어야 한다. 광고캠페인은 광고 목적에 따라 <그림 11-22>에서 보듯이 각기 다른 광고(옵션) 생성 후 테스트를 해야 한다. 이때 투입할 예산, 광고를 보유 주고자 하는 지역, 광고 문구, 키워드 등 고려하여야 한다.

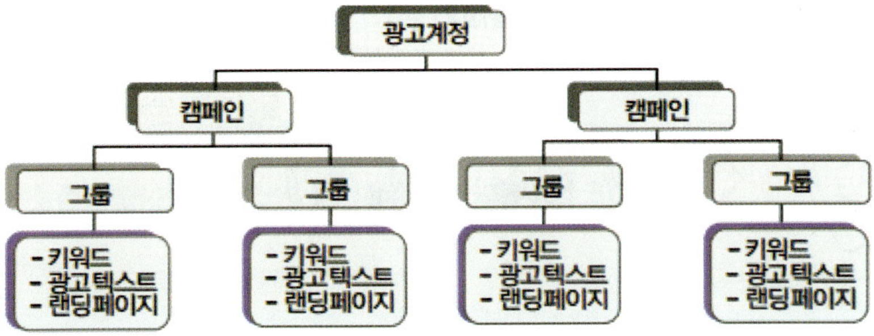

자료 임연호(2022)

그림 11-19 광고 캠페인

랜딩 페이지 제작 시 다음 사항을 고려하여야 한다.

- 단순하고 명료한 디자인
- 간결하고 전달력이 강한 헤드라인
- 사진, 인포그래픽스 등 시각적 요소 활용
- 글머리 기호를 활용한 개조식 정리
- 어려운 기술용어, 난해하고 복잡한 문장 배제
- 과도한 비디오, 애니 등 삽입 주의

검색광고 실패 요인은 다음과 같다.

- 키워드 의미를 너무 광범위하게 잡는다 /관련 없는 클릭, 광고 예산 낭비
- 광고와 키워드 간의 관련성 부족/ 헤드라인/광고 문구와 키워드 불일치
- 품질 평가 지수(Quality Factor)가 너무 낮다
- 랜딩 페이지 수준이 낮거나 혼란스럽다 / 클릭 이후 고객 경험 수준이 낮다

3) 비디오 마케팅

구매자는 제품 구입을 결정하기 전에 유튜브에서 비디오를 시청한다.

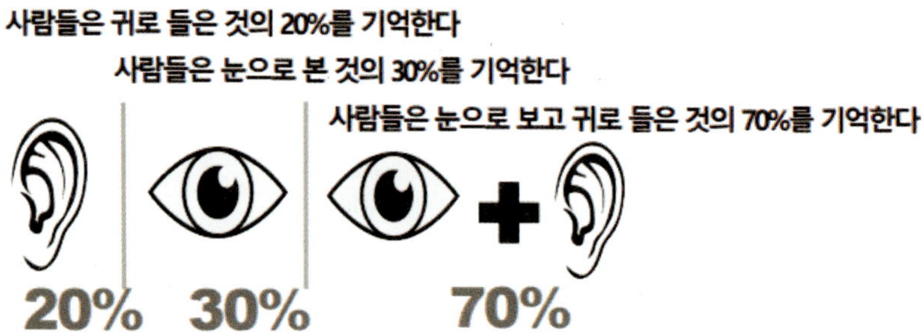

자료 임연호(2022)

그림 11-20 눈으로 보고 귀로 듣는 기억

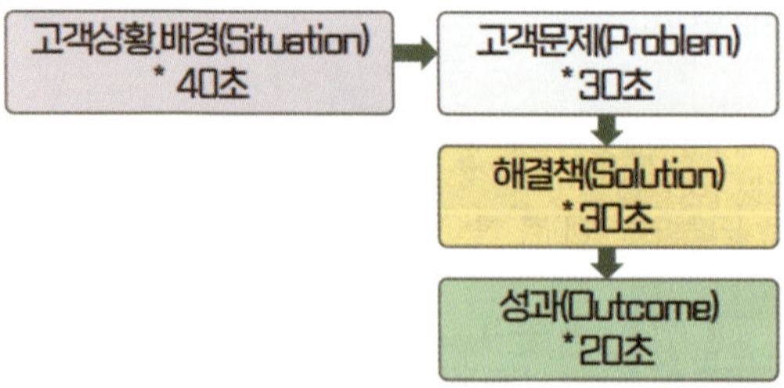

자료 임연호(2022)

그림 11-21 성공스토리 비디오 제작

성공스토리 비디오를 다음 내용을 고려하여 제작 할 수 있다.

- 고객의 진솔한 언어 또는 행동을 인용구로 담는다.
- 고객이 제품을 사용하는 모습을 담는다
- 고객 후기(증언)로부터 얻은 데이터를 인포그래픽으로 표현한다.

비디오 마케팅 진행 시 다음 사항을 고려하여야 한다.

- 감성적인 스토리텔링
- 모바일 사용자 접근 용이 (비디오 콘텐츠 75%)
- 빠른 전파력, 공유하기, 입소문 마케팅
- 제품 이해도 증진, 높은 구매 전환율
- 고객 인터뷰 – 생생한 사용 후기

4) 소셜미디어 마케팅

SNS가 기업과 소비자와 함께 쉬지 않고 흐르고 있다. 어쩌면 어느 기업의 행보보다, 여느 소비자의 반응보다 더 신속하고 광범위하게 마치 자기 의지를 가지고 있는 듯 진화하고 융합하고 소멸과 창궐을 오가는 것이 social network service, 통칭 소셜 네트웍 서비스라는 세상이다.

비단 위의 4가지에 국한되지 않고 MySpace, LinkedIn, Instagram, 라인, 미투데이, 카카오, 블로그, 등등 그 범위는 내내 확장 또는 심화 발전 중이다.

SNS 관련하여 공통적으로 발견되는 요소는 웹 사이트라는 온라인 공간, 대인 관계의 형성 및 유지, 관계망의 구조, 관계망의 파도, 정보의 교류로 모여진다. 즉, "온라인 공간에서 공통의 관심이나 활동을 지향하는 일정한 수 의 사람들이 일정한 시간 이상 공개적으로 또는 비공개적으로 자신의 신상 정보를 드러내고 정보 교환을 수행함으로써 대인 관계망을 형성토록 해 주는 웹 기반의 온라인 서비스"로 정의될 수 있다. SNS 이외에 소셜 미디어, 소셜 소프트웨어, 마이크로블로그 등 다양한 용어들이 혼용되는데 그 중 소셜미디어가 좀 더 마케팅 부분과 가깝다고 볼 수 있으며 SNS라는 용어는 그에 비해 포괄성과 중립성을 내포하고 있는 것으로 여겨진다.

창업기업이 고려할만한 소셜미디어 마케팅은 다음과 같다.

① 구전 (Word of mouth) 마케팅

SNS가 기업 대 소비자 영역 뿐 아니라 기업 대 기업 영역의 마케팅에서도 영향력과 파급효과가 주목 받기 시작한 것은 구전에서 비롯한 바 크다. 기업이 일방적으로 메시지를 구성하여 소비자에게 전달하는 것이 아니라 소비자가 생성하고 공유하고 전달하는 메시지는 신뢰도와 수용도 및 전파력 측면에서 높은 성과를 이루어 냈다. 동일하거나 상이한 집단간의 대화와 커뮤니케이션이 본질인 SNS에서는 상표 경험, 다양한 매체, 오락이나 여가 관련 주제, 많은 유형의 제품이 등장하게 된다. 그 과정에서 브랜드 메시지가 표적화된 시장을 대상으로 보급 확산 가능해진다.

② 무료 마케팅(Free marketing)

고객에게 무료로 샘플 등을 제공하는 것은 이미 오래된 판촉행위이다. 국내에서는 화장품샘플, 학원 강의, 식품코너 맛보기 등 여러 산업에서 활용되어 왔다. 프리마케팅의 한 가지 유의점은 고객의 생애가치가 촉진비용보다 더 커야 한다는 점이다. 최근 인터넷 사용이 보편화 되면서 무료제공이 핵심적이면서도 장기적 전략이 되고 있다.

③ 이벤트 마케팅

최근 들어 국내에서 신제품 출시를 위한 각종 이벤트 개최 빈도가 높아지고 있다. 사람들은 원래 잔치 분위기를 좋아하며 좋은 이벤트는 제품에 대해 호의적 느낌을 주고 언론에 대해 뉴스거리가 되며 인터뷰까지 연계되기도 한다. 소규모 창업기업들은 잘 준비된 이벤트를 통해 제법 규모가 있는 기업이라고 인식될 수도 있다. 이와 유사한 기법 중에는 엔터테인먼트 마케팅이라는 것이 있다. 이는 재미와 흥미를 통해 관심을 유발 하고 기업의 인지도와 호감도를 높이려는 것이다. 예컨대 게임과 이벤트를 활용한 각종 온라인 게임대회를 주최하거나 후원하는 것을 들 수 있다.

④ 바이러스 마케팅

인터넷과 각종 웹 및 모바일 환경의 사용 폭이 매우 넓기에 전통적인 촉진 수단에 비해 전파 속도가 매우 빠르고 관련한 비용이 매우 낮은 판매 촉진으로 바이러스 마케팅이 등장했다. 인터넷 사용자는 웹상에서 친구들과 통신하고 일하기 때문에 원하는 소프트웨어를 같이 사용할 수 있도록 친구에게 다운 받을 것을 권하게 된다. 다운 받은 사용자가 새로운 친구들에게 전파하는 과정이 반복되면서 사용자 수가 기하급수적으로 증가하게 된다. 짧은 시간 안에 전파되기에 바이럴, 바이러스 마케팅이라 불리는 본 촉진 방법의 대표적 사례 중 하나는 ICQ (I seek you) 이다. 웹상에서 실시간으로 메시지 송수신이 가능한 인스턴트 메시징 서비스로써 소프트웨어를 다운받아 이메일 관련 정보를 등록하기만 되는 편리함 덕분에 1년만에 사용자가 100만명을 넘었고 3년만에 1500만명 이상의 사용자를 확보했다. 핫메일의 경우 사용자가 보내는 이메일 하단에 '핫메일과 함께 무료 이메일 서비스를 받으세요'라는 메시지를 삽입하여 1년도 안되는 기간 사이에 수백만명의 사용자를 확보했다. 덕분에 후에 수억달러의 가치로 마이크로소프트사에 매각되었다. 비용은 저렴하면서도 전파 속도와 파장은 큰 바이러스 마케팅을 실시하는 데 있어 중요한 점은 기업의 제품 포지셔닝과 목표시장 세분화 전략과 바이러스 마케팅 촉진 전략 사이에 일관성이 있어야 한다는 점이다.

구전의 행태에 따라 버즈 마케팅 (Buzz marketing)과 바이러스 마케팅(Viral marketing)으로 바라볼 수도 있다. Buzz marketing 의 경우, 흥분을 불러일으키고 예상 범위를 벗어난 또는 다소 의아한 수단을 활용하여 상표 관련 커뮤니케이션을 하는 것을 가리킨다고 볼 수 있다. 바이러스 마케팅은 온라인 상의 구전으로 볼 수 있는데 이 는 소비자들이 온라인을 통해 다른 사람에게 오디오, 비디오, 문건, 제품이나 서비스 아이디어를 전파하게 하는 것으로 특징 지워진다. Buzz marketing 도 바이러스 마케팅도 근본적으로 상표의 특성을 잘 드러내 시장에서의 성과를 거두는 것을 목표로 시행된다. 순식간에 엄청난 조회수나 다운로드, 좋아요 평가를 획득하는 동영상 등이 혹시 마케팅적인 원칙 보다 오락적인 측면 때문에 그런 결과를 거둔 것은 아닌가 생각하는 사람도 있는 것이 사실이지만 성공적인 바이러스 마케팅의 특징은 '웹사이트, 블로그, 휴대폰, 게시판 그리고 실제 세상의 애드버테인먼트 (= advertainment :advertisement + entertainment)를 통해 생명력을 얻어 자신에 의해 자발적으로 전파되는 광고'로 요약된다.

라. 마케팅 효과 분석

마케팅 목표를 지표로 설정하고 성과 측정 및 개선하는 분석 체계로는 AARRR 모델을 활용 할 수 있다. AARRR 모델은 미국의 Dave McClure가 제창한 모델로, 서비스의 성장을 획득(Aquisition), 활성화(Activation), 유지(Retention), 소개(Referral), 수익(Revenue)의 다섯 단계로 나누어 바라보는 방법론이다. 획득과 소개가 유저의 양, 활성화와 유지가 유저의 질에 기여하는 성장 지표가 되고, 최종적으로 수익은 사업으로서의 성장에 대해 논하게 되는 단계이다. 이러한 모델을 바탕으로 마케팅 효과 분석을 실시하는 스타트업은 끊임없이 회사의 성장에 대해 자문하게 된다. 한 번 유입한 고객이 활발하게 우리 제품/서비스를 이용하고, 매출을 발생시키고, 바이럴까지 일으킬 때 사업이 성장할 수 있다.

다음은 AARRR 단계별로 고려해야 하는 지표 별 설명이다.

1) Acquisition (획득)

- 신규 고객을 어떻게 유치하는가?
- 신규 고객들은 어떤 방법으로 우리 제품/서비스를 처음 접하고 있는가?
- 온/오프라인 광고, 홍보, 바이럴, 이메일, SNS 등 다수의 채널이 존재
- 측정 지표: CPA, CAC, 신규 방문자 수, 신규 방문자 유입 경로

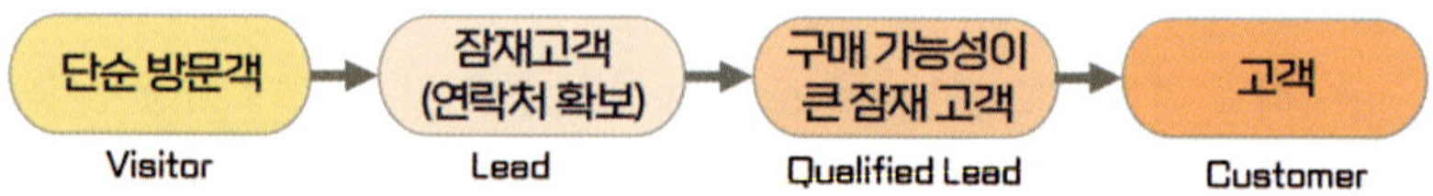

자료 임연호(2022)

그림 11-22 단순 방문객에서 고객으로 흐름도

2) Activation (활동, 활성화)

- 고객들이 우리 제품 · 서비스를 어떻게 처음으로 active 하게 이용하는가?
- 고객의 제품·서비스 첫 사용 경험은 긍정적인가?
- 사업마다 active 함의 기준이 다름(예: 서비스를 활발히 이용, 판매하는 제품의 상세 페이지를 빈번히 조회, 플랫폼 서비스의 콘텐츠 읽기 등)
- 측정 지표: 웹사이트 트래픽, 체류시간, PV, 회원가입률, 이벤트 참여율(이벤트 페이지 조회 수) 등

3) Retention (유지, 리텐션)

- 고객의 첫 구매 이후의 서비스 재사용률은 어떻게 되는가?
- 고객이 어떤 부분에서 가치를 느끼고 재사용하는가?
- 초기 비즈니스에서 가장 중요한 부분

■ 측정 지표: 이탈률, 이탈 페이지

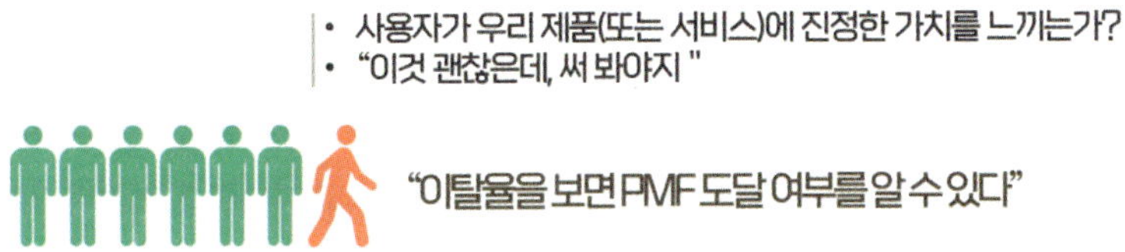

자료 임연호(2022)

그림 11-23 이탈율과 PMF

> **PMF**
> PMF는 좋은 시장에 그 시장을 만족시킬 수 있는 제품을 갖고 있는 것이다.
> 앤드리슨

4) Revenue (매출)

■ 고객이 우리 제품/서비스에 돈을 지불하는가?
■ 어떤 상황의 고객이 매출에 많은 기여를 하는가?
■ 측정 지표: 구매 전환율, 매출, 주문 별 객단가

5) Referral (추천)

■ 사용자가 자발적 바이럴, 공유를 일으키고 있는가?
■ 측정 지표: 공유 수, 댓글 수
■ 순추천 지수(NPS : Net Promoter Score) : 고객 설문조사로 PMF 확인
"당신은 이 제품을 친구나 동료에게 추천할 의향이 있습니까?"
■ 순추천지수 = %열력한옹하자 - %폄하하는 사용자 = +40 이상 스코어

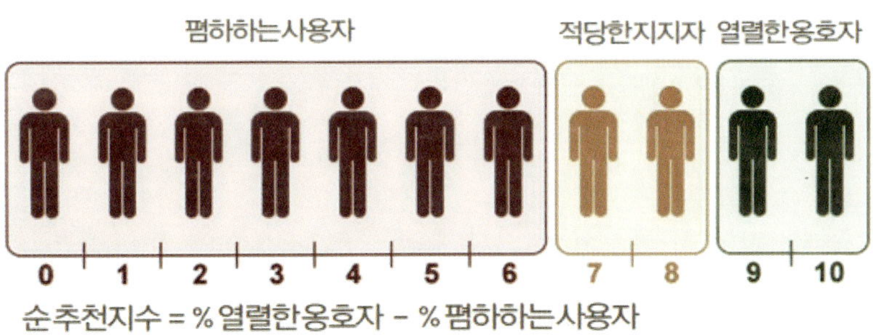

자료 임연호(2022)

그림 11-24 고객반응 추천 조사

요점정리

- 미국 마케팅 협회(AMA)에서는 마케팅을 개인과 조직의 목적을 충족시키는 교환을 창조하기 위해 아이디어, 재화, 서비스의 개발, 가격결정, 판매촉진, 유통을 계획하고 수행하는 과정이라고 정의한다.

- Morris et al.(2002)는 창업 마케팅을 "리스크관리, 자원 활용극대화 및 가치창출을 위한 혁신적 접근방법을 통하여 수익을 제공하는 고객들을 확보 및 유지하고 나아가 그러한 가치를 능동적으로 확인하고 활용하는 활동"이라고 정의 하였다.

- 앤드리슨은 PMF(Product Market Fit)를 좋은 시장에 그 시장을 만족시킬 수 있는 제품을 갖고 있는 것"이라고 정의 하였다.

- 에릭리스는 MVP(Minimal viable product, 최소기능제품)를 최소한의 노력으로 고객에게 검증된 학습 정보를 최대한 수집할 수 있는 신제품 버전이라고 정의 하였다.

- 스티브 블랭크는 Pivot(피벗)는 계획을 변경하여 실행하는 것이라고 정의 하였다.

- STP 모델은 시장세분화(Segmentation), 목표시장 설정(Targeting), 포지셔닝(Positioning)을 말한다.

- 제품 또는 서비스의 가격을 결정(Pricing)하며, 촉진(Promotion)하고 유통(Place) 경로를 설정하는 과정을 마케팅의 기본적 요소라고 하며 흔히 제품(Product)을 포함하여 마케팅 4P's라고한다.

- AARRR 모델은 미국의 Dave McClure가 제창한 모델로, 서비스의 성장을 획득(Aquisition), 활성화(Activation), 유지(Retention), 소개(Referral), 수익(Revenue)의 다섯 단계로 나누어 바라보는 방법론이다.

연습문제

1 본인은 마케팅을 무엇이라고 생각하는가?

2 미국 마케팅 협회(AMA)에서 마케팅을 무엇이라고 정의하는가?

3 Morris et al.(2002)는 창업 마케팅을 무엇이라고 정의하였는가?

4 앤드리슨은 PMF(Product Market Fit)를 무엇이라고 정의하였는가?

5 에릭리스는 MVP(Minimal viable product, 최소기능제품)를 무엇이라고 정의하였는가?

6 스티브 블랭크는 Pivot(피벗)을 무엇이라고 정의하였는가?

7 마케팅 전략에서 4P는 무엇을 말하는가?

8 AARRR 모델에 대해 설명하시오.

참고자료

[1] 구일호, 박진, 김주희, & 신동구. (2016), 성공창업을 위한 시장조사 및 시장분석, 한국과학기술정보연구원

[2] 김진수, 최종인, 임충재, 고혁진, & 이유종. (2016), 4차 산업혁명시대의 기술창업론, 탑북스

[3] 서상혁. (2016), 창업마케팅, 한국과학기술정보연구원

[4] 임연호. (2022), 디지털마케팅 스킬업, K-ICT창업멘토링센터 강의자료

[5] 장효곤. (2018), 망하는 신사업을 살려내는 '제품 시장 맞춤 <Product Market Fit>', DBR, 260, 1. https://dbr.donga.com/article/view/1202/article_no/8878/ac/magazine

[6] Morris, M. H., Schindehutte, M., & LaForge, R. W. (2002). Entrepreneurial marketing: a construct for integrating emerging entrepreneurship and marketing perspectives. Journal of marketing theory and practice, 10(4), 1-19.

[7] Gruber, M. (2004). Marketing in new ventures: theory and empirical evidence. Schmalenbach business review, 56, 164-199.

[8] [네이버 지식백과] STP 모델 [STP Model] (두산백과 두피디아, 두산백과)

[9] https://letter.wepick.kr/510/4365563/

[10] https://chang-blog.oopy.io/23e16fcd-505e-4959-b934-86ccaff88cbf

[11] https://ko.wikipedia.org/wiki/%EA%B7%B8%EB%A1%9C%EC%8A%A4_%ED%95%B4%ED%82%B9

12 지식재산권

학습목표

- 비즈니스에서 지식재산권의 필요성과 가치를 이해하고 학습한다.
- 아이디어를 보호하는 지식재산권을 이해하고 획득 방법을 학습한다.
- 지식재산권으로 비즈니스 파트너십을 구축하는 방법을 학습한다.

1 지식재산권 개요

가. 스타트업은 발명기술을 어떻게 관리하여야 하는가?

미국의 실리콘밸리에서는 스타트업에 대한 투자를 결정할 때 2가지 요소로 판단한다. 하나는 창업팀 구성원이 어떤 기술과 경험을 가진 리더와 팀원으로 구성되어 있는가를 평가 및 확인하고 또 하나는 스타트업이 보유하고 있는 기술의 시장성과 특허 포토폴리오를 평가한다. 그만큼 벤처캐피탈에서는 스타트업에 대한 자금 조달 결정 기준에서 평가대상이 보유하고 있는 특허 포토폴리오가 결과적으로 매우 큰 영향을 미친다는 것이다.

벤처캐피탈

고도의 기술력과 장래성은 있지만 경영기반이 약해 금융기관으로부터 융자를 받기 어려운 벤처기업에게 무담보 주식투자 형태로 투자하는 기업이나 그 기업의 자본을 의미한다.

지식백과

스타트업

극심한 불확실성 속에서 신규 제품이나 서비스를 만들려고 나온 조직

블리츠 스케일링 발췌

스타트업이 가진 핵심기술을 특허낼까 아니면 영업비밀로 할까?에 대한 고민

스타트업의 핵심자산(또는 기술)은, 우리의 상품·서비스가 법적으로 보호를 받는가? 아니면 무엇이 경쟁에서 우월하게 만드는가? 후발주자를 어떻게 견제할 수 있는가 등에 따라 결정된다. 한마디로 말하면 기업이나 스타트업의 고유한 기술은 크게 국가기관에 등록해 인정받는 '특허'와 등록하지 않아도 간접적으로 권리가 인정되는 '영업비밀'로 보호받는다. 특허는 등록된 국가에 한해 20년간 보호되지만 해당 내용을 공개해야 하고, 등록 및 유지비용이 발생한다. 반면 영업비밀은 등록할 필요가 없기에 보호 기간이나 범위도 없고, 비용도 들지 않는다.

이로운넷(https://www.eroun.net)

특허 출원을 통해 기술의 내용이 공개되면 오히려 권리 침해가 발생하지 않을까 고민하는 기업이 있을 수 있다. 스타트업이 특허 출원 시 고려할 사항은 기술의 발전 주기가 짧다면 특허보다 영업비밀이 유리하고, 특허 출원 후 보통 1년 뒤에 기술이 공개되는데 그 사이에 기술격차의 확보가 가능하다면 특허가 유리할 수 있다. 즉 특허는 독점적 권리 부여와 정보공개를 요구하는 반면, 영업비밀은 독점적 권리 부여가 없을 뿐 아니라 발명의 공개도 요구하지 않는다는 것이다.[1]

구분	특허	영업비밀
공개여부	공개원칙	비공개 원칙
정의규정	특허법 제2조제1호	특별하게 정의 규정없음
요건	신규성, 진보성, 산업상 이용가능성 등	비공지성, 비밀관리성, 경제성
보호범위	특허청구범위 기재한 발명	비밀로 유지한 기술상 및 경영상 정보
보호기간	설정 등록 후 출원일로부터 20년	비밀로 유지되는 한 제한이 없음
성격	독점, 배타적	독점, 배타성이 없음
침해에 대한 구제	특허법상 민사상, 형사상 조치	계약내용에 의해 보호, 부정경쟁방지 및 영업비밀보호에 관한 법률, 산업기술의 유출방지 및 보호에 관한 법률

나. 스타트업의 특허기술과 발명비밀의 관리방법

자연법칙

사물(장치, 차량, 건물, 기타 사물 등)에 센서와 통신 기능을 설치, 인터넷과 연결하여 상호네트워킹을 통해 관련 데이터를 수집, 교환하는 기술

시사경제용어사전

발명이라 함은 자연법칙을 이용한 기술적 사상의 창작으로서 고도한 것을 말하며, 특허제도는 발명을 보호장려하고 그 이용을 도모함으로써 기술의 발전을 촉진하며 산업발전에 이바지함을 목적으로 하고, 이를 달성하기 위하여 기술공개의 대가로 독점배타적인 특허권을 부여하는 것을 구체적인 수단으로 하고 있다.

영업비밀이란 기업이 시장에서 경쟁상의 우위를 확보하기 위하여 스스로 개발하고 비밀로서 보유한 기술정보와 경영정보를 말하며, 이러한 정보는 공연히 알려져 있지 아니하고 독립된 경제적 가치를 가지는 것으로 상당한 노력에 의하여 비밀로 유지된 기술상 및 경영상의 정보를 말한다.

기술상의 영업비밀로 제법, 공정, 형태, 편집, 프로그램, 방법 등이 있으며, 경영상의 영업비밀로는 고객명부, 마케팅 계획, 판매기법, 신규사업 정보, 홍보 방법 등이 있다.

사례

비밀로 관리된 생산·판매 방법 같은 기술·경영상 정보를 '영업비밀'이라고 하는데, 코카콜라의 제조법이 130년 넘게 알려지지 않고 있는 사례가 대표적이다. 이처럼 핵심 내용이 알려지지 않은 '비공지성', 이를 통해 수익을 얻는 '경제적 유용성', 회사가 이를 지키려 노력하는 '비밀 관리성' 등의 특징이 지켜져야만 영업비밀에 대한 권리를 인정받을 수 있다.[2]

그러면 스타트업은 어떤 전략을 수행하는 것이 유리할까?

경쟁기업이 출시된 제품을 분해하거나 서비스의 운영과정을 파악하고 들여다보았을 때 기술을 확인할 수 있는 리버스엔지니어링(reverse engineering)이 가능하거나, 등록된 특허가 있을 때 향후 기업에 대한 평가나 투자 유치 등에 이익이 될 수 있다면 특허등록 및 유지가 유리할 수 있다.

리버스엔지니어링

역설계이라고도 하며 장치또는 시스템의 기술적인 원리를 그 구조분석을 통하여 발견하는 과정(기계장치, 전자부품, 소프트웨어 등)

구글

다. 지식재산권의 종류

지식재산권은 인간의 지적 창작물 중에서 보호할만한 가치가 있는 것들에 대한 법적 권리를 의미한다. 특허, 실용신안, 의장(디자인), 상표권이 산업재산권에 포함되고, 어문, 음악, 미술, 컴퓨터 프로그램, 캐릭터 같은 독창적인 저작물의 저작자에게 부여하는 배타적인 권리가 저작권이다. 산업재산권은 특허청의 심사를 거쳐 등록해야 보호되는 반면 저작권은 출판과 동시에 보호되며, 보호기간은 산업재산권이 10~20년, 저작권은 저작자 사망 후 70년이 된다. 유리나라의 지식재산권은 크게 산업재산권과 저작권으로 분류되며, 최근에는 첨단기술과 문화의 발달로 지식재산권도 점차 다양해져서 영업비밀보호권이나 반도체칩배치설계보호권과 같은 새로운 지식재산권이 늘어날 전망이다. 세계적으로 모든 지적재산권에 대해 세계지적재산권기구(WIPO, World Intellectual Property

Organization)가 총체적으로 관리하는 데 반해 현재 우리나라에서는 산업재산권은 특허청에서, 저작권은 문화체육관광부에서 관장하고 있는 것이 특징이다.

1) 지식재산권의 정의

지식재산권에 대한 정의는 인간의 지적 창작물 중에서 법으로 보호할만한 가치가 있는 것들에 대하여 법이 부여하는 권리를 말한다. 건물과 토지와 같은 부동산이나, 기계와 같은 동산의 소유권이 있으면 하나의 재산권으로서 이를 직접 사용하거나 다른 사람에게 빌려주어 그 대가를 받을 수 있듯이 지식재산권도 자신이 직접 이용하거나 다른 사람으로 하여금 이를 사용할 수 있도록 하게끔 권리를 설정 또는 양도할 수 있다.

2) 지식재산권의 종류

지식재산권은 보호의 목적에 따라 산업발전에 이바지할 수 있는 창작물 등을 객체로 하는 권리인 산업재산권과 인간의 문화생활의 향상에 이바지할 수 있는 창작물을 객체로 하는 권리인 저작권으로 나눌 수 있다. 지식재산권의 종류는 산업재산권, 저작권, 신지식재산권으로 분류하고 있으며, 권리가 존속되는 기간은 각각 다르게 정해져 있다.

표 12-1 지식재산권 종류

구분		세분류	지식재산권 종류
지식재산권	산업재산권	전통적인 특허권, 실용신안권, 상표권, 디자인권 등 산업상 이용가치를 갖는 발명 등에 관한 권리	특허권, 상표권, 디자인권, 실용신안권
	저작권	인간의 사상 또는 감정을 표현한 창작물(문학작품, 음악, 방송, 미술 등 문화예술 분야의 창작)에 대하여 주어진 독점적 권리	어문저작물, 미술저작물, 영상저작물, 음악 저작물 등
	신지식재산권	산업의 형태가 다양화되고 발전함에 따라서 법률로서 보호할 필요는 있지만, 기존의 전통적인 산업재산권 및 저작권으로는 보호하기가 적당하지 않거나 할 수 있는 대상에 대해서 별도의 법률로 제정하여 보호하고 있는 권리	어문저작물, 미술저작물, 영상저작물, 음악 저작물 등

지식재산은 21세기 경쟁 패러다임을 유도하고 있는 무형자산(intangible property)을 일컫는 말이다. 따라서 지식재산권이란 사람의 두뇌 활동을 통해 이루어진 창작, 표지 및 영업에 관한 무형적 이익을 객체로 하고, 이

를 독점적으로 이용하는 것을 내용으로 하는 권리를 의미한다.

3) 산업재산권 이해

- 특허권

  특허를 얻으려면 먼저 발명을 하여야 하는데, 발명이란 "자연법칙을 이용한 기술적 사상의 창작으로서 고도(高度)한 것"을 말한다. 이에 대하여 특허를 받은 발명을 특허발명이라고 한다(특허법 제2조 제1호, 제2호). 특허권은 소정의 특허요건을 갖춘 발명에 대한 독점권을 말한다. 특허출원 전에 국내에서 공지(公知)되었거나 공연히 실시된 발명, 특허출원 전에 국내 또는 국외에서 반포된 간행물에 기재된 발명은 그 대상에서 제외된다(제29조). 특허권자는 자신의 발명품의 제조·사용·판매에 대한 독점권을 가지므로 타인에게 특허실시를 허락할 수 있으며 특허실시권자로부터 사용료(royalty)를 받거나 기타의 보상을 받을 수 있다.

- 실용신안권

  실용신안은 산업상 이용할 수 있는 자연법칙을 이용한 기술적 사상의 창작으로 물품의 형상·구조 또는 조합에 관한 고안을 의미한다. 이 고안을 실용신안법에 의해 등록하여 일정기간 독점적·배타적으로 이용할 수 있는 권리가 실용신안권이다. 특허권과 비교할 때 특허발명보다 고도하지는 않으나 창작성이 있어 보호할 가치가 있는 고안에 대한 독점권을 말한다. 그 존속기간은 실용신안권의 설정등록이 있는 날로부터 실용신안등록 출원일 후 10년간이다.

- 디자인권

  디자인은 영어의 'Design'에서 비롯된 외래어로서 제품에 관한 제품디자인, 광고포스터·그래픽디자인·디지털디자인 등과 같은 시각디자인, 생활공간이나 환경에 관한 환경디자인 등을 포괄하는 광의의 개념을 포함하는 용어이다. 우리나라 디자인보호법에서는 "디자인이라 함은 물품(물품의 부분 및 글자체를 포함)의 형상, 모양이나 색채 또는 이들을 결합한 것으로서 시각을 통하여 미감을 일으키게 하는 것을 말한다(디자인보호법 제2조 제1호).”라고 규정하고 있다. 디자인권은 이러한 요건을 갖춘 디자인에 대해 특정인에게 독점권을 부여하여 법적으로 보호하고 있다.

- 상표권

자타상품의 식별력을 가진 상표에 대해 특정인이 가지는 독점권을 말한다. 상표권에는 비단 상표뿐만 아니라 ‘표장’, ‘단체표장’, ‘지리적 표시’, ‘동음이의어 지리적 표시’, ‘지리적 표시 단체표장’, ‘증명표장’, ‘지리적 표시 증명표장’ 및 ‘업무표장’까지 규정하여 매우 광범위하게 보호하고 있다.

4) 저작권 이해

저작물은 인간의 사상이나 감정을 표현한 창작물을 말한다. 이러한 저작물에 대하여 저작권법상 보호되는 저작물로는 소설 · 시 · 논문 · 강연 · 각본 · 음악 · 연극 · 무용 · 회화 · 서예 · 도안 · 조각 · 공예 · 건축물 · 사진 · 영상 · 도형 · 작곡 · 영화 · 춤 · 그림 · 지도 등 다양하다. 저작물은 만들었다고 해서 모두 저작권법으로 보호되는 것은 아니며 높은 수준은 아니지만 창작성이 있어야 한다. 또 저작권법은 표현된 것을 보호하는 것이지 그 아이디어 자체를 보호하는 것은 아니며 이러한 점에서 위의 산업재산권과 구분된다. 저작권에는 크게 저작인격권과 저작재산권으로 나누어지고 저작물을 해석하고 전달하는 사람에게 부여되는 저작인접권이 있다.

퀴즈 아래 사례에서는 저작권법에 위배되는지?

> 홍길동은 “A”라는 요리책을 그대로 복사하여 보관하고 있다. 이 행위는 저작권법에 의해 저작권 침해가 되는가? 그리고 A 요리책 속에 쓰여진 방식대로 요리를 하여 친구와 맛있게 먹었다면 요리행위는 저작권법과 관계가 있는가?

- 저작인격권

저작자의 명예와 인격적 이익을 보호하기 위한 권리로서 권리주체와 분리될 수 없는 일신전속권(一身專屬權)의 성질을 가지고 있으며, 저작재산권(著作財産權)과 구별된다. 이 저작인격권은 일신전속적인 권리이므로 양도, 대여, 포기 등이 불가능하다. 또한 저작인격권은 정신적 창조물로서 저작물은 저작자의 인격을 반영하며 인격 밖에 존재하는 재산적 가치보다 한층 더 존귀하게 평가되어야 하는 권리이다.

일신 전속권

법률에서 특정한 자에게만 귀속하며 타인에게는 양도되지 않는 속성

위키백과

- 저작재산권

저작자의 재산적 이익을 보호하고자 하는 권리로서 주로 저작물을 제3자가 이용하는 것을 허락하고 대가를 받을 수 있는 권리를 말한다. 이 저작재산권의 특성은 경제적인 권리로서 소유권과 같은 배타적인 권리이며 어느 누구도 저작자의 승낙없이 그 저작물을 이용할 수 없도록 하는 효력을 지닌 권리를 말한다. 저작재산권은 복제권·공연권·공중송신권·전시권·배포권·대여권·2차적 저작물 작성권으로 나뉜다.

- 저작인접권

창작된 표현을 보호하는 저작권은 아니지만, 그에 유사한 역할을 하므로 저작권법에 의해 저작권에 준하여 보호되는 권리를 말한다. 우리나라 저작권법상 실연자의 권리, 음반제작자의 권리, 방송제작자의 권리가 이에 해당한다. 저작물은 훌륭한 실연에 의해 그 가치가 보다 증대되며, 음악의 제작이나 방송프로그램의 제작에는 고도의 기술적-정신적 노력이 요구된다고 보아 3자의 활동에 정신적 창작성을 인정해주게 된 것이다.

5) 신지식재산권

정보기술이나 첨단기술의 급속한 발달로 기존의 지식재산권인 산업재산권이나 저작권으로는 보호가 어려운 신기술들로서 컴퓨터프로그램, 유전자조작 동식물, 반도체설계, 인터넷, 캐릭터산업 등과 관련된 것을 지식재산권으로 보호해 주는 것을 신지식재산권이라고 한다. 신지식재산권은 크게 세 가지로 분류하고 있다. △ 컴퓨터프로그램, 인공지능, 데이터베이스와 같은 '산업저작권', △반도체 집적회로 배치 설계, 생명공학발명, 식물 신품종과 같은 '첨단산업재산권', △ 영업비밀, 전자상거래기

술과 같은 '정보재산권'으로 분류된다.

지금까지 설명한 산업재산권을 정리하면 다음과 같다.

종류	정의	출원대상	존속기간
특허	자연법칙을 이용한 기술적 사상의 창작으로서 발명의 수준이 고도한 것	물건, 방법	등록일로부터 출원일 후 20년
실용 신안	자연법칙을 이용한 기술적 사상의 창작으로서 물품의 형상, 구조, 조합에 관한 실용성 있는 고안	물건	등록일로부터 출원일 후 10년
디자인	물품의 형상, 모양, 색채 또는 이들을 결합한 것으로서 시각을 통하여 미감을 일으키게 하는 것	물품	등록일로부터 출원일 후 20년
상표	자기의 상품(지리적 표시가 사용되는 상품의 경우를 제외하고는 서비스 또는 서비스의 제공에 관련된 물건을 포함)과 타인의 상품을 식별하기 위하여 사용하는 표장	표장	등록일로부터 10년이며, 갱신 등록시 반영구적 사용가능

2 특허 제도의 이해

Patent의 어원(語源)은 14세기 영국에서 국왕이 특허권을 부여할 때, 다른 사람이 볼 수 있도록 개봉된 상태로 수여되었으므로 특허증서를 개봉된 문서, 즉 Letters Patent라 하였으며 그 후 "Open" 이라는 뜻을 가진 Patent가 특허권이라는 뜻으로 사용되게 되었다. 그리고 최초의 특허법은 1474년 르네상스 이후 분구 이탈리아 도시국가 베니스에서 모직물 공업 발전을 위해 법을 제정하여 제도적으로 발명을 보호하였으며 처음으로 갈릴레오의 양수인 관개용 기계에 대한 특허(1594년)라 할 수 있다.

갈릴레오 갈릴레이 (galileo Gallei 1564~1642)

이탈리아 천문학자이자 물리학자로서 우주 망원경 발명

위키백과

현대적인 특허법의 유래

영국의 전매조례 (Statute of Monopolies : 1624~1852)에 선발명주의와 독점권(14년)을 부여하고 공익위배 대상 특허사항은 불인정되기도 하지만 이는 산업혁명의 근원이 되는 방적기, 증기기관 등이 탄생하는 기회가 되기도 하였다.

가. 특허제도란 무엇인가?

특허법은 발명을 장려하고 신기술의 발전을 도모함으로써 산업발전을 촉진하고 기여하는 것을 목적으로 하고 있으며, 발명의 보호와 발명의 이용을 통하여 국가 및 개인의 발전과 기술을 보호하는데 있다. 이를 위해 발명자에게는 독점권을 부여하는 대신 그 발명을 공개하고 실시할 의무를 부과하고, 일반인에게는 발명이용의 기회를 주는 대신 일정기간 특허발명을 실시할 수 없도록 의무를 부과함으로써 발명자와 일반의 이익을 적절히 조정하고 있다.

1) 특허제도의 목적

특허제도의 본질적인 목적은 산업발전이 우선이라는 것이다. 즉, 산업발전을 위해서는 발명을 이용해야 되는 것이고, 발명의 이용을 위해서는 발명이 공개되어야 한다는 것이며, 공개를 유도하기 위해 공개의 대가로서 특허발명에 대해 독점권을 인정해준다는 것이다. 즉, 산업발전을 위한 기술의 공개가 특허제도의 중심에 있는 것이며, 이러한 취지에서 특허제도를 이해해야 한다. 특허법의 진정한 목적은 발명의 보호가 아니라, 발명의 공개를 통한 산업발전인 것이다. 이러한 특허제도의 목적을 명확하게 이해하고 스타트업에게는 새로운 기회가 되기도 하지만 미래의 위험이 될 수도 있다. 특허는 기술공개를 통하여 기술축적을 촉진하고 공개기술

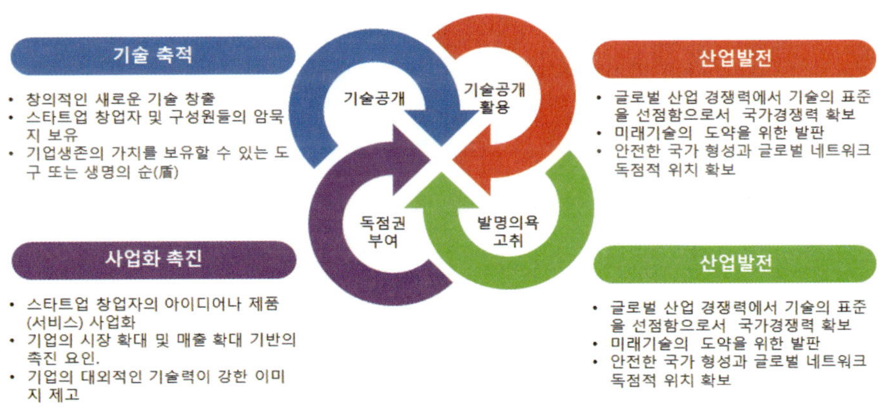

출처 www.kipo.go.kr. 2023.4.29.편집

그림 12-1 특허제도의 목적 사이클

을 활용하는 가치로서 산업발전을 꾀한다는 원리이다. 또한 독점권을 부여하는 특허제도는 사업화를 촉진할 수 있으며, 발명의욕을 고취시켜 산업발전을 이룬다는 기술의 사이클화로 설명할 수 있다.[4]

2) 특허요건

특허를 취득하기 위해서는 특허법이 정하는 특허를 받을 수 있는 발명이어야 한다. 또 서면심사를 위해 특허법이 정하는 서류를 특허청에 제출하여야 한다. 특허법은 이들 요건에 대해서 규정하고 있으며 아래와 같은 요건을 만족하고 있는지에 대해서 실체심사가 진행된다.[5]

- 신규성(특허법29조1항)
  발명이 아무리 주관적으로 훌륭하다고 하여도 객관적으로 신규인 것이 아니라면 특허요건의 하나인 신규성의 요건을 만족하지 않는다. 이는 특허권이 부여되는 것은 새로운 발명을 공개하는 대신 해당발명을 보호하는 점에 있으므로 이미 알려져 있는 기술과 같은 것에 독점권을 부여하는 것은 특허권을 부여하는 취지에 어긋나기 때문이다.

- 진보성(특허법29조2항)
  발명이 신규성을 갖고 있다고 하여도 그 분야의 기술자가 선행기술에 근거하여 용이하게 그 발명을 할 수 있는 경우에는 진보성의 요건을 만족하지 않는다. 예를 들면 전화기와 녹음기 기능을 모두 갖춘 기기를 개발할 경우 그 분야의 기술자라면 용이하게 생각해 낼 수 있기 때문에 진보성이 인정되지 않는다.

- 최선의 출원일 것(선원주의)(특허법39조)
  먼저 발명을 완성하여도 같은 발명에 대해서 타인이 먼저 출원을 했을 경우에는 특허요건을 만족하는 한 타인의 출원이 등록된다.

- 선원에 기재되어 있지 않을 것(특허법29조의2)
  특허출원 내용은 출원일로부터 일정기간 경과후에 공개되기 때문에 출원시점에 있어서는 아직 이전의 출원에 대해서 공개되지 않은 경우가 있다. 그러나 출원시에는 모른다고 하여도 출원 후에 당해출원에 관한 발명과 동내용의 발명에 관한 이전의 출원이 있는 것을 알게 될 때가 있다. 이 경우 당해 출원은 최선의 출원이 아니며 새로운 발명도 아니다. 여기서 당해 출원 후에 공개된 이전의 출원이며 당해출원에 관한 발명과 이전의 출원에 최초로 첨부된 명세서 등에 기재되어 있는 발명 또는 고안이 동일한 경우에는 원칙적으로 특허를 받을 수 없도록 하고 있다.

- 공공의 질서에 반하지 아니할 것(특허법32조)

  공공의 질서 또는 선량한 풍속에 어긋나거나 공중의 위생을 해칠 우려가 있는 발명에 대해서는 제29조제1항에도 불구하고 특허를 받을 수 없다.

- 명세서 등의 기재방법(특허법36조)

  특허출원에 있어서는 발명의 기술적 내용을 공개하기 위해 또는 권리화후에 있어서는 권리서로서의 역할을 하는 명세서, 특허청구의 범위, 도면이 필요하다. 여기서 말하는 특허법은 명세서 등의 서면에 관한 요건을 규정하고 있다는 것이다

특허명세서

연구개발한 성과물(발명)을 일반 공중에게 공개하고 그 대가로 독점적이고 배타적인 특허권을 허여 받기 위하여 특허청에 제출하는 발명의 내용이 기재된 서류

3) 발명과 고안의 차이

- 발명 : 자연법칙을 이용한 기술사상의 창작으로서 고도(高度)한 것

발명의 왕 '에디슨' (1847. 2. 11~1931. 10. 18)의 이야기

전기산업의 초창기인 1863년에 연구에 몰두하기 시작하여 축음기, 현대전화기의 전신인 탄소 송화기[3], 백열전구, 가장 효율적인 혁신적 발전기, 최초로 상업화된 전등과 전력 체계, 실험적 전기철도, 가정용 영사기 등을 발명하였다. 개인적으로 또는 공동으로 1,093개의 특허를 얻어 세계기록을 세웠을 뿐만 아니라 세계 최초의 공업용 실험실을 세웠다. 무엇보다도 에디슨이 남긴 명언은 오늘날도 우리에게 교훈으로 주는 의미가 남달리 크다.

- 우리는 그 어떤 것에 대해서 1억 분의 1도 모른다.
- 천재는 1%의 영감과 99%의 땀이다.
- 나는 평생 하루라도 일하지 않았다. 그것은 모두 재미있는 놀이였다.
- 어떤 것이 계획대로 되지 않는다고 해서 그것이 불필요한 것은 아니다.
- 많은 인생의 실패자들은 포기 할 때, 자신이 성공에서 얼마나 가까이 있었는지 모른다.
- 사람들이 대개 기회를 놓치는 이유는 기회가 작업복 차림의 일꾼 같아 일로 보이기 때문이다.
- 믿음은 선의의 거짓이 아닌 사실에 근거해야 한다. 사실에 근거하지 않는 믿음은 저주받아 마땅한 헛된 희망이다.
- 성공은 열심히 노력하며, 기다리는 사람에게 찾아온다.

■ 고안 : 자연법칙을 이용한 기술사상의 창작

그러나 고도한 것이냐 아니냐 하는 것은 주관적인 판단이므로 심사실무적으로는 출원인에게 그 판단을 일임하고 있다. 즉, 출원인이 실용신안으로 출원한 것은 고안으로 특허로 출원한 것은 발명으로 간주한다.

나. 특허 출원 및 등록 심사 등의 절차

특허를 받는 절차는 크게 출원준비 > 출원 > 심사 > 등록으로 나눌 수 있으며 누가 나보다 먼저 등록해 놓았는지 알아봐야한다. 이것을 선행기술 조사라고 한다. 이를 위하여 특허청의 특허정보 검색사이트 키프리스(www.kipris.or.kr)에서 검색할 수 있다.

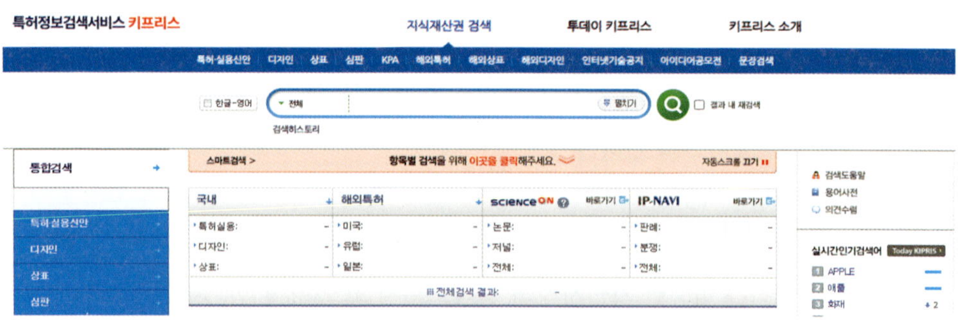

그림 12-2 선행기술을 조사하기 위한 사이트(키프리스)

선행기술 조사에는 특허문헌과 비특허 문헌에 대한 검색이 진행되지만, 80% 이상이 특허문헌에 대한 검색으로 선행기술 조사가 이뤄진다. 따라서 특허검색 DB는 선행기술 조사 과정에서 반드시 필요한 수단이다. 대부분 국가별 특허청 사이트가 무료 검색 DB서비스를 제공한다. 특허청 특허 정보넷(http://www.kipris.or.kr), 특허와 비즈니스(http://www.ipspider.co.kr), ㈜윕스(http://www.wipscorp.com) 등이 있으며 국외 특허 출원조사 기관에는 일본 특허청(http://www.jpo.go.jp), 미국 특허청(http://www.uspto.gov), 유럽 특허청(http://www.epo.org) 등이 있어 활용가능하다.

3) 탄소입자에 음압이 가해지면 탄소입자의 저항 변화에 의해 음성이 전기적 신호로 변환하는 원리로서 음파–진동판 진동–진동판에 실려 자동전극에 도달–탄소 가루방내의 탄소가루 압력변화–탄소가루 저항변화– 자동전극과 고정전극 사이의 직류 전류로 인해 음성 전류 출력

표 12-2 선행기술 특허정보 검색 결과보고서

검색어				
특허검색 사이트명	선행기술 명칭	출원번호/일자 등록번호/일자	출원인	초록 요약

- 사용자 등록 및 명세서 작성

[사용자 등록] 특허청에 처음으로 특허출원 등의 절차를 밟고자 하는 자연인과 법인은 특허청에 특허고객번호부여신청(반드시 인장날인 또는 서명)을 하여 특허고객번호를 부여받아야 한다.

[명세서 작성] 출원서류를 작성할 때에는 특허출원서(별지 제14호 서식), 명세서(별지 제15호 서식), 요약서(별지 제16호 서식), 도면(별지 제17호 서식: 필요시 단, 실용신안은 필수) 순으로 작성하고,(요약서, 명세서, 제도면 서식은 특허출원서식 다운 시 같이 포함) 출원서류에는 그 발명이 속하는 기술 분야에서 통상의 지식을 가진 자가 그 발명을 쉽게 실시할 수 있도록 명확하고 상세하게 기재하여야 한다.

[제출서류] 명세서, 요약서, 도면 등

[접수 및 출원번호통지서 수령] 접수방법은 직접 특허청을 방문하거나 우편으로 접수하는 방법이 있다. 현장 접수하면 즉시 출원번호통지서를 받을 수 있으며 우편은 1주일 정도 소요되어 발급된다.

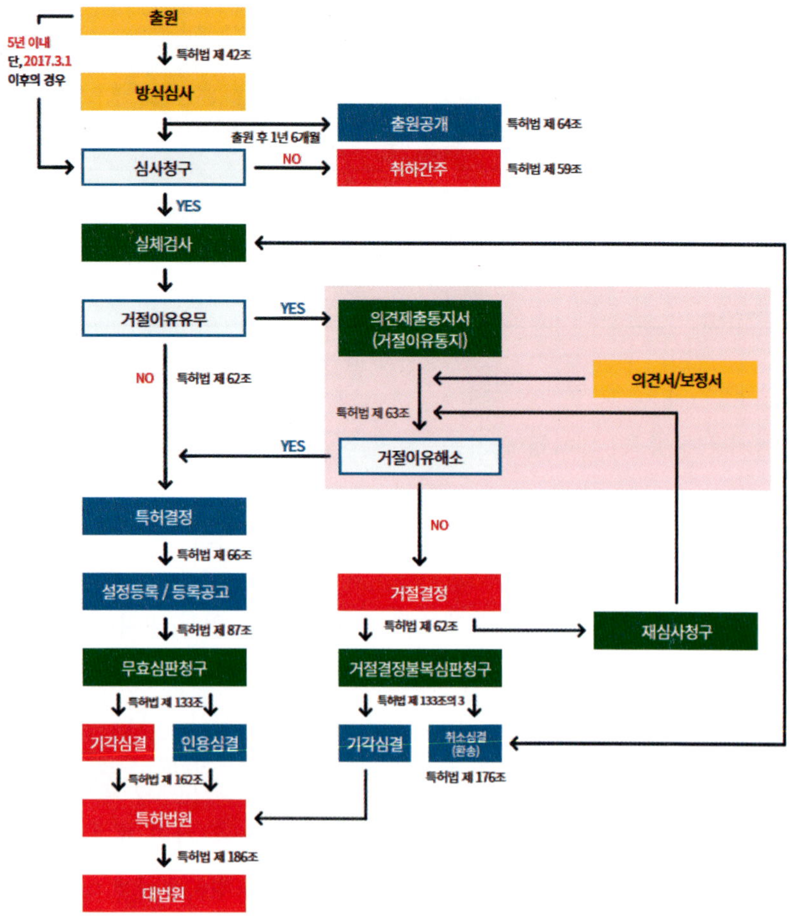

그림 12-3 특허출원 후 심사 흐름도

3 지식재산권의 중요성과 필요성

가. 지식재산권의 중요성

지식 재산권은 인간의 창조적 활동이나 경험 등에 의하여 창출되거나 발견된 무형적인 것을 자산 가치로 실현할 수 있는 것을 총칭한다. 지식재산권은 상표권, 특허권, 디자인권, 실용신안권 등이 포함되어 있으며 법령 또는 조약 등에 따라 인정 및 보호되고 있다. 지식 재산권은 시장에서 우위를 선점하는 기준이 되기도 하고 배타적 권리를 갖기 때문에 기업의 연구 개발 활동을 보호할 수 있으며 신용창출 및 로열티 수입을 얻을 수 있는 중요한 수단으로 활용되고 있다. 따라서 지식 재산권은 중소기업, 벤처기업, 스타트업의 성장 동력과 경영활동을 위해 꼭 필요하고, 이를 확보하지 않거나 지키지 못한다면 경영상 어려움을 겪을 뿐만 아니라 기업 성장을 저해할 수 있다.

[중국 샤오미의 사례로 보는 특허 분쟁]

- 저가형 제품으로 승부하던 중국의 스마트폰 제조업체 샤오미가 세계 최대 시장인 미국 진출을 앞두고 미국에서 특허 침해 고소를 당하며, 미국의 특허 전문 기업 블루스파이크는 텍사스 동부 지방법원에 샤오미를 제소
- 블루스파이크는 샤오미의 스마트폰이 자사의 데이터 보호 관련 특허를 침해했다며 mi4, 샤오미노트, 홍미노트 등 아직 공식 발표도 되지 않은 mi5, mi5프로까지 10여 개 기종을 특허 침해 대상으로 소송 대상에 포함시킴.
- 미국 시장 진출을 코앞에 둔 상황에서 '특허괴물'로 불리는 기업에 발목을 잡히며 미국 진출은 해프닝으로 끝남.

[시사점] 샤오미는 줄곧 IP(Intellectual Property)가 해외 진출의 발목을 잡는 큰 이슈였으며, 현재로서는 자체 특허 포트폴리오를 갖추기는 어렵지만, 앞으로 주요 특허 보유자와 크로스 라이선싱을 통해 특허 포트폴리오를 갖춘다면 글로벌 시장 진입이 보다 수월해질 것으로 분석됨.

샤오미

2010년 설립된 중국의 전자제품 제조 및 판매 기업

나. 지식재산권의 필요성과 활용

- 시장에서의 독점적 지위 확보

  특허 등 지식재산권은 독점 배타적인 무체 재산권으로 신용창출, 소비자의 신뢰도 향상 및 기술 판매를 통한 로열티 수입이 가능한 수단이다.

- 특허분쟁의 예방 및 권리 보호

  자신의 발명 및 개별 기술을 적시에 출원 및 권리화 함으로서 타인과의 분쟁을 사전 예방조치 가능하고 타인이 자신의 권리를 무단 사용할 시 적극적으로 대응하여 법적 보호가 가능하다.

- 연구개발(R&D) 투자비 회수 및 향후 추가 기술 개발의 동력화

  막대한 기술개발 투자비를 회수할 수 있는 확실함 수단이며 확보된 권리를 바탕으로 타인과 분쟁 없이 추가 응용 기술개발을 할 수 있다.

- 정부의 각종 정책 지원자금 및 세제지원 혜택

  특허권 등 지식재산권을 보유하고 있는 경우 특허기술사업화 자금 지원이나 우수 발명품 시제품 제작 지원을 비롯한 각종 정부자금 활용과 세제 지원 혜택을 확보할 수 있다.

- 특허를 담보로 한 융자 지원제도

  특허를 보유하고 사업화하고 있는 중소기업을 대상으로 IP(Intellectual Property) 금융연계 평가지원 사업 등을 하고 있다. 기술보증기금, 신용보증기금, 산업은행, 벤쳐캐피탈 등 금융기관과 협약을 체결하여, 특허기술평가에 소요되는 비용을 특허청이 지원하고, 평가결과에 따라 금융기관이 보증, 대출, 투자 등을 시행하고 있으며, 더 자세한 내용은 특허청 홈페이지 지식재산금융지원제도를 살펴보면 도움이 된다.

  그러므로 스타트업 기업은 대부분 기술을 중심으로 사업을 시작하기 때문에 지식재산권 확보가 특히 중요할 수 있다. 지식재산권은 어떻게 활용하느냐에 따라서 그 가치는 달라질 수 있기 때문이다.

4 지식재산권과 비즈니스모델 전략

특허가 창업에 필요한 이유와 특허로 돈을 버는 사례를 살펴보았는데, 차별성과 모방을 할 수 없는 기술 특허로 창업을 하고 로열티를 받으며, 특허를 사고 팔기도 하고, 특허의 가치에 투자할 수 있다. 그러나 좋은 특허를 확보하고 있다는 사실이 스타트업의 성공을 뜻하지는 않는다. 특허와 사업은 별개이므로 사업 성공에 파트너가 필요하다면 적합한 파트너십을 맺는 것이 좋다. 따라서 특허에 대해 라이센싱 하는 경우는 전용실시권과 통상실시권을 활용하여 스타트업이나 사업을 성공할 수 있는 기회를 창출하는 전략도 고려할 만하다.

가. 라이센싱과 로열티

특허에 투자하는 방법은 특허를 사는 방법, 특허 창업에 투자하는 방법, 특허를 사용하고 사용료를 내는 방법 등 여러 가지가 있다. 창업자가 특허를 직접 사업화 하는 것 보다 제조 기반이나 자금력 있는 업체에 자신의 권리(특허)를 매도하는 것이 때로는 이득이 될 수도 있다. 특허를 사용하도록 허락하는 것을 '라이센싱 아웃'이라 하고 그 사용료를 흔히 '로열티'라고 한다.

1) 라이센싱의 종류

라이센싱의 유형은 3가지가 있는데, 첫째는 특허권 전체 또는 일부를 파는 것, 둘째는 특허권에 대한 독점적이고 배타적인 사용권, 셋째는 특허권을 사용할 수 있는 권리를 주지만, 독점적인 것이 아니므로 특허권자가 여러사람에게 사용권을 줄 수 있는 방법이 있다.

- 특허권 전체 또는 일부를 파는 방법

  특허권 전체를 파는 것은 비교적 간단하지만 일부를 파는 경우에는 기술 노하우, 가격 측정에 대한 철저한 계약이 필요하다. 특허권의 일부를 사는 파트너는 법적으로 공동 특허권자가 되기 때문에, 특허 소유권자는 공동 특허권자가 특허권을 사용하는 것은 막을 수도 없고 사용료를 받을 수도 없다. 특허권 일부를 파는 경우에는 기술료, 개량 발명에 대한 정의와 소유, 분쟁 해결 등에 대한 항목들을 구체적으로 계약서에 기재하여야 법적인 보호를 받을 수 있다. 일반적으로 일부 기술을 판매하는 경우는 구매자가 제품을 직접 만들어 팔 수 없는 경우거나, 단순히 특허의 가치에 돈을 투자하는 투자회사에 한해 진행되기도 한다.

- 특허권에 대한 독점적이고 배타적인 사용권
  - '전용실시권'이라고 불리기도 하는데, 특허권에 대해 전용실시권을 설정하면 특허권자도 전용실시권을 설정한 기간 내에는 특허 발명을 사용 할 수 없다,

- 특허권을 사용할 수 있는 권리이지만 독점적인 사용권이 아닌 경우이며 통상실시권
  통상실시권은 시간, 지역, 내용에 대해 자유롭게 지정하여 양도할 수 있으며, 특허권의 특허발명 중 일부에 대해서만 사용권을 허여할 수 있다. 이러한 제약의 내용은 반드시 계약서에 기재해야 한다.

2) 로열티(Royalty)

특정한 권리를 이용하는 이용자가 권리를 가지고 있는 사람에게 지불하는 대가이다. 주로, 지적재산권에 속하는 특허권, 저작권, 상표권 등을 이용함에 대한 대가를 말한다. 특히, 저작권에 대한 대가는 인세(印稅)라고도 한다.

- 경상기술료(Running Royalty) : 경상기술료(Running Royalty)는 기술도입자가 기술제공자로부터 이전 받은 기술을 사용하여 제품의 제조, 판매 등이 이루어 질 경우 일정기간을 주기로 매출액 또는 판매가, 판매이익 등에 대해 일정 비율로 기술료를 계산하여 지불하는 것으로 매출정률 사용료라고도 말한다. 경상기술료(Running Royalty)는 요율을 정하는 기준에 따라 다음과 같이 그 형태를 분류할 수 있다.[10]
  - 요율실시료(Percentage Royalty) : 계약제품의 순 판매가격(또는 총 판매가격)의 몇%로 규정하는 것
  - 종량실시료(Per Unit Royalty) : 계약 제품의 제조판매수당 또는 중량, 수량 당 금액을 정하는 것
  - 체감식 실시료 : 계약제품의 판매액 증가에 따라 일정금액 또는 일정수량 이상을 단계적으로 구분하여 각각 체감한 요율을 정하는 것

나. 지식재산권 리스크(Intellectual Property Right Risk)

기업 등 경제 주체가 경제활동을 하면서 자신의 지적재산권이 침해받든지 또는 다른 주체의 지적재산권을 침해하여 법률비용, 배상액 부담 등의 경제적 손실이 발생할 가능성이 커지면서 스타트업에 대한 위기로 확산될 수 있다.

리스크(Risk)

위험 또는 부담을 뜻하는 영단어로서 경영학에서는 기업의 목표 달성에 부정적 영향을 미칠 수 있는 일이 발생할 수 있는 불확실성(uncertainty)을 말한다.

기업이나 경제주체가 지적재산권과 관련하여 기업을 경영하는 과정상에 직면할 수 있는 "기업 자신과 관련된 리스크"로 구분된다. 제3자 관련 리스크는 기업 활동을 하면서 다른 기업의 지적재산권을 침해하여 배상책임을 부담할 수 있는 리스크로 손해배상청구에 대해 방어적 포지션을 취하는 특성이 있다. 당사자 관련 리스크는 자신의 기업이 경영활동을 하는 과정에서 경쟁기업 등 다른 기업이 자신의 지적재산권을 침해하여 향후 예상되는 수익을 상실하는 리스크로 침해자로부터 이를 회수하기 위한 공격적인 포지션에 해당된다.[8]

표 12-3 지식재산권 관련 리스크 유형

구분	제3자 관련 리스크	당사자 관련 리스크
리스크 발생	자신이 다른 기업 등 제3자의 지식재산권을 침해한 경우	경쟁기업 등 제3자가 자신의 지식재산권을 침해한 경우
리스크 결과	제3자에 대한 배상책임 발생	자신의 기대수익 상실 가능성이 발생
리스크 대처 포지션	제3자의 손해배상청구권으로부터 방어하는 포지션	제3자로부터 회수하기 위한 공격적 대처 포지션

반의사불벌죄

피해자가 가해자의 처벌을 원하지 않는다는 의사를 표시하면 처벌할 수 없는 범죄

비친고죄

피해자와는 무관하게 제3자의 고발이나 수사기관의 자발적 수사로도 공소를 제기할 수 있는 범죄

1) 산업재산권 침해형태 및 구제수단[4]

권리	침해형태	구제수단		비 고
		민 사	형사	
특허, 실용신안, 디자인	• 타인의 발명인 특허 또는 실용신안, 디자인의 생산, 양도, 대여, 수입 또는 전시	• 권리침해 금지 청구권 • 손해배상 청구권 • 신용회복 청구권	7년이하 징역 또는 1억원 이하 벌금	반의사 불벌죄 (특허, 실용신안, 디자인)
상표	• 상표의 사용행위 - 상품, 포장, 광고 및 간판에 타인의 상표 표시 - 타인의 상표 표시한 것을 양도, 인도, 전시,수입, 수출 • 상표의 위조, 모조 또는 소지 • 위조, 모조를 위한 용구의 교부, 판매, 소지	• 권리침해 금지 청구권 • 손해배상 청구권 • 신용회복 청구권		비친고죄
부정 경쟁 행위	• 국내에 널리 알려진 상표 또는 영업표지를 사용한 상품을 판매, 반포 또는 수입, 수출 • 유명상표의 식별력 손상행위 • 허위의 원산지 또는 생산, 가공지역 표시 • 타인상품 사칭, 허위광고 • 사이버스쿼팅 행위 • 형태모방 행위 • 아이디어 탈취 행위 • 데이터 부정 취득, 사용 행위 • 유명인의 초상, 성명 등 무단 사용 행위	권리침해 금지 청구권 손해배상청구권 신용회복청구권	3년이하 징역 또는 3천만원 이하 벌금	비친고죄
영업 비밀 침해 행위	영업비밀 유출 등 침해행위	영업비밀 유출 등 침해행위	15년(국외) 10년(국내) 이하 징역 또는 15억원(국외) 5억원(국내) 이하 벌금 또는 이득액의 2~10배 벌금	비친고죄

2) 지식재산권 침해에 대한 권리행사 대응방법

- 경고장 발송 : 산업재산권 침해의 사실이 발견되면, 침해자를 확인하고 침해 증거를 수집한 뒤, 상대방에게 침해의 사실을 알리는 경고장을 발송할 수 있다. 상대방이 이러한 사실을 알고 침해 행위를 중지할 수 있으므로, 이는 다른 사법적 구제수단을 활용하기 이전에 매우 효율적인 구제방법이 될 수 있다. 또 경고장의 존재는 형사적 침해죄와 손해 배상액청구소송에서 고의 또는 과실이 없었다고 하는 주장을 반박할 유력한 증거가 된다.
- 심판 청구 : 산업재산권의 권리자는 특허청 심판원에 적극적 권리범위 확인심판을 청구하고, 침해품(행위)이 자신의 권리범위에 포함되는지 여부에 대하여 심판원의 판단을 구할 수 있다. 해당 심결은 추후 민사적 구제 및 형사적 구제 등에 효과적으로 활용될 수 있다.
- 민사적 구제방법 : 산업재산권의 권리자는 민사적 구제방법으로, 침해금지·예방 청구, 가처분 신청, 손해 배상의 청구, 신용회복의 청구, 부당이득반환 청구를 할 수 있다.

표 12-4 민사적 구제방법

침해금지 · 예방 청구	특허권, 디자인권 및 상표권을 침해한 자 또는 침해할 우려가 있는 자에 대하여 그 침해의 금지 또는 예방을 청구
가처분 신청	침해금지 및 예방 청구에 대하여 산업재산권의 권리자는 가처분을 신청
손해배상 청구	산업재산권의 권리자는 고의나 과실로 자신의 권리를 침해한 자에 대하여 손해의 배상을 청구할 수 있음(민법 제750조)(상표법 제66조의2)
신용회복 청구	고의 또는 과실로 산업재산권을 침해함으로써 권리자의 업무상의 신용이 실추된 경우 권리자는 손해배상에 갈음하거나 손해배상과 함께 업무상의 신용회복을 위하여 필요한 조치를 명할 수 있음(특허법 제131조)(디자인보호법 제117조)(상표법 제69조)
부당이득반환 청구	민법 제741조에 따라 법률상 원인 없이 타인의 산업재산권으로 인하여 이익을 받고 이로 인하여 타인에게 손실을 준자는 그 이익이 존재하는 한도 내에서 반환할 의무가 있음

- 형사적 구제방법 : 저작재산권의 침해행위를 한 자는 5년 이하의 징역 또는 5천만원 이하의 벌금에 처해질 수 있다. 저작인격권을 침해한 자

는 3년 이하의 징역 또는 3천만원 이하의 벌금에 처해질 수 있다(저작권법 제136조).

- 재판 외 구제방법(ADR) : 한국저작권위원회는 저작권에 관한 분쟁을 알선·조정한다. 한국저작권위원회를 통한 저작권 분쟁조정은 분쟁이 소송에서 계류중인지 여부와 관계없이 저작권 전문가로 구성된 조정위원들의 도움을 받아 신속하고 저렴하게 해결되도록 하고 있다.

3) 특허관리회사(NPEs)의 특허소송 대비 전략

NPEs(Non-practicing Entity.비실시기업 또는 특허괴물)는 특허를 보유하고 있으나, 자신이 특허를 사용하거나 특허 제품을 생산하지 않고, 보유하고 있는 특허를 타인에게 라이센싱 또는 판매를 등의 특허 거래를 통하여 수입을 창출하는 비즈니스를 업(業)으로 하는 자(또는 업체)를 말하는 것으로서 이 같은 기업형태는 활발하게 다음과 같은 우호적·적대적 라이선싱 또는 절대로 우호적일 수 없는 특허침해소송 등을 통하여 수익을 창출하는 것을 목표로 하고 있다.

- 타인의 특허를 사들여서 이를 현금화하는 특허 매입 라이선싱
- 제조를 하지 않고 특허 거래를 목적으로 하는 특허개발 및 라이선싱
- 타킷(목표)으로 하는 기업들을 상대로 하여 특허를 강력하게 주장하고 소송을 제기하는 특허권의 행사 및 소송
- 특허보유자(공급자)와 구매자(수요자) 또는 라이선싱 간에 특허 거래를 중개 또는 지원하는 서비스를 제공하는 시장 창출 및 중개 등을 비즈니스로 모델

이러한 특허괴물(Patent Troll)에 의한 무차별적이고 적대적인 특허침해소송의 제기는 스타트업 또는 기업에게 소송비용, 배상액, 로열티 지불 등에 따른 제품의 생산비용의 증가를 야기할 뿐만 아니라 기업이 소송에 대응하기 위한 인력과 예산을 투입함으로써 자칫 기술혁신을 통한 신 성장동력 발굴에 소홀해 질 수 있고, 이는 다시 매출 감소 등으로 이어져 기업에게 미치는 경제적 피해가 크다고 할 수 있다. 한국 기업들이 특허괴물로

불리는 'NPE(Non Practicing Entity·특허관리금융회사)'들로부터 미국에서만 매년 100건 안팎의 특허소송 공격을 받으며 시달리고 있지만 마땅한 대응책을 찾지 못해 고전을 면치 못하고 있다. 한국은 2021년 2만여 건의 국제특허출원(PCT)을 기록해 국제특허출원 수로 중국, 미국, 일본에 이어 전 세계 4위에 올랐고, 우리 기업들이 미국 내에서 보유하고 있는 특허 수도 10위권에 이르는 등 '특허강국'의 면모를 과시하고 있지만 동시에 글로벌 NPE의 표적이 되고 있는 것이다.[9]

[한국기업, 미국서 NPE '특허 공격' 타깃으로] 법률신문.2022.10.06기사

한국 기업들이 최근 5년간 특허괴물(patent troll)로 불리는 'NPE(Non Practicing Entity·특허관리금융회사)'들로부터 매년 미국에서만 100여건 안팎에 이르는 특허소송을 당한 것으로 나타났다.

특허청에 따르면 2018년부터 2022년 7월까지 지난 5년간 NPE가 한국 기업을 상대로 미국 법원에 제기한 특허소송 건수는 모두 543건에 이른다. 한 달에 10건 꼴이다. 같은 기간 미국에서 한국 기업과 외국 기업간 벌어진 특허소송은 총 1,051건인 점을 감안하면, NPE가 한국 기업을 상대로 낸 사건이 절반이 넘는 51.6%를 차지한다. NPE는 여러 기업 등으로부터 확보한 특허권을 바탕으로 제품을 생산하지는 않고 소송과 라이선싱 등만으로 수익을 추구하는 업체를 말한다. 이들은 기업, 대학 연구실 등에서 특허권을 대량으로 사들이고 관련 특허 기술을 사용하는 기업에 전방위적으로 특허침해소송을 제기해 로열티를 달라고 협상하는 방식으로 이익을 얻는다.

한국 기업들이 NPE의 공격 타깃이 되고 있는 이유는 정보통신기술 시장에서 삼성전자와 LG전자 등 우리나라 대기업들의 비중이 높아진데 따른 것으로 보인다. 특허청이 지난 8월 발간한 '2022 1분기 국제 지재권 분쟁 동향 보고서'에 따르면, 올해 1분기 미국에서 한국 기업이 피소를 당한 특허소송 전체 23건 중 대기업이 21건으로 91%를 차지했다. 산업 분야별로는 정보통신 분야가 11건, 장치산업이 7건, 전기·전자 분야가 5건이다.

최근에는 한국의 특허 기술이 외국에 매각된 후 해당 특허를 사들인 NPE의 역공격 수단이 되거나, 한국 기업에서 나온 전직 임원이 직접 NPE를 설립해 몸담았던 회사를 공격하는 사례도 나오고 있다

4) 기술과 시장의 성장을 위한 특허개방으로 비즈니즈 모델 전략

특허개방이란 특허 출원에 따라 자동으로 공개되는 소극적인 공개를 넘어, 누구든지 로열티를 내지 않고 자사의 특허 기술을 사용할 수 있게끔 특허를 적극적으로 공개하는 것을 의미한다.[11]

[미국의 테슬라 사례][11]

특허개방의 대표적 사례로 지난 2014년 6월 미국의 전기자동차(EV) 제조업체 `테슬라`의 특허개방 선언을 들 수 있다. 특허개방을 선언한 테슬라의 의도는 무엇이었을까? 테슬라는 전기자동차 관련 기술의 특허개방이 전기자동차 시장의 전체 파이를 키우고 전기자동차 충전 인프라를 확대할 것으로 기대하는 듯하다. 이를 통하여 장기적으로는 전기자동차 제조 및 전기자동차 충전 시장을 확고하게 지배할 수 있다고 판단한 것으로 보인다.

[일본의 토요타 특허개발 사례][11]

2015년 수소자동차(FCEV) 제조업체인 일본의 `토요타`도 수소자동차의 핵심기술인 수소연료전지 및 수소 충전 관련 특허기술을 2020년 말까지 무상으로 사용할 수 있도록 한다고 선언하였다. 이는 테슬라의 특허개방에 따라 경쟁관계인 전기자동차로 기울어질 수 있는 차세대 친환경차의 주도권을 수소자동차로 빼앗아 온다는 전략으로 읽힌다.

기업이 특허개방을 특허전략으로 활용하는 것은 산업을 주도할 수 있는 기술력과 시장지배력에 대한 자신감의 표현이며 그 뒤에는 차세대 산업에서 선점 효과를 누리고자 하는 치밀한 계산이 숨어 있는 것이다. 특허개방의 핵심적인 전략은 특허기술의 시장을 확대하기 위한 전략이고, 또 하나는 선두주자에 대응하여 후발주자의 시장 점유율을 높이기 위한 전략으로 볼 수 있다. 구글은 안드로이드 운영 시스템(OS)을 무료로 공개함으로써 퍼스트무버(First mover)였던 애플과 맞설 수 있는 경쟁력을 확보할 수 있다.

다. 직무발명제도의 이해

1) 직무발명제도 개요

직무발명은 고용계약에 의해 회사(사용자)에서 일하는 종업원(발명자)이 직무수행 과정에서 개발한 발명을 말한다.[12]

- '직무발명'이란 종업원, 법인의 임원 또는 공무원(이하 '종업원등'이라 한다)이 그 직무에 관하여 발명한 것이 성질상 사용자·법인 또는 국가나 지방자치단체 (이하 '사용자등'이라 한다)의 업무 범위에 속하고 그 발명을 하게 된 행위가 종업원등의 현재 또는 과거의 직무에 속하는

발명을 말한다.

- 직무발명제도는 사용자에게 직무발명에 대한 권리를 안정적으로 승계 · 활용할 수 있는 기반을 마련하여 더욱 더 적극적인 투자를 하도록 유도하는 한편, 종업원에게는 경제적 보상을 제공함으로써 창조적인 발명에 매진하여 기업의 기술 경쟁력을 높이고 나아가 국가 산업 발전에 이바지하기 위해 시행되고 있다.

2) 직무발명제도 목적 및 취지

직무발명에 대한 보상은 종업원의 기술개발 의욕을 높이고, 기업의 기술축적과 이윤창출로 이어져 기업 성장의 원동력이 된다. 즉, 직무발명제도는 발명을 창출할 수 있는 기반인 연구개발(R&D)투자와 시설 등을 제공한 사용자 등과 창조적인 노력으로 발명을 완성한 종업원과의 공동 이익을 합리적으로 조정하는 수단입니다. 사용자로 하여금 더욱 더 적극적인 투자를 하도록 유도하는 한편 종업원에게는 경제적 보상을 제공하여 창조적인 발명에 매진할 수 있도록 지원하는 제도이다.

[선순환 구조로서의 직무발명제도 취지]

직무발명제도는 사용자에게 직무발명에 대한 권리를 안정적으로 승계 · 활용할 수 있는 기반을 마련하고, 종업원에게는 정당한 보상을 보장함으로써 '선순환 구조'를 구축하여 기업의 기술 경쟁력을 높이고, 나아가 국가 산업 발전에 이바지할 수 있다.

세액공제
내야 할 세금을 직접 깎아 주는 공제제도

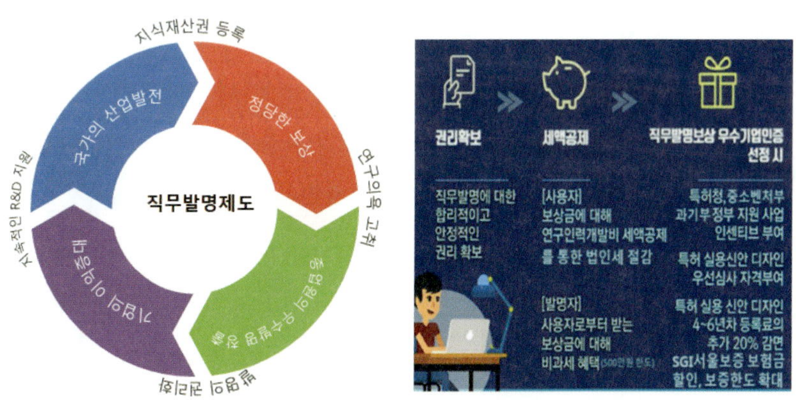

그림 12-4 연구개발(R&D) 선순환 구조 및 직무발명제도의 장점

3) 직무발명의 요건

- 종업원의 발명일 것
  - 종업원 : 고용계약에 의해 타인의 사업에 종사하는 자로 종업원, 법인의 임원, 공무원을 지칭하고 상근 및 비상근을 묻지 않으며 촉탁지원이나 임시직원도 포함하나 고용관계는 반드시 있어야 한다.
  - 직무 : 사용자의 요구에 응해 업무수행을 담당하는 직책

- 종업원의 발명이 성질상 사용자 등의 업무범위에 속할 것
  - 사용자 : 타인을 고용하는 개인, 법인, 국가나 지방자치단체를 지칭
  - 업무 범위 : 사용자가 수행하는 사업범위(법인은 정관을 기초로 하여 적용)

- 발명을 하게 된 행위가 종업원 등의 현재 또는 과거의 직무에 속할 것
  - 종업원의 직무 : 발명의 의도 여부와 관계없이 직무발명은 인정되나 발명을 하는 것이 종업원의 직무가 아닌 경우에는 직무발명이 아님
  - 현재 또는 과거의 직무 : 종업원의 직무는 현재의 직무뿐만 아니라 해당 기업내에서 과거에 수행한 직무도 포함

4) 관련 발명진흥법 및 시행령

한국발명진흥회의 직무발명제도 관련 발명진흥법 및 시행령

- https://www.kipa.org/ip-job/intro/intro05.jsp>

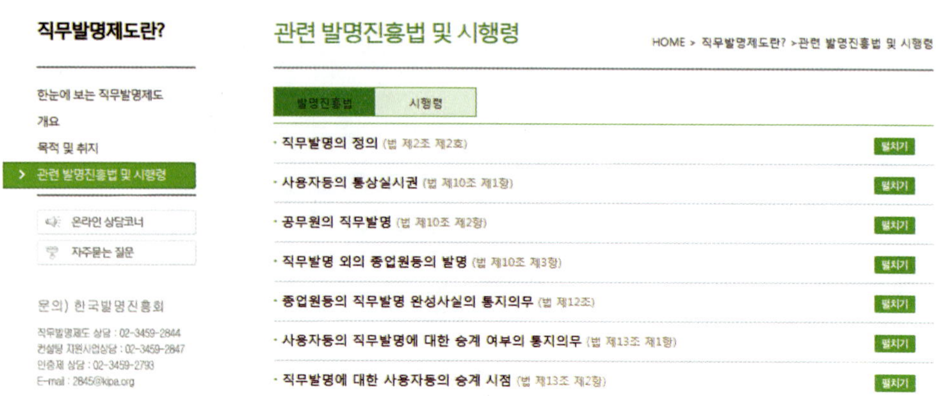

그림 12-5 관련 발명진흥법 및 시행령

5 지식재산권 조사 및 분석

선행기술을 조사하는 목적은 아이디어 기술에 대한 신규성, 진보성을 판단하는 기준이 되는 요건으로서. 출원하는 날 이전에 선행기술이 있으면 신규성 위반이 되고, 또한 리스크를 줄이기 위해서 선행기술을 한다. 또한 방향성 판단 측면에서도 선행기술을 조사하지만 경쟁사의 권리범위에 대해서 Outline을 그려본 후에 Outline을 비켜 갈수 있는 기술을 도출하고자 하는 의미에서 매우 중요한 활동이다.

Outline

상세한 내용은 제외하고 전체적인 구조와 개괄적인 내용만 사용하여 시스템의 개괄적인 모습을 설계하는 일

가. 특허 조사하기

우리가 생각한 아이디어는 다른 사람도 생각했을 가능성이 높다. 그러므로 특허를 출원하기 전에 특허 조사를 통해 선행 기술을 확인해 보아야 한다는 것은 앞에서 전술한 바 있다. 특허 출원은 출원일로부터 1년 6개월 후에 공개되므로 출원되었음에도 불구 미공개 건이 있을 수 있다. 따라서 자주 검색하여 최신 정보를 수시로 확인하는 것이 필요하다. 다음은 특허 정보를 조사할 수 있는 사이트입니다.

표 12-5 특허기술 정보 사이트 정보

구분	기관명	내용	사이트
1	특허정보넷 키프리스	국내외 특허, 상표, 디자인 정보 검색 및 선행기술조사 분석, 상표조사, 번역 등 특허 서비스 안내	http://www.kipris.or.kr
2	윕스온	쉽고 빠른 전세계 특허검색, 대량의 특허통계와 행정심판정보, 특허번역 등 제공	http://www.wipson.com
1	한국발명진흥회 (지역지식재산센터)	특허출원비용	www.kipa.org
2	한국지식재산협회 대한변리사회	특허출원(명세서 작성 등) 및 비용지원	www.kinpa.or.kr www.kpaa.or.kr
3	한국여성발명협회	시제품 제작지원, 여성 발명인 변리 교육, 변리 상담 서비스	www.inventor.or.kr

4	한국산업기술평가 관리원	구매조건부 신제품 개발, 해외 수요처 연계	www.keit.re.kr
5	지식재산특허지원 센터	상용화 검증 지원, 신뢰성 부가검증 지원, 신뢰성 테스트 지원, 패킹 지원	www.kipex.org
6	I-PAC특허지원 센터	상품기획, R&D, 특허출원, 특허 포트폴리오, IP금융에 이르기까지 특허경영 전반적인 컨설팅, 국제특허분쟁 컨설팅	www.ipac.kr
7	공익변리사 특허상담센터	서류작성, 침해사건에 대한 민사소송비용, 분쟁조정	www.pcc.or.kr
8	한국전자정보통신 산업진흥회특허 표준지원센터	특허컨설팅, R&D 연계 특허 전략, 사내 특허관리 체계등	www.gokea.org
9	한국지식재산 보호협회	국제 지재권 분쟁 예방 컨설팅	www.kipra.or.kr
10	지역지식재산센터	선행기술조사, 국내 및 해외 출원비용일부지원, 특허맵, 시뮬레이션, 지식재산 교육	www.ripc.org

나. 특허청 키프리스를 이용한 특허기술 활용하기

일련번호를 이용하던지 키워드 검색을 이용해서 선행기술을 조사한다. 핵심적 구성을 이용하여 검색할 수 있으며 예를 들면 모니터를 만드는 회사의 경우 '모니터', '디스플레이', '화면장치' 등의 키워드를 입력하여 검색한다. 선행기술에 있어서 또한 키워드 검색에 있어서 가장 중요한 요소는 키워드의 다양성이 가장 중요하다. 단복수, 하이픈, 번역용어, 동의어, 일본식(모터 또는 모우터) 표현 등이 검색에서 중요한데, 예를 들어 하이픈 같은 경우 Mice가 있는데 Mouse만 치면 선행기술에서 검색이 안 될 수 있다. 또한 핸드폰 같은 경우에도 휴대폰, 영상디스플레이 장치, 영상표시장치, 영상 처리장치, 모바일 통신장치, 이동 통신장치 등 여러 키워드를 입력하여야 검색이 가능하다.

다. 유사성 중복과제 검토하기[13]

스타트업이나 기존 기업에서 새로운 제품을 개발하고자 할 때 개발아이디어가 신규성 및 독창성. 차별성 등을 확보할 수 있는지 필수적으로 수행하는 유사성(또는 중복성) 검토는 매우 중요한 선행 기술 조건이다. 유사성검토는 연구개발과제 선정 시 과제관리기관 등의 과제 중복성 검토를 위한 참고자료를 제공하는 서비스이다.

- 중복성의 판단요소 : 연구목표, 연구방법 및 연구내용

- 중복성의 판단기준
  - 판단요소가 동일하거나 거의 유사한 경우에는 중복과제로 판단한다.
  - 서로 다른 연구주체간에 연구의 목표 및 내용이 동일하고 연구방법이 유사한 경우와 연구방법이 다르지만 추구하는 목표가 동일한 경우에는 경쟁이나 상호보완의 필요성 등을 고려하여 중복가능 여부를 검토한다.

- 중복성의 예외
  - 국가연구개발사업을 주관하는 부처가 정책적으로 경쟁을 유도하기 위하여 의도적으로 복수의 연구주체를 선정·추진하는 과제
  - 각 부처별 연구개발과제 선정평가 또는 별도의 중복성 심의기구에서 중복성이 없다고 판정한 과제

- 중복성 검토방법
  - 중앙행정기관의 장 또는 전문기관의 장은 협약을 맺기 전에 연구개발과제에 대한 중복을 검토하기 위하여 영 제16조의2제2항의 규정에 의한 국가연구개발사업 종합관리시스템(www.scienceon.kisti.re.kr)이나 국가과학기술지식정보서비스(www.ntis.go.kr)을 통하여 연구개발과제의 중복성 검토를 실시하여야 한다.
  - 국가연구개발사업 종합관리정보망에서 1차적으로 중복이 의심되는 과제는 연구개발과제 선정평가 시 그 중복성 여부를 판단하여야 한다.

라. 중복성 검토 방법

- 접속 방법

NTIS 홈페이지(https://www.ntis.go.kr)에 접속한 후, 본인 계정으로 로그인 하고 과제 참여 여부, 소속 기관과 상관없이 누구든지 이용할 수 있다.

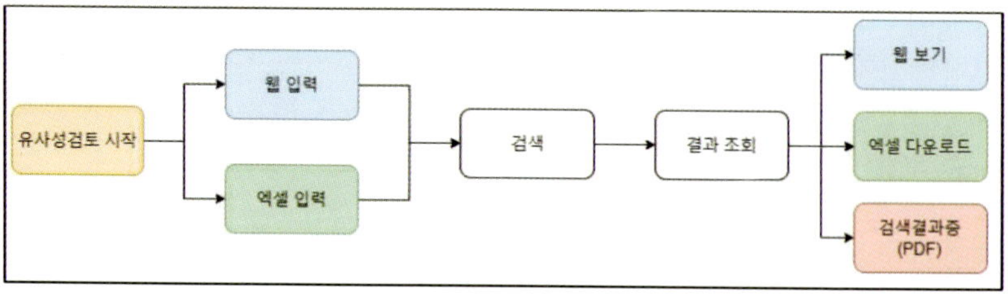

마. 스타트업의 특허 전략과 활용

선행특허 문제가 해결 되지 않는 상태에서 비지니스에 돌입한다면, 특허 소송으로 크게 문제가 될 수 있다. 국내의 경우, 그 침해 손해배상액이 아주 미미하지만 미국의 경우에는 침해를 통해 기업이 망할 수 있을 정도로 크다. 한국과 미국의 평균 손해배상액이 100배 정도 차이가 난다는 보고도 있다. 미국은 특허에 대한 고의 침해에 대한 징벌적 손해배상제도를 엄격히 진행되고 있기 때문이다. 우리나라도 2019년부터 징벌적 손해배상제도가 강화되고 있으며, 앞으로 더 엄격해질 것으로 예상된다. 결론적으로 스타트업은 특허를 중심으로 한 지식재산권의 확보와 그 전략을 필수적으로 준비하여야 한다.

요점정리

• 스타트업과 지식재산권

지식재산권은 넓게는 특허권, 상표권, 디자인권, 저작권, 영업비밀 등을 포괄하는 권리로서 일부는 산업재산권으로 분류되어 특허청의 심사를 거쳐 권리가 부여되는 독점배타권이기도 하다. 우리나라의 스타트업을 포함한 중소기업의 특허출원은 증가하고 있는 추세로서 경제잡지 이코노미스트 기사에서는 75%의 미국 기업들이 지식재산권을 기반으로 사업을 한다고 밝힌 바 있어 지식재산권은 기업이 생존과도 연계된다고 할 수 있다.

• 지식재산권을 활용하는 방법

– 등록된 지식재산권의 경우 기술평가를 통해 기술가치를 평가할 수 있으며 그 기술가치에 상응하는 금액만큼 기술보증기금이나 신용보증기금에서 보증을 받아 자금을 차용할 수 있다.

– 재무제표에 무형자산으로서의 자본금으로 활용할 수 있어 스타트업에게는 매우 중요한 기술적 가치로 이용할 수 있다.

– 국가 기관들이 지식재산권이 등록되면 가점 사항으로 평가하여 국가 지원 연구개발 사업이나 각종 지원 사업들에게 추가적인 가점으로 혜택이 주어지는 상황으로 전개할 수 있다.

• 특허괴물(Patent Troll)의 출현으로 인한 대응

최근 생산활동은 하지 않으면서 특허 자체를 사업 기반으로 하는 새로운 비즈니스 모델이 급격히 증가하고 있다. 소위 특허괴물이라 불리는 특허전문관리회사(NPE, Non Practicing Entity)가 제조회사들을 상대로 무차별적인 소송을 제기함으로써 막대한 금전적 이득을 취하는 것에 대응할 수 있는 선행기술 조사를 수행할 수 있다.

– 특허괴물이 침해를 주장할 경우에, 우선적으로 특허괴물 특허의 무효를 주장할 수 있는 선행기술 수집과 분석을 통하여 무효화하는 전략을 수행할 수 있다.

– 방어적 선제공격과 재심사 청구 등으로 대응하는 방법을 이해할 수 있다.

– 지식재산권이 특허 전쟁터에서 살아남기 위한 생존법일 뿐이지 승리자가 되기 위한 충분조건은 아님을 명심해야 한다. 우리 기업들이 특허 전쟁에서 살아남아, 결국에는 특허 전쟁의 최종 승자가 되는 역량을 확보할 수 있다.

연습문제

1 NPEs를 설명하고 애플과 삼성전자의 스마트폰-태블릿 특허침해 소송이 진행중인 내용을 작성하고 발표하시오.

2 구글의 데이비드 드러스먼 부사장은 한 개의 스마트폰에 약 25만개의 특허가 포함되었다고 한다. 구체적으로 스마트폰 구성품이나 부품으로 구분하여 조사하여 제출하시오.

3 경상기술료의 요율을 결정하는 기준을 조사하시오.

4 이어폰 케이스를 직접 생산하지 않더라도, 특허 제품을 모방한 이어폰 케이스를 디자인하고 3D 파일을 배포하여 인터넷을 통하여 특허제품의 생산을 유도한다면 이것은 특허 침해라고 볼 수 있을까?

5 기술과 시장의 빠른 성장을 위한 특허기술을 개방하는 이유를 설명하시오.

6 특허출원시 필요한 서류를 조사하여 제출하시오.

7 라이센싱 아웃과 로열티를 비교하시오.

8 전용실시권과 통상실시권을 설명하시오.

9 산업재산권의 필요성을 설명하고 종류를 기술하시오.

10 특허제도의 본질적인 목표는 무엇인가?

참고자료

[1] 지식재산 이야기. 추장희. 특허와 영업비밀의 비교. 2023.4.30. 확인

[2] 이로운 넷. 스타트업 핵심기술, 특허 낼까? 영업비밀로 할까?. 2020.12.23.기사

[3] 특허제도의 이해. 김현호. 지식재산권 강의. 2023.4.27. 확인

[4] https://www.kipo.go.kr/ko. 2023.4.29. 확인

[5] http://www.harakenzo.com. 2023.4.29. 확인

[6] http://contents2.kocw.or.kr. 지식재산권 개요. 2023. 5. 1 확인

[7] https://m.blog.naver.com/. 지식재산활용의 필요성. 2023.4.30. 확인

[8] 지적재산권의 개념과 리스트 특성. Zaneta Jaunzeme(2005) 재인용

[9] https://m.lawtimes.co.kr/Content/Article?serial=182133.2023.5.2 확인

[10] http://www.newip.biz/interest/?type=view&gkind=8&interestkind=48&index=1300&page=1. 2023.5.2. 확인

[11] 대전일보(http://www.daejonilbo.com).2023.5.3 확인

[12] https://www.kipa.org/ip-job/intro/intro02.jsp. 한국발명진흥회(KIPA). 2023.5.3.확인

[13] 유사성검토 이용자 매뉴얼. 한국과학기술기획평가원